Kapitän Hans Blöss

Bürger der Ozeane und Meere

Vom Schiffsjungen zum
Kapitän und Lotsen

Teil 1

Vor dem Mast

Verlag Christian Blöss

Kapitän Hans Blöss

BÜRGER der Ozeane und Meere

Vom Schiffsjungen zum Kapitän und Lotsen

Abbildung 1: Schmuckseite aus der Originalausgabe in einem Band von 1968.

Meinen lieben Enkelkindern gewidmet:

Constanze	
Hans Christian	Blöss
Cathrin	
Rainer	
Ralf	Moeck
Ronald	

Bibliografische Information der Deutschen Nationalbibliothek: Die Deutsche Nationalbibliothek verzeichnet diese Publikation in der Deutschen Nationalbibliografie; detaillierte bibliografische Daten sind im Internet über www.dnb.de abrufbar.

Die Umschlagrückseite wurde unter Verwendung eines Segelschiff-Motivs vom Vorsatzpapier der Originalausgabe gestaltet.

Erstausgabe 1968 in einem Band beim Verlag Schmidt & Klaunig, Kiel (medienhaus-kiel.de)

Herstellung: BoD – Books on Demand, Norderstedt (bod.de)

Band 1 (Version 1) im März 2013
ISBN 978-3-934378-01-8

Inhaltsverzeichnis

Vorab

Vorwort des Autors

Viel ist über den Seemann und seinen Beruf geschrieben, in mehr oder weniger frivolen Lieder-Texten wurde sein in Wahrheit hartes und entsagungsreiches Leben besungen! Ja, oft derart kühn und herausfordernd, daß man glauben könnte, die Betreffenden hätten das Meer in ganzer Konsequenz erlebt!

Doch wer hat es in seiner harten Wirklichkeit erlebt?

Wer kennt es?

Lieber Leser, wenn Sie die tobende, zürnende See und das Meer in seiner endlosen Weite und den dazu gehörenden Seemannsberuf, den Fahrensmann selber auf reinen Frachten-Seglern durch alle Sparten miterleben wollen, so bietet Ihnen dieses Buch schonungslos die reine Wirklichkeit zum Verstehen, wie es tatsächlich auf der See, im Seemannsberuf vom Schiffsjungen bis hinauf zur Schiffsführung in früherer Zeit sich abgespielt hat!

Mit Abschluß des Ersten Weltkrieges fanden die *reinen* Frachten-Segler ihr Ende!

Nur einzelne, moderne Groß-Segler, teils dem Ausbildungs-Nachwuchs dienend, fanden Lohn und Brot bis zum Zweiten Weltkriege - und so war das Ende der *reinen* Frachten-Segler!

Ja, es war das Ende unserer stolzen, segelbeschwingten Schiffe (ohne Hilfsschraube), nur mit der Kraft des Windes vorangetrieben!

Die Bilder aus der alten Zeit, hier in meiner Arbeit gebracht, besagen mehr, als es eine Reihe schöner Worte je ermöglichen können.

Kapitän Hans Blöss, 1968 in Kiel

Vorwort zur Neuausgabe

Unser Großvater Hans Blöss starb am 11. Juni 1972 während des 29. Jahrestreffens der AMICALE INTERNATIONALE DES CAPITAINES AU LONG COURS, CAP HORNIERS in Kopenhagen. Seine Urne wurde am 6. Juli, von Teilen der Familie begleitet, mit dem Lotsenversetzboot „Kapitän Rühr“ 1½ Sm. nördlich des Leuchtturms Kiel auf die Kieler Bucht gebracht. Der Cap Hornier Walter Georgi hielt eine kurze Ansprache und übergab dann die mit Blumen und Cap Horniers-Schleife geschmückte Urne der Ostsee. Blumen wurden ihr nachgeworfen, die das Grab für kurze Zeit markieren sollten[1]. Anschließend gab es ein Abschiedsessen im Leuchtturm Kiel, für uns Enkel ein Ereignis, denn dieser Ort war eigentlich nicht öffentlich zugänglich. Drei Jahre später sollte diese Zeremonie auch für seine Frau Friedrike stattfinden.

Damit ging eine Ära für uns zu Ende. Sie war verbunden mit dem Haus (einschließlich Kirschbaum) der Großeltern in Kiel-Wik, mit dem nahen Nord-Ostsee-Kanal und der Holtenauer Schleuse, wo sich auch der Versammlungsort der „Knurrhähne“ befand, dem Gesangverein der Lotsenbrüderschaft NOK II / Kieler Förde / Trave. Nicht nur ihr Gesang war beeindruckend (weil voluminös), sondern auch der Umgangston, der von einer Direktheit und Herzlichkeit getragen wurde, die uns Kindern eine Vorahnung mit auf den Weg gab, was jahrzehntelange Kollegialität, Freundschaft und vor allem der Umstand, immer wieder elementar aufeinander angewiesen zu sein, für das menschliche Miteinander bedeutet.

Mit der Neuausgabe der Autobiographie unseres Großvaters möchten wir das Denkmal erneuern, das er der Epoche der Großsegler gesetzt hatte, die infolge der technischen und gesellschaftlichen Umwälzungen des Ersten Weltkrieges binnen weniger Jahre untergegangen war. Da dieses Werk auch Zeugnis ablegt von deutscher Obrigkeitsgläubigkeit und wilhelminischem Nationalstolz, mag es auch als ein kleiner Beitrag zum Verständnis der deutschen Geschichte gelesen werden.

Christian Blöss, für Constanze (†) und Cathrin
Ralf Moeck, für Rainer und Ronald

Berlin und Kiel im Januar 2013

---

1 Siehe dazu auch das Gedicht auf Seite 210.

Editorische Notizen

Alle Abbildungen und Textzitate aus der Originalausgabe von 1968 wurden in der Annahme übernommen, dass Inhaber entsprechender Rechte mit dieser Neuausgabe einverstanden sind.

Die Rechtschreibung wurde belassen und nur offensichtliche Druckfehler (von denen es nur sehr wenige gab) korrigiert. Heute nicht mehr gebräuchliche oder als falsch geltende Schreibungen wurden immer dann belassen, wenn sie für eine „Art des Denkens“ stehen könnten (z.B. „Neu Fundland“ als Analogon zum früher gebräuchlichen „Neu York“ o.ä.). Uneinheitliche Schreibungen (z.B. sowohl „Reeling“ als auch „Reling“) wurden ebenfalls belassen.

Folgende formale bzw. inhaltliche Änderungen gegenüber der Erstausgabe wurden vorgenommen:

- Der Text wurde nachträglich in Unterkapitel geteilt.
- Abbildungen wurden nummeriert. In Teil 1 wurden die Abbildungen 2, 25, 45, 48 und 49 und in Teil 2 die Abbildungen 62, 66, 73, 78, 79, 86 und 102 hinzugenommen.
- Das Glossar seemännischer Fachausdrücke können Sie von der Website des Verlags (verlag.cbloess.de) herunterladen.
- Eine biografische Skizze finden Sie am Ende von Teil 2.
- Der Tagesbuchauszug von Kapitän Pohlig in Kapitel 14 (Teil 2) wird zweispaltig gedruckt.
- Die Tabellenzählung ist lückenhaft, weil einige Tabellen nur zur Formatierung des Textes eingeführt wurden.
- Alle Fußnoten sind ergänzt bis auf Nr. 9 in Teil 1; Nr. 4 und 5 in Teil 1 entstanden aus Anmerkungen des Autors.

Ein herzlicher Dank geht an Herrn Helmut Beuter von der Kieler Lotsenbrüderschaft, der uns großzügigen Zugang zum Archiv des Lotsengesangverein „Knurrhahn“ von 1929 e.V. verschaffte und an Cathrin Blöss für ihren unermüdlichen Einsatz beim Korrekturlesen.

Interaktive Landkarten und zusätzliches Material

Auf der Website des Verlags (verlag.cbloess.de) finden Sie für die in diesem Buch erwähnten Orte interaktive Landkarten und Satellitenansichten sowie zusätzliche Fotos und Informationen.

Abbildung 2: Kapitän Hans Blöss (1890 - 1972).

Einleitung

Das Werden eines Seemannes!

Nach über 20jähriger harter und entbehrungsreicher Seefahrtszeit und anschließend 30jähriger Lotsentätigkeit in Kiel-Holtenau lebe ich seit einigen Jahren im Ruhestand. Mein mir erworbenes Recht, fortan meine Hände in den Schoß legen zu dürfen, trotzdem alles zum Leben Notwendige zu besitzen, wirkt sehr beruhigend.

Nicht immer war es für einen alten Seemann so!

In Altona-Ottensen, nahe der Elbe, wurde ich geboren; auch verlebte ich dort meine Jugend. Mein Vater war Beamter, nie vermögend, aber Ehrlichkeit und Wahrhaftigkeit waren das Fundament zu allem Handeln in meinem Elternhaus. Für mich blieb dies Vorbild für mein kommendes Leben.

Aus dieser Position heraus gehe ich rückschauend, befreit und innerlich glücklich, an die Niederschrift meiner Memoiren. Wie ein offenes Buch liegt mein Leben ausgebreitet vor mir. Vieles in diesem Buche ist schön, vieles schmerzlich, manches fast unglaublich, unwahrscheinlich. Über allem lag bei mir nur Streben, ein anständiges und ehrliches Streben, durchwoben von Härte gegen mich selbst, auch gegen andere, um mein mir gestecktes Lebensziel zu erreichen.

Die ersten Seefahrtsjahre waren die schwierigsten, sie ließen mich zum Manne reifen. Ich habe dabei gelernt, allem Harten und Widerwärtigen zum Trotz, innerlich zufrieden zu sein. Hierzu meine Ableitung.

Auf See befanden wir uns in einer herrlich, gewaltig großen Weite. Zu jeder Sekunde, möchte ich sagen, wechselte das beeindruckende Bild der Natur.

Wer Augen und Ohren hatte, diese imposanten, naturechten Dinge bewundernd in sich aufzunehmen, konnte hierdurch zum sonst harten, entsagungsreichen Seemannsberuf einen inneren Ausgleich finden. Imponierend war anzusehen, wie der Segler das Bugwasser brausend, oft polternd vor sich herschob, bei Nacht sah man das Phosphoreszieren im Meerwasser. Niemals vergißt man die Stunden am Ruder in den Tropen, wenn die Mastspitzen des Seglers beim Rollen von einer Seite zur anderen am gewaltig klaren Sternenhimmel pendelten; wenn fast gleichzeitig fliegende Fische bei Mondenschein in Schwärmen in Lee und Luv mit klatschendem Getöse zu sehen und zu hören waren. Oft begleiteten uns majestätische Albatrosse, auch andere Seevögel im Kielwasser des Seglers. Viele warteten auf Essensabfälle. Imponierend anzuschauen war das Gesamtbild, wenn im harten Orkan die gewaltige, weißgischtige hohe See über das Deck des Seglers hindonnerte, es überflutete. Wenn der Schaum und das Meerwasser bis in die Wanten, in die Masten spritzte, und der Segler vor Topp und Takel, schwer steuernd, sehr hohe Fahrt segelte. In einer Vielzahl könnte ich weitere Beispiele anführen.

Ich muß bekennen, niemals habe ich hierüber von Kamerad zu Kamerad gesprochen. Doch für mich waren und blieben es gewaltige Naturwunder, zu denen ich aufblickte und als Abwechselung im sonst eintönigen Leben im Stillen bewunderte und achtete. Gleich mir mögen es andere getan haben, es wurde niemals zum Thema erhoben. Man hört sagen: „Erinnerungen vergolden“! Doch nicht hier! Diese durchlebten Naturereignisse waren derart echt und beeindruckend, daß jede künstliche Aufpolierung als überflüssig abfällt.

Ich besitze einen Brief meiner Großmutter[2] mütterlicherseits; unter großer Achtung und Verehrung habe ich ihn behütet.

Es war im Frühjahr 1872. Die schwarzen Pocken wüteten in der Lübecker Gegend, auch in Travemünde. Eines Tages holte man meinen Großvater[3] als pockenverdächtig behördlicherseits aus dem Hause. Er wurde ein Opfer dieser verheerenden Seuche und fand mit der Masse der dahingerafften Bürger in Lübeck sein Grab. Als der unentbehrlichste Mensch dieser seiner großen Familie war er für immer weg! Dies war die Tatsache! Die Witwe saß da mit ihren acht Kindern ohne Ernährer! Fürwahr ein schwerer, harter Schlag!

Im November des gleichen Jahres brach eine Sturmflut mit gewaltiger Kraft über Travemünde und die ganze südwestliche Ecke der Ostsee herein. Das Wasser begann zu steigen. Höher, immer höher dachaufwärts mußte meine Großmutter mit ihren Kindern, mit dem Vieh, soweit es möglich war, und mit dem nötigen Hausrat. Ihr neuntes Kind trug sie unter dem Herzen. Dieser Sohn wurde später Seemann und auch ein Nautiker auf großer Fahrt, und im weiteren Verlaufe seines Lebens bekleidete er bis zu seiner Pensionierung das

2 Anna Elsabe Christina Blöcker (geb. Vader), geboren in Ratekau-Pöpkendorf am 24. Mai 1826, gestorben in Travemünde am 6. Juni 1905. Brieffragmente auf der Verlagswebsite (verlag.cbloess.de), Foto auf Seite 344.

3 Franz Friedrich Hinrich Blöcker, geboren in Travemünde am 12. Mai 1824, gestorben in Lübeck am 27. März 1872.

Amt eines Hafenmeisters der Hansestadt Lübeck. Nach dieser Katastrophe, in ihrer Bedrängnis, schrieb sie diese oben erwähnten Zeilen an ihre älteste Tochter. Der Inhalt ist gottesfürchtig, zuversichtlich, voll stolzer Hoffnungen. Keine Klage, keine Anklage gegen das Schicksal, kein Wort des Jammerns, ein stolzer Brief. Sie muß eine mutige Frau gewesen sein! Hieraus folgere ich, es hängt von den eigenen Schwächen ab, wenn jemand glaubt, unglücklich und unzufrieden zu sein, erst recht unzufrieden zu sein mit dem, was er sich selbst ausgesucht und gewollt hat!

Wieder einmal ist es Herbst hier bei uns. Das Laub an den Bäumen verändert sein Aussehen. Der Wind im Spiel mit den Blättern läßt eines nach dem anderen zur Erde fallen. Straßen und Wege erhalten ihr altgewohnt herbstliches Bild. Es folgen Tage, an denen der Nebel über Flur und Feld, über Kanal und Förde liegt. Wenn er äußerst hart auftritt, lähmt er die Schiffahrt bis zum Erliegen. Bevor es soweit kommt, erschallen die Warner, die Nebelsignale der Fahrzeuge auf dem Wasser in oft kurzen Intervallen über Land, schrill und weiter aber an windstillen Tagen. Mein Ohr muß sie auffangen! So kommen alte Erinnerungen!

Ich erinnere, daß bei diesen oft Tag und Nacht von der Elbe her ertönenden Nebelsignalen der Schiffe in meiner frühesten Jugend meine Kinderseele dahingehend angesprochen wurde, daß ich ahnte, dort auf dem Wasser wird deine Zukunft liegen. Natürlich ermißt ein Kind nicht, daß dieses Getute, teils mit einem Echo verbunden, ein harter Kampf des Menschen mit der Naturkraft „Nebel“ bedeutet.

Solche Wetterlagen wiederholten sich zeitlich, Jahr für Jahr. Meine Sehnsucht zum Wasser, zu den Fahrzeugen dort wurde unbewußt größer. Später kam hinzu, daß ich an den Elbestrand zum Baden oder mit der Schulklasse kam. Dort sah ich die Schiffe auf dem Strom, ich sah stolze Segler durch Schlepper bugsiert an mir vorüberziehen. Ich sah das Wunderwerk ihrer Takelagen. Es entwickelte sich mehr und mehr ein Vorsatz in mir, selbst einmal solche Schiffe verantwortlich führen zu wollen. Mit der Zeit erfuhr ich, daß ich diesen Beruf nur ausüben konnte, nachdem ich eine bestimmte Zeit fern der Heimat, vom Schiffsjungen bis zum Matrosen, auf Großseglern gefahren war. Später hatte ich an einer Navigationsschule mein Examen zum Seesteuermann auf Großer Fahrt abzulegen. Weitere zwei Jahre Fahrzeit benötigte ich als wachhabender Nautiker, als Steuermann auf einem deutschen Schiff, sodann war es mir erlaubt, mein Kapitänspatent A 6 an einer Navigationsschule zu erwerben. Mit diesem Patent in der Tasche standen mir sämtliche Wege in der Schiffsführung offen. Mein Stolz wäre gewesen, Kapitän auf einem Großsegler werden zu dürfen. Leider fand ich nach dem Ersten Weltkriege keine Verbindung mehr zu einer Segelschiffsreederei, mein Traum war ausgeträumt, es blieb nur die Dampferfahrt übrig. Und hier war mir mein Schicksal günstig. Sofort nach meinem bestandenen A 6, am 6. September 1921 um die Mittagszeit, war ich aber nachmittags um 5 Uhr schon angemustert als III. Offizier an Bord eines Hamburger Dampfers. Was hatten wir 1921 an Schiffen? So gut wie gar keine. Aber ich fand meine Stellung, ich war verheiratet und nutzte meine Gelegenheit!

A 6 bedeutet: „Schiffe aller Größen auf allen Meeren führen zu dürfen".

Meine Mutter hatte Brüder, ich Vettern mit A 6. Sie wohnten nicht an der Elbe. Zu Hause bei meinen Eltern wurde nie über die Seefahrt gesprochen. Daher war ich ein völliger Neuling in diesem Beruf bei meiner Schulentlassung mit meinen 14,7 Lebensjahren.

Im letzten Schuljahre kam dann der für mich schmerzhafte Punkt, zu bekennen, daß ich Seemann werden wollte. Ich ahnte, es würde mir von meinem Vater nicht gestattet werden. Und richtig, ich wurde abgewiesen. Es war für mich sehr schwer, dem Wunsche meiner Eltern nachzukommen, den Seemannsberuf aus meinen Träumen und meiner ganzen Hinneigung aufzugeben. Im letzten Halbjahr vor der Schulentlassung wurde unser Hausarzt mobil gemacht, ich mußte mich einer gründlichen körperlichen Untersuchung unterziehen. Ergebnis: Für den von mir gewünschten Seemannsberuf sei mein Herz viel zu schwach! Der Rat des Arztes war, mein Vater möge für mich um eine Lehrstelle im Uhrmacherberuf nachsuchen. Es sei das Richtige. Energisch lehnte ich dieses Ansinnen ab! Ich und Uhrmacher! Nein!

Nun war guter Rat teuer. Mein Vater kaufte ein Heftchen mit dem Titel: „Was werde ich?" Mein Studium durch diesen Blätterwald fruchtete nichts. Die Sehnsucht, Seemann werden zu wollen, blieb. Sie blieb auch, wenn ich versuchte, den Wunsch und den Willen meiner Eltern, die ich verehrte und gerne hatte, zu respektieren, um ihre Sorgen zu mildern. Alles half nicht, ich wurde mir immer fester bewußt, es ging um mein Leben, um meine Zukunft! Ich selbst sollte diesen Weg durchstehen! Für mich war es der Beruf, zu dem ich Vertrauen bezüglich meines Könnens und Wollens aus innerer Freude und Sehnsucht heraus verspürte!

Meine Schulentlassung hatte stattgefunden, mein Wille, Seemann werden zu wollen, bestand weiterhin. Der ärztliche Rat an meine Eltern, diesem meinem Willen nicht nachzugeben, da mein Herz für diesen Beruf zu schwach sei, stand dem entgegen.

Etwas mußte nun unternommen werden!

Mein Vater fand eine Beschäftigung in einer Metallwarenfabrik für mich. Meine Eltern hofften im stillen, ich würde mit der Zeit in meiner neuen Umgebung mich für einen anderen Beruf entscheiden, einen Beruf, der meiner körperlichen Konstitution entsprach. Am 10. April 1905 trat ich meinen Dienst an.

Sieben Wochen gingen ins Land. Mir war diese Beschäftigung und auch diese Umgebung zuwider. Alles in mir sträubte sich hiergegen, meine Sehnsucht zu meinem eigentlichen Wollen wurde größer. Den ersten Sonnabend im Juni, beim Arbeitsschluß und Wochenlohnempfang, kündigte ich bei meinem Meister Hesse ohne Angabe eines Grundes meine Stellung. Der Meister schaute über seine Brille verwundert zu mir auf. Er stellte mir die Frage: „Warum und wieso willst Du nicht mehr? Montag wirst Du von mir Akkord-Arbeit erhalten, und Deine Einnahme wird somit größer!“ Ich bedankte mich bei ihm für sein Vertrauen, das er mir entgegenbrachte. Doch ich wollte meiner Neigung nachgehen und Seemann werden. Als Meister Hesse dies vernahm, lachte er laut auf, alles um uns herum schaute auf. Er sagte: „Ja das haben mir vor Dir schon viele Jünglinge gesagt, doch alle, alle kamen sie wieder!“ Ich antwortete verbissen und stolz: „Nein, Meister Hesse, dann werde ich der einzige und erste sein, der nicht wiederkommt!“ Und ich war fest überzeugt, so etwas wird es bei mir nicht, nein, niemals geben. Wenn ich auch selbst noch keinen richtigen Ausweg aus meiner Situation erkennen konnte, so fühlte ich aber in diesem Augenblick, daß ich verantwortlich ab jetzt mein Lebensschifflein zur eigenen Führung übernommen hatte. Auch war ich überzeugt davon, daß ich meinen abgesteckten Kurs in gleicher Richtung gradlinig durchhalten würde, jeder Unbill des Lebens zum Trotz. Manche, manche felsigen Riffe des Lebens habe ich umsteuern müssen, doch führte ich mein Lebensschifflein durch gute Deviationsbestimmungen stets auf den echten Kurs zurück.

Nicht ahnend, daß ich auf meinem Seefahrtswege Hartes, sehr Hartes, ja mehrfach Lebensbedrohendes, ja sogar Tödliches zu überwinden hatte. Nur alles im normalen Broterwerb! Nach solchen Lagen war sich stets dem Schicksal dankbar, daß der Kampf vorüber und ich mein Leben behalten durfte.

Jetzt nach Aufkündigung der Stellung kam mein Weg heim zu meinen Eltern. Ein wenig verließ mich mein Mut. Nicht aus Bange vor meinem Wollen, nein, aus ängstlicher Rücksichtnahme, meinen lieben Eltern Kummer und innere Sorgen nicht bereiten zu wollen. War ich schon damals überzeugt, daß auch sie nur mein Bestes wollten. Behutsam brachte ich meine ausgesprochene Kündigung auf meinem Arbeitsplatz meiner lieben Mutter bei. Innerlich fühlte ich, sie war mir nicht böse. Es überkam mich ein Gefühl, als sei sie gar auf meiner Seite. Auch so empfand ich es an diesem Abend. Es war ein Glück für mich, mein Vater war durch seinen unregelmäßigen Dienst nicht zu Hause. Meine Mutter fand Zeit zum Überlegen, wie sie diese neue, überraschende Tatsache meinem Vater möglichst schonend beibringen könnte.

Mir kam langsam ein nie dagewesener Gedankengang, eine plötzliche Eingebung. Meine Mutter hatte doch Brüder, die auch zur See fuhren oder gefahren waren. Sie hatten das Höchste, ihren Kapitän auf großer Fahrt, erreicht! Warum konnte ich es ihnen nicht gleichtun?

Zum selben Punkte, jetzt rückschauend, kann ich erfassen, daß meine Eltern nicht Feuer und Flamme sein konnten für die Berufsauswahl ihres einzigen Sohnes. Zum Beginn dieses harten, entsagungsreichen Berufes (mag man ihn schön, herrlich nennen oder nicht) kommen später Härten, Härten, die die Jugend nicht kennt.

Mag ein Beispiel aus meinem Verwandtenkreis dazu dienen, es vor Augen zu führen. Ein Bruder meiner Mutter heiratete. Kurze Zeit darauf verpflichtete er sich, für sechs Jahre als I. Steuermann an der China-Küste an Bord eines deutschen Dampfers zu trampen. Vielleicht war es eine gute Verdienstmöglichkeit, aber diese lange Abwesenheit war ein schlechter Ausgleich. Er hat es treu und ehrlich durchgestanden. Bei seiner Rückkehr fand er seinen ca. fünf jährigen Sohn vor. Dieser Sohn hat es dem Vater gleichgetan. Er hat jahrelang als amerikanischer Kapitän, selbst noch im letzten Kriege einen Groß-Tanker gefahren. Es waren Schicksalsschläge, die ihn dorthin geleitet hatten;

Am Sonnabend hatte ich meine Arbeitsstelle gekündigt. Sonntags sah ich meinen Vater. Er war nett zu mir und gab mir seine Einwilligung, ich konnte jetzt nach meinem Willen Seemann werden. Niemand war froher als ich. Anderntags war es selbstverständlich, ich begann die Suche nach einer Schiffsjungenstelle, irgendwo. Langsam erfuhr ich, sie kostete 350,- Mk. und mehr, eine Ausrüstung nach einer Liste 165,- Mk. Eine solche Summe konnte mein Vater nicht für mich aufbringen. Also mußte ich versuchen, mir etwas anderes einfallen zu lassen. Ich hatte erfahren, die Reederei Laeisz in Hamburg stellte Schiffsjungen unentgeltlich ein. Mein Weg führte mich dorthin. Sehr schüchtern fühlte ich mich vor. Es wurde mir die Frage gestellt, ob mein Vater Seemann sei. Ich mußte verneinen. Ich wagte nicht zu sagen, von der Mutterseite her sind es Seeleute. Vettern von mir sind von Laeisz als Jungen eingestellt worden. Nein, ich schwieg. Somit wurde ich mit Bedauern abgewiesen.

Ich besuchte die Kleinschiffahrt, nirgends hatte ich Erfolg. Doch zähe blieb ich im weiteren Aufspüren, es mußte mir doch etwas gelingen!

Eines Tages betrat ich das Heuerbüro der Hamburg-Amerika Linie. Dort war nichts. Ich wiederholte meine Gänge dorthin. Es war der 1. August 1905. Im Büro der Hamburg-Amerika Linie vor dem Schalter der Mannschaftsannahme wurde nach einem befahrenen Decksjungen aufgerufen. Es trat niemand an den Schalter heran. Darauf meldete ich mich. Ich wurde angenommen für den Schnelldampfer „MOLTKE“ für die Reise Hamburg-New York-Hamburg. Keiner war glücklicher als ich. Im Raume nebenan wurde ich auf meine Diensttauglichkeit untersucht. Der Arzt sagte weiter nichts, nur das Wort „tauglich“ fiel. Ich bekam meinen Heuerschein und eine Mitteilung über den Ort und die Zeit der Einschiffung ausgehändigt.

Abbildung 3: Kapitän Mauritts Mattson an Bord der „PAMIR“ 1933 – 1936 (Kapitän K.G. Svenson).

Inzwischen hatten meine Eltern mit mir zusammen meine benötigte Ausrüstung für eine Segelschiffsreise gekauft. Meine Seekiste zeigte im Innern des Deckels ein Ölgemälde, eine Bark unter Sturmsegeln mit dem dazu gehörenden hohen Seegang. Dieses Stück war mein Stolz!

Was sah mein Auge ausgerechnet an diesem Tage Wunderbares mehr! Es war ein Neubau, die Viermastbark „PAMIR“! Der Segler wurde elbeaufwärts von der Werft von Blohm & Voss durch Schlepper gezogen und zum Segelschiffshafen hin verholt. Meine Sehnsucht, auf so einem Großsegler lernen zu dürfen, war bei mir eine freudige Erwartung gewesen, sie wurde aber jetzt durch dieses Erlebnis zur inneren Herzenssache. Auf der „PAMIR“ sah man die neuen Segel bereits angeschlagen auf den Rahen. Die Takelage mit ihren hellen Stagen und Pardunen, sowie alles Frischgestrichene schimmerte beim klaren, sommerlichen Sonnenschein im herrlich strahlenden Glanze. Es war eine Pracht, dieses Bild anzuschauen! Mein Herz schlug höher und schneller in gewaltiger Freude des für mich noch Ungewissen, aber zu Erwartenden. Leider war diese Erfüllung noch in nebelhafter Ferne. Und doch fühlte und wußte ich, es wird mir gelingen auf einem Großsegler unterzukommen, um mein mir gestecktes Ziel dennoch zu erreichen.

Abbildung 4: „PAMIR" unter finnischer Flagge (aus „Under Gustav Eriksons flagga", siehe Fußnote 4).

Immerhin, für mich wurde diese Pracht des Seglers „PAMIR" zu einem. gewaltigen, sehr eindrucksvollen, nie zu vergessendem Erlebnis. Noch jetzt, nach bald 60 Jahren, sehe ich dieses Bild so deutlich vor mir, als sei es erst gestern gewesen.

Leider mußte „PAMIR" mit fast der gesamten Besatzung ein trauriges Ende nehmen. Es war am 21. September 1957 im Wirbelsturm „CARRIE", südlich der Azoren, wo dieser stolze, starke Segler versank und 80 Mann, einschließlich der gesamten Führung, mit sich riß. Drei Leichtmatrosen: Fredrichs, Haselbach und Wirth, zwei Schiffsjungen, Anders und Kraatz, sowie der Kochsmaat Dummer waren die Überlebenden. Dieser Untergang bewegte damals die Menschheit, nicht nur uns Deutsche, nein, alle Welt.

Jeder Segler hat im Laufe seines Bestehens Erlebnisse und Schicksale durchzustehen, die haarscharf am Untergange oder dem Totalverlust vorbeiführten. So auch, soweit bekannt geworden, ein Gleiches bei „PAMIR". Mit freundlicher Genehmigung von Herrn Kapitän Karl Kåhre[4] berichte ich:

> „PAMIR" kehrte 1934 von einer langen Reise über England zurück. Von dort sollte der Segler in Ballast in seine Heimat, Mariehamn, Ålands Inseln, Finnland versegeln. Vor Mariehamn angekommen, drehte der Wind ungünstig und nahm auch an Stärke zu. Es war der 1. September, keine besonders günstige Jahreszeit, in engen Gewässern mit einem Großsegler in Ballast herum zu manövrieren. Es kam die Nacht, Wind und Wetter verschlechterten sich, Regenböen folgten.
>
> Nun ereignete sich ein seltsames Zwischenspiel. Ein Tourendampfer von Stockholm nach Finnland erschien auf der Bildfläche. Sein Kurs war nordöstlich. Vom Norden her, den Steven südlich gerichtet, segelte „PAMIR" mit den Rahen hart am Winde. Als ob der Teufel eigenhändig den Kurs und die Fahrgeschwindigkeit der beiden Schiffe lenkte. So weiter fahren, hieße nach langer Reise, kurz vor der Rückkehr zu seinen Lieben kollidieren, vielleicht noch ertrinken müssen.
>
> Der Dampfer hat auszuweichen, der Segler hat seinen Kurs und seine Geschwindigkeit beizubehalten, so lautet das internationale Gesetz.
>
> Der Dampfer unternahm nichts. Auf „PAMIR" begann man sich Sorgen zu machen, wird der Dampfer bald seiner Ausweichpflicht nachkommen? Zur eigenen Sicherheit und Vorsicht waren schon Petroleumfackeln usw. gezeigt, um den Auszuweichenden an seine Pflicht zu mahnen. Doch nichts geschah, nichts half. So griff die Führung der „PAMIR" entscheidend in letzter Minute, ja Sekunde, der noch möglichen Rettung vor einer schweren Kollision selbst ein. Drei Mann drehten das Ruderrad leewärts nach Steuerbord,

4 Der Erlebnisbericht des damaligen III. Steuermannes Karl Kåhre an seinen Bruder Georg Kåhre ist zu lesen auf Seite 180 des Buches „Under Gustav Eriksons flagga" von Georg Kåhre, herausgegeben vom Ålands Nautical Club, Mariehamn 1948.

sie drehten mit eiserner Kraft, ging es doch um den ziemlich sicheren Verlust ihres Seglers, gleichfalls um ihr eigenes Leben. Bange Augenblicke folgten, doch siehe, der Segler gehorchte dem Ruder und fiel ab. Kurz hinter dem Heck des Dampfers passierte „PAMIR“ frei. Diese nervenverzehrende Situation war mit kühnem Mut und sehr harter Entschlußkraft gemeistert worden. Auf dem Dampfer rührte sich nichts. Er fuhr scheinbar unbeeindruckt von dem soeben Vorgefallenen seinen nordöstlichen Kurs weiter. Nicht ahnend, was sich in kurzen Minuten im Herzen der Führung und des Kapitäns Maurits Mattsson der „PAMIR“ abgespielt hatte.

Es war im zweiten Weltkriege. „PAMIR“ segelte[5] unter der Flagge Neu-Seelands, beheimatet in Wellington.

Auf einer Reise von San Francisco nach Wellington, beladen mit Flugzeug-Benzin, wurde „PAMIR“ durch das Auftauchen eines japanischen U-Bootes an seinem Backbordbug überrascht. Nachdem der Kommandant den Segler hat überprüfen lassen, drehte er ab und ließ „PAMIR“ seine Reise fortsetzen. Es ist anzunehmen, daß der japanische Kommandant seine Ausbildung auf einem Segelschiff oder Segelschulschiff erhalten und jetzt nicht das Herz und den Mut hatte, dieses einmalige, herrliche Bild in die Tiefe des Ozeans zu versenken.

Sicher hat der Kommandant später in der Heimat für diesen „Versager“ bezahlen müssen; es mag kein geringer Preis gewesen sein. Eine solche Handlung blieb doch kein garantiertes Geheimnis.

Einzufügen wäre:

Seit Jahren gehöre ich der „AMICALE INTERNATIONALE DES CAPITAINES AU LONG COURS, CAP HORNIERS“, Saint-Malo, an.

Im Jahre 1963, im September, stattete unsere Deutsche Sektion mit dem Dampfer „Nordland“ den Ålands Inseln, dem einstigen Heimatort des Seglers „PAMIR“, dem Hafen Mariehamn, einen Besuch ab. Dort hatten wir das Vergnügen, an unserer großen Tafel im Mariehamns Societetshus vier frühere „PAMIR“-Kapitäne sitzen zu haben. Es waren die Albatrosse-Kapitäne:

Herr Robert Miethe, Valparaiso (1911-1912)
Herr Robert Clauss, Heidrege bei Uetersen (1929-1930)
Herr Präsident Gerhard Sjögren, Mariehamn (1931-1933)
Herr Maurits Mattsson, Mariehamn (1933-1936)

---

5 Zu lesen in der Zeitschrift: „John Bull“ vom 15. April 1950.

Diese ebengenannten vier Herren waren ein jeder einmal Kapitän der Viermastbark „PAMIR“.

Ein gemeinsames Andenken an diese Fahrt haben wir Kapitäne, die während des ersten Weltkrieges in Chile auf den deutschen Segelschiffen bedienstet gewesen waren, auf der Fahrt ins Innere der Insel gemacht. Auf diesem Bild haben wir Kapitän Miethe und Kapitän Clauss verewigt.

Abbildung 5: Von links nach rechts auf dem Foto: Kapitäne Krüger - Clauss - Schuback - Bohn - Blöss u. Frau - Lassen - Miethe - Jahn - Sietas - Moser und Kratz (Archiv).

Teil 1: Vor dem Mast

Teil 2 („Als Nautiker") erscheint
als separater Band

Auf der Internetseite des Verlags *verlag.cbloess.de* finden Sie zusätzliches Foto- und Informationsmaterial sowie ein Glossar mit seemännischen Fachausdrücken.

1. Meine erste Reise zur See

Durch mein erhaltenes Seefahrtsbuch wurde auch ich zum Bürger der Ozeane und Meere erhoben.

Passagierdampfer „MOLTKE“

Mit einem Tender der HAL (Hamburg Amerika Linie) wurden wir nach Brunshausen gebracht. Dort lag unser Schnelldampfer „MOLTKE“. Das Seemannsamt Cuxhaven musterte die Mannschaft hier an Bord vor Anker auf der Reede.

Auf der Fahrt dorthin wurde ich gewahr, daß wir viele Jungen für das gleiche Schiff waren. Einige prahlten; sie prahlten, was sie nicht alles konnten, wo sie schon auf Gottes weiter Erde gewesen waren. Ich kam mir so klein vor, bescheiden hielt ich mich abseits und mischte mich nicht unter sie. Alsbald näherten wir uns dem Ziele. Gewaltig war „MOLTKE“ für mich anzusehen mit seinen über 12.000 BRT und seinen zwei großen Schornsteinen. Es war imponierend für meine Jungenaugen. Der Tender legte sich längsseit des Riesen. Jetzt konnte ich die Höhe der Bordwand staunend bewundern. Zum Innern des Schiffes hin war ein großes Luk als Öffnung in der Bordwand. Dahinein wanderte die „MOLTKE“-Mannschaft vom Tender, auch ich folgte. Mir kamen weiterhin immer neue, gewaltige Eindrücke, Gänge und Treppen folgten einander. Die Wege im Schiffsleib des Riesen schienen unzählig. Ich erinnere nicht mehr, wie ich überhaupt in eines der Matrosenlogis hineingefunden habe. Aber klar und deutlich sehe ich mich noch dort auf meiner Seekiste sitzen. Ich harrte der Dinge, die nun folgen mußten. Daß ich mich ins Matrosenlogis, unter die Back begeben hatte, war für mich eine Selbstverständlichkeit, hatte ich mich doch als Decksjunge verheuert. Auch war ich fest überzeugt, erstmals mein Ziel erreicht zu haben.

Einige Zeit verging. Es kam ein Augenblick, ich stutzte. Sah ich doch einen respektablen, älteren Seemann mit einem Schnurr- und Spitzbart energisch daherschreiten. Meinen Namen ausrufend, betrat er das Logis. Ich erschrak fürchterlich, als hätte ich ganz Großes verbrochen. Es war der I. Bootsmann, ihm folgten eine Reihe Jünglinge, gleich mir. Er suchte seinen letzten der neuen Jungen, der ich war. Selbstverständlich erhob ich mich sofort. Im gleichen Moment aber bekam ich Ohrfeigen links und rechts, ich weiß nicht, wieviele es waren. Das hatte ich davon, daß ich mich selbständig gemacht hatte.

Jetzt hieß es, dem gestrengen Bootsmann zu folgen. Ich bemerkte, ich war der einzige Junge mit einer Seekiste. Aber es fand sich ein Kamerad, er war mir behilflich beim Transport. Unser Weg führte treppaufwärts, zu meinem Erstaunen immer weiter vom Matrosenlogis ab. Ich konnte es einfach nicht fassen, was der Bootsmann mit uns vorhatte, was dieses bedeuten sollte. Mir wurde langsam klar, ein eigenes Denken war vorbei. Jetzt begann für mich ein anderes Leben, ein Leben, das ich mir nicht so vorgestellt hatte.

Plötzlich waren wir an der Backbordseite auf dem Bootsdeck, auf höchster Höhe des Dampfers angelangt. Wir hatten uns Junge neben Junge in einer Reihe hinzustellen, so standen wir und standen wir, nichts geschah. Was mochte nun folgen? Im Rücken hatten wir ein großes, hohes Rettungsboot, zur Front schauten wir auf ein breites, weißgestrichenes Schott mit Bullaugen darinnen. Endlich erschien ein für mich sehr vertrauenerweckender älterer Herr in blauer Uniform mit drei goldenen Streifen an jedem Unterarm. Er war der I. Offizier des Schiffes. Der Bootsmann folgte in einem angemessenem Abstande. Der I. Offizier schritt bedächtig, langsam unsere Front ab. Unerwartet blieb er vor mir stehen. Ich bekam einen gewaltigen Schreck, ich stellte mir im Innern die Frage, was sollte dieses bedeuten? Er erfaßte meinen Arm als Aufforderung, ihm zu folgen. Zu vermerken: Die Offiziere trugen auf deutschen Schiffen ihre Ärmelstreifen in Gold, die Ingenieure zur damaligen Zeit in Silber.

Später erfuhr ich, der Bootsmann wanderte mit seinen Jünglingen langsam wieder abwärts, der verbleibende Rest der Jungen wurde den Matrosen zugeteilt. Also mußte es wohl eine Ehre für mich gewesen sein, daß ich von allen Jungen, selbst auch von den Prahlern, von höchster Stelle als erster ausgesucht wurde.

Damals war mir diese Auswahl nicht recht.

Der I. Offizier führte mich zur Offiziers-Messe. Mein Dienst bestand fortan darin, dem Messesteward behilflich zu sein. Mein Schlafraum war mit dem Messesteward zusammen in einer Kammer neben der Messe. Meine Koje war die Unterkoje. Meine Seekiste durfte ich ins Ölzeugspind für Offiziere unterstellen.

Der erste Tag verlief ohne nennenswerte Ereignisse. Ich erhielt vom Steward sehr viele Anweisungen, derart viele, als bliebe für diesen Herrn kaum etwas zu tun übrig. So war mein Empfinden, ich hatte richtig getippt.

Meine erste Nacht in meiner Koje kam mir endlos lange vor. Ich konnte keine Ruhe finden. Eben war ich eingeschlafen, wurde ich wieder wach. Es juckte am Arm, im Nacken, im Gesicht, kurz gefaßt, es juckte nahezu überall. So eine Juckerei und als Folge Kratzerei hatte ich in meinem Leben nie kennengelernt. Ich konnte mir in meiner Bescheidenheit und Harmlosigkeit keine Erklärung dazu geben. Aber auch einmal ging diese Nacht vorüber.

Als ich aufgestanden war und meine Hände und Arme besah erschrak ich doch noch größer wurde mein Schreck als ich im Spiegel mein Gesicht sah; Es war vollkommen geschwollen und voller Quaddeln; ja, Quaddeln überall, wohin ich an meinen Körper schaute, der Juckreiz war enorm. Ich darf sagen, so etwas sah mein Auge nie zuvor und ich habe es hernach auch bei keinem Menschen wiedergesehen.

Es half nicht, ich begann meinen Dienst. Nun währte es nicht lange, und ich wurde von einem der Herren Offiziere mit barschen Worten angeredet: „Junge was haben sie denn mit Dir gemacht, Du bist vollständig von Wanzen zerstochen. Du hast uns etwas Nettes beschert! So kann es unmöglich weitergehen!“ Mir schwand die Lust zum Arbeiten, ich war bedrückt und beschämt, innerlich fertig. Wie konnte ich mich dieses Verdachtes erwehren, ich kleiner Schiffsjunge!

Ein Retter aus meiner Not erschien. Ich sah diesen Herrn von gestern, den I. Offizier, auf mich zukommen. Herrn Buck ist mein Leid, das mir geschehen, wohl hinterbracht worden, und ein I. Offizier ist dann an Bord der Herr, der entscheidet, befiehlt oder anordnet usw.; der Herr für Alles!

Wie ein Vater nahm mich Herr Buck beiseite, ruhig und gelassen redete er mit mir. Ich glaubte, er hat nicht daran gedacht, daß ich diese Viecher eingeschleppt haben könnte. Nachdem er nun mein Quaddel-Wunder betrachtet hatte, stellte er mir die Frage: „Wo ist Dein Zeug?“ Ich zeigte aufs Ölzeugspind der Offiziere. Wir beide hoben meine Seekiste heraus und stellten sie in die Mitte dieses nicht kleinen Vorraumes. Er hob den Deckel der Seekiste hoch, sah dieses herrliche Ölgemälde, eine Bark im Orkan unter Sturmsegel, schaute für Sekunden darauf und begann, mein Zeug nachzusehen. Alles darinnen war neu und nicht getragen, sogar Ölzeug und Seestiefel hatte ich mit. Sehr ungewöhnlich für einen Jungen auf einem Schnelldampfer! Der Herr entschied sehr schnell. Er sagte: „Nein, mein Junge, Du hast nichts dergleichen eingeschleppt! Was willst Du denn werden?“ Darauf antwortete ich prompt: „Kapitän auf einem Segler und später Lotse möchte ich werden.“ Herr Buck schaute mich freundlich an und sagte: „Es ist jetzt gut, mein Junge, gehe nur an Deine Arbeit!“ Ich atmete innerlich froh und erleichtert auf, ich wußte, ich hatte einen Gönner gefunden. Jetzt schaute man nicht mehr mit Unbehagen auf mich.

Ich habe in späteren Jahren erfahren, daß er selbst hat Lotse werden wollen, es auch geworden sein soll. Daß ich seine Frage an mich, was ich werden wolle, freimütig und offen mit dem Endziel: „Lotse“ beantwortete, mag diesem Herrn im Moment ein wenig imponiert haben. Hätte ich sein Vorhaben gewußt, hätte mir der Mut zu dieser Antwort sicherlich gefehlt.

Die Wanzengeschichte wird auch zu Ohren unseres Kapitäns H. Ruser gekommen sein. Auf der anderen Seite unserer Kojen, nur getrennt durch ein hölzernes Schott, hatte der Kapitän seine Koje. Energisch wurde jetzt die Bekämpfung und Vernichtung dieses scheußlichen und unangenehmen Ungeziefers vorangetrieben. Unsere Kammer wurde vollständig ausgeräumt. Alle darin befindlichen losen Teile wurden in die See geworfen, der Raum wurde gesäubert, desinfiziert und verschlossen. Die Nähte unserer Kojengardinen (Schiffseigentum) wurden, bevor sie dem großen Teich anvertraut wurden, aufgetrennt. Und siehe da, es wimmelte darinnen von Wanzenbrut. Durch diesen Beweis wurde ich vollständig entlastet. Ich selbst durfte mich im stillen freuen.

Der Steward und ich erhielten, da unsere Kammer verschlossen wurde, unsere Schlafgelegenheit in einem großen Raum, etliche Decks tiefer im Schiff zugewiesen, und zwar bei den Friseuren und vielleicht noch anderen Mitbewohnern.

Der Dampfer „MOLTKE“ hatte seine Reise begonnen und verließ die Elbe.

Mein Tagewerk begann 3 Uhr 30 morgens. Ein Quartermaster weckte mich. Natürlich war ich derart müde, daß ich nicht zu mir fand. Der Quartermaster kam kurz darauf abermals und wurde im Wecken energischer. Gegen 4 Uhr, zum Wachwechsel, sollte frischer, gefilterter Kaffee auf der Brücke für die wachehabenden Offiziere sein. Auf jeder Wache befanden sich dem Range nach ein II. und III. oder ein II. und IV. Offizier. Die bei den II. Offiziere waren im Besitze von Patent A 6, der III. und IV. Offizier im Besitze von A 5.

In späteren Jahren sah ich elektrische Kochgeschirre auf den Brücken, so war man in der Lage, sich jederzeit selbsthelfend bedienen zu können. Hier hätte es besser organisiert sein müssen. Alles zur morgendlichen Kaffeezubereitung Benötigte könnte abends zurecht gestellt worden sein. Nein, hier wurde nichts derartiges erlaubt. Es blieb und war umständlich, ich hatte dies auszubaden. Das

Wecken und meine Müdigkeit wiederholten sich Morgen für Morgen, solange wir auf See waren. Hierzu meine Erklärung. Ich fand den ganzen Tag wenig freie Minuten für mich. Es war immer etwas zu tun, und wenn es auch nach den Abendstunden oft nur Nichtigkeiten waren, ich mußte zur Verfügung stehen. Auch hatte ich keine Kammer, ich hatte nichts. Weit unten im Schiff, unter vielen anderen, war meine Koje, in die ich oft erst gegen 9 Uhr abends wie tot müde zum Schlafen kam. Möglich, daß die frische Seeluft einen zusätzlichen Einfluß auf meine Müdigkeit ausübte.

Da ich mein Leben in dieser Arbeit wiedergeben möchte kann ich nicht umhin, gerade diese Reise deutlich im Umriß zu veranschaulichen. Ich wollte nicht den Weg des Bedienungspersonals gehen. Nein, mir schwebte anderes vor. Mein Leben war hier schwer, in meinen Augen eine vertane Zeit. Ich wollte zu den Matrosen, von diesen lernen und hören, zur Weiterbildung für mein ernstes Vorhaben.

In unserer Messe war keine Pantry. In diesem Raum wurde abends alles verschlossen. Vor dem Schlafengehen überreichte mir der Steward ein Schlüsselbund mit sehr vielen Schlüsseln daran. Sie dienten zum Öffnen der Schubladen und Behälter am nächsten Morgen in unserer Messe.

In der Frühe, am nächsten Tage, begann ich, müde und verschlafen, mit den vielen Schlüsseln das Durchprobieren an den Schubladen. Viel kostbare Zeit ging damit verloren. Wagte ich, eine Verbesserung beim Steward vorzubringen, rührte sich seine lose Hand, und ich versuchte es niemals wieder in der Hoffnung diese kurze Reise werde einmal ein Ende nehmen.

Den Treiber und Aufpasser, den wiederum der wachhabende Offizier entsandte diesen Quartermaster, hatte ich in der Messe stets morgens hinter mir. Er machte mich nervös und unruhig. Hatte ich alles Notwendige zur Zubereitung für den Morgenkaffee auf dem Tablett stehen, so verschwand er. Mein Weg begann abwärts zur Pantry I. Klasse. Dort hatte ich die dicke kondensierte Milch durch heißes Wasser aufzulösen, den Kaffee zu filtern. Es war für diese frühe Zeit sehr rege dort. Ich glaubte, ungestört am Heißwasserapparat meine Arbeit verrichten zu können, doch weit gefehlt! Plötzlich, wie aus heiterem Himmel wurde ich mit einem Knuff hart und barsch zur Seite geschoben: „Weg hier, Du …, erst komme ich, ich habe keine Zeit!“ So oder ähnlich erging es mir Morgen für Morgen. Ich war überall im Wege. War ich hier in der Pantry fertig, brachte ich sehr schnell diese Teile in die Messe. Jetzt huschte ich einige Decks tiefer, weiter abwärts zum Bäcker und Konditor. Bei diesen Leuten saß die Hand frühmorgens sehr lose. Am ersten Morgen ging ich in den Backraum, mit Gepolter flog ich zur Tür heraus. Mir wurde beigebracht, dort vor der Tür zu warten, dort würde ich mein Gewünschtes überreicht bekommen. Artig wartete ich Morgen für Morgen vor der Türe, oft ging das Bedienen schnell, oft langsam. Um Punkt 4 Uhr war auf See für alle an Bord die Wachablösung. Stand ich zufällig um diese Zeit vor der Bäckertür zum Warten, so kam die für mich endlose, lange Reihe der Heizer und Trimmer aus der Maschine nach der Ablösung an mir vorbei. Einer dieser unsauberen Gesellen streichelte mit seinen schwarzen, schmutzigen Fäusten aus reinem Übermut und Spaß meine Backen, so war der Bann für die Folgenden gebrochen. Im Gesicht sah ich dann aus, als sei ich einer der Ihren. Fortlaufen konnte ich nicht, die Bäcker verstanden keinen Spaß, wenn ich nicht dort gestanden hätte, um sofort dem guten Manne mein Gewünschtes abnehmen zu können, hätte ich entweder meine Ohrfeige weggehabt, oder er hätte mich dann durch Warten bestraft. Morgens früh waren diese Menschen ungenießbar, später am Tage verspürte ich es nicht, sie waren zugänglicher. So lernte ich schon Leute kennen.

Kam ich vom Bäcker und Konditor zurück in die Messe, so stand mein Antreiber und Aufpasser wieder vor mir. Hatte ich alles zur Überbringung auf die Brücke fertig auf dem Tablett stehen, so verschwand er schnellstens zur Brücke, um die Voranzeige für den gleich zu erwartenden Kaffee zu überbringen. Ja, statt mir behilflich zu sein, verschwand er. Es wäre unter seiner Würde gewesen, als Quartermaster einem Messejungen zu dienen. Geistig wach, beobachtete ich einen Unterschied zu der Disziplin: Befehl auszuführen, gehorchen und plumpe, schmeichelnde Augendienerei.

So kam Morgen für Morgen, solange wir auf See waren, eine mühselige Quälerei. Müde verschlafen nahm ich das beladene Tablett balancierend zwischen meine Hände. Eine dicke, schwere Teakholz-Außentür an der Backbordseite hatte ich zu öffnen. Ein gewaltiger Druck des 17 Seemeilen Fahrtwindes, oft verbunden mit einem zusätzlichen Sturmeswind, belastete diese Tür. Um diesen Druck überwinden zu können, hatte ich meine ganze Kraft einzusetzen. Es war für mich schwer. Nebenbei hatten meine Hände das für mich nicht leichte Tablett mit vielem darauf balancierend den Bewegungen des Dampfers anzupassen und zu haltern. War ich glücklich durch diese Tür, so wurde sie mit Heftigkeit durch den Winddruck ins Schloß zurückgeworfen. Gleichzeitig erfaßte der gewaltige Winddruck mich. Ich hatte mich mit meiner Last und mit ungeheurer Kraft diesem Element entgegenzustemmen. Manches Stück Geschirr ist mir vom Tablett durch diesen Winddruck fortgeblasen worden. Ein Stück schützendes Tuch zum Überdecken bekam ich nicht. Es war auf diesem Schiff kein Innenweg von der Brücke zur Messe und umgekehrt. Stets wurde die Backbordseite, ob Lee oder Luv, benutzt. An der Backbordseite zwischen Brücke und unserer Außentür befanden sich die Offizierskammern, an der Steuerbordseite die Räumlichkeiten unseres Kapitäns. Dieses Stück Bootsdeck zu benutzen, behielt sich der Kapitän als sein persönliches Recht vor, niemand weiter durfte hier passieren, außer den Passagieren der I. Klasse. Hatte ich meine Last, das Tablett, auf der Brücke abgeladen, so war ich durch den Wind und die Anstrengungen wach und munter geworden.

Nach dieser Arbeit hatte ich vom Steward die Anweisung, mich in die Messe zu setzen und meinen Kaffee zu mir zu nehmen, was ich auch ausführte. Essen und Trinken konnte ich, soviel ich nur mochte. Brot, Butter, auch Aufschnitt usw., waren stets reichlich vorhanden. Diese Morgenarbeit war und blieb für mich ein ungelöstes Problem, es war kein Wille vorhanden, es angenehmer, leichter, schneller und pünktlicher abzuwickeln. Ich biß mich durch und dachte damals schon, nach mir die Sintflut! Nachdem ich Kaffee getrunken und gut gegessen hatte, begann ich mit der mir zugeteilten Arbeit. Alle sich täglich wiederholenden Arbeiten möchte ich nicht erläutern. Sie erstreckten sich weit über den ganzen Tag, angefangen mit dem Wachegehen der Offiziere.

Das Frühstück der Offiziere in der Messe verlief täglich ohne weitere Unannehmlichkeiten für mich. Alltäglich gegen 10 Uhr vormittags übergab mir der Steward zwei Eimer. Mit diesen mußte ich ins Vorschiff, in einen Kühlraum. Ich hatte dort nur zu sagen: „Für die Offiziers-Messe“. Verließ ich den Raum, so waren beide Eimer gefüllt. Am Boden der Eimer amerikanisches Fruchteis verschiedener Färbung. Aufschnitt erhielt ich täglich, obenauf in den Eimern Südfrüchte und frische Frucht aus der Heimat. Milch in Dosen, Butter und Zucker, soviel ich erinnere zweimal wöchentlich. Mein Weg führte vor den gewaltigen Aufbauten des Schiffes treppab, treppauf. Es ereignete sich, ob es nun Zufall oder gesucht wurde, daß, wenn ich mit meinen vollen Behältern aufwärts ging, ein Matrose abwärts passierte. Natürlich waren mir beide Hände durch das Tragen dieser Eimer gebunden, auch ausweichen konnte ich nicht. Ich bemerkte an dem Entgegenkommenden, daß er meine Last beobachtete. Er passierte mich. Mit einem sicheren Griff entnahm er einem Eimer sein gewolltes Teilchen. Wie der Blitz verschwand der Mann. Möglich, daß er Angst hatte, ich könnte rufen oder daß einer der Wachhabenden von der Brücke dieses habe beobachten können. Nein, ich unternahm nichts, gar nichts. Ich habe zu niemandem hierüber gesprochen, selbst nicht zum Steward. Ich wußte, in der Offiziers-Messe mangelte es an nichts, auch nicht, wenn ein Matrose einen Mundraub beging. In die Messe zurückgekehrt, mußte ich die Eimer entleeren. Jedes Teilchen hatte seinen Platz. Der Steward kümmerte sich wenig um diese Arbeit! Ich wiederum sah, daß sich vieles häufte und mehr wurde. Ich plante still für mich, hier Abhilfe aus eigener Machtvollkommenheit zu schaffen. Ich war jung und unerfahren. Mein Auftrag war, Überflüssiges in die Foulbrass zu tun und es außenbords, in die See zu kippen. Hiergegen sträubte sich mein inneres Gefühl und mein Empfinden. Ich konnte es nicht. Ferner hatte ich die Anweisung, das Bootsdeck und unsere Räumlichkeiten nicht zu verlassen, außer zum Essenholen, um zur Koje zu gehen oder wenn es Alarm zum Bootsmanöver geben würde. Zum Bootsmanöver hatte ich in unserem Vorraum einen Gong hängen, mit dem hatte ich bestimmte Gänge im Laufschritt unter möglichst hartem, fortwährendem Gongschlagen zu durcheilen, auf daß auch ich zurück zu meinem Boot kam.

Diese Anhäufung des Eßbaren ließ mich nicht ruhen. Es quälte und reizte mich, einmal ein Verbot zu übertreten, war ich doch affenschnell und sehr wendig. Der Nervenkitzel, etwas Unerlaubtes, aber gleichzeitig etwas Gutes tun zu wollen, ließ mich eines Tages den Versuch wagen. Ich stopfte meine Taschen voll und verschwand zum Vorschiff. Hier verschenkte ich möglichst schnell den Inhalt an die für mich armen Auswanderer der billigsten Klasse. Übereifrig stieg ich sogar vorne aufs höchste Decksteilchen, auf die in meinen Augen große Back. Hier erstaunte ich über die gewaltigen Eisenteile, über die Größe des Ankerspilles usw. Mein Auge sah arme Gestalten schlecht gekleideter Männer, sie hockten irgendwo schauten vor sich hin in die See. Ich sah ihre Beine und Knie leise beben. Ihre Lippen bewegten sich, als murmelten sie still vor sich hin. Mit dem Rosenkranz spielten ihre zitternden Hände. Sie sahen mich nicht, sie wurden nicht gewahr, als ich nahe bei ihnen stand und sie anschaute. Nein, sie schauten in die gewaltig große Weite unseres Herrgotts, über sich den hohen Himmelsbogen und dann weiter nichts als Wasser, abermals Wasser und sehr nahebei ein in den Melodien fortwährend wechselndes Geräusch, das Bugwasser unseres Dampfers „MOLTKE". Diese große Weite und in der Vorstellung das tiefe, tiefe Wasser des Ozeans, ein Wasser ohne Balken, mag eine krankhafte Beeinflussung bei diesen Menschen hervorgerufen haben. Ich fühlte großes Mitleid mit ihnen. In meinen Augen waren es menschliche Wracks. An ihresgleichen gab ich unseren Überfluß ab. Schnell begab ich mich zurück zur Messe. Dies geglückte Spiel mit der Übertretung des Verbotes, das Bootsdeck nicht verlassen zu dürfen, reizte. Ich versuchte es immer wieder. Aber der Krug geht solange zu Wasser, bis er bricht, so auch hier bei mir. Eines Tages lief ich meinem Gönner in die Arme. Er hielt mich an mit den Worten: „Wohin, mein Junge?“ Ehrlichen Herzens schaute ich ihm in seine Augen und sagte die Wahrheit. Herr Buck blieb ruhig, er sagte nur: „Nicht wieder tun, mein Junge, was Du los sein mußt, tue es in die Foulbrass und außenbords damit!“ Also doch, es wurde Wahrheit. Der Überfluß mußte fortan in die See. Mein kindliches Gemüt konnte es nicht fassen. Der Vorgesetzte wußte mehr. Wäre es gestattet worden, bestünde die Möglichkeit einer geschäftlichen Ausnutzung. Fortan tat ich es nicht wieder.

Zur Mittagszeit wurde die Steuerbord-Außentür vom Steward geöffnet und offengehalten. Mein Weg zum Essenholen ging durch diese Tür, ob Lee oder Luv, immer. Etwas achteraus auf dem Bootsdeck führte eine Treppe abwärts zum Deck der I. Klasse-Passagiere. Nahe dieser Treppe war die breite Doppeltür zum Eingang Salon und Speisesaal. Einige Stufen, mit schneeweißem Gummi belegt, zeigten den Weg abwärts. Rechts, also in der Richtung nach vorne, sah ich den Speisesaal und die großartig gedeckten vielen Tische. Der Herr Obersteward stand mit den Händen auf dem Rücken mit einem gepflegten Schnurrbart ernst, würdevoll und sich seiner Autorität bewußt, fast unbeweglich da und beobachtete seine Stewards und alles um sich herum. Auch ich wurde von ihm scharf aufs Korn genommen, das merkte ich. Mein Weg führte zum Essenholen stets diese schneeweißen Treppen hinunter, dann aber scharf links den mit besten Läufern ausgelegten Gang der I. Klasse-Passagiere entlang. Weiter folgten Gänge gewöhnlicher Art, zuletzt erreichte ich dann die Kombüse. Sie war für meine Augen und Begriffe gewaltig. Viele Köche, viele Feuerlöcher und Herde waren vorhanden. Abfälle, nicht Geratenes beim Braten oder Backen wurden einfach an Deck auf den gekachelten Boden geworfen, man ließ sich keine Zeit, dies in die Foulbrass zu tun. Ich sah z. B. ein Pfannkuchen war nicht so geraten, wie es wohl der betreffende Koch hat haben wollen. Mit einem Schwung flog er aus der Pfanne und landete auf dem Boden. Nicht ganz einwandfreie Eier gingen denselben Weg. Nach der Essenszubereitung wurde mit scharfem Wasser und einem harten Besen der Boden gescheuert, mir einem Wasserstrahl nachgespült. So wurde alles bestens sauber gehalten.

In der Kombüse herrschte ein gleiches Benehmen mir gegenüber, wie woanders auch, nur daß hier keine Ohrfeigen ausgeteilt wurden. Verließ ich nun mit dem Essen für die Messe den Raum, so waren meine Schuhe bestimmt nicht geeignet, diese schneeweißen Gummitreppen in der I. Klasse zu betreten. Aber was sollte ich machen?

In der Messe warteten sie darauf, daß ich schnell zurückkommen sollte. Nirgends konnte ich meine Schuhe säubern. Diesen Weg mittags hatte ich unzählige Male zu gehen. Passierte ich nun diesen Weg, diese weißen Treppen, so mußte jedesmal ein in der Nähe befindlicher Steward auf Anordnung des Oberstewards mit einem Seifenwasser-Feudel meine hinterlassenen Spuren wegwischen. Daß ich dadurch für diese Stewards ein verhaßter Junge wurde, läßt sich denken. Oft folgte mir der verärgerte Steward hinterher, wütend und schimpfend. Ihre Verärgerung auf mich spürte ich gleichfalls morgens gegen 4 Uhr in der Pantry bei der Kaffeezubereitung, wie auch schon erzählt.

An manchen Mittagen kam der I. Offizier, Herr Buck, in unsere Messe. Er erschien, wenn die Herren der Wache nahezu mit dem Essen fertig waren. Normalerweise hat ein I. Offizier zur Mahlzeit seinen Platz im Speisesaal der I. Klasse, gleichfalls der I. Ingenieur, natürlich auch der Kapitän. Herr Buck führte sich bei uns ein mit den Worten: „Mein Junge, gehe nach unten und hole mir meine Speisekarte!“ Schnell holte ich diese. Nun schaute der Herr darauf, und es währte manchmal lange, bevor er sich entschloß, was ich für ihn holen mußte. Daran merkte ich, er hatte wenig Appetit. Verschiedentlich begnügte er sich mit einem Teller Suppe und anschließend einem Gläschen Bier oder einer Tasse Mokka. Nachdem er gegessen hatte, hielt er mir die Speisekarte hin mit den Worten: „Hast Du auf irgend etwas Appetit, mein Junge, so hole Dir, was Du magst“. Dankend lehnte ich jedesmal aus Höflichkeit sein Angebot ab. Der Steward schaute böse drein. So etwas hatte er wohl auch noch nicht erlebt, daß ein I. Offizier sich so mit einem Messejungen abgab. Mit meiner Ablehnung seines Angebotes gab Herr Buck sich nicht zufrieden. Dafür hieß es jetzt: „Gehe zum Konditor und hole das, was mir zusteht, und vergiß nicht das Fruchteis!“ Ich führte seine Anordnung aus. Nun forderte er, ich sollte mich setzen und dieses in seinem Beisein essen. Natürlich gehorchte ich und aß diese leckeren Sachen. Wenn ich hier anführe, auch in unserer Messe hatte ich das Beste, ich brauchte nichts Zusätzliches mehr, so war es wohl eine Geste meines Gönners. Ich hatte gesagt, ich wollte gerne Segelschiffs-Kapitän und später Lotse werden, so wußte er auch, daß ich meinen Weg über die Segelschiffahrt machen mußte. Dort, wo Bescheidenheit im Essen herrschte, ich dann an die Fleischtöpfe an Bord des Dampfers „MOLTKE“ und an ihn zurückdenken würde. Das habe ich oft, sehr oft später getan. Hier als Junge in der Messe konnte ich glatt den Satz verwirklichen, der da heißt: In der allergrößten Not schmeckt die Wurst auch ohne Brot! Nach dem Mittagessen stand sehr oft eine volle Schüssel des besten Kompotts unangerührt da, es war ein Jammer, dies anzusehen, ein noch größerer, dieses alles in die Foulbrass anschließend in die See zu schütten. Aber Ordre war Ordre, Befehl, Befehl! Die Herren Offiziere aßen mäßig, sehr mäßig. Die Hauptsache war als Abschluß ein Gläschen Bier. Alle Rationen, die der Messe zugeteilt wurden, waren für einen guten Esser berechnet. So war es zu verstehen, daß sich Proviant anhäufen mußte.

Oft morgens bei schönem Wetter ließ mich der Kapitän H. Ruser rufen. Ich kam, der Herr stand mit Handschuhen an beiden Händen bereit, mein Ohrläppchen zu erfassen und so mit mir an der Backbordseite des Bootsdecks entlangzugehen, mir die vergrünspanten großen Bullaugen zu zeigen. Ich sollte dieselben blankgeputzt halten. Ich verhielt mich äußerst ruhig, ich sagte nur: „Jawohl Herr Kapitän!" Damit entließ er mich. Aber nie kontrollierte er mich, ob ich darangegangen war, diese Bullaugen zu putzen. Mir war es im Grunde im Laufe der Zeit gleichgültig geworden, wo ich und was ich arbeitete. Wußte ich doch, daß ich fast ohne Unterbrechung in einemfort beschäftigt war. Und dies war meine Genugtuung. Mein Kapitän war für mich weit ab vom Schuß, er machte sich nie hart und ernst bemerkbar. Der Steward war aber stets in meiner Nähe, seine Anweisungen waren für mich gleichfalls Befehl. Denn nur ihm hatte ich laut Anweisung des I. Offiziers zu folgen. Der Kapitän hätte unseren Steward zu sich rufen müssen, hätte ihm den Befehl erteilt dafür zu sorgen, daß die Bullaugen blank zu erhalten seien, so wäre sein Befehl auch ausgeführt worden. Ich habe niemals vernommen, daß man diesen Steward irgendwie getadelt oder ihm Befehle erteilt hätte. Alles polterte über den Messejungen her. Am Anfang führte ich schon an, wie sein Arbeitsverhältnis zu mir war; meine Ahnung hatte mich nicht betrogen. Die Anweisungen, die ich am Beginn der Reise von ihm erhielt, ließen bei mir den Verdacht aufkommen, daß dieser Steward nur der Herr war, der meine Arbeit zu beaufsichtigen hatte, weiter nichts. Und so war es!

Eines Mittags, es war vielleicht an dem Tage mein letzter Gang für die Messe, winkte der gestreng dreinschauende Obersteward mit seinem Kopf mich zu sich. Ich erschrak und konnte mir keine Vorstellung von dem machen, was dieser Herr von mir wollte. Natürlich folgte ich seiner Aufforderung und ging zu ihm. Seine Stimme klang enttäuschend für mich, sie war weich und sehr leise. Kaum verständlich, stellte er mir die Frage, was ich werden wollte. Ich sagte: „Ich möchte Segler-Kapitän und später Lotse werden"! Da entgegnete er: „Komme zu uns, werde Steward, später kannst Du es gleich mir zum Obersteward bringen, wenn Du es verstehst und Dich ordentlich bemühst. Bestimmt stehst Du Dich hier besser und verdienst bedeutend mehr! Versuche es!“

Ich schließe hieraus, daß unser I. Offizier sich mit diesem Obersteward über mich und mein Vorhaben unterhalten hatte. In gewissem Sinne war ich zu meinem Vorhaben ein Offiziersanwärter, hier aber ein Messejunge.

Ja, so etwas war hier wohl nicht jede Reise aktuell, ich glaube sagen zu dürfen, selten!

Diese bestimmt gut gemeinten Worte unseres Oberstewards an mich hatten bei mir nicht die geringste Wirkung erzielt. Sicherlich muß es Menschen zu allen Berufsarten geben, aber ebenso empfindet ein normaler Mensch einen bevorzugten Sektor in der Wahl zu seinem späteren Betätigungsfeld, von gewissen labilen Geschöpfen abgesehen. Ich hatte meine Wahl zum Berufe gefunden als festes Ziel.

Es war unumstößlich, solange meine Gesundheit es zuließ. Und hierzu hatte ich keine Bedenken. Ich fühlte auch absolut kein schwaches Herz. Nicht ahnend, was mir noch alles bevorstand. Aber meines Gottes Hand stand, wie später zu lesen ist, schützend über meinem Haupt. Immer deutlicher bildete sich bei mir der Vorsatz, wenn es mir gelingen sollte, Nautiker zu werden, dann nur für die Segelschiffahrt; möglichst bis zur Kapitänsstellung. Ein Segler-Kapitän war ein König auf der weiten See, es war ein herrlicher Kampf des Mannes mit den Naturgewalten dortselbst! Ein Wort aus seinem Munde war absolut, vorausgesetzt er war ein Kapitän in harter Pflichterfüllung selbst, ein Vorbild für seine Leute.

Mein Auge sah zum ersten Male einen gewaltigen Ozean, den Atlantik. Ich sah die langen Wogen, ich sah dieselben vom Sturmwind aufgepeitscht, ich sah die weißgischtigen, überfallenden Kämme der Wellenberge, diese Brecher.

Hin und wieder zeigten sich helle, gar weiße Flächen am Horizont, es waren Segler. In weiter Ferne zogen sie einsam ihre Bahn. Es waren Bilder, denen ich sehnsüchtig nachschaute, in der Hoffnung, selbst einmal auf so einem stolzen Segler fahren zu dürfen. Es waren noch unerfüllte Wünsche an denen mein junges Herz hing!

Über diese Reise selbst ist nicht viel zu berichten.

Wir passierten z. B. unter Dover zum Eingang des englischen Kanals die dortigen Kreidefelsen der Küste. Der Steward machte mich darauf aufmerksam sonst hätte ich es nicht sehen können, da ich im Schiffsinneren Dienst tat. Bei der Einfahrt New York wiederholte sich ein Gleiches. Der Steward rief mich, er stand in der Backbord-Außentür zum Bootsdeck. „Schau hin"! sagte er. Wir passierten die gewaltig große Freiheitsstatue.

In New York selbst bin ich nur einige Male abends durch die in der Umgebung liegenden Straßen still für mich gewandert. In meiner Heimat waren sie nach Geschäftsschluß dunkel und fast menschenleer. Hier, im Gegensatz, sah man schon erleuchtete Schaufenster, oben an den Häuserwänden hier und dort Reklameschilder. Den Wert einer menschlichen Beeinflussung durch Werbung hatte man erkannt, in unserer Heimat lag die Wirtschaft, nach dem abendlichen Straßenbild zu urteilen, noch im Dornröschen-Schlaf.

Für mein Auge auffallend waren die endlos, unschönen langen Reihen von hölzernen hohen Telegraphenmasten, die das Straßenbild verunzierten. In unseren Städten habe ich das nicht beobachtet.

New York war mein erster Auslandshafen in meinem kommenden Seemannsleben. Hier begann ich mich schon unbewußt zu formen, unbewußt ging es später weiter. Der fremde Hafen, die dortigen Menschen, ihre Sitten und Gebräuche, all dies für einen Fremden sonst Neue reizten mich wenig, außer Wichtigem, das meinen Beruf und mein Fortkommen tangierten. Ich lebte zu meiner Freude gedanklich nur diesem.

Am 27. August 1905 trafen wir wieder auf der Elbe ein. Das Cuxhavener Seemannsamt kam bei der Alten Liebe an Bord des Dampfers „MOLTKE". Die Abmusterung begann. In Brunshausen ging das Schiff vor Anker. Mit einem Tender der Reederei wurden wir nach Hamburg gebracht. Meine erste Seereise war damit beendet.

Ich war mir damals bewußt, so wollte ich meine Seefahrt nicht weitermachen. In meiner jugendlichen Vorstellung überlegte ich, dort zur Hamburg-Amerika Linie wollte ich nicht wieder zur Stellensuche gehen. In meinen Augen waren sie wortbrüchig, sie musterten mich als Decksjungen an und ließen mich als Messejunge arbeiten. Zwar ging ich mit einem sehr guten Zeugnis von Bord, aber ihre Handlung mir gegenüber erfüllte nicht meinen Wunsch.

Ich war enttäuscht!

Der Seemann Hans Ruser

Kapitän Hans Ruser war in meiner Seemannslaufbahn mein erster Kapitän. Er hat als Seemann Großes geleistet, führte er doch bis zum Beginn des ersten Weltkrieges unter schwarz-weiß-roter Flagge unseres Vaterlandes und auch der Welt größte Passagierdampfer!

Vieles über ihn steht hier und dort geschrieben: es ist mein Wille, soweit möglich alles Erreichbare über Ruser zusammenzufassen.

Hans Ruser wurde am 2. Juni 1862 in Burg auf Fehmarn geboren, er verstarb am 5. April 1930 in Hamburg.

Der Museumsleiter, Herr Peter Wiepert, in Burg auf Fehmarn gab mir zu diesem Thema einen kurzen Bericht. „Dem Kommodore steckte wohl schon als kleinem Jungen die Seefahrt im Blut. Erst fünf Jahre alt, ließen er und sein Spielgefährte Unbehauen auf dem ›Bollwerkssoll‹ (Viehtränketeich) in Burg kleine Papierschiffe auf dem Wasser kreuzen. Wenn eins davon glücklich an der anderen Seite des Teiches landete, stieß Ruser einen Freudenschrei aus: ›Hurra! Min Schipp is ankam in Amerika‹."

Als Zehnjähriger erlebte er die schreckensvolle Sturmflut, die weite Teile der Heimatinsel überschwemmte und viele Opfer forderte. Als echtem Fehmaraner drängte es ihn in die weite Welt. Er ging zur See.

Und weiter heißt es: „Es ist nicht viel, was ich Ihnen über den Kommodore berichten kann, weil er in seinem Leben sehr selten nach Fehmarn gekommen ist und hier keine verwandtschaftlichen Bindungen gehabt hat. Ich habe ihn nur einmal in Hamburg – es muß 1923/24 gewesen sein – getroffen und nur einige Minuten mit ihm gesprochen."

Mit dem Passagierdampfer „VATERLAND" wurde er nach einer Reise nach New York, (im ersten Weltkriege) in Amerika interniert. Als das Schiff damals in New York einlief, lud Ruser noch ca. 30 dort lebende Fehmaraner zu einem Essen an Bord ein.

Ruser war als Kapitän und Kommodore außerordentlich hart und strenge im Dienst. Als es bei der Süd-Polarexpedition einmal um Leben und Tod ging, zeichnete er sich durch besondere Zähigkeit aus. Im Kreise seiner Kameraden war er nicht gerade beliebt, da er selten einen Spaß mitmachte, trotzdem aber immer korrekt und gerecht war.

In der amerikanischen Internierung trat er sehr stur auf, hielt seine Mannschaft dazu an, den amerikanischen Aufsehern und Verhörsleuten wenig zu antworten. Er selbst sagte trotz oft harter Behandlung praktisch auf Fragen nur „ja" oder „nein" – kein Wort mehr. Einen Steward Boldt, hier von Fehmarn stammend, paukte er aber bei einer kleinen Revolte, die die Internierten in Szene gesetzt hatten, so erfolgreich heraus, daß der amerikanische Lagerkommandant ihn kommen ließ und ihn den verbohrtesten deutschen Eisklotz nannte, der ihm jemals vor Augen gekommen sei.

Abbildung 6: „LEVIATHAN" ex „VATERLAND" (Archiv). Die „LEVIATHAN" der United States Line ist eines der größten Schiffe der Welt. Die frühere deutsche „VATERLAND" der Hamburg-Amerika Linie wurde in „LEVIATHAN" umbenannt. Nach der Instandsetzung, die £ 2.000.000 gekostet hat, ist sie sowohl einer der luxuriösesten und bequemsten als auch der schnellsten und sichersten Dampfer auf See. Sie hat eine Gesamtlänge von ca. 290 Meter, eine Breite von ca. 31 Meter, die Tiefe beträgt ca. 56 Meter und die BRT 59.956.

Ruser war den ganzen Weltkrieg über in Amerika interniert.

Von einer Hamburger Firma wird ein „Kapitän Ruser Rum" vertrieben.

„VATERLAND" war mit beinahe 60.000 BRT vermessen Deutschlands und der Welt größter Passagierdampfer. Der nächste, noch größere „BISMARCK", war im Bau, der Ausbruch des ersten Weltkrieges verhinderte seine Fertigstellung.

Vom 14. auf den 15. April 1912, ein Jahr zuvor, sank „TITANIC" auf der Jungfernreise nach einer Kollision mit einem Eisberg im Nord-Atlantik. Dieser 46.000 BRT große Ozeanriese galt damals als der größte und modernste seiner Art.

Ein Konkurrenzkampf der Großreedereien auf der See im Spiegel der Zeit!

*

„LEVIATHAN" wurde nach dem Versailler Friedensvertrag ein amerikanisches Schiff. Das Foto und der Text sind aus England. Warum wurde nicht offen zugegeben, „LEVIATHAN“ sei das größte Schiff der Welt?!

Der Autor

*

Abbildung 7: Dampfer „FÜRST BISMARCK“ am 18. Juni 1899. — Kaiserbesuch vor Brunsbüttel, rechts im Hintergrund Segler „POTOSI“ (Backens).

Am 4. September 1890 trat der Nautiker Hans Ruser in die Dienste der Hamburg-Amerika Linie ein.

Im Jahre 1892 war Ruser II. Offizier auf dem Ozean-Schnelldampfer „FÜRST BISMARCK“. In zwei Versionen ist mir dieser Fall bekannt. Ich entnehme den kommenden Schriftsatz dem Buche von Fred Schmidt: „Schiffe und Schicksale“.

„FÜRST BISMARCK“, Inhaber des blauen Bandes, pflügte mit hoher Fahrt seinem Ziele New York entgegen. Es war eine unruhige, regnerische Mainacht. Urplötzlich taucht vor seinem Bug ein dunkler Schatten auf, ein hastiges Kommando des Wachhabenden – wirbelnd fliegt das Ruderrad herum, und es gelingt, den Zusammenstoß im letzten Augenblick zu mildern. Man hatte es mit dem französischen Dreimastschoner „LOUISE“, mit 342 NRT vermessen, aus St. Nazaire zu tun, mit einer Ladung Zucker unterwegs von Guadeloupe nach Bordeaux. Niemand war verletzt, das Schiff nur leicht beschädigt. Den Offizieren fiel sofort auf, daß die Positionslampen des Seglers durch verrußte Gläser nur kümmerlichen Schein warfen. Auch wurde die für diese Situation entscheidende Steuerbordlampe in ihrer unzweckmäßigen Anbringung durch die Segel nach vorn vollkommen verdeckt! Merkwürdigerweise weigerte sich die französische Mannschaft, mit ihrem Schiffe die Reise fortzusetzen. Der schöne große Hamburger hatte es ihnen anscheinend angetan! Als unter der deutschen Decksmannschaft Freiwillige aufgerufen wurden, die den Havaristen weiterbringen sollten, meldeten sich alle wie ein Mann. Der II. Offizier Ruser ging darauf mit 8 Mann auf den Franzosen über. Diese neue Mannschaft brachte das Schiff ohne Zwischenfall nach Falmouth wo ihr ein Hilfslohn von 2.000 Mark vom Schiedsgericht zuerkannt wurde.

Am 17. 2. 1900 wurde Ruser zum Kapitän des Dampfers „TEUTONIA“ ernannt.

Wie soeben angeführt, segelte Hans Ruser 1892 als Dampferoffizier den französischen Segler „LOUISE“ nach der Kollision im Interesse seiner Reederei ohne Zwischenfälle heimwärts. Es ist anzunehmen, daß man sich dieses tüchtigen Nautikers und Seemannes erinnerte, als die Reichsregierung daran ging, ihren Segler „GAUSS“ als Expeditionsschiff in die Antarktis zu entsenden.

Abbildung 8: „GAUSS" vor der Ausreise. Liegeplatz vor der Schwentine-Mündung, Kiel (Archiv).

So wurde Ruser Kapitän dieser Barkentine „GAUSS“, die unter der Leitung des Geographen Erich von Drygalski 1901/02 auf der Südpolarexpedition das Kaiser-Wilhelm-II-Land entdeckte. Etwas Nord von diesem Land, auf ca. 92° östlicher Länge wurde eine Insel „Drygalski-Insel“ benannt. Der Berg auf dem Kaiser-Wilhelm II-Land erhielte den Namen „GAUSSBERG“. Dies Land liegt am Süd-Polarkreis, es erstreckt sich vom 80. – 100. Längengrad.

Die Cuxhavener Zeitung schrieb am 10. April 1964:

Kommodore Ruser und die „IMPERATOR“

Der Entschluß der Wasser- und Schiffahrtsdirektion, den neuen Lotsenschiffen den Namen verdienter Kapitäne aus der jüngeren Geschichte der deutschen Handelsschiffahrt zu geben, brachte nunmehr auch einem Schiffsoffizier die verdiente Ehrung, dessen Name nicht zuletzt auch in Cuxhaven noch nicht vergessen sein dürfte: Kommodore Ruser. Albert Ballin hatte ihn unter 200 Kapitänen im Dienst der Hapag auserwählt und ihm die Führung des damals größten Passagierschiffes, der „IMPERATOR", übertragen.

Abbildung 9: Originaltext, übersetzt: Der königliche Postdampfer „BERENGARIA" ist der größte von allen großen Cunardern. Ihre riesigen Dimensionen haben den Bau von öffentlichen und privaten Räumen möglich gemacht, die in Größe und Höhe nicht ihresgleichen haben. Für die Bequemlichkeit ist in verschwenderischem Luxus und Eleganz gesorgt. Sie umfaßt einen doppelreihigen Speisesaal, einen wunderbaren Tanzsaal, Rauchsalon, Wintergarten, Gesellschaftsraum, Schreibzimmer, Schwimmbassin, Turnsaal und elektrische Sonnen- und Duschbäder. Länge ca. 280 Meter, Breite ca. 29,9 Meter, BRT 52.226 tons.

„IMPERATOR" wurde nach dem Versailler Friedensvertrag ein englisches Schiff. Das Foto und der Text sind aus England. Es mutet merkwürdig an, beim amerikanischen „LEVIATHAN" führt der Engländer an: Formerly the German Liner „VATERLAND", (Zuvor der deutsche Dampfer „VATERLAND") hier bei „BERENGARIA" ist es unterblieben! Warum?

Abbildung 10: Kommodore Ruser (Ölgemälde von Hans v. Stenglin 1963).

Im Jahre 1913 wurde Ruser mit dem höchsten Titel eines Kommodore ausgezeichnet. Es war die Zeit, in der die großen Musikdampfer der Hapag im Liniendienst zwischen Hamburg und New York am Steubenhöft in Cuxhaven anlegten und hier jeweils begrüßt und verabschiedet wurden.

Auf der Brücke der „IMPERATOR" (52.117 BRT) stand Kommodore Ruser, ein Mann ohne Fehl und Tadel. Das von der Hapag bei der Übergabefahrt überreichte Ölgemälde [Abb. 10, links] zeigt den Kommodore in der damaligen blauen Uniform der Kapitäne auf deutschen Passagierschiffen. Unter dem

Abbildung 11: Rechts sieht man zwar die Nase des „IMPERATOR", aber sie läßt mit ihren gut zwanzig Metern Höhe der Phantasie Spielraum. Das riesige Schiff lief am 23. Mai 1912 vom Stapel und wurde bis April des darauffolgenden Jahres fertiggestellt. Auf der Kanzel befanden sich neben den Bürgermeistern Burchard und Schröder, Albert Ballin und Geheimrat Flohr von der Vulkan-Werft in Hamburg, nur der Kaiser als Taufpate. (Die Welt)

Abbildung 12: „IMPERATOR" beim Anlegemanöver am Steubenhöft, Cuxhaven. 1913. — Oben am Bug ein einmaliges Bild, ein Adler mit offenen Flügeln krallt sich auf dem Globus fest. — Vermutlich auf höchsten Befehl angefertigt und angebracht. — Die See mit ihren Naturgewalten zerschlug dieses absolut gewollte Werk, so daß es nach Rückkehr von der Reise endgültig beseitigt wurde. (Archiv).

steifen Eckenkragen und auf blauem Tuch trägt er alle Orden und Ehrenzeichen: Roter Adlerorden, Türkischer Halbmond und viele mehr. Ein Register aus damaliger Zeit führt auch die Verleihung des großen Preises der Weltausstellung in St. Louis an, eine Auszeichnung, deren Verleihungsgrund von uns allerdings nicht mehr in Erfahrung gebracht werden konnte. Denn selbst vieles in der jüngeren

Geschichte der deutschen Handelsschiffahrt ist bereits der Vergessenheit anheimgefallen.

Unvergessen bleibt jedoch Kommodore Ruser, dessen Lebensgefährtin die große Freude hatte, von England nach Papenburg zu reisen, um das neue Lotsenschiff auf den Namen ihres Mannes zu taufen, das nach der gestrigen Übergabe in Cuxhaven beheimatet ist.

Abbildung 13: Lotsenschiff „Kommodore Ruser" (Lilienthal).

Lotsenschiff „KOMMODORE RUSER"

Ein Teilauszug aus der Taufrede

Die Hamburg-Amerika Linie hatte auf Initiative Albert Ballins (Generaldirektor) das Doppelschraubensystem für den Antrieb großer Schiffe eingeführt. Mit der „FÜRST BISMARCK" gewann die HAPAG zum ersten Male das begehrte blaue Band für die schnellste Überquerung des Nordatlantiks. Mit der „KAISERIN AUGUSTA VICTORIA" unternahm sie die ersten Vergnügungsreisen zur See. Die Entwicklung ging weiter über den Doppelschraubenschnelldampfer „DEUTSCHLAND" mit 16.052 BRT und 23,5 sm Geschwindigkeit, die ebenfalls das blaue Band errang und jahrelang das schnellste Passagierschiff der Welt blieb. Der Schnelldampfertyp der „AMERIKA"-Klasse folgte, der den Reisenden weitere Bequemlichkeit und Attraktionen bot. Diese Schiffe waren noch größer und behaglicher. Sie waren, wie man sagte, zu schwimmenden Hotels geworden. Bei den dann folgenden Schiffen der „IMPERATOR"-Klasse mit mehr als 50.000 BRT konnte man mit Recht von dem größten und besteingerichteten Schiffen der Welt sprechen. Diese Schiffe repräsentierten nicht nur materielle Werte von damals kaum bekannter Größe. Sie hatten auch Raum für eine Zahl von Menschen, die der Bevölkerungszahl einer kleinen Stadt gleich kam. Bei voller Besetzung waren es 5.180 Personen. Dabei dürfen wir nicht vergessen, daß im Jahre 1913, ein Jahr, nachdem die „TITANIC"-Katastrophe die Welt erschüttert hatte, schon ein erheblicher Mut dazu gehörte, so große Passagierschiffe in Dienst zu stellen. Wenn auch damals alles technisch Mögliche für die Sicherheit getan war, insbesondere auf dem Gebiet der wasserdichten Unterteilung des Schiffes und des Feuerschutzes, und wenn zum ersten Male Kreiselkompaßanlagen verwendet wurden, so wurde doch der Schiffsführung eine ungeheure Verantwortung aufgebürdet. Nur die besten und auf allen Meeren bewährten Männer konnten diese Verantwortung übernehmen. Albert Ballin kannte seine Kapitäne. Die Führung eines solchen Riesenschiffes umschloß bis dahin unbekannte Probleme. 5 Kapitäne waren auf solchem Schiff eingesetzt, 1 Betriebskapitän für den allgemeinen Dienst, 3 Wachkapitäne für den Brückendienst und als Führer des Schiffes mit der Gesamtverantwortung der Kommodore. 7 weitere nautische Offiziere unterstützten sie bei der Durchführung ihrer vielseitigen Aufgaben.

Abbildung 14: Kommodore Hans Ruser (Photo Hamann Hamburg).

So ist Rusers Lebenslauf ein Stück Geschichte der deutschen Passagierschiffahrt geworden! Ruser führte folgende Schiffe als Kapitän: „TEUTONIA", „GAUSS", „PRINZESSIN VICTORIA LUISE", „MOLTKE", „BLÜCHER", „KAISERIN AUGUSTA VICTORIA", als Kommodore: „IMPERATOR" und „VATERLAND"!

Kommodore Ruser als der Nautiker, der des Vaterlandes und der Welt größten Dampfer geführt und als Kommodore befehligt hat!

Kapitän Robert Hilgendorf, der zu seiner Zeit nicht nur des Vaterlandes und der Welt größten Rahesegler allein mit der Naturkraft des Windes vorwärtsbewegt, als Kapitän geführt und unnachahmlich schnelle, immer gleichmäßige Reisen vollbracht hat!

Im Jahre 1960 kam mein Buch: „Glanz und Schicksal der ›POTOSI‹ und ›PREUSSEN‹, Hamburgs und der Welt größte Segler“ auf den Markt.

Dieses Buch schrieb ich als ein Geschichtsdokument, um diesen ersten Führer des Seglers „POTOSI“ zu ehren! War er doch ein Seemann großer Leistungen und international anerkannt!

Schon bevor Hilgendorf 1895 mit dem Segler „POTOSI“ auf seine Jungfernreise zum chilenischen Salpeterhafen versegelte, haftete ihm das Odium eines vom Glücke begünstigten Schiffsführers an. Aber die folgenden authentischen Zahlen mögen beweisen, daß dies nur durch Neid oder Mißgunst dahergeredet worden sein kann. Seine in der Seemeilen-Distanz fast gleichbleibenden zehn Reisen nach dem Norden Chiles mit diesem Segler „POTOSI“ verliefen (wenn ich bei den vier Reisen, in deren Verlauf er Valparaiso extra hat ansegeln müssen, seine dortigen Hafenliegezeiten in Abzug bringe) wie in Tabelle 1 angegeben.

Reise	Monate	Tage
1	5	15
2	5	15
3	5	17
4	5	19
5	5	10
6	5	11
7	5	15
8	5	6
9	5	11
10	5	12

Tabelle 1: Dauer der 10 Reisen der „Potosi“ nach Valparaiso.

Diese Schnelligkeit und die Gleichmäßigkeit, mit der diese Reisen durchgeführt wurden, ist rein unvorstellbar, wenn man gewillt ist, sich ernst und näher mit einem Großsegler und der See zu befassen. Wer möchte hier noch von Glück sprechen, nein, es war Kapitän Hilgendorfs Können!

Überzeugt von der Richtigkeit meines Vorhabens, schrieb ich in meinem oben benannten Buch auf Seite 163 als Abschluß eines Kapitels: „Leider haben diese Taten unserer Seeleute in unserer Heimat nicht die ihnen gebührende Beachtung gefunden!“

Kurz darauf wurden neue Lotsschiffe vor der Elbe in Dienst gestellt. Das erste dieser Serie taufte die zuständige Behörde auf den Namen: „KAPITÄN HILGENDORF“, das letzte auf den Namen: „KOMMODORE RUSER“.

Ich habe die ehrenden Taten freudig zur Kenntnis genommen! Der Autor.

*

Lotsenschiff „KAPITÄN HILGENDORF"

Ein kleiner Teilauszug aus der Taufrede

In der Schiffahrt lebt seit Menschengedenken der schöne Brauch, ein Schiff vor seinem Stapellauf und seiner Indienststellung zu weihen und zu taufen.

Wir glauben der Tradition nicht untreu zu werden, wenn wir den Namen dieser wackeren Männer, deren Erinnerung übrigens auch in Schiffsnamen an anderer Stelle noch weiter gepflegt wird, nunmehr Namen hervorragender Seefahrer der jüngeren Vergangenheit folgen lassen. Uns leitet dabei auch der Gedanke, dem einlaufenden Schiff nicht nur ein mit „LOTSE" bezeichnetes Funktionsfahrzeug entgegenzuschicken, sondern es zugleich von einem Schiff begrüßen zu lassen, dessen Name heute in der Seeschiffahrt noch oft mit Ehrfurcht genannt wird.

Die Antwort auf die Frage, mit welchen Namen wir die neue Reihe eröffnen sollen, fiel uns nicht schwer. Es gibt einen Mann, dessen Name die letzte Epoche der Segelschiffsära überstrahlt und der seinerzeit überall auf der Welt, wo von schnellen Schiffen und großen Seeleuten die Rede war, bekannt war und der damals manchenorts „The Flying German" genannt wurde.

Das war Kapitän Robert Hilgendorf, der 66 mal Kap Horn[6] gerundet und davon 50 Reisen als Kapitän gemacht hat. Er war einer der wahrhaft großen Segelschiffsführer und Ausgang des 19. Jahrhunderts einer der bekanntesten, von legendärem Ruhm umgebenen Seemänner der Welt.

Laeisz, Hilgendorf, Potosi, das waren Namen und Begriffe, die die Blütezeit der kommerziellen Segelschiffahrt überstrahlten. Hilgendorf war wiederum einer von den Schiffsführern, die die Segelfahrt zur Wissenschaft erhoben. Doch sein Verdienst erschöpfte sich nicht darin, daß er verstand, hervorragend meteorologisch zu navigieren – wie man heute sagen würde – sondern er war zugleich Schiffs- und Menschenführer mit besonderen Qualitäten. Auf den von ihm geführten Schiffen herrschte ein von seiner starken Persönlichkeit geprägter Gemeinschaftsgeist. Hilgendorf forderte große Leistungen.

---

6 Der Autor verwendet statt des regulären „Kap Hoorn" (siehe z.B. *Brockhaus' Kleines Konversations-Lexikon* von 1911) einheitlich die Schreibung „Kap Horn", möglicherweise angelehnt an das englische „Cape Horn" oder die Bezeichnung „Cap Horniers" für Seemänner, die auf einem unmotorisierten Frachtensegler Kap Hoorn umrundeten.

Er schonte weder sich noch andere. Es waren jedoch nicht alleine der Kampf mit den Naturgewalten, die Kapitän und Mannschaft zusammenschmiedete und sie zu einer besonderen Lebensgemeinschaft formte, sondern es waren in erster Linie seine hervorragenden menschlichen Eigenschaften, sein Fürsorge-Gefühl für die ihm anvertrauten Männer, verbunden mit seinem großen seemännischem Können und Geschick, die sein Wirken mit besonderem Erfolg krönten.

Abbildung 15: Kapitän Hilgendorfs Segler Fünfmastbark „POTOSI" (Kapt. Miethe).

Wenn dieses Schiff den Namen „KAPITÄN HILGENDORF" tragen soll, so liegt darin nicht nur eine Ehrung dieses Mannes und seiner Verdienste, nicht nur ein Gedenken an die Zeit der großen Rahesegler, deren bedeutender Repräsentant er war. Es verbindet sich vielmehr mit dieser Namensgebung die Absicht, den ganzen deutschen Seemannsstand hier an diesem vorgeschobenen Posten unserer Küste zu ehren. Hilgendorf ist nur der Prototyp, er ist nur einer der vielen Männer, die auf der Brücke, in der Maschine und im weiteren Bordbetrieb unserer Handelsschiffahrt ihre verantwortungsvolle und harte Aufgabe erfüllen und in der Vergangenheit erfüllt haben. (usw.)

2. Meine weitere Seefahrt auf Dampfern

Am nächsten Morgen begann ich meine Suche nach einer neuen Schiffsjungen stelle. Jung und unerfahren war ich, ein Neuling überall, wohin ich kam. Ich wurde von keinem beraten, auch hatte ich niemand, der mich hätte beraten können.

Und doch, eines Tages klopfte ein schlanker, großgewachsener junger Herr an unsere Wohnungstür. Ich öffnete, es war mein Vetter Willy, mütterlicherseits. Es war der hier in meiner Arbeit angeführte, spätere amerikanische Tanker-Kapitän. Mein Vetter war auf dem Wege zu seinen Eltern. Er wollte uns nach über dreijähriger Abwesenheit nur begrüßen.

Während dieser langen Zeit war er als A.B., als Vollmatrose auf dem Londoner Vollschiff „CORTES" bedienstet gewesen. Jetzt beabsichtigte er, die Navigationsschule in Lübeck zu besuchen, um anschließend sein Steuermanns-Examen auf Großer Fahrt abzulegen. Er war damals von Hamburg mit dem Segler weggefahren unter einem Kontrakt, der besagte: „From Hamburg back to a german port"! Mit dieser Reise kam das Schiff erstmalig wieder zurück zu einem deutschen Hafen. Es war ein harter und schwerer Vertrag. Aber was fragte man damals danach, ein Mann in den besten Jahren. Ich komme noch darauf zurück. Ich hätte ein Gleiches getan, nur um mit einem Engländer zur Erlernung der Sprache und zur weiteren Fortbildung in meinem Berufe zur See zu fahren.

Nach Hamburg zurückgekehrt, waren an Bord der „CORTES" nur zwei der alten Matrosen, mein Vetter und ein anderer, die ihren Kontrakt durchgestanden haben. Abmustern konnten sie nicht, desertieren wollten sie nicht, so bissen sie sich bis zur Erfüllung ihres schriftlich eingegangenen Versprechens durch. Alle anderen, sowie es bei vielen üblich war, desertierten, sehr oft unter Zurücklassung all ihrer Effekten und ihrer Heuer.

„CORTES", in Hamburg angekommen, hatte eine Besatzung aus 13 verschiedenen Nationen, es waren Menschen verschiedener Sprachen und Hautfarben. Dieses Vollschiff war kein Einzelgänger, nein, es war damals auf vielen, vielen Seglern international üblich. Das Geschäft an diesen Deserteuren machten vermutlich die Kapitäne. Ihre Handlungen den Mannschaften gegenüber richteten sich auf diesen Punkt aus. Wohin und an wen sich auch ein Besatzungsmitglied zur Beschwerde an Land im Ausland wandte, nirgends und bei niemandem fand er Gehör. Daher die häufigen Desertionen dieser poor devils! In der Heimat, am Orte ihrer Abmusterung vor dem Seemannsamte konnten sie ihre Beschwerden vorbringen und ihr Recht erkämpfen. Aber das Durchhalten bis dahin war nicht jedermanns Sache.

Natürlich war es auf Seglern unter deutscher Flagge kaum so hart. Die Mannschaften waren überwiegend Schiffsoffiziersanwärter oder angehende Nautiker. Sie gingen mit ganz anderen Voraussetzungen an Bord ihres Seglers. Sie waren teils im Inneren ihres Herzens überzeugt davon: willst Du einmal befehlen, mußt Du auch gehorchen gelernt haben. Mit solchen Besatzungen an Bord kam es nicht so leicht zu unüberbrückbaren Spannungen unerträglichen Ausmaßes!

So oder ähnlich war das Los manch eines Seemanns, bis er arbeitsunfähig irgendwo landete, sich der Heilsarmee anschloß oder mit seinem Segler auf der See blieb.

Diese Mentalität der Seeleute war den Kapitänen, die so handelten, gut bekannt, und sie wurde bestens einkalkuliert.

Ich möchte nicht behaupten, daß es in seiner Heimat keine Gerechtigkeit für den Seemann gegeben hätte, sicherlich! Aber wer war denn der Fahrensmann auf diesen Seglern? Wenn auch des Lesens und Schreibens vielleicht kundig, war er aber ungeübt, folglich gehemmt und unwissend darüber, wo der Hebel zur Erreichung des Rechts anzusetzen war. Es gab manche Analphabeten unter diesen.

Zum Verständnis führe ich ein Beispiel an. Am anderen Morgen sollte die Abmusterung sein. Die Mannschaft ging, nachdem das Schiff, von langer Reise heimgekehrt und im Hafen gut vertäut war, an Land. Jetzt, das erste Mal wieder festen Boden unter den Füßen zu haben, war für den Einzelnen ein belebendes Gefühl. Geldgeber fanden sich ein, nach dem Preis für das Borgen des Geldes wurde nicht gefragt, viel weniger darum gehandelt. Nach kurzer Zeit forderten die langentbehrten Lebensgenüsse hemmungslos ihr Recht. Am anderen Morgen waren die tags zuvor gefaßten Entschlüsse zur vermeintlichen Forderung des Rechtes in nebelhafte Ferne gerückt. Die besten Vorsätze existierten nicht mehr. Manch ein Seemann verpaßte den Abmusterungstermin und hatte damit, um als wahrhafter Mann zu erscheinen, alles verspielt. Still nahm er sein Geld und seine Papiere in Empfang als Endabschluß seiner Reise! Verließ er nun diesen Raum, so standen seine Geldgeber von gestern mit ihren Forderungen vor ihm. Nüchtern geworden, überkam ihn das graue Elend. Er stürzte sich hinein in den Strudel der Vergnügungen, bis der Rest des Geldes verjubelt war und keiner eine größere Sehnsucht verspürte als dieser, schnellstens auf irgend einem Windjammer zu verschwinden. Er traf keine Auswahl, er nahm, was gerade zur Verfügung stand. An Bord war seine Welt, das Land und die Menschen seiner Umgebung waren sein Verderb. War er auf dem neuen Segler gelandet, so redete er nur immer von dem letzten, guten Schiff, es war immer das Beste!

Hatte sich die Stimmung der Mannschaft beispielsweise hart und geschlossen auf See gegen einen solchen Kapitän gewandt, so handelte er nach der Devise: „Teile und herrsche". Er fand als Menschenkenner immer einen ihm hörigen Mann heraus. Bei guter Wetterlage sprach er diesen Matrosen auf dem Achterdeck an: „Fred, ich glaube Du hast heute Geburtstag, nicht wahr? Komm mit mir in die Kajüte, ich möchte zur Feier ein Gläschen mit Dir trinken!" Der Mann fühlte sich, so angesprochen, geehrt. Er folgte seinem Kapitän. Fred bekam mehrere Gläschen, und beim Verlassen der Kajüte wurde ihm noch eine volle Flasche in eine seiner Taschen gesteckt. Fred hatte Alkohol gerochen, und lang währte es nicht, so öffnete er die volle Flasche. Die Kameraden wurden aufmerksam, was Fred trieb. Möglich, daß es ob dieser Bevorzugung noch zu der vom Kapitän gewünschten Schlägerei an Bord kam und diese zum Einschreiten der Schiffsführung zwang. So fanden sich mit List Gründe, die vom Kapitän bestgehaßten der Mannschaft eines Disziplinarvergehens zu überführen. Der Kapitän hatte in zweifacher Hinsicht sein Ziel erreicht!

So oder in ähnlicher Form konnte das Leben auf derartigen Seglern ausgesehen haben. So oder ähnlich erzählten sich ältere Matrosen im Logis, in dem ich als Jüngling ein stiller Zuhörer zu sein hatte!

Am nächsten Morgen erwachte ich, zu meinem Leidwesen war mein Vetter abgereist. Die gestrigen Abendstunden waren ausgefüllt durch seine erlebnisreichen, nicht endenwollenden interessanten Erzählungen und Schilderungen aus seiner Seefahrtszeit. Vieles war äußerst lehrreich und wichtig für mich. Ich war ganz Ohr und vergaß darüber mein eigenes Anliegen. Jetzt war es zu spät. Bestimmt hätte er mir beratend helfen können.

Ich ging denselben Morgen meiner Stellungssuche nach.

Eines Tages landete ich in der Straße, Pulverturmsbrücke, zwischen der Admiralitätsstraße und dem Herrengraben in Hamburg. In einem Kellergeschoß befand sich eine Heuerstelle für die Mannschaftsannahme verschiedener Reedereien. Eine sehr steile Treppe führte hier in den Kellerraum abwärts. Eine breite Doppeltür zum Niedergang wurde weit vor der Öffnungszeit von stellungssuchenden Seeleuten aller Gattungen belagert. Jeder wollte sich gerne beim Aufruf einer freien Stelle als erster Bewerber melden. Der Mann, der von innen diese Tür zu öffnen hatte, war in keiner beneidenswerten Lage. Der Druck von außen schlug die beiden Türklappen durch die nachdrängenden Massen mit Gewalt seitwärts gegen die Wände. Die ersten hatten große Mühe, sich der Nachdrängenden zu erwehren, um nicht zu stürzen, nirgends fanden ihre Hände einen Halt. Ich habe mich aus Vorsicht nicht an die Tür gewagt, so vernünftig war ich.

Reichspostdampfer „ADMIRAL“

Eines Tages wurde ich dort als Junge für den Reichspostdampfer „ADMIRAL“ der Deutschen Ost-Afrika-Linie, Hamburg, angenommen. Mein Seefahrtsbuch wurde einbehalten, angemustert wurde noch nicht. Der Dampfer lag bei Blohm & Voss, es war ein Neubau und sollte in der nächsten Zeit seine Probefahrt antreten. Wenige der Mannschaft waren erst an Bord.

Ich meldete mich zum Dienstantritt bei einem Offizier, der mich an den I. Bootsmann verwies. Er gab mir den Auftrag, die Unteroffiziere zu betreuen. Sie hatten ihre Kammer im Achterschiff.

Nach ganz kurzer Zeit merkte ich, daß ich auf diesem Schiff vom Regen in die Traufe geraten war. Alles um mich herum sprach von ihrem Zingst und von dem Darß, ihr Dialekt war ein eigenartiger, aber gleicher. Eine gute Kameradschaft herrschte unter ihnen. Im späteren Leben mußte ich immer wieder feststellen, es waren tüchtige und zuverlässige Seeleute. Der eine zog den anderen aus der Heimat nach sich, einer half dem anderen. Für die Schiffsführung waren sie von Vorteil. Nur ich von der Elbe paßte nicht unter sie. Von der ersten Stunde an merkte ich, daß ich nicht genehm war, daß ich einem der Ihren diesen Posten genommen hatte. Es war nichts zu machen, täglich wurde mein Leben hier unerträglicher. Es traten Schikanen ein, ich hielt trotzdem durch. Leider konnte ich keinen Ausweg erkennen, wie ich meinen Job auf eine anständige Art beenden könnte. Der Tag der Probefahrt kam näher, das vernahm ich aus den Redensarten um mich herum. Eines Morgens verholten wir ins Dock, zum letzten Bodenanstrich und zur Bodenbesichtigung. Auf jedem Schiff ist es üblich, daß, wenn gedockt wird, von der Schiffsleitung sämtliche Klosetts für diese Dockzeit geschlossen gehalten werden. Da dies das erste Eindocken in meinem Leben war, konnte man von mir kein diesbezügliches Wissen fordern. Auch an dem Tage führte ich das aus, was mir aufgetragen wurde. Sehr barsch und ungehalten befahl mir der Zimmermann, das Klosett durchzuspülen. Ich tat, was man mir befohlen. Kaum hatte ich den Auftrag ausgeführt, hörte ich ein böses Geschrei und Gefluche vom Dock herauf. Der goldige Inhalt aus der Latrine war den Dockarbeitern, die mit dem Streichen unterm Schiffsboden beschäftigt waren als ein toller Segen von oben erschienen. Donnernd, pöbelnd und fluchend kam der I. Bootsmann auf mich zu! Ich glaube er hätte mich am liebsten gefressen! Meine Aussage, daß der Zimmermann mir dies befohlen hätte, fruchtete gar nichts. Ich selber hätte es wissen müssen usw. Jetzt war das Maß bei mir voll. Ich, ausgerechnet ich, sollte es wissen. Sein Kamerad, der mir den Auftrag erteilte, der Herr Unteroffizier, stand unschuldig neben uns. Gott sei Dank, es wurde nicht von ihm bestritten, daß er mir den Auftrag dazu gegeben hatte. Mein Entschluß, auf diesem Schiff nicht anmustern zu wollen, wurde mir ab jetzt bewußter. Am anderen Tag war die Probefahrt in die Nordsee, gegen Mitternacht kehrten wir nach Hamburg zurück. Im Achterschiff, in der Nähe der Unteroffiziere waren Stewards und Musiker untergebracht. Ein wüstes Durcheinander herrschte dort bis zum frühen Morgen, verursacht durch den Alkohol. Diese Berufe waren an der Quelle, dort, wo der gute Tropfen an so einem Tage reichlich fließt. Sie waren nicht von Zingst und vom Darß, sie sprachen Dialekte aus allen Teilen des Vaterlandes.

Am anderen Morgen sollte die Anmusterung vor sich gehen, so lautete der Auftrag am Abend der Probefahrt. Bei mir trat ein banges Gefühl ein. Ich wollte mit diesen mir immer fremder werdenden Menschen keine so lange Reise rund um Afrika machen. Unter für mich guten Verhältnissen wäre diese Fahrt über Antwerpen, Bourgogne, Las Palmas, Swakopmund, Kapstadt, Port Elisabeth, East London, Durban, Lourenço Marques, Baira, Mozambique, Mombasa, Aden, Port Said, Neapel, Marseille und Lissabon nach Hamburg zurück schön gewesen. Dieser Weg des Dampfers „ADMIRAL“ war mir durch Erzählungen bekannt geworden, und eine Kontrolle im Meteorologischen Tagebuch dieses Schiffes bestätigten mir die Richtigkeit. Dies alles lockte nicht, meine Vorstellung zu dem, was ich wollte, war etwas anderes.

Es kam der Morgen zur Anmusterung. Erst wurde noch Dienst getan. Wie es mein Glück wollte, ich kam den Steuerbord-Außengang entlang. Die Tür zur Zahlmeister-Kammer stand weit geöffnet. Der Kammertisch war sehr nahe der Tür. Auf dem Tisch lagen gestapelt die Seefahrtsbücher. Für mich gab es nur eines, schnell diese Bücher durchsehen. Ich hatte Glück, ich fand das meinige. Nun aber nichts weiter als mit diesem Buch aus der Kammer heraus. Es sah niemand. Leichten Herzens machte ich mich jetzt auch landfein zur scheinbaren Anmusterung. Mit einer Barkasse brachte man uns in die Nähe der Vorsetzen. Jetzt gingen wir geschlossen den Weg zum Seemannsamte, zur Admiralitätsstraße. Kurz zuvor bog ich seitwärts ab. Niemand achtete auf mich. Ich war froh. Mein Weg ging zu meinen Eltern.

Durch mein eigenmächtiges Verschwinden vom Dampfer „ADMIRAL" büßte ich meinen Verdienst ein. Was machte es, dafür hatte ich meine Freiheit wieder. Nie hat es mir leid getan! Trotzdem, Geld hätte ich gebrauchen können.

Am anderen Tage ging ich abermals zur Heuerstelle, Pulverturmsbrücke, in den Keller. Es war nichts. Am folgenden Tage rief man nach einem Schiffsjungen für einen Woermann-Dampfer auf. Ich meldete mich. Da trat ein etwas älterer Matrose auf mich zu mit den Worten: „Wie alt bist Du, mein Junge?" Ich sagte: „Fünfzehn Jahre." Da wurde er väterlicher im Ton, nahm mich mehr beiseite.und sagte, es täte ihm in der Seele leid, wenn ich diese Stellung auf dem Dampfer annähme. Ob ich nicht wüßte, was ich damit täte? Nun, was sollte ich dazu sagen? Für mich war alles Neuland. Er sagte weiter: „Dies Schiff geht nach West-Afrika in die fieberreiche Gegend". Wenn ich jetzt noch gesund sei, solle ich mich freuen und danach trachten, es weiterhin zu bleiben. Ich solle zurücktreten. Durch dieses Zwischenspiel mit dem Seemann, der es gut mit mir meinte, war die Abforderung meines Seefahrtsbuches unterblieben. Die Annahme weiterer Seeleute wurde meinetwegen nicht unterbrochen. Doch eine Stelle schrie fortlaufend nach dem Jungen. Der Arzt im Nebenraum wartete auf meine Untersuchung zur Diensttauglichkeit. Ich kam diesem Aufruf nach. In der Umkleide-Kabine angekommen, wurde ich geohrfeigt dafür, daß der Arzt hatte auf mich warten müßen. Meine Untersuchung ging schnell vonstatten. Beim Arzt war ich fertig. Jetzt rief man nach mir, ich solle mein Seefahrtsbuch abgeben. Mein Maß in dieser Heuerstelle war voll. Der Rat des Matrosen im Zusammenhang mit den Ohrfeigen ließen mich schnellstens verschwinden. In diese Heuerstelle kehrte ich nie wieder zurück.

Dampfer „ALTENBURG"

Am nächsten Tag ging ich zum Heuerbüro der Hamburg-Amerika Linie. Hier wurde ich als Logisjunge für den Dampfer „ALTENBURG" angeheuert. Freudig nahm ich die Stellung an, ich ahnte, jetzt endlich das Richtige erreicht zu haben, es stimmte!

Erst seit 1903 fuhr das Schiff unter dieser Reederei-Flagge. Zuvor war es unter englischer Flagge, unter dem Namen „GULF OF OTRANTO", im Mittelmeerdienst beschäftigt gewesen. Die Bruttotonnage war 3.320, seine Geschwindigkeit ca. 11 Seemeilen. Jetzt war „ALTENBURG" zum Postdampfer erhoben, er wurde beschäftigt im West-Indien-Dienst. Einige Passagierkabinen standen zur Verfügung, einige Passagiere hatten wir bei jeder Reise an Bord.

Die Kajüte des Schiffes war achtern auf Deck, sie war nicht in der vollen Schiffsbreite ausgebaut. Auf beiden Seiten blieb ein offener Gang bis zum Heck hin. Das obere Deck der Kajüte wurde als Promenadendeck bezeichnet.

Die Schiffsbrücke war offen und frei. Der Rudersmann hatte ein Teakholz-Steuerhaus mit zwei halbseitlichen und einem vorderen Fenster. Unter der Brücke befand sich die Ruderdampfmaschine. Auf See, in Fahrt, war sie die ewig ratternde, klappernde Maschine. Die Kapitänskammer war gleich achterkante des Rudermaschinen-Hauses, nur durch ein einfaches Schott getrennt. Wenn das Schiff durch irgendwelche Umstände schlecht steuerte oder der Rudersmann nicht sorgfältig aufpaßte und durch wildes Ruderdrehen sein Schiff hin und her im Kurse pendeln ließ, so fand der Kapitän keinen ruhigen Schlaf. So kam es vor, daß er verärgert über diesen übermäßigen Lärm der klappernden Rudermaschine auf die Brücke gestürzt kam, um den Rudersmann zurechtzuweisen oder einen anderen Mann ans Ruder befahl. Meistens wütete er mit Zorn von seiner Kammertür aus ob dieses schlechten Steuerns zum wachhabenden Offizier zur Brücke hinauf, und es genügte. Im Nebel waren diese stets lärmenden Rudermaschinen, wenn unter der Brücke angebracht, dem in solchen Zeiten scharf horchenden Ohr des verantwortlichen Wachhabenden sehr im Wege. Später verlegte man aus diesem Grunde die Rudermaschinen bei Neubauten zum Heck hin, in die Nähe des Ruderschaftes.

Ich darf hier bekunden, mancher Matrose lernte ein gutes Steuern nie. Ein Segler wurde mit dem Handruder gesteuert, hier ließ sich sehr mit dem Gefühl arbeiten, einen Schiffskörper über Dampf oder elektrischen Strom steuern zu wollen, schaltet jegliches Gefühl des Druckes, den die See auf das Ruderblatt ausübt von vornherein aus, es ist tot, beim Segler lebt es.

Es sind der Faktoren mehr, die als Ursache zum schlechten Steuern eines Fahrzeuges herangezogen werden könnten, doch es würde zu weit führen.

Mittschiffs waren auf „ALTENBURG“ auf jeder Schiffsseite ein Innengang. An der Backbordseite des Ganges waren die Kammern der Offiziere, an der Steuerbordseite die Kammern der Unter-Offiziere. Die Kombüse war achterkante Bunkerluke auf dem Bootsdeck.

Die Anker des Dampfers waren gewöhnliche Stockanker alter Zeiten.

„ALTENBURG“ war ein englischer Collier-Typ.

Einzuflechten ist noch, daß zu Anfang dieses Jahrhunderts die Hamburg-Amerika Linie unter der Leitung ihres Generaldirektors Ballin viele Schiffe second hand aufkaufte und mit diesen neue Liniendienste einrichtete.

Meine erste Reise mit dem Postdampfer „ALTENBURG“ führte von Hamburg über Antwerpen, Tampico, Vera Cruz, New Orleans und Newport News zurück nach Hamburg.

Mein Dienstantritt begann am 2. Oktober 1905. Nach meiner Anmusterung meldete ich mich beim I. Offizier, Herrn Schlimbach. Ich nehme mit ziemlicher Sicherheit an, es ist der spätere Schlimbach, welcher im Alleingang mit einem früheren Fischkutter, den er „STÖRTEBEKER“ nannte, von Ost nach West den Ozean überquerte, und jetzt werden bei den Groß-Yachten-Seglern nach ihm benannte Schlimbach-Plaketten verliehen.

Ich wurde an den Bootsmann verwiesen und landete als Junge im Matrosenlogis. Nun war ich dort, wo ich gerne hinwollte. Durch Erfahrungen war ich klug geworden, ruhig, bescheiden und sehr zurückhaltend zu sein. Und doch, hier war alles anders, die Matrosen waren für mich aufgeschlossener, ich empfing einmal einen guten Blick, sie sprachen ein Wörtchen mit mir.

Meine Verrichtungen waren selbständige Arbeiten, ich hatte keinen Treiber und Aufpasser hinter mir. Wenn ich pünktlich und gewissenhaft meine Arbeit tat, war mein Leben angenehm. Natürlich mußte ich früh aufstehen. Zur damaligen Zeit wurde im Hafen von morgens 6 Uhr bis abends 6 Uhr gearbeitet. Um 5 Uhr früh wurde ich vom Wachmann geweckt, und um 5 Uhr 30 weckte ich die Matrosen. Die Back zum Kaffeetrinken mußte ich gedeckt haben, sodann wurde gemeinsam Kaffee getrunken. Wir waren sieben Personen im Logis, vier Matrosen, zwei Leichtmatrosen und ich, der Junge. Auf See mußte ich 3 Uhr 15 morgens aufstehen, zu um 3 Uhr 30 den Kaffee fertighaben und die Freiwache wecken. Um 4 Uhr war Wachablösung, dann trank die andere Wache Kaffee und legte sich schlafen. Jetzt begann für mich die Tagesarbeit. Morgen für Morgen auf

See ging ich zur ersten Arbeit in die Kombüse, etwas Caustic Soda aufzulösen, um im Logis die Back, die Bänke und das Deck mit dieser scharfen Lösung zu scheuern. Großer Wert wurde auf Reinlichkeit gelegt.

Unser Logis befand sich an der Steuerbordseite vorne unter der Back. Der Niedergang zum Kabelgatt und zum Kettenkasten ging von der Back durch unser Logis. Die Backluke war auf See bei schönem Wetter geöffnet, der Niedergang vom Logis aus stand durchweg offen, er war nur durch eine Sicherheitskette gegen ein Abstürzen gesichert. Durch diese nicht kleine Öffnung roch es im Logis aus dem Kabelgatt heraus kräftig nach Teer oder Teertau. Mir machte es nichts aus, ich roch es gerne. Ich kann nicht erinnern, daß die Matrosen gegen diesen strengen Geruch protestiert haben, es gehörte sich wohl so. Selten hatte der eine oder andere Matrose eine Seekiste mit, sie begnügten sich mit einem Zeugsack. Üblich war es auf Dampfern, daß für die Besatzungsmitglieder abschließbare Einzelspinde vorhanden waren. Die Mehrheit der Matrosen hatten nur das Notwendigste an Ausrüstung mit. War das Zeug auf See naß geworden, hängte man es in den Stockraum, nach sehr kurzer Zeit konnte man es schon wieder anziehen, es war trocken. Das Wenige, es war kein Problem. Hatte man ausgehend den englischen Kanal hinter sich gebracht, wurde das Klima milder und mit zunehmender Westlänge wärmer und angenehmer.

Zusammenfassen möchte ich nochmal, ich hatte das Logis sauber und rein zu halten. Zu den Mahlzeiten die Back zu decken, das Essen zu holen, Kaffee oder Tee zu kochen und, wenn die Mahlzeiten vorüber waren, die Backschaft zu machen. Natürlich kamen auch Sonderwünsche hier und dort. Abends war ich nach dem Abendessen frei. Meine Koje hatte ich hier stets zur Hand, die ich aber am Tage nicht zum Ruhen benutzte. Nie hatte ich ein Gefühl, mich ausruhen zu müssen.

Fast täglich, wenn der I. Offizier, Herr Schlimbach, seine Wache an Deck hatte, kam er mit blendend weißen Handschuhen in unser Matrosenlogis. Langsam, behutsam alles überschauend machte er seine Inspektionsrunde durch den Raum. Das Weiß der Handschuhe benutzte er zur Kontrolle, ob nicht irgendwo Staub oder Schmutz aufzutreiben war, doch nie erhielt ich von ihm einen Tadel. Sein Nachfolger und auch der I. Offizier vom Dampfer „MECKLENBURG“, mit dem ich meine dritte Heimreise von Colon aus machte, taten nichts dergleichen.

Jeden Mittag auf See, bevor das Essen vom Koch ausgeteilt wurde, kam eine Kostprobe zum Wachhabenden Offizier auf die Brücke, und das Urteil wurde ins Schiffstagebuch vermerkt.

Zu den vom I. Offizier festgesetzten Stunden mußte ich mich an Deck mit dem Messingputzen beschäftigen. Täglich begann ich mit der Dampfpfeife am Schornstein, dann folgte das Messing auf der Brücke und anschließend die vielen Messingumrundungen an den Ventilatoren, von denen man später bei Neubauten Abstand nahm. Wenn es mir gelang, dies Messing einigermaßen blank zu halten, so kümmerte sich niemand um die Zeit, welche ich darauf verwandte. So mochte ich es haben, ein selbständiges Arbeiten.

Eines Tages, es war schon im Atlantik, da machte ich einen Versuch, bei einem Matrosen vorzufühlen, ob er gewillt sei, mir seemännische Arbeiten zu zeigen und mich diese zu lehren. Sehr erfreut über meinen Eifer, fing „Hein“ an, mich zu unterrichten. Ich sage „Hein“, denn unter den Matrosen war es üblich, sich gegenseitig mit dem Vornamen anzureden. Nach einer zusammen verlebten Reise wußte mancher Seemann nicht vom andren, wie er hieß. Der Bootsmann, auf Seglern die Steuerleute, redeten ihre Matrosen nur mit dem Vornamen an. Im Laufe der Jahre erlebte ich es, daß in Reederei-Instruktionen gefordert wurde, die Mannschaften mit ihren Familiennamen anzureden oder zu rufen. Nun, beides hat etwas für und gegen sich.

Dieser Matrose „Hein“ war schon vor mir, auch blieb er nach mir an Bord. Zusammenfassend muß ich erklären, daß ich durch diesen netten Menschen bei jeder sich bietenden Gelegenheit etwas aus seinem Wissen erfuhr, er zeigte sich stets zugänglich. Seine Unterrichtung begann beim Kreuzknoten und sämtlichem Tauspleißen, es folgten selbstverständlich der Pahlstek, das Plattinglegen, ferner den Tallreepknoten und anderes mehr. Daß er mir auch die 32 Kompaßstriche aufzeichnete und ich dieselben, bevor ich „ALTENBURG“ verließ, fehlerfrei links und rechts herum beherrschte, freute uns beide. Selbstverständlich mischten sich beim Unterricht im Logis, wenn weitere Matrosen zugegen waren, auch diese als Wissende mit ein. Doch von nichts kommt nichts. Wenn ich nicht immer bittend an diesen Matrosen „Hein“ herangetreten wäre, von selbst wäre er nicht zu mir gekommen.

Ein paar Worte über den Butterquast und die Noten zur Dampfpfeife.

Schon vor dem Passieren der Azoren wurde mir hin und wieder bei der Mahlzeit bekannt gegeben, daß, wenn es erst wärmer würde, die

Margarine schmelze, ich vom Keeper (Proviantverwalter) einen Butterquast zu holen hätte. Mir kam diese Geschichte nicht geheuer vor, woher sollte ich wissen, ob es Ernst oder Spaß sei.

Im Vertrauen wandte ich mich an den Matrosen „Hein"! Der sagte mir, ich solle nur so tun, als hätte ich beim Keeper um den Butterquast vorgesprochen, der mir aber keinen hat geben wollen, die Matrosen möchten selber kommen. Als ich dies eines Tages bei der Mahlzeit dem einen Matrosen erzählte, sah ich an seinem lächelnden Gesichtsausdruck, daß sie mich hatten hochnehmen wollen. Der Punkt Butterquast war somit für mich erledigt, und nie wurde mehr darüber gesprochen.

Die Noten zu der Dampfpfeife wurden im Heizerlogis exerziert. Dem armen Jungen packten die Heizer im Heizraum einige ausgediente Feuerrosten in einen Sack und beauftragten ihn, denselben zum wachhabenden Maschinisten in den Maschinenraum zu bringen und dem Herrn zu sagen, in diesem Sack seien die Noten zur Dampfpfeife. Dieser schickte den Jungen mit seiner Last weiter zum leitenden Ingenieur, der darauf mit den Heizern hart ins Gericht ging.

So sind über diese Themen in der Eintönigkeit des Bordlebens mancherlei Ulk getrieben worden.

Zur Reise selbst ist nicht viel zu sagen, ich lernte etwas von fremden Ländern, von tropischer Gegend kennen, doch dieses hatte keinen Reiz für mich.

Antwerpen hatten wir, mit Stückgut beladen, am 10. Oktober 1905 verlassen. Am 16. Oktober liefen wir Ponta Delgado auf der Azoren-Insel San Miguel zum Bunkern an. Es währte genau vier Stunden, sodann waren wir wieder in Fahrt und auf See, in Richtung Tampico in Mexico.

Am 24. Oktober hatten wir erstmalig stürmisches Wetter bis zur Windstärke Beaufort 8, sonst nur leichte bis mäßige Winde.

Der 1. November war der Ankunftstag in Tampico.

Es kam mir komisch vor, wir kamen aus einem aller Welt bekannten, seuchen- und epidemiefreiem Lande, und doch mußte die gesamte Besatzung mittschiffs antreten und sich dem Quarantäne-Arzt zur Untersuchung stellen.

In unserem Matrosenlogis besaßen wir einen ca. 12 Liter fassenden, verzinkten Trinkwasser-Eimer. Zur Sauberkeit hatten wir obenauf einen dicht abschliessenden Deckel, am unteren Ende befand sich ein Messing-Zapfhahn. Sein fester Platz war direkt unter einem

Ventilator, der, wenn er richtig gebraßt war, stets eine Kühlung fürs Wasser brachte. Den Eimer säuberte ich jeden Morgen und füllte ihn mit frischem Wasser auf.

Jetzt im Hafen von Tampico brannte die Sonne erbarmungslos auf unseren Dampfer nieder, überwiegend war alles Eisen um uns herum. So entwickelten sich im Innern unseres Logis Wärme und Schwüle. Auch unsere Matrosen an Deck plagte diese tropische Hitze, so daß dieser Trinkwasser-Eimer nicht mehr wie früher für 24 Stunden durchhielt. Der Dampfer lag im Hafen still. Die Ventilation in der Windtutse war gleich Null. Den Matrosen war das Trinkwasser zu warm, doch da es nichts anderes gab, wurde es getrunken. Ich hatte laut Anordnung der Matrosen, zwecks besserer Kühlung den Deckel zu entfernen, den Eimer laufend nachzufüllen. Das Wasser sollte darin auch für die Nacht stehenbleiben, auf daß es anderntags kühler sei.

Unsere Zeit hier im Hafen war vorbei, wir waren auf See. Wie stets zuvor nahm ich morgens den leeren Eimer zur Säuberung und Frischauffüllung vom Haken herunter. Ich schaute unwillkürlich hinein. Ein fürchterlicher Schreck erfaßte mich. Eine dicke Ratte lag verendet und aufgebläht am Boden. Das wenige Wasser darin war auch kein sauberes Trinkwasser mehr. Es schimmerte verunreinigt, und glitschig fühlten sich die Wandungen des Behälters an. Selbstverständlich hatte auch ich von diesem Wasser getrunken. Aber wie in allen Situationen faßte ich sofort meinen Entschluß. Außenbords mit dem Kadaver, den Eimer säubern, mit frischem Wasser auffüllen und zu niemandem hierüber sprechen. Sollte sich etwas ereignen, war es immer noch an der Zeit, die Wahrheit zu sagen. Die ersten Tage, die jetzt folgten, beobachtete ich scharf, aber es geschah nichts und somit vergaß auch ich meine Anfangsschrecken.

Hätte ich dummerweise hierüber berichtet, wäre ich zweifelsohne der Prügelknabe geworden.

In den folgenden Häfen habe ich sehr darüber gewacht, daß mir dieses nicht wieder passierte.

Unser Aufenthalt währte hier 4 Tage, ich war nur einmal an Land. Über den Ort Tampico ist nicht viel zu sagen. Was mir auffiel, waren die ungepflasterten, teils morastigen Straßen, deren Reinlichkeit zu wünschen übrig ließ. Es passierte, daß ich Zeuge war, wie aus einem offenstehenden Fenster der I. Etage in der Dunkelheit und der herrschenden tropischen Schwüle plötzlich ein Topf mit Flüssigkeit (welchen Inhaltes wußte ich nicht), mit einem Schwung ohne Warnung zum Fenster hinausgekippt wurde. Weitere Worte hierzu sind überflüssig.

Bei uns an Bord herrschte vom ersten Abend an eine Moskitoplage. Moskitonetze hatten wir, doch waren nicht alle gleich sorgsam in der Behandlung. Durch die Tageshitze war es im Logis warm und schwül, wir suchten im Freien Kühlung. Diese kurze Zeit genügte, daß mein nicht durch Zeug bedeckter Körper durch die blutsaugenden Stechmücken gekennzeichnet war. Diese Quaddeln verursachen ein langanhaltendes Hautjucken.

Im Hafen von Vera Cruz erkrankte ich an Malaria. Eine kurze Zeit lag ich mit starkem Schüttelfrost in der Koje. Durch Einnahme von Chinin besserte sich das Leiden. Solange ich auf dem Dampfer „ALTENBURG“ an Bord war, wiederholten sich leichte Anfälle.

Nachdem wir unsere Ladung entlöscht und eine Teilladung Blei- oder andere Metallbarren eingenommen hatten, verließen wir am 14. November abends den Hafen. Unser Ziel war New Orleans am Mississippi. Am 17. November erreichten wir die Reede, auf der wir unsere Ladung gewaltiger, großer Baumstämme luden. Nachdem die Räume gefüllt waren, wurden die Luken verschalkt und weitere Baumstämme auf Luke Nr. I als Decksladung an Bord genommen. Die Laschinge zu der Deckslast befestigten wir auf beiden Schiffsseiten an den Reelingsstützen. Unsere Reeling war eine feste Verschanzung und höher als die Ladeluken. Es befanden sich nur normale Abflußlöcher für das überkommende Seewasser darin.

Nach zehn Liegetagen dortselbst verließen wir den Mississippi und dampften durch die Floridastraße ab, dann mit nördlichem Kurs an Cap Hatteras vorbei in die Chesapeake Bay zum Bunker- und Kohlenhafen Newport News. Hier wurde unser Kohlenvorrat für die Heimreise eingenommen. Am 5. Dezember 1905 setzten wir die Fahrt über den Atlantik nach Hamburg fort.

Am 11. Dezember, abends, begann der südliche Wind aufzufrischen. Während der Nacht nahm er orkanartige Stärke an. Der Seegang steigerte sich mit dem zunehmenden Sturm zu Wellenbergen. Sie brachen von der Steuerbordseite donnernd über das Deck und die Deckslast. Durch die Baumstämme der Deckslast war der sonstige große Hohlraum zwischen den beiderseitigen Verschanzungen zum Teil aufgefüllt, so daß sich das Vordeck jetzt leicht bis zur Reelingshöhe mit Seewasser füllte und den Baumstämmen zum Auftrieb verhalf. Diese Stämme von mehr als einer kleinen Manneshöhe im Durchmesser begannen sich unter ihren Laschingen zu bewegen. Das Schiff arbeitete heftig in der gewaltig schweren See. Dieses ruckartige Arbeiten und Schmeißen des Schiffes übte auf die Hölzer die gleichen Bewegungen aus. Diese übertrugen sich auf die Laschinge und es drohte die Gefahr, daß die Reelingsstützen als Halterung aus ihren Fundamenten gerissen und diese mit großen Leckagen enden würden. Weit schlimmer würde es, wenn die schweren, wuchtigen Baumstämme ihren Halt verlören und sich selbständig in Bewegung setzten. Nicht auszudenken, was dann passieren könnte!

Dies alles beobachtete unsere Schiffsführung. Der Kapitän Landsky legte das Schiff zu Beginn dieser gefährlichen Situation mit dem Kopf in die See, die Maschine machte nur soviele Umdrehungen im Vorwärtsgang als benötigt wurden. So verging die Nacht. Am Morgen stürmte es bis zur Stärke 11. Die Wellen waren zu Wellenbergen geworden. Wir befanden uns zur Zeit auf der großen Neu Fundland Bank, Position am Mittag: 44°33'N 49°59'W. Das heißt, die Wassertiefen betrugen hier unter 100 Meter, folglich sind die Seen kürzer und steiler. 200 Seemeilen NW von uns befand sich Neu Fundland.

Am Morgen des 12. Dezember hieß es nach dem Frühstück: „Beide Wachen an Deck“. Der Decksjunge Hans (Blöss) mußte ans Ruder, der III. Offizier übernahm die Brückenwache. Der Kapitän stand in gefährlicher Position auf der vorderen Deckslast und erteilte seine Anweisungen. Es wurde eine Stahltrosse aus dem Kabelgatt durch das Matrosenlogis an Deck gemannt. Buchten dieser Trosse wurden vorne über den Steven niedergefiert und dieselben anschließend Bucht für Bucht achteraus in Höhe der Luke Nr. I über die Deckslast als Lasching gezurrt. Damit war der Schiffsleib als sicherster Halt für diese Stämme auserwählt worden.

Jetzt muß ich schildern, wie ich mir als Rudergänger zum ersten Male vorkam. Ich hatte bis zur Stunde noch kein Steuerrad in der Hand gehabt, ich hatte noch keinen Magnet-Kompaß in harter Bewegung gesehen. Jetzt, in dieser Lage, konnte ich nichts, verstand ich nichts. Das Schiff rollte, es schmiß in eckigen und ruckartigen Bewegungen. Die Kompaßrose tanzte wie wild hin und her. Das Kompaßgehäuse in seiner kardanischen Aufhängung schüttelte sich, es machte Bewegungen, aus denen ich nichts vernehmen konnte. Ich hatte zu tun, daß ich mich am Ruder festhielt und nur das Rad drehte, wenn der Offizier mir den Befehl dazu gab.

Aber trotzdem, da ich mich nicht seekrank fühlte, sondern wohl, versuchte ich etwas für mich aus dieser Situation zu retten. Mein Auge thronte hier oben im Ruderhaus in der Höhe über allem. Mein Blick sah die endlose Weite dieser gewaltig wild bewegten See. Soweit ich schaute, gewahrte ich nur heranrollende, sich donnernd mit Getöse überschlagende Brecher. Der vom Sturmwind hochgepeitschte Gischt erreichte auch unsere Brücke. Die See war weiß von Schaum, darunter nicht tiefblau, sie schimmerte dunkelgrün, hierüber hinweg tobte der Orkan mit der Beaufort-Stärke 11.

Als ich vom Ruder abgelöst wurde, hatte ich nicht das Gefühl, als habe ich versagt, man war freundlich und sogar nett zu mir, dies gab mir den Eindruck, ich hätte in dieser Situation meinen Mann gestanden. Ich hatte etwas Großes in meinem Beruf erlebt. Hierauf war ich stolz. Nur wenigen Schiffsjungen wird so ein erster Rudertörn geboten, nur wenige Schiffsjungen würden wohl nach so kurzer Seefahrtszeit, bei so einem Wetter seefest ihren Dienst haben leisten können.

Es ereignete sich bei diesem schweren Wetter, daß der kleine Terrier-Hund unseres Kapitäns plötzlich verschwunden war. Alles Suchen war vergebens.

Am nächsten Morgen schmierte der Zimmermann das gesamte Rudergestänge des Schiffes ab. Sein Weg führte ihn auch ins sogenannte Handruderhaus achtern am Heck. Während des schlechten Wetters wurden hier beide eisernen Außentüren stets verschlossen gehalten. In diesem Raum fand der Zimmermann das Tier heulend und jaulend auf dem nicht überdeckten Pechkübel liegend vor. Diese einzige, erhöhte, trockene Stelle mit einer sauberen Mulde war diesem armen Hündchen zum Verhängnis geworden. Da es eingeschlossen und von aller Welt abgeriegelt war, hatte es sich hierauf gemütlich gemacht.

Durch die langanhaltende Körperwärme des Tieres beim stillen Liegen erweichte das Pech, und die Haare verklebten darin. Ein stundenlanges Martyrium unter vollem Heulen und Jaulen mußte der arme Terrier über sich ergehen lassen, bevor er die Befreiung aus diesem Pech erreichte.

Wir hatten einen ruhigen und für mich guten Bootsmann. An diesen wandte ich mich eines Tages mit der Bitte, ob er mir gestatte, Sonntag vormittags mit ans Ruder gehen zu dürfen, um das Steuern zu erlernen. Er verwies mich an den I. Offizier. Herr Schlimbach antwortete mir, ich sollte mich nur bei dem jeweiligen Offizier der Wache melden. Es wurde gemacht, und von Zeit zu Zeit ging ich Sonntag vormittags mit ans Ruder. So lernte ich beides kennen, den Kompaß im Orkan und denselben in einer ruhigen See. Ich übte mich im Steuern, und keiner war glücklicher als ich. Daß ich begeistert an die Erlernung der 32 Kompaßstriche ging, schrieb ich schon.

Erwähnen möchte ich noch, daß ich bei jedem Manöver, d. h. sobald wir in einen Hafen ein- oder ausliefen, Läuferdienste auf der Brücke habe tun müssen.

So kam ich direkt mit dem Kapitän in Berührung, ich hatte seine mir aufgetragenen Befehle zu übermitteln. Dabei erlebt man Persönliches. Auch der Kapitän sah seinen Decksjungen, über den er sich sein Urteil bildete. Dieser Dienst machte mein Dasein froher, ich hörte und sah manches zu meinem Beruf.

Am 16. auf den 17. Dezember hatten wir noch einmal Windstärken bis Beaufort 10 und einige Tage darauf für kurze Zeit das gleiche. Die Laschinge hielten, es zeigte sich keine Gefahr.

Am 21. Dezember 1905 erreichten wir die Elbe. Nach dem Passieren von Cuxhaven höre ich jetzt in meiner Erinnerung noch das Kappen der Stahltrosse, die wir in Buchten auf der Neu Fundland Bank um den Schiffsleib und über die Stämme gezurrt hatten. Jetzt fiel diese zerteilt, Stück bei Stück auf den Grund der Elbe.

In Hamburg angekommen, war die Reise beendet. Selbstverständlich blieb ich zur nächsten Reise an Bord und machte für die Hafenliegezeit stets meinen Dienst.

Das Weihnachtsfest verlebte ich in meinem Elternhaus in Ottensen.

Zweite West-Indien-Reise. Der Weg führte von Hamburg über Antwerpen, Tampico, Vera Cruz, New Orleans zurück nach Hamburg.

Anfang Januar verließen wir mit der Reichspostflagge im Mast und einer Teilladung Stückgut den Kaiser-Wilhelm-Hafen in Hamburg und dampften unter Lotsenanweisung elbeabwärts nach Antwerpen. Hier erhielten wir die Restladung.

In Antwerpen geschah es, daß mein rechter Fuß durch heißes Wasser verbrüht wurde.

Das Matrosen- und Heizerlogis füllte den Raum der Back. Das Matrosenlogis war an Steuerbord, das der Heizer an Backbord. Beide Eingänge lagen achter der Back, mittschiffs. Beide Türen öffneten sich von der Mitte weg zur jeweiligen Schiffsseite.

Der Heizerjunge hatte zwei Eimer kochendes Wasser aus der Maschine geholt. Den Eimer in der rechten Hand setzte er ab, um mit der Hand seine Tür zu öffnen. Den abgesetzten Eimer ließ er für kurze Zeit stehen. Mit beiden Eimern zugleich über den kniehohen Süll zum Logis hinein zu kommen war schwer und auch zu gefährlich. Der abgesetzte Eimer stand direkt vor unserer Tür. Das Schiff war im vollen Ladebetrieb. Ich war an Deck beim Messingputzen und bekam den Auftrag von einem Matrosen, schnell etwas aus dem Logis zu holen. Auf dem Rückweg trat ich zur Tür hinaus, nicht ahnend, daß in diesen Sekunden der Eimer dort abgesetzt war. Durch den kniehohen Süll war es für uns alle zur Gewohnheit, daß man mit der rechten Hand die Tür öffnete, zugleich mit dem rechten Bein über den kniehohen Süll trat. Nachdem ich meinen Fuß mit gewisser Schwere über den Süll setzte, merkte ich den Brand. Taumelnd hob ich ihn zurück. Ein zufällig anwesender Kamerad stützte mich. Wir sahen, daß mein Fuß dampfte. Alles Zeug wurde vorsichtig abgezogen. Hautteile vom Fuß hingen am Strumpf. Unser Schiffsarzt wurde gerufen. Der Fuß bekam seinen Verband, ich konnte vorläufig nicht arbeiten. Der Arzt kam täglich zur Erkundigung und Überprüfung meines Fußes.

Am 11. Januar verließen wir um die Mittagszeit Antwerpen zur Fahrt nach Tampico. Der Wind war südwestlich, Stärke nach Beaufort 7—9, am nächsten Tag war es das gleiche, und so hielt das schwere Wetter bis zum 16. Januar an. Jetzt befanden wir uns erst auf 44°N u. 15°W, ca. 500 Seemeilen außerhalb des Englischen Kanals. Während dieser 5 Tage war der Wind südwestlich mit einer Stärke von durchweg 7—8—9, sogar 10 mit hoher und sehr hoher See. Unsere Durchschnittsgeschwindigkeit betrug statt 11 nur 7,5 Seemeilen während dieser 5 Tage.

Durch dies anhaltend harte Wetter war unser Schiffsarzt permanent seekrank. Er konnte bis dato nicht ins Logis zur Behandlung meines Fußes kommen. Bei dem Wetter und den überkommenden Seen mußte ich von den Matrosen, die in Ölzeug und Seestiefeln waren, in die Kammer des Arztes getragen werden. Es war oft schwierig. In der Kammer des Arztes angekommen, sah ich, der Herr lag in der Oberkoje. Einen Behälter, in den er Neptun seinen Tribut zahlte, hatte er am Bettrand in seiner Kopfhöhe vor sich. Während er mich behandelte, passierte es, daß er würgend und stöhnend die Arbeit unterbrach, um dem Meeresgott seinen Magensaft in diesen Behälter zu opfern. Zur Behandlung mußten die beiden Matrosen meinen Körper heben, mein Bein in die Nähe seiner Hände halten. In dieser Wetterlage, in der sich jeder selbst vor dem Stürzen und Fallen zu schützen hat, mußte meine Behandlung, ob gut oder schlecht, durchgeführt werden. Dieses alles war zu ertragen, doch kaum, wenn der Arzt mit dem Höllensteinstift versuchte, faules Fleisch zu beizen. Durch die ruckartigen, harten und unberechenbaren Bewegungen des Dampfers traf er auf das gesunde Fleisch, und er traf es oft; dann hatte ich eine Höllenqual auszustehen.

An diesem Arzt habe ich erlebt, was es bedeutet, wenn den Menschen die Seekrankheit packt. Gott sei Dank, ich blieb davon verschont!

Am 17. Januar hatten wir herrliches Wetter. Langsam heilte mein Fuß aus. Am 22. Januar erhielten wir einen südwestlichen Sturm, der den Dampfer nur 5—6 Seemeilen Fahrt vorankommen ließ.

Am 4. Februar, 8 Uhr früh erreichten wir Tampico. Die ärztliche Visite fand wie üblich statt. 5 Tage lagen wir hier.

Am 10. Februar liefen wir in Vera Cruz ein. Nachdem wir unsere Stückgut-Ladung entlöscht hatten, verdampften wir am 19. Februar nach New Orleans. Nach drei Tagen liefen wir den Mississippi aufwärts und machten am Kai in der Stadt New Orleans fest. An diesem Platz lagen wir für ca. 14 Tage.

Nachdem Hafenarbeiter alle Laderäume gereinigt hatten, begann man, diese mit neuen Brettern auszuschalen. Sämtliche Raumstützen wurden mit Matten umwickelt. Alsdann wurde das Schiff mit Getreide beladen.

Hier in New Orleans ging ich kaum an Land, daher habe ich nichts zu berichten, nur fiel mir auf, hier lebten mehr schwarze als weiße Menschen.

Am 8. März verließen wir abgeladen auf 24'6" den Mississippi zur Fahrt nach Hamburg! Wir haben Tage mit Windstärken 7—8—9—10 aus südwestlicher, also achterlicher Richtung gehabt. Ohne große Störungen lenzten wir unseren Weg heimwärts und kamen am 31. März 1906 unversehrt in Hamburg an.

Ende der zweiten Reise.

Nachdem unsere Ladung irgendwo an den Pfählen im Hamburger Hafen entlöscht war, wurde der Dampfer bis auf weiteres stillgelegt. Ich blieb an Bord.

Unseren Kapitän Landsky sah ich nicht wieder, möglich, daß er ein anderes Kommando erhalten hat. Der I. Offizier, Herr Schlimbach, sandte mich des öfteren weit vor Arbeitsschluß an Land, um Besorgungen für ihn zu leisten. Eines Tages faßte ich mir ein Herz und stellte ihm die Frage, ob er mich nicht zum Leichtmatrosen befördern könnte. Ich zählte mein Wissen und Können auf, und darauf schaute er mich an und sagte „Ja". Ich selbst hatte keine genaue Angabe darüber, wie lange ein Schiffsjunge normalerweise zu fahren hatte, bis er zum Leichtmatrosen aufsteigen konnte. Das Wort Jungmann hatte ich bislang auch nicht gehört.

Mir war es egal. Ich fühlte mich, gemessen an meinen mir selbst zugetrauten Fähigkeiten, in der Lage dazu und wurde umgemustert. Wir hatten einen guten Bootsmann, ich war überzeugt, er hat meinen Fleiß und meine Beharrlichkeit in der Erlernung alles Seemännischen dem I. Offizier erzählt. Dazu benötigte ich aber Material. „Hein" oder ich hätten uns ja aus dem stets offenen Kabelgatt alles hierzu Benötigte entnehmen können. Nein, das tat ich nicht. Ich ging bittend zum Bootsmann, und gerne genehmigte er mir alles. Es kam auch vor, daß er selber kam, es zu ordnen. So glaube ich auch hier, daß er wiederum den I. Offizier hierüber in Kenntnis gesetzt hat.

Bis zu dieser Stunde waren alle Vorgesetzten sehr väterlich zu mir, aber ich ahnte nicht, daß sich manches wandelte.

Wir lagen im Hafen an den Pfählen, die Landverbindung ging nur über unser Ruderboot, Es war am Heck auch zum Wricken eingerichtet. Auch dieses mir bisher unbekannte Wricken erlernte ich schnell! Ich konnte in Kürze als Fährmann zu jeder Zeit helfen. Meistens blieb ich abends an Bord, außer, wenn ich an Land geschickt wurde.

Meine Suche nach einer Schiffsjungenstelle auf einem Segler hatte ich nicht vergessen. Eines Tages erbat ich mir vom I. Offizier ein paar Stunden Freizeit am Vormittag. Ich ging zur Erkundung ins Laeisz-Haus. Man war sehr freundlich zu mir. Ich zeigte mein Zeugnis vom Dampfer „MOLTKE" und erzählte, daß ich an Bord des Dampfers „ALTENBURG" bereits zwei West-Indien-Reisen gemacht hätte und noch dort bedienstet sei. „Sehr gut, mache nur so weiter, und bei Gelegenheit sprich im Hamburgischen Verein „Seefahrt" im hiesigen Seemannshaus vor. Vielleicht wird Dir dort geholfen", so lautete mein Bescheid. Sofort führte mich mein Weg nach dort. Ein Herr Horn empfing mich. Ich brachte mein Anliegen vor. Der Herr notierte meine Personalien, sah mein Zeugnis vom Dampfer „MOLTKE" und sagte: „Mache nur ruhig Deinen Dienst auf dem Dampfer „ALTENBURG" weiter, wenn Du von der Reise zurückkommst, darfst Du hier bei mir vorsprechen. Lerne fleißig und bringe gute Zeugnisse mit." Damit verließ ich diesen Raum. Direkte Versprechen wurden mir nicht gegeben. Aber doch fühlte ich, es könnte mir gelingen als Schiffsjunge auf einem Großsegler unterzukommen. Ab jetzt sah ich hoffnungsvoll in die Zukunft. Ich war an einem bedeutenden Wendepunkt meines Lebens angelangt, das ahnte ich.

Unsere Liegezeit an den Pfählen ging schnell dahin.

Eines Tages pfiff und winkte ein für mich unbekannter Herr vom Kai aus zu uns hinüber. Ich wrickte mit dem Boot zu ihm. Es war unser neuer Kapitän, Freiherr von Kamptz. Ein I. Offizier, Herr Sternemann, löste einige Tage davor Herrn Schlimbach ab. Ein II. Offizier, Herr Sachs, und ein III. Offizier, Herr Taudien, kamen in den nächsten Tagen an Bord. Auch ein anderer Bootsmann erschien, in meinen Augen war er ein gewaltiger Brecher. Er kam mir nicht sehr sympathisch und freundlich vor. Meine Ahnung hatte mich nicht betrogen. Sein ganzes Auftreten verriet einen Sonderling. Seine Kopfbedeckung war stets ein sehr breitrandiger, schwarzer Schlapphut. Durchweg lief er mit großen, hohen Schaftstiefeln, gleich den Sielarbeitern, umher. Unsere Matrosen waren in Ordnung, „Hein" war geblieben. Ich war nun Leichtmatrose.

In Hamburg erhielten wir unsere Teilladung Stückgüter für West-Indien.

Es hieß, in Antwerpen würden wir einen Maschinenkessel für Sabanilla am Magdalena-Strom, Kolumbien, in Luke II mitbekommen. Mit dem eigenen schwachen Ladegeschirr könnten wir dies Teil nicht bewältigen. Darum gab man uns zum Entlöschen eine bestimmte, lang abgemessene Spiere, als Fundament eine entsprechend dicke und schwere, quadratische Holzplatte an Bord. Ferner alles dazu gehörende Takelwerk. Das Holzfundament wurde während der Reise vom Zimmermann in das Deck verbolzt, ein entsprechend großes und tiefes Loch hinein verarbeitet als Halt für den sogenannten Schwergutbaum. Die Spiere wurde gleichfalls am dicken Ende kugelförmig zum passenden Loch der Fundamentplatte zurechtgearbeitet. Erst bei Ankunft im Löschhafen sollte mit dem Aufbringen der Spiere begonnen werden.

Dritte West-Indien-Reise. Der Weg führte von Hamburg über Antwerpen, St. Thomas, Sabanilla am Magdalena-Strom, Cartagena und Colon. Hier verunglückte ich und blieb vom Dampfer zurück.

Nachdem wir Hamburg mit einer Teilladung Stückgüter verlassen hatten, in Antwerpen die Restladung eingenommen, verließen wir die Schelde am 19. Mai 1906 zur Fahrt nach St. Thomas. Am 4. Juni, nach 16-tägiger Atlantiküberquerung, liefen wir in die St. Thomas-Bay zum Bunkern und Übernahme der Küstencrew ein. Zum Bunkern lagen wir am Kai. So etwas mußte man gesehen haben. Es erschienen ca. 30 Frauen, alle in weiß gekleidet, barfuß. Eine jede führte einen flachen, breiten Kohlenkorb mit sich. Alle standen hintereinander ohne Gedränge. Diese Körbe waren inhaltlich gleich. Gewogen und kontrolliert wurde hin und wieder nach dem Willen und dem Verantwortungsgefühl des I. Ingenieurs des Schiffes, er sollte für den Kohlenempfang quittieren.

Der erste Korb an der Halde wurde gefüllt, gewogen und der Frau Nr. 1 auf den Kopf gehoben. Sie begann ihre Schritte flink und behende den Plankenweg, ohne seitlichen Schutz zum Schiff, hinauf zu machen. Bei der Bunkerluke an Deck angekommen, neigte sie ihr Köpfchen zum Bunkerloch und die Kohle verschwand abwärts. Zugleich sprach sie laut „Uno“, es hieß „Eins“. Die anderen folgten, stets die Zahl weiterzählend, aber deutlich gesprochen für die Nachfolgerin. Mit diesen ca. 30 Frauen war der Ring des Kreises geschlossen. Ich möchte sagen, ein Körbchen voll Kohle nach dem anderen purzelte ohne Unterlaß in das endlos erscheinende Bunkerloch. Es war für uns ein stiller, klarer Sonnentag, vom Kohlenstaub beim sonstigen Bunkern war hier wenig zu bemerken. Ein selten sauberes Bunkern.

Vor der Abfahrt aus St. Thomas kamen 24 Arbeiter mit einem Vormann für die Rundreise an Bord. Sie kochten für sich selber und schliefen im Zwischendeck, im Raum. In den anzulaufenden Häfen waren sie unsere Schauerleute. Bei der Rückreise wurden sie in St. Thomas an Land gesetzt.

Einlaufend in die St. Thomas Bucht, bot der Ort einen herrlichen Anblick. Am Bergabhang schneeweiße Häuser, rote Dächer als sei alles frisch gestrichen. Gewiß, in den südländischen Gegenden schimmert vieles von Ferne schneeweiß, doch beim Näherkommen wird man eines anderen belehrt. Hier war es ein herrlicher Anblick.

Nach 30-stündiger Liegezeit verließen wir St. Thomas am 5. Juni nachmittags zur Fahrt zum Magdalena-Strom, nach Sabanilla. Hier machten wir am 8. Juni an einer im Fundament aus Eisenbahnschienen erbauten, sehr weit in den Strom hinausragenden Brücke unseren Dampfer fest. Der Schwergutbaum wurde als erste Arbeit in Angriff genommen und klar zum Gebrauch aufgebaut. Die Brücke hatte zu jeder Wasserseite einen Eisenbahn-Schienenstrang. Sie war nicht sehr breit. Querab von unserer Luke Nr. II war schon der betreffende Eisenbahnwagen zum Empfang des Maschinenkessels bereitgestellt. Die Luke Nr. II wurde geöffnet und abgedeckt. Das Schwergut-Geschirr wurde angebracht und gleichzeitig eine Trosse am Kessel befestigt, um denselben hierdurch quer zur Brücke auf den Wagen zu ziehen.

Der Kessel wurde hochgehievt, der Baum soweit abgefiert. Die Arbeiter, unsere St. Thomas Leute, versuchten nun zu ziehen. Es erwies sich, der Baum war nicht hoch genug, der Pendelarm des Kessels war zu kurz oder unser Dampfer lag zu tief. Trotzdem, es wurde versucht den Kessel fierend querab auf den Wagen zu ziehen. Es gelang nicht, der Eisenbahnwagen kippte, der Kessel rutschte ab. Ein neuer Ansatz mußte unternommen werden. Unser I. Offizier ließ nun den Eisenbahnwagen an der unserem Schiffe zugewandten Seite unterhalb abstützen, so daß ein Nachgeben des Wagens unmöglich wurde. Das Glanzstück Seemannschaft gelang.

Weitere Ladungsteile wurden entlöscht, dann verdampften wir nach Cartagena, unweit westlich von Sabanilla. Diese ca. 60 Seemeilen durchfuhren wir mit reduzierter Fahrt während der Nacht. Ich war mit auf der Morgenwache und hatte beim Sonnenaufgang den Rudertörn. Unser Kurs führte sehr nahe entlang der Küste.

Ich sah die tropischen Wälder in fast greifbarer Nähe, große Schwärme Papageien und Paraquiten mit ihrem eigenartigen Geschreie umkreisten und überflogen unser Schiff, ein frischer Duft vom Lande her erfüllte diese reine Morgenluft. Die See war glatt wie ein Spiegel. Aus dieser herrlichen, einmaligen Umgebung heraus empfand ich meine Freude am Steuern. Es fiel mir leicht, und stolz war ich darüber, bislang vom Wachhabenden noch keine Rüge erhalten zu haben. Das einzige Geräusch in dieser Stille machte die Maschine mit ihren Schraubenumdrehungen, und unser Steven durchschnitt das Wasser des Karibischen Meeres. Das stets schäumende Bugwasser ertönte, da kein Seegang war, im ganz gleichmäßigen Rauschen.

Zum Bewußtsein kam bei mir ein frohes Hoffen, vielleicht doch noch eine Schiffsjungenstelle aus eigenem Können auf einem Großsegler zu erhalten. Es gab meiner Stimmung zum herrlich, tropischen Sonnenaufgang einen seltenen Höhepunkt. In einer nie zu vergessenden Erinnerung durchlebte ich die Zeit dieses Rudertörns. Nicht ahnend, daß ich ein Jahr später schon auf der Heimreise begriffen war mit einer Bark, die ca. 150 Seemeilen östlich von hier, in La Hacha ankerte, um für Hamburg zu laden.

In Cartagena kaufte ich mir einen farbenprächtigen Amazonas-Papagei, an dem ich sehr viel Freude hatte. Andere Kameraden legten sich zierliche Äffchen zu. Sie saßen um unsere Kabelgattluke herum und amüsierten sich. Stets gab es für die Matrosen einmal wöchentlich eine Flasche Hamburger Kümmel. Einer der Matrosen kam auf die Idee, daß Alkohol köpfe. Er holte einen Teller, tat Zucker und ein wenig Kümmel darauf und hielt es den kleinen Tierchen vor die Schnauze. Begierig naschten sie alles weg, es blieb auch nichts nach! Es währte nicht lange, da konnten sie nicht mehr aufrecht sitzen, sie machten Purzelbäumchen und anderes mehr. Sie waren regelrecht betrunken. Zum Spaß in der Eintönigkeit des Bordlebens wurde es zeitweilig wiederholt.

In Cartagena entlöschten wir fast die gesamte Restladung und verdampften am 19. Juni nach dem ca. 300 Seemeilen westlich entfernten Colon in Panama.

In Colon wurde dies kleine Restteilchen der Ladung entlöscht. Bald darauf begannen wir, Kaffee in Säcken zu laden. Zu unserem Leidwesen hatten wir an diesem Tag hin und wieder Regenschauer. Es wurde Mittag. Wir hatten in jedem Raum zwei Schichten Kaffeesäcke auf der Bodenwegerung liegen. Über die offenen Raumluken wurden für die Dauer dieser Mittagszeit gute Persenninge gezogen und an den vier Ecken stramm geholt. Einige dieser Taue befestigte man an den Ladewinden. Während der Mittagszeit regnete es teils stark, in den Persenningen stand viel Wasser.

Bislang habe ich nichts über unseren Bootsmann berichtet. Kein Matrose konnte diesen Mann leiden. Er hatte ein eigenartiges Gebaren in seinen Dienstanweisungen den Leuten gegenüber. Als Folge spielten sie diesem Manne Streiche, z.B. sein großer, schwarzer Schlapphut war verschwunden. Er suchte, suchte und fluchte, möglich, daß er ahnte, man hatte ihn versteckt. Sein Hut war an der Flaggleine im Großmast vorgeheißt, bei späteren Gelegenheiten versteckte man ihn woanders. Natürlich, wer den Schaden hat, braucht für den Spott nicht zu sorgen. Als der Bootsmann seinen Hut hoch oben im Großmast entdeckte und er ihn an der Leine selbst niederholen mußte, war er verärgert. Er sah jeden Einzelnen für den Täter an. Diese Hutgeschichte war die harmloseste aller Schikanen, die anderen möchte ich hier nicht anführen. Ich persönlich hatte mit diesen Dingen nichts zu tun, ich habe nie erfahren, wer von den Kameraden daran beteiligt war.

Daß ich persönlich vor diesem Menschen eine bestimmte Furcht hatte, war verständlich. Sein Körperbau war gewaltig, seine Fäuste waren, seemännisch ausgedrückt, brauchbare Ballastschaufeln. Handgreiflich wurde er nicht, nur mit dem Fuß verteilte er Tritte.

Die Mittagszeit an diesem Tage war verflossen, der Bootsmann hatte uns zugetörnt. Ich erhielt den Auftrag, Ladewinde Nr. 4 zum Gebrauch fertig zu machen. Ein Matrose sollte im Bootsmannsstuhl am Großmast Farbe waschen. Zu diesem Zweck sollte die Winde benutzt werden. Unsere St. Thomas Schauerleute hatten die Persenningtaue so an der Winde belegt, daß sie für uns im Wege waren. Ich fühlte an den Tauen, daß sie so straff gespannt waren, daß sie meine Kraft überstiegen, wenn ich daran ging, sie zu lösen. Meine Vorsicht war, zu warten, da ja jeden Augenblick Hilfe für mich kommen mußte. Ich möchte nicht wissen, was passiert wäre, wenn durch meine Schuld von diesem Regenwasser etwas auf die Ladung gekommen wäre. Ich wartete, niemand erschien. Ich wartete weiter. Da, plötzlich erschien der Bootsmann. Mit einem Donnerwetter fuhr er auf mich los, mit einem Gefluche und Geschimpfe setzte er fort, als sei Gott weiß was geschehen. Durch sein Gebaren, durch sein Fuchteln mit den Armen usw. handelte ich ohne Überlegung und Besinnung. Ich löste das vordere, backbordsche Persenningtau von der Winde und siehe da, der für mich viel zu große Wasserdruck im Persenning zog mich zur Luke. Ich hielt aber krampfhaft fest, ich ließ das Tau nicht los, ich wußte nicht mehr was geschah. Mein Körper lag ca. 8 Meter tiefer besinnungslos im Raum.

Beim Fallen muß ich mit dem Gesicht auf den Schraubentunnel geschlagen sein. Zum Glück hatte ich die vor kurzem geladenen Säcke voll Kaffee als weiche Grundlage unter mir. Mein ganzes Gesicht war geschwollen, mit einem Auge sah ich wie durch einen Schlitz meine Umgebung. Mein erstes Erwachen war, ich saß bei meinem altbekannten Matrosen „Hein“ in einem Stropp auf seinem Schoß. Ich sah, wir befanden uns in einer Ladeluke und wurden hochgehievt. Der Draht drehte sich langsam mit uns herum. Meine Frage an „Hein“ war: „›Hein‹, was ist los mit mir?“ Ich wußte von nichts. „Hein“ strich meine Backen und antwortete: „Nichts! Willst Du mir Deinen Papagei geben?“ darauf sagte ich: „Ja“. Diese Gabe hatte er sich bei mir verdient. Dann war ich wieder ohne Besinnung. Abermals kam ich zu mir, da lag ich mittschiffs an Deck, unter meinen Kopf hatte ich ein Kissen gelegt bekommen. Ich sah viele Menschen um mich herum stehen und beobachtete, man schnitt mir meinen hellen Pullover zur Mitte auf. Nun sah ich im weißen Zeug viel Blut, ein Schreck erfaßte mich. Sodann war ich abermals ohne Besinnung. Als ich das nächste, letzte Mal erwachte, lag ich in Colon im Krankenhaus, in einem sauberen Bett. Hier hatte ich es sehr gut. Nach Tagen waren die Schwellungen aus dem Gesicht abgezogen. Das Weiße im Auge war rot, es war wohl das Blut aus den geplatzten Adern und Äderchen. Es verzog sich sehr langsam. Nach meiner Entlassung aus dem Krankenhaus wurde ich in einer eben außerhalb des Ortes liegenden Quarantänestation untergebracht. Der Panama-Kanal war damals im Bau, und diese helle und luftige Baracke gehörte zur Bauleitung. Zu meiner Zeit waren wenige Personen darin untergebracht. Hier hatte ich es gut. Sie war direkt am Meer gelegen, rundherum Palmen und anderes Grün. Ich war frei, ich konnte gehen, wann und wohin ich wollte. Nur zu den Mahlzeiten, wenn ich mein Essen haben wollte, mußte ich mich dort einfinden.

Kein Paß oder Visumzwang störte damals ein freies Leben. Auch ahnte ich nicht, daß jemals ein solcher Zwang die Menschheit belasten würde, Im Dunkeln war mir Colon unheimlich. Keine Straße war, soviel ich erinnere, gepflastert, stellenweise war es mooriger Boden, und manches Getier bekam ich unter meine Füße. Nein, im Dunkeln ging ich nie mehr aus der Baracke. Von meinem Unfall verspürte ich nicht mehr das Geringste.

Von der Agentur bekam ich Bescheid, daß der Dampfer „MECKLENBURG" hier anlaufen würde. Mit diesem Schiffe sollte ich heimbefördert werden. Eines Tages erschien „MECKLENBURG". Ich schiffte mich ein. Es waren im Matrosenlogis noch freie Kojen zur Verfügung. Der Kapitän ließ mich über einen seiner Offiziere wissen, daß ich, wenn ich wollte, als Leichtmatrose anmustern könnte. Ich bedankte mich für das Entgegenkommen, ich hielt es aber für ratsamer, abzuwarten. Ich bat um Verständnis dafür, daß ich mich noch nicht so kurz nach meinem Unfall an ein festes Arbeitsverhältnis binden wollte.

Ich wollte abwarten, ob alles mit meiner Gesundheit blieb, wie es sich jetzt gut anließ. Auch glaubte ich, es war richtig so. War ich doch vollständig auf mich selbst gestellt und gut, ich besaß auch die Kraft dazu, ohne den Rat eines anderen zu erbitten, für mich selbst zu entscheiden.

Der Dampfer „MECKLENBURG" war fast ein gleiches Schiff, wie „ALTENBURG". Seine BRT waren 3.368, seine Geschwindigkeit betrug 11 Seemeilen die Stunde. In Colon wurde gleichfalls noch geladen. Von hier verdampften wir nach dem ca. 200 Seemeilen entfernten Hafen Port Limon in Costa Rica.

In diesem Hafen erhielten wir einen eigenartigen Deutschen an Bord. Er kam mit ins Matrosenlogis. Geboren war er in Berlin. Er hatte stets und wollte auch jetzt nur streng vegetarisch leben. Sein Gepäck war gleich Null. Doch einige Säcke voll Kokusnüssen und anderen Früchten brachte er zu seiner Verpflegung mit. Er selbst ging vollständig unbekleidet bis auf einen Lendenschurz und machte auf uns alle den Eindruck eines Wilden. Er trug lange Haare und einen wildgewachsenen Bart. Er zeigte mir später seine Füße, seine Zehen, alles mit eingenisteten Erdflöhen. Dies alles gehörte zu dem Manne, als sei er damit geboren. Wir machten uns unseren Vers darüber, wie dieses Schauspiel in der Heimat enden würde. Bei den Matrosen wurde er zum Zentralpunkt. Zu ihrer sehr konservativen Einstellung zu den Lebensbedingungen ihres Bereiches stellte sich dieser Berliner als Einzelgänger jedem dieser Matrosen als Zielscheibe des Gespöttes hin. Da die Seefahrt zur damaligen Zeit in

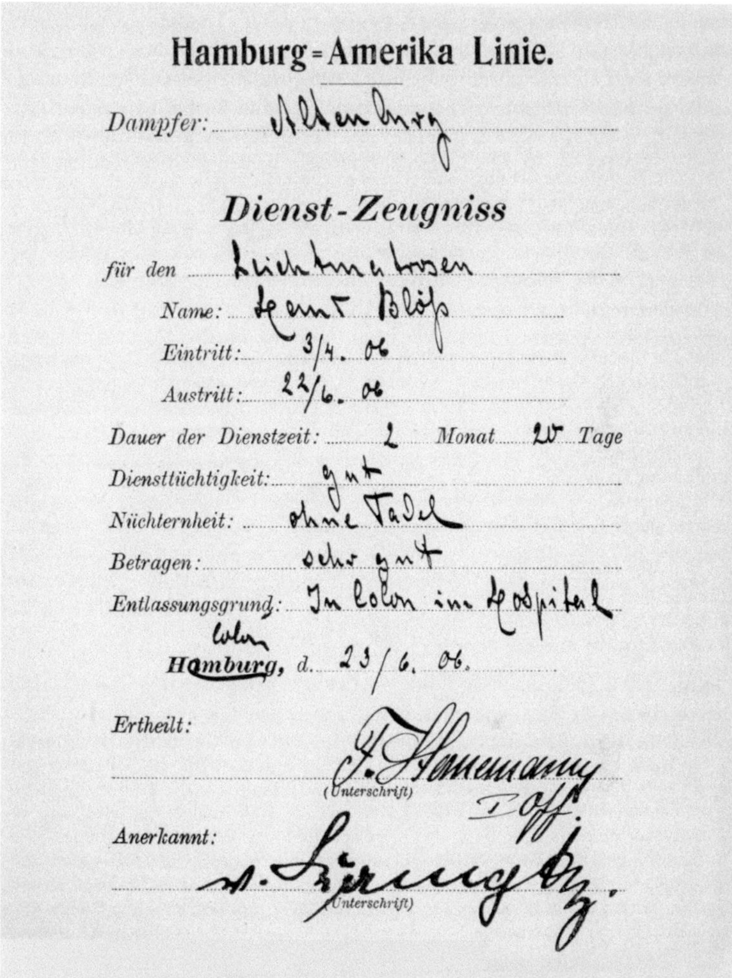

Hamburg-Amerika Linie.

Dampfer: Altenburg

Dienst-Zeugniss

für den Leichtmatrosen

Name: Hermann Blöß

Eintritt: 3/4. 06

Austritt: 22/6. 06

Dauer der Dienstzeit: 2 *Monat* 20 *Tage*

Diensttüchtigkeit: gut

Nüchternheit: ohne Tadel

Betragen: sehr gut

Entlassungsgrund: In Colon im Hospital

Colon **Hamburg**, *d.* 23/6. 06.

Ertheilt:

(Unterschrift) I. Off.

Anerkannt:

(Unterschrift)

Abbildung 16: Mein Beweis, daß ich nach siebenmonatiger Gesamt-Seefahrtszeit von meinem I. Offizier Herrn Ludwig Schlimbach zum Leichtmatrosen befördert worden bin. Der Autor

straffer Disziplin lebte, war die Begrenzung der Matrosen in ihrem Handeln diesem Manne gegenüber sehr beschränkt. Es währte nicht lange, so wurde dieser arme Berliner gewahr, daß sein Fruchtreichtum merklich zusammenschmolz. Da ich nicht zur Besatzung gehörte, mischte ich mich auch nicht im geringsten dazwischen. Ich sah nur manches, ich hinterbrachte nichts an diesen Sonderling. Mit nichts dergleichen wollte ich zu tun haben. Eines Tages war bei ihm das Ende des Vegetarierlebens gekommen. Da er beim Anbordkommen hoch und heilig versichert hatte, er könne und wolle kein Fleisch oder dergleichen essen, sich deshalb für die Dauer der Reise nach seinem Glauben mit genügend eigenem Proviant ausgerüstet hatte, war er sicher, durchhalten zu können. Jetzt kam der Wendepunkt für beide Seiten. Unser Berliner mußte, ob er wollte oder nicht, seine Berliner Klappe, wie sich die Matrosen ausdrückten, korrigieren. Die Matrosen gingen zur Offensive über. Jetzt hatten sie ihn. Ab nun kam es im Logis bei jeder Mahlzeit, an welcher unser Sonderling teilnahm, zu oft sehr lustigen Reden und Hänseleien. In spottender, auch ulkiger Weise wurde der arme Mann, der nicht entweichen konnte und sich immer wieder stellen mußte, hochgenommen. Über den Wert oder Unwert dieses an Bord eines Schiffes auf See urteilen zu wollen, ist müßig, es ist eine Unterbrechung in der großen Eintönigkeit des Bordlebens.

Daß er mit diesem Schiff in die Heimat wollte, war begründet. Im Innern Costa Ricas hatte er Plantagenbewirtschaftung betrieben. Durch mehrere Mißernten hintereinander wollte er hier aufgeben und seinen Standort wechseln. Schriftlich besaß er sein ihm zugesagtes Land in unserer Südsee, dort wollte er den Boden kultivieren und Kokosplantagen errichten. Mit einem großen Optimismus bewegte er sich in diesem Sektor seiner Zukunft.

Da es sich ergab, daß wir beide nichts mit dem Schiffsbetrieb zu tun hatten, kam es von selbst, daß wir uns näherkamen. Schon hier in Port Limon gingen wir am Tage zusammen an Land. Er war gewissermaßen hier beheimatet. Manches zeigte er mir, manches wurde ich gewahr, was ich sonst nicht gesehen hätte. Bis in eine gewisse Wildnis wanderten wir, er zeigte mir Wildschweine – magere, hagere Tiere. Doch mir verging die Lust zum Weiterwandern. Ich war mir des Seemannes in mir bewußt, es lag für mich kein Reiz darin, den manch anderer an meiner Stelle vielleicht bekommen hätte. Ich kehrte um, er dann auch.

Von Port Limon aus verdampften wir eines Tages in nordöstlicher Richtung in drei Tagestörnen, den ca. 800 Seemeilen langen Weg zur Republik Haiti, zum Hafen Jacmel. Hier wurde weitere Ladung an Bord genommen. Unsere nächste Ordre war, von hier zum ca. 65 Seemeilen in westlicher Richtung liegenden Hafen Aux Cayes zu fahren und hier das Schiff abzuladen.

Die Bevölkerung dieses Negerfreistaates bestand fast nur aus schwarzen Eingeborenen, und sie regierte sich durch Schwarze selbst. Die östliche Hälfte der Insel ist der Dominikanische Freistaat.

Hier in Jacmel und auch in Aux Cayes riet man uns, nicht an Land zu gehen. Eine Begründung hierzu wurde uns nicht mitgeteilt, doch wir fügten uns und blieben an Bord. Ich sah große Leichter, voll beladen mit einem breiten Heck. Auf dem Deck, am Heck standen drei schwarze, kräftige Männer und wrickten, ein jeder mit einem langen Riemen, diesen Leichter längsseit zu unserem Schiff. Ich möchte nicht wissen was passiert wäre, wenn plötzlich Wind von vorne eingesetzt hätte. Jedenfalls war diese Leistung imponierend. Ich weiß, welche Kraft beim Wricken angesetzt werden muß und welche Ausdauer dazu gehört.

Von Jacmel nach Aux Cayes hatten wir Deckspassagiere mit. Ihre gemieteten Plätze auf dem Schiff waren die angelegten und zugedeckten Ladeluken. Die Reise war kurz, sie dauerte nur eine Nacht. Nicht nur Männer, nein, auch Frauen und Kinder waren unter ihnen. Manche hatten ihren armseligen Hausrat mit. Bei keiner Familie fehlte der Papagei. Bei uns in der Heimat zog man mit Katzen und Hunden um, hier mit farbenprächtigen Vögeln.

Lief man mit einem Dampfer in einem dieser West-Indischen Häfen ein und ankerte auf der Reede, so währte es nicht allzulange und das Schiff war umlagert von unzähligen Händlerkanus. Feilgeboten wurden zur Hauptsache Landesfrüchte, andere heimische Produkte und unter Umständen Affen und Papageien. Es war ein buntes Durcheinander längsseit des Schiffes auf dem Wasser. Dann begann zwischen den Leuten von Bord aus, von oben von der Reeling weg, zum unten auf dem Wasser treibenden Kanu ein lebhaftes Feilschen, ein Palavern in allen möglichen Sprachen, mit Gebärden und mit Kopfnicken und mit Händefuchteln, um es zum Tausch zu bringen. Ein hier interessierter Zuschauer käme auf seine Kosten. Für die Eingeborenen war es ein sich täglich wiederholender Ablauf.

Landschaftlich boten beide Orte eine herrliche Pracht. Palmen und tropischer Wald boten sich dem Auge, wohin man schaute; ein wohlgefälliger Duft wehte zur Hauptsache in der Morgenzeit vom Lande her.

Eines Tages nahmen wir Abschied von diesem guten, herrlichen Fleckchen Erde und verdampften auf östlichem Kurs die ca. 550 Seemeilen lange Strecke nach St. Thomas. Die Reise währte zwei volle Tage.

Hier in St. Thomas wurde an der Pier gebunkert und sehr lange dauerte unser Aufenthalt nicht. Unsere hiesigen Schauerleute gingen als erste von Bord. Da der in Port Limon an Bord gekommene Berliner und ich nichts mit dem Schiffsbetrieb zu tun hatten, gingen wir hier für diese kurze Zeit an Land. Gar nicht weit von der Bunkerstation trafen wir auf unserer Pilgerfahrt einen Weg, der uns durch große und gewaltige, manche in Blütenpracht dastehende Kakteen führte. Ich hätte es nicht für möglich gehalten, daß die Natur solche Pracht und solch gewaltige Ausmaße an Wachstum gestattet. Unser Weg führte uns in die unmittelbare Nähe dieser von weitem schneeweiß aussehenden villenartigen Häuser mit ihren herrlich schimmernden roten Dächern. Von nahem gesehen war ich enttäuscht, es war alles andere als ein strahlendes Weiß. Für später wußte ich Bescheid, wenn man an sehr weiß schimmernden, herrlich ausschauenden Ortschaften vorbeifuhr, was in Wirklichkeit dahinter steckt.

Am 21. Juli 1906 verließen wir St. Thomas zur Fahrt nach Le Havre in Frankreich. Während dieser Überfahrt hatten wir das schönste Wetter bei stets nur mäßigen Winden und einer ruhigen See.

Am 4. August erreichten wir Le Havre, wo wir unsere Zuckerladung entlöschten. Alsdann verdampften wir zu unserem Heimathafen, Hamburg. In Le Havre wurde uns die Nachricht zuteil, daß eine Feuersbrunst die Michaeliskirche in Hamburg zerstört habe.

Abbildung 17: Die brennende Michaeliskirche! (Die Welt)

Brand der Michaeliskirche

Die Vernichtung des hamburgischen Wahrzeichens im Jahre 1906 war ein „nationales Unglück“, zu dem Monarchen kondolierten. Senat und Bürgerschaft waren sich einig, den „lebenden Freund“ schnell wieder erstehen zu lassen. Zwölf Jahre baute Sonnin an der alten Kirche. Die neue stand bereits nach sechs Jahren. Einer der Baumeister hieß – „Hennicke“.

(Die Welt 1949)

Auf der Elbe angekommen, verholten wir in den Kaiser-Wilhelm-Hafen. Als das Schiff festgemacht hatte, gingen der Berliner und ich gemeinsam an Land. Wie ich bereits einmal berichtet habe, bedurften wir keiner Paßkontrolle, wir gingen frei, so wie wir wollten. Da wir nicht zur Besatzung gehörten, meldeten wir uns nur bei einem Offizier des Schiffes von Bord, als einzige Höflichkeitsgeste. Mein Berliner hatte sich an Bord ein Hemd und eine Hose besorgt, Sandalen hatte er selber. In diesem Aufzug verließen wir beide unseren Dampfer „MECKLENBURG". Mit einem Fährdampfer landeten wir in der Nähe der St. Pauli-Landungsbrücken. Ich sah, mein Sonderling war in seinem Aufzug ein Blickfänger, alle schauten ihm nach. Sein Wille war, sich auf dem schnellsten Wege einzukleiden. Beim Betreten des heimatlichen Bodens führte mich mein Weg links ab nach Altona. Wir verabschiedeten uns, und ich erinnere, noch einmal eine Nachricht von ihm erhalten zu haben. Doch mein Weg führte mich in alle Welt, unsere Spuren verloren sich.

Wenig später war ich bei meinen Eltern. Es war dort eine Nachricht vom Verein „Seefahrt" eingetroffen mit dem Bescheid, wenn ich von meiner Reise zurückkäme, so möchte ich mich sofort bei Herrn Horn melden. Mein Vater wurde aufgefordert, zu beweisen, daß er nicht in der Lage sei, 350,- Mk. für mich, für eine Schiffsjungenstelle entrichten zu können. Das hat er leicht beweisen können.

Ich ging zu Herrn Horn. Von ihm wurde ich freundlich empfangen mit der Aufforderung, aus meinem Leben und aus meiner bisherigen Seefahrt zu erzählen. Mit aufmunternden Zwischenfragen wollte er auch das Letzte wissen. Ich möchte annehmen, es war für den Verein „Seefahrt" ein vorgeschriebener Test, den Herr Horn mit mir durchzuführen hatte. Jetzt bekam ich von ihm ein Schreiben an einen Arzt zur endgültigen körperlichen Untersuchung. Mit diesem Befund eilte ich auf dem schnellsten Wege wieder zu ihm zurück. Nach der Einsichtnahme in das Schreiben des Arztes kam Herr Horn mit der Sprache heraus. In einer freundlichen Atmosphäre, mit herzlichen Worten beglückwünschte er mich, er würde mich vorschlagen als Schiffsjunge für die Hamburger Bark „CASSANDRA". Ich würde in Kürze von ihm hören. Mit einem Lächeln im Gesicht, voll innerer Freude und leicht angefeuchteten Augen bedankte ich mich bei Herrn Horn.

Bald wurde ich erneut zu ihm gebeten. Er eröffnete mir, zum 23. August sollte ich mich auf der Bark „CASSANDRA" in Bremerhaven als Schiffsjunge zum Dienstantritt einfinden. Jetzt waren die Würfel für mich zum endgültigen Berufsanfang gefallen. Ich sagte freudig zu, und mit einem nochmaligen „DANKE" verabschiedete ich mich von diesem prächtigen Menschen, Herrn Horn. Die ersten Schritte nach dem Verlassen des Büros des „Hamburgischer Verein Seefahrt" waren gleichsam die ersten Schritte auf meinem nun fundamentierten Lebensweg.

Mein jetziges Erscheinen in meinem Elternhaus löste Erleichterung und Freude aus!

Kapitän Ludwig Schlimbach

Vieles im Leben ist Zufall, so auch hier bei mir. Ich gelangte 1965 in den Besitz eines Buches, betitelt: „Ludwig Schlimbach Erinnerungs-Chronik“ von Herrn Dr. Georg Lauritzen, Hamburg-Flensburg, in handschriftlichem Text, untermalt durch prächtige Yachtskizzen von A. G. Nissen, Rinkenis, Nord-Schleswig, herausgegeben zum Todestag von Kapitän Ludwig Schlimbach, zum 13. Januar 1959.

Abbildung 18: „CUTTY SARK“ (Archiv).

Wie in dieser meiner Arbeit angeführt, war Kapitän Ludwig Schlimbach 1905/06 für die I. und II. Reise mein I. Offizier auf dem West-Indiendampfer „ALTENBURG“. Als Mensch und Vorgesetzter war er ein sehr ruhiger und gütiger Seemann, von denen es aus dem hastenden, unruhigen, sehr verantwortungsvollem Nautikerstand nicht allzuviele gab. Ich wurde, sehr jung an Seefahrzeit, von ihm zum Leichtmatrosen befördert. Nicht, daß ich hiermit anführen möchte, er hätte etwas gewagt, nein, er hat, nach Taten und nach meinen

Leistungen beurteilt, als ehrlicher Vorgesetzter gehandelt. Und dies habe ich ihm damals im stillen Herzen sehr hoch angerechnet, und dankbar widme ich Kapitän Ludwig Schlimbach in dieser meiner Arbeit die ihm dafür zustehenden Anerkennungsworte.

Mit Erlaubnis vom Autor, Herrn Dr. Georg Lauritzen, entnehme ich seinem Buche Schlimbach-Chronik einige Einzelheiten:

Ludwig Schlimbach wurde am 18. September 1876 in München als Sohn eines Bankdirektors geboren. Nach dem Besuch des alten Luitpold-Gymnasiums in München faßte er, wie so viele Bayern, den Entschluß, zur See zu gehen. Mit einer Entscheidung für die Kriegsmarine wäre der Vater einverstanden gewesen. Ludwigs Pläne galten aber der Handelsmarine. Bei ihr sah er die Möglichkeiten zu einer persönlichen Entfaltung der Kräfte, die er in sich regen spürte.

Das harte Leben auf amerikanischen und englischen Segelschiffen, darunter auch auf der unvergeßlichen „CUTTY SARK" führte ihn nicht, wie in München erhofft, zurück ins Vaterhaus.

Nach sieben Jahren Segelschiffszeit erwarb er sich die beiden Patente für die große Fahrt und trat 1900 in die Dienste der Hamburg-Amerika Linie. Schon mit 35 Jahren wurde Ludwig Schlimbach mit dem Kommando des weltbekannten Passagierschiffes „OCEANA" in der Fahrt zwischen New York und den Bermudas betraut. Während des 1. Weltkrieges wurde er in den USA interniert.

Abbildung 19: Kapitän Ludwig Schlimbach (Entliehen aus der „Schlimbach-Chronik").

Nach dem Kriege kreuzte Schlimbach mit einem Dreimastschoner für eigene Rechnung in Westindien bis 1930, bis die Fracht schließlich kaum noch die Heuern für die Besatzung aufbrachte. Jetzt kehrte Schlimbach nach Hamburg zurück mit dem Vorsatze, nicht mehr zu fahren, sondern zum reinen Segelsport, der Hochsee-Segelei, überzugehen. Er war ganz erfüllt von dem Gedanken, das Wettsegeln auf hoher See, wie es in den USA zu einem Jugendsport auf kleinen seegehenden Fahrzeugen mit reiner Amateurbesatzung geworden war, auch für die deutsche Jugend zu erschließen.

Dieser Aufgabe hat sich Ludwig Schlimbach mit seiner ganzen Person, mit allem Können und seiner Habe zur Verfügung gestellt.

Durch diesen vollen Einsatz ging er zur Tat über! Der Durchbruch aus der Enge der Küstensegelei hinaus auf das blaue Wasser gelang ihm im Jahre 1931 mit seiner Fahrt von Hamburg nach New York mit einem ehemaligen Fischkutter, den er „STÖRTEBEKER“ nannte, in einer Zeit, in 35½ Tagen. Aber erst im Jahre 1935 kam Ludwig Schlimbach mit der Yawl „STÖRTEBEKER II“ auf der schweren Rhode-Island-Bergen-Regatta dem gesteckten Ziele in greifbare Nähe.

Die Krone des Seeseglers

im November 1937

Abbildung 20: Der Kronenkompaß, Stiftung der Stadt Kiel! (Entliehen aus der „Schlimbach-Chronik“).

Im November 1937 hat die Stadt Kiel Kapitän Ludwig Schlimbach in Würdigung seiner großen Leistung bei der Überquerung des Atlantischen Ozeans in Ost-West-Alleinfahrt durch Überreichung des Kronenkompasses ausgezeichnet. Nach seinem Tode am 13. Januar 1949 hat dieser große Vorkämpfer des deutschen Hochseesegelsports die wertvolle Trophäe durch testamentarische Verfügung dem Kieler Yacht-Club mit dem Auftrage hinterlassen, sie als Seefahrt-Wanderpreis für die beste deutsche hochsee-seglerische Leistung jeden Jahres auf allen Meeren außerhalb der Ostsee zu verwenden.

Aus demselben Buche „Schlimbach-Chronik“ ein paar Worte über den Verein, durch den ich meine Freistelle als Schiffsjunge auf der Hamburger Bark „CASSANDRA“ erhielt: Hamburgischer Verein „SEEFAHRT“.

Abbildung 21: Dem erfolgreichen Vorkämpfer für den deutschen Hochseesegelsport, dem deutschen Bezwinger des Atlantiks in Ost-West-Alleinfahrt Herrn Kapitän Ludwig Schlimbach Die Kriegsmarinestadt Kiel im November 1937 (Entliehen aus der „Schlimbach-Chronik“).

Anfang des Jahrhunderts wurde von maßgebenden Hamburger Kreisen der Verein „Seefahrt“ gegründet, um in der damals im Seesegeln führenden großen Schonerklasse Hamburgs Farben zu vertreten. Die durch ihre Schnelligkeit berühmte englische Yacht „RAINBOW“ wurde angekauft, und als erste „HAMBURG“ errang sie auf der Unterelbe und während der Kieler Woche stolze Siege über „METEOR[7]“ und „GERMANIA[8]“ und bekannte ausländische Gegner. 1905 nahm die „HAMBURG“ an der ersten von deutscher Seite veranstalteten Atlantik-Wettfahrt teil und belegte – obgleich kleinstes Boot der internationalen Flotte – einen eindrucksvollen zweiten Platz. 1913 wurde die alte „HAMBURG“ durch die moderne „HAMBURG II“ (ex „WESTWARD“) ersetzt, die ihre Vorgängerin noch zu übertreffen versprach. Leider konnte sie wegen der bald eintretenden politischen Unruhen nicht mehr voll zur Geltung kommen.

Und so fort ...

---

7 Vermutlich handelt es sich um die von Cary Smith entworfene, auf Shooters-Island (New York City) 1902 fertiggestellte kaiserliche Segelyacht Meteor III.

8 Vermutlich handelt es sich um die von der Germaniawerft 1908 fertiggestellte Segelyacht der Familie Krupp.

3. Mein erster Segler, die Bark „CASSANDRA“

Bestimmungen über die Einstellung als Schiffsjunge

Hamburgischer Verein „Seefahrt“
Geschäftsstelle, Hamburg. Seemannshaus (1904)

§ 1

Die Einstellung als Schiffsjunge an Bord von Segelschiffen durch den Verein erfolgt in der Regel nicht vor dem vollendeten 15. Lebensjahre. In geeigneten Fällen können jedoch jüngere Knaben bis zur Erreichung dieses Alters an Bord von Dampfern untergebracht werden.

§ 2

Für die Annahme als Schiffsjunge können nur solche jungen Leute Berücksichtigung finden, welche vollkommen gesund und frei von körperlichen Fehlern und Anlagen zu chronischen, die regelmäßige Ausbildung des Körpers störenden Krankheiten sind. Auch müssen sie einen kräftigen Körperbau besitzen, um die mit dem Dienste zur See verbundenen bedeutenden körperlichen Anstrengungen und klimatischen Schädlichkeiten ertragen zu können.

Insbesondere muß der einzustellende Schiffsjunge die volle Seh- und Gehörschärfe, sowie ein vollständiges Farbunterscheidungsvermögen besitzen und frei von sprachlichen Fehlern sein.

§ 3

Die für den Dienst an Bord in hohem Maße erforderlichen Charaktereigenschaften der Pflichttreue und des Gehorsams müssen durch empfehlende Zeugnisse, sowie durch Atteste über bisherige tadellose Führung nachgewiesen werden.

§4

Hinsichtlich der genossenen Schulbildung werden keine über den erfolgreichen Besuch einer Volksschule hinausgehenden Anforderungen gestellt.

§ 5

Die vom Verein angenommenen Jungen werden auf Hamburger Schiffen eingestellt. Als Vergütung für das Jahr als Decksjunge sind an die Reederei 350,- Mk. zu zahlen, welche vor der Einstellung an den Verein „Seefahrt“ zu entrichten sind. Der Junge erhält hierfür während des Jahres eine monatliche Heuer von 5.-Mk.

§ 6

Für die Ausrüstung hat der Verein eine allgemeine Übersicht in der anliegenden Liste aufgestellt. Soweit als angängig, können die Gegenstände in der Heimat beschafft werden, vorausgesetzt, daß dieselben den Verhältnissen an Bord entsprechen.

§ 7

Für eine beschränkte Zahl von Jungen übernimmt der Verein die Vergütung an die Reederei. Jedoch können hierfür nur Jungen berücksichtigt werden, welche einerseits in körperlicher Beziehung vollkommen tüchtig sind[9] und gute Zeugnisse über Schulleistungen sowie über etwaige bisherige Berufstätigkeit vorlegen, andererseits den Nachweis der Mittellosigkeit für die Vergütung an die Reederei beibringen können. Für die Ausrüstung hat der Junge jedoch auch in diesem Falle selbst zu sorgen, und stehen dem Verein hierfür keine Mittel zur Verfügung.

Es folgten zwei weitere, nicht wichtige §§.

Einige Worte vorab

Das folgende Kapitel zu beschreiben, wird das Schwierigste meiner ganzen Aufgabe werden.

Dieser Segler war ausgefahren und abgenutzt bis aufs äußerste. Ein ganz großes Glück hat uns auf unserer Reise beschützt und uns heil in der Heimat wieder landen lassen.

Allgemein möchte ich die damalige nie wiederkehrende, für den Seemann auf allen Seglern gleiche entsagungs- und entbehrungsreiche Zeit möglichst im Original wiedergeben.

Im Besonderen muß ich diese Bark als einen extremen Fall von grober Vernachlässigung der Seetüchtigkeit des Schiffes und einer gefährlichen Fahrlässigkeit dem Seemanne gegenüber so wiedergeben, wie er war und was wir als Resultat hieraus haben erleben müssen.

---

9 Bei einem Alter von: / Mindestgröße / Brustumfang mind.

Bei einem Alter von:	Mindestgröße	Brustumfang mind.
15 Jahren	153 cm	76 cm
15,5 “	155 cm	77 cm
16 “	157 cm	78 cm

Anz.	Ausrüstungsgegenstand	Preis [Mk.]
1	Seekiste	12,00
1	Zeugsack	2,75
1	Matratze mit Keil	3,00
1	Kopfkissen mit 2 Bezügen	5,50
2	wollene Decken à 5,- Mk.	10,00
4	blaue und graue Flanellhemden à 5,- Mk.	20,00
4	blaue und graue Flanellunterhosen à 3,75 Mk.	15,00
6	Paar lange wollene Strümpfe à 1,50 Mk.	9,00
1	Paar Seestiefel	16,00
2	Paar Decksschuhe à 5,50 Mk.	11,00
1	Paar Segeltuchschuhe	3,00
2	Arbeitskittel à 2,- Mk.	4,00
3	Arbeitshosen à 3,- Mk.	9,00
1	wollgefüttertes Arbeitsjaket	15,00
1	Ölanzug	10,00
1	Tam O'Schanters-Mütze	1,20
3	weiße leinene Mützen à -,50 Mk.	1,50
1	Paar Fausthandschuhe	0,60
6	bunte baumwollene Taschentücher à -,30 Mk.	1,80
1	wollener Shawl	1,70
1	wollener Troyer	4,00
1	Riemen mit Messer und Scheide	1,50
4	Handtücher à -,50 Mk	2,00
	Eßgeschirr, Seife, Kamm, Bürsten, Nähzeug, Spiegel, Streichhölzer, Stiefelschmiere etc.	5,45
		ca. 165,00

Tabelle 2: Ausrüstungsliste für eine ca. einjährige Reise eines Decksjungen.

Wie es dazu kommen konnte, ist nicht meine Sache zu ergründen. Ich möchte nur versuchen, meinen Gedankengang hierzu wiederzugeben, damit der Leser sich selbst ein Urteil bilden kann.

Wer den Mut hat, über eine ungünstige Sache wahrhaft zu berichten, wird nicht umhin können, sich Feindschaften zuzuziehen. Doch da schon 50 Jahre und mehr darüber hingegangen sind und alles trotzdem glücklich verlaufen ist, so nehmen wir es zur Kenntnis.

Mein Kapitän, der den Segler in dem Zustand vorfand, wurde dadurch zum Opfer und mußte für die Handlung anderer einstehen.

Mit großer Vorsicht und Überlegung sind diese Worte geschrieben.

In Fällen für mich schwerer Entscheidungen ziehe ich gerne Weisheitssprüche zu Rate.

> Die Wahrheit ist ein Manuskript, das vor der Veröffentlichung gründlich redigiert werden muß. (Daniele Varé)

Diese Worte sind zu meinem Fall unbedeutend.

> Im Grunde hat es die Wahrheit leicht, man kann sie einfach sagen. Die Lüge muß ständig durchdacht und überwacht werden, soll sie sich eine Zeitlang halten. (Georg Summermatter)

Diese Worte sind treffend zur Erfüllung des nun folgenden Abschnittes.

Ich muß mit der Möglichkeit rechnen, daß Personen aus der Geschlechterfolge der in dieser Arbeit (3. Kapitel) erwähnten Menschen leben. Darum bekunde ich, nichts dramatisiert, sondern in mäßiger Form der Wahrheit die Ehre gegeben zu haben. Es liegt mir ferne, irgend eine Verärgerung, und sei sie noch so klein, auszulösen.

Im übrigen dürften diese Vorgänge heute noch für beteiligte Kreise von einigem Interesse sein.

Mein Gedankengang: „Ein allgemeiner Fall“

Ein Kaufmann geht dazu über, sich als Reeder betätigen zu wollen. Er sucht Geldgeber, die gewillt sind, einen Part seines Seglers zu übernehmen. Unter diesen war zur damaligen Zeit durchweg ein Kapitän, der sich als Mitreeder beteiligte, daher auch das Schiff führen wollte. Aus den Fähigkeiten dieses Mannes konnten gute Gewinne mit dem Segler erzielt werden. War dieser Schiffsführer ehrlich und reell, so häufte sich diese Summe. Mit minderer Tüchtigkeit wurde weniger erzielt. Ein ganz logischer Fall, den wir als Fundament zur Sache nehmen.

Das Schiff versegelte im Laufe der Zeit, fern der Heimat durch viele Meere. Es entstanden Havarien, Schäden am Fahrzeug usw., welche vom Schiffsführer behoben und auch von ihm bezahlt werden mußten. Es kam vor, daß der Kapitän in fernen Ländern Frachtabschlüsse tätigen und andere geldliche Manipulationen selbständig auszuführen hatte. Er fühlte sich als Mitreeder, leichte Geldeinnahmen lockten. Je nach der Veranlagung reizte so etwas, möglich bis zur Unredlichkeit. Der Reeder in der Heimat saß fern von seinem Schiff, unterdessen fuhr es Frachten von Land zu Land, von Erdteil zu Erdteil. Die Verbindungen zwischen dem Schiff und der Heimat waren primitiv. Der Reeder mußte sich mit den Auskünften seines Kapitän zufriedengeben, ja, er war in den meisten Fällen vollständig auf diesen Mann angewiesen.

Hierzu die Gegenseite. Falls der Kapitän zu der Überzeugung gelangt war, daß er von diesem Reeder niemals oder sehr unwahrscheinlich seinen geldlichen Part zurückerhalten würde, so trat eine rein menschliche Reaktion ein. Es wurde von diesem Schiffsführer auf eigene Faust versucht, je nach Veranlagung des Betreffenden, sogar auf Kosten des Sicherheitsfaktors des Seglers, eventuell Geld für sich zu erwerben, um Teile seiner Schiffspart zu retten.

In diesem ganzen, soeben geschilderten Komplex konnte noch eine dritte Kraft mitspielen, es war die Versicherungsgesellschaft. Durch ihren Experten erhielt das Schiff von der Versicherung seine Klasse. Dieses Klassifikationszertifikat war für den Segler und auch für den Kapitän ein sehr wichtiges Dokument als Beweis dafür, daß dieses Schiff von dritten Personen als ein seetüchtiges Fahrzeug anerkannt worden war. Einem Kapitän war es nur erlaubt, mit einem seetüchtigen Schiff den Hafen zu verlassen.

Soweit meine Schilderung im neutralen Rahmen zu diesem Geschehen, ihren Handlungen und Auswirkungen zur damaligen Großseglerzeit.

„CASSANDRA“

Brutto Rg.T.	726
Netto Rg.T.	688
Länge	53,18 m
Breite	9,39 m
Länge Halbdeck	12,2 m
Tiefgang abgeladen	5,27 m
Tragfähigkeit	ca. 1.100 tons

Tabelle 3: Maße der Bark "CASSANDRA"

Mein neuer Lebensabschnitt begann mit dieser Schiffsjungenstelle an Bord der Hamburger Bark „Cassandra“. Der Segler wurde 1868 auf der Werft von T. R. Oswald in Sunderland, in England, erbaut (Maße in Tabelle 3).

Der Segler besaß einen einziehbaren Klüverbaum. Die Bramsegel waren einfach. Das Schiff war außenbords schwarz, die Masten waren weiß gestrichen. Es muß einmal ein kleiner, schmucker, wendiger Segler gewesen sein!

Besanmast		Großmast		Vormast	Vorsegel
		9		15	
		8		14	
		7		13	
2	4	6		12	
1	3	5	10	11	16 17 18

1 = Besan
2 = Gaffel-Toppsegel
3 = Besan-Stagsegel
4 = Flieger
5 = Großsegel
6 = Groß-Untermarssegel
7 = Groß-Obermarssegel
8 = Groß-Bramsegel
9 = Groß-Royal
10 = Groß-Stengestagsegel
11 = Fock - Vock
12 = Vor-Untermarssegel
13 = Vor-Obermarssegel
14 = Vor-Bramsegel
15 = Vor-Royal
16 = Vor-Stengestagsegel
17 = Innen-Klüver
18 = Außen-Klüver

Abbildung 22: Bark „KYLEMORE" ex „SUZANNE", ein natürliches Modell zur Bark „CASSANDRA". Ein gleicher Schnitt des Seglers, ohne Back- und Achterdeck-Erhöhung. Ein Halbdeck, eine gleiche Segelstellung, eine gleiche Anzahl stehender Segel (aus „Under Gustav Eriksons flagga", siehe Fußnote 4).

Wenn ich meine Erlebnisse und das Leben während der Reise mit der Bark „CASSANDRA“ beschreibe, wird vielleicht manches besser geglaubt und verstanden, wenn ich einen anderen Kameraden vor mir sprechen lasse.

Mein Kapitän des Seglers „CASSANDRA“ war Gustav Riese. Zuvor war er I. Steuermann der Elsflether Bark „ANNA RAMIEN“.

Ein damaliger Schiffsjunge dieser Bark hat in unserem Mitteilungsblatt „Der Albatros“ der alten, ehemaligen Cap-Horn-Fahrer im Heft I/VII. Jahrgang unter anderem berichtet:

Ich war soeben zum Dienstantritt erschienen und meldete mich zur Arbeit. Der II. Steuermann drückte mir einen Besen in die Hand und befahl mir, das Achterdeck aufzufegen. Als ich mich mit den dort herumliegenden Fusseln abquälte, trat ein Mann mit Spitzbart und einem steifen Hut auf dem Kopfe, über den Landgang kommend, an mich heran und sagte im barschen Ton: „So wird kein Besen angefasst, du Döskop!“ – Altbacksch, wie ich war, fragte ich den mir fremden Mann: „Wer sind Sie, und was geht Sie das an?“ – Kaum ausgesprochen, erhielt ich eine kräftige Ohrfeige, so daß ich fast die Treppe zum Großdeck hinunterfiel. Der mich so „liebevoll“ behandelnde Mann gab mir dann zu verstehen, daß er der I. Steuermann sei und mir mein naseweises Maulwerk bald stopfen werde. Als er mich nach meinem Namen gefragt hatte, nannte ich meinen abgekürzten Vornamen, also Leo. „Das ist ein Hundename, von jetzt ab heißt du Hans, verstehst du mich?“ brüllte er mich an und holte schon zu einem weiteren Schlag aus. Ich war nun kleinlaut geworden und fand mich mit diesem mir aufgezwungenen Vornamen, mit dem ich jahrzehntelang angesprochen wurde, ab.

Ein anderer Abschnitt besagt: Mitte August 1904 gingen wir mit einer Ladung Stückgut, nach Port Adelaide bestimmt, in See. Eines Tages war der I. Steuermann – Riese hieß der Menschenfreund – mit einigen Mann beim Brassenstretchen. Ich sollte beim Einfallen Törn halten. Niemand hatte mir gezeigt, wie ich das machen mußte. Ich konnte somit das Ende nicht festhalten, so daß alle Mann hinfielen und naß wurden. Der I., der auch mit betroffen war, sprang wütend auf und gab mir einen Tritt mit scheußlichen Worten.

Ein weiterer Abschnitt zum Thema: Am anderen Morgen, schon vor 6.00 Uhr, mußten wir Junggäste das Schweinehock und die Toiletten säubern, Wasser und Kohlen zur Kombüse bringen und das Logis reinigen. Da ich noch Backschaft zu machen hatte, wusch ich mir erst mal schnell die Hände; ordentlich waschen wollte ich mich später. – Der in der Nähe stehende Zimmermann nahm die Pütz mit dem schmutzigen Wasser und kippte es mir über den Kopf mit den Worten: „In wat förn Swienstall bis du denn grot worn?“ (In welchem Schweinestall bist Du denn groß geworden?) Weil der Kerl nicht nur mich gekränkt, sondern auch damit mein Elternhaus beleidigt hatte, kam eine unbändige Wut in mir auf. Unser Kapitän Riese brachte sich diesen seinen Zimmermann vom Segler „ANNA RAMIEN“ mit. Von dem wird später noch die Rede sein.

Ein weiterer Abschnitt hierzu: So ähnlich wird es in der damaligen Zeit anfangs wohl Vielen ergangen sein. Trotzdem halte ich es nicht für unwichtig, daß wir Alten uns daran erinnern und auch die heutige seefahrende Generation darauf hinweisen, welch rauher Ton und Grobheiten – natürlich auch mit Ausnahmen – bei der christlichen Seefahrt seinerzeit herrschten.

Soweit der damalige Schiffsjunge vom Segler „ANNA RAMIEN“, der jetzige Kapitän Leopold Jehningen.

Von mir aus ohne Kommentar.

Abschließend hierzu habe ich meinen Kapitän Gustav Riese als Führer der Bark „CASSANDRA“ im Fazit als einen fähigen, sehr harten, mit Fehlern und Schwächen behafteten Kapitän (wer hat wohl keine!) und nach Beendigung unserer Reise als meinen väterlichen Gönner zu bezeichnen.

Hartes, sehr Hartes habe ich an Bord erleben müssen, aber auch Gutes in Blick und Worten als Ausgleich dazu empfangen.

Der Sinn und der Zweck waren für mich als oberes Gebot die Aus- und Weiterbildung zu meinem Beruf. Sie sind mir an Bord zuteilgeworden. An und für sich wurde es mir leicht gemacht. Hier passierte zuviel Bruch. Dieses Brüchige wiederherzustellen, es zu beheben, mit sehr Wenigem auszukommen, da nicht mehr zur Verfügung stand, schulte, es schulte fürs Leben.

Ausgeführt wurden diese Arbeiten durchweg vom Kapitän selbst oder vom I. Steuermann. Ich hatte oft das Glück, zu diesen Arbeiten, zur Handreichung abgeteilt worden zu sein.

Es stellt sich die Frage, warum denn gerade ich ein Bevorzugter gewesen sein sollte. Es ist leicht erklärlich. Die Leute der Wache waren beschäftigt, dort sollte die Arbeit nicht unterbrochen werden, wenn sich für den Kapitän oder den I. Steuermann eine seemännische Arbeit, die geleistet werden mußte, einstellte. So wurde Hans (ich) aus der Kajüte abgerufen, um Handlangerdienste zu tun. Ich mußte meine Arbeit unterbrechen, sie später nachholen.

Wir waren drei Schiffsjungen an Bord, einer für die Kajüte, sowie einer für jede Wache. Wie es mein Schicksal mit mir vorhatte, wurde ich immer wieder vom Kapitän als Junge in die Kajüte geholt. Ich sträubte mich, natürlich in versteckter Form, hin und wieder auch offen. Erstens war meine Arbeit in der Kajüte und dem ganzen Achterschiff, einschließlich der Kammern, weit größer im Umfang als das Gebiet der Jungen im Matrosenlogis. Nebenbei mußte ich meine Wache an Deck mitgehen, so daß ich oft vor Müdigkeit, wie man zu sagen pflegt, über meine eigenen Beine fiel. Ein Junge bei den Matrosen ging nur seine Wache im geregelten Törn und hatte anschließend seine Backschaft zu machen, dann war er frei.

War mein Sträuben und mein innerer Groll gegen diesen Kajütsdienst wieder auf dem Siedepunkt angelangt, vergaß ich mich selbst und erzählte dem II. Steuermann, mit dem ich die Kammer zu teilen hatte, irgend etwas mich Bedrückendes. Prompt erfuhr es der Kapitän, und ich flog; einer der anderen Jungen löste mich ab. Nicht lange währte es, ich wurde wieder geholt, und alles lief, als sei nie etwas vorgefallen. Dieser Kurzwechsel ergab sich als etwas Normales.

Da ich durch meinen Kajütsdienst häufig in unmittelbarer Nähe des Kapitäns war, hörte ich manch Internes aus seinem Munde.

So, diese Bark sollte mit 72.000,- Mk. versichert gewesen sein. Der Kapitän übernahm aufgrund des Klassifikationszertifikates eine Part von 28.000,- Mk. Ich nehme an, er hatte die Bark nie gesehen. Als er dann diesen Segler näher kennenlernte, sah er, daß er sein Geld so gut wie vertan hatte. Viele, viele Male fielen während der Reise im Zorn und Verbitterung seine Worte: „Ick sail ditt Oos in de Grund“ oder „Ick sail denn Hund inne Grund“! („Ich segele dies Aas in den Grund“ oder „Ich segele diesen Hund in den Grund“!) Dieses auszuführen, dabei aber das eigene Leben zu retten, war nicht einfach. Diese Worte waren wohl nicht wörtlich zu nehmen, sie spiegelten nur seine augenblickliche Verfassung wieder, weiter nichts.

An Bord

Am 17. August 1906 mußte ich mich beim Verein „Seefahrt“ melden. Hier erhielt ich meinen schriftlichen Auftrag, mich am 23. August d. Mts. in Geestemünde, in Seebecks Dock, an Bord des Seglers „CASSANDRA“ zum Dienstantritt zu melden. Herr Horn entließ mich mit dem Bescheid, der Herr Reeder Hermann Lassen wünschte mich persönlich zu sehen, bevor ich zu seinem Segler abreiste. Ich fand diese Geste sehr verbindend und stolzen Schrittes beeilte ich mich, den Bescheid auszuführen. Herr Lassen empfing mich persönlich und führte mich in einen Privatraum. Er zeigte ein sehr reges Interesse an meinem bisherigen Leben und an meiner vollbrachten Seefahrt. Ich mußte erzählen. In einer freundlichen Atmosphäre und einer aufgeschlossenen Art stellte der Herr mir Fragen über Fragen. Mit herzlichen Worten und mir eine glückliche Fahrt wünschend, entließ mich Herr Lassen.

Später habe ich durch Befragen erfahren, daß keiner der anderen Jungen vom Reeder zur persönlichen Vorstellung angefordert worden sei.

Pünktlich, wie es von mir verlangt worden war, meldete ich mich an Bord des Seglers „CASSANDRA“ zur Stelle. Unser I. Steuermann, Herr Delfs, war sehr jung, vielleicht 23 Jahre. Er war ein nimmermüder, unruhiger Gast, den der Kapitän in allen seinen Handlungen frei gewähren ließ. Er fuhr mit uns Jungen umher, als wären wir Hunde. Seine sogenannten Flicken (Ohrfeigen) verteilte er nach seiner Laune. Er schreckte nicht davor zurück, selbst seine Matrosen über Gebühr grob und hart anzufassen. Unser II. Steuermann war ca. 27 Jahre. Herr Schmidt war ein äußerst ruhiger, anständiger und in jeder Form korrekter Vorgesetzter.

Meine Seekiste mit meinem Zeugsack brachte ich im Matrosenlogis unter.

Zwei Jungen, Fritz und Gustav, waren schon an Bord.

Unser einziehbarer Klüverbaum, aber ohne Netz darunter, war gesetzt. Meine erste Beschäftigung sollte sein, mit dem ewig lächelnden Matrosen Jan aus Vegesack die Vorsegel anzuschlagen. Ich mußte mit hinaus auf den Klüverbaum. Mein Auge hatte so etwas Herrliches noch nicht gesehen. Wandte ich meinen Blick achteraus, so sah ich bei diesem schönen Sommerwetter unsere Takelage, die Masten und Rahen mit all den Drähten und Tauen. Für meine Augen war es noch ein wirres Durcheinander. Den Sinn und Zweck der Einzelteilchen zu erlernen und zu erfassen, stand mir bevor. Unser Schiffssteven war nahe an die Breitseite des Docks, so daß unser Klüverbaum das Dach eines zum Schiffe querstehenden Hauses überragte. Unter uns die Menschen; aus solcher Höhe hatte ich noch nie geschaut. Mein Fuß stand als Halt für mich zum ersten Male in meinem Leben frei in der Luft auf einem Draht. Es war gefährlich, wenn ich es überlegte. Doch weit, weit höher in die Takelage mußte ich noch hinauf. Ich fühlte weder Bangigkeit noch Furcht. Ich war stolz, ein wenig erhaben und innerlich überglücklich, aus eigenem Streben mein sehnlichstes Ziel, nach dem ich mich jahrelang gesehnt und davon geträumt hatte, hiermit erreicht zu haben. Ein triumphales Gefühl beherrschte mich.

Am Abend ging ich still für mich in den Vormast hinauf. Vom Bramstengewant aus sah ich, der Matrose Jan kam mir nach. Langsam und vorsichtig stieg ich zur Vorroyalrahe, dort im Fußpferd stehend sah ich, Jan war in der Bramsahling stehengeblieben und sagte zu mir aufschauend: „Hans, wenn du hier oben bist, sieh nur nicht mehr abwärts als nötig, dann schwindet das Angstgefühl; sieh nur hier oben um dich und denke alles ist stark und fest. Wenn du deine Stellung hier im Mast veränderst, du mit einem Fuß und einer Hand deinen Ort aus dem Want zur Rahe hinüberwechselst, lasse es langsam und mit Überlegung vor sich gehen. Eine Hand gehört nur dem Schiff, die andere ist für dich da, dann wird dir kein Fehlgriff unterlaufen.“ Jans beherzigenswerte Worte habe ich nie vergessen. Sie waren nicht wörtlich zu nehmen. Beim Segelbergen mußte man schon beide Arme und Fäuste benutzen.

Da ich dieses Thema, das Segelbergen, tangiert habe, möchte ich es als allgemein mit vorwegnehmen.

Thema „Segelbergen“

Dieses Wort „Segelbergen“ auf See, in stürmischer Wetterlage, in der ein Herr sich scheuen würde, seinen Dackel vor die Tür zu jagen, viel weniger einen lieben Menschen, sei hiermit gemeint.

Selbst bei den oberen leichten Segeln griff man schon mit beiden Händen hinein ins Segeltuch, um auf dem schnellsten Wege von dieser Arbeit abzukommen. Einzuflechten habe ich noch, solche Leistungen konnten nur von kerngesunden, wendigen und willensstarken Menschen ausgeführt werden.

Wenn im Heulen des Sturmes, beim Peitschen der Regentropfen harte Hagelkörner in Böen auf beide Hände und ins Gesicht niederprasselten, in Gewittern, in denen der Blitz und der Donner zeitlich eins waren, wenn der Blitz den höchsten Punkt der Umgebung zum Einschlag suchte, dann hing die Besatzung in -zig Metern Höhe über dem Meere auf der Rahe ihres Seglers. Einsam auf weiter Flur zog er seine Bahn, stampfend und schlingernd in der gewaltigen See, daß alles in der Takelage ruckte, doch jeder Matrose tat in natürlicher Selbstverständlichkeit, seinen Kräften entsprechend ohne Zögern seinen Dienst. Doch nur große Unerschrockenheit, gepaart mit absoluter Selbstsicherheit, garantierten in solchen Stunden das eigene Leben. Ein Fehltritt, ein Fehlgriff in der kleinsten Unachtsamkeit konnte genügen und es war um das Leben des Betreffenden geschehen! Wenn wir Mann neben Mann, auf der Rahe, im Fußpferd stehend, versuchten, das vom Sturmwind vollgeblähte, nasse, sich brettartig anfühlende Segel einzuziehen und es gelang dann gleich beim ersten Ansatz, hatten wir Glück und waren froh.

Doch nicht jedes Mal und bei jedem Segel, bei jeder Windrichtung zum Segel, gelang diese Arbeit, als dürfe man sagen: „Gelernt ist gelernt“! Hier hatte man es mit unberechenbaren Naturkräften zu tun. Wenn die Verhältnisse ungünstig lagen, wenn man sich abgemüht hatte, das zu bergende Segel auf der Rahe gleichmäßig und gleichzeitig in kleinen Abschnitten, oft nur in Handbreiten dem Sturmwind abgerungen auf die Rahe zu holen, um es sofort mit dem Bauch oder dem Magen, je nach Mannesgröße, mit ganzer Körperkraft zum Halt gegen oder auf die Rahe zu drücken, ja, wenn dann der Segler schmiß, er ruckartige, vom Menschen schwer abzufangende Bewegungen machte und uns zwang, erst an das eigene Ich, an unsere Sicherheit zu denken, dann war uns unser mit Mühe eingeholtes Segeltuch entwichen und stand vollgebläht bis über unsere Kopfhöhe wieder vor uns. Durch ein unvermutet und plötzlich wieder vollgeschlagenes Segelteil ist mancher Kamerad rückwärts von der Rahe ins Meer oder auf des Seglers Deck geschleudert und ertrunken oder zerschmettert worden. Hier auf der Rahe im gemeinsamen Kampfe gegen die Naturkräfte, im gemeinsamen Einsatz des Lebens sind manche Freundschaften für immer entstanden.

Zum Schutze für den Mann auf der Rahe dienten sogenannte Handpferde, das waren bekleidete, von der Mannschaft meist selbstangefertigte Stahldrahtringe, am Jackstag der Rahe mit Bändselgarn sicher befestigt. Durch diese konnte der Seemann beim Arbeiten seinen Arm als Halt für sich stecken. Doch nur wenige taten es. Wenn ich ernstlich gewillt war, mit meinen Kameraden in gemeinsamer Kraftanstrengung des vollgeblähten Segels Herr zu werden, so war mir dieses in Gebrauch genommene Handpferd ein Hindernis. Auf manchen Großseglern gab es Tauhandpferde, oft vertörnt und nicht zum Armdurchstecken geeignet. Ein Sturmsegel bei zunehmender Sturmesstärke zu bergen hat oft Stunden gedauert. Die Fäuste der Männer waren zerschunden, die Fingerspitzen vom ewigen Krallen aufs nasse, harte Segeltuch zum rohen Fleisch geworden.

Hieran möchte ich die 19. Strophe aus dem 35 Strophen langen Gedicht: „Der Schiffsjunge“ (Dichter unbekannt) folgen lassen.

Der Bootsmann väterlich zum Schiffsjungen spricht:
„Denn sieh' Gottes unerforschliche Hand
Die alles schuf ringsumher,
Gab gütig und weise den Anderen das Land
Und uns das gewaltige Meer!“

New Haven in Süd-England

Zum Segelanschlagen wurde ich noch nicht mit nach oben geschickt. Wir hatten andere Arbeiten auszuführen.

Nach dem Ausdocken verholten wir zur Kaimauer. Wir hatten noch eine Spiere an Bord zu nehmen. Bei dieser Arbeit goß es in Strömen. Es war das erste Mal, daß ich mein neues Ölzeug und meine Seestiefel auf einem Segler auszuprobieren und zu tragen hatte, ein nie zu vergessendes Erlebnis. Ein eigenartiger Geruch haftete diesem neuen Zeug an. Zum ersten Male hörte ich beim Heißen dieser Spier, wie der I. Steuermann selbst gesanglich den Rhythmus zum gleichmäßigen Ziehen abgab. Es war kein Shanty-Gesang, wir nannten es Aussingen.

Nachdem sämtliche Segel untergeschlagen waren und wir den Ballast zum Versegeln nach New Haven in Süd-England getrimmt und befestigt im Schiffe hatten, verließen wir unter Schlepperhilfe bei schönem Wetter die Weser. Mit leichten Winden und zeitweilig viel kreuzend erreichten wir unseren Bestimmungsort.

Auf dieser Segeltour lernte ich, zum Unterschied auf den Dampfern, was Wachegehen bedeutete. Auf dem Dampfer „ALTENBURG“ legte sich der Mann des sogenannten Flötentörns ins Logis auf die Bank zum Schlafen. Ein Stück Schiemannsgarn, vom Ausgucksmann durch einen Ventilator ins Logis niedergefiert, nahm der Mann zum Schlafen in seine Hand. Pfiff nun der Wachhabende diesen Matrosen, so zog der Ausgucksmann an diese Leine und der Schlafende wußte, was er zu tun hatte. Bei schönem Wetter war die Kabelgatt-Luke zur Back geöffnet, und sein Weg zur Brücke führte ihn hier hinauf, auf daß der Schein der Logislampe beim Hinausgehen nicht verriet, daß er durch die Tür aus dem Logis kam. Hier auf diesem Segler blieb alles während der Wache an Deck, es ging wohl ein Matrose kurz ins Logis, um sich seine Pfeife zu stopfen, dann war er aber auch sofort wieder draußen. Ein sehr diszipliniertes Verhalten, anderes habe ich auf keinem anderen Segler später erlebt; es war etwas ganz Selbstverständliches!

Auf See war ich der Wache des I. Steuermannes zugeteilt. Auch wurde ich zuerst unter Aufsicht eines Matrosen ans Ruder gelassen, doch es währte nicht lange, da ging ich selbstständig meinen Rudertörn. Hatten wir doch stets gutes Wetter und leichte Winde.

Doch was sah mein Auge, der Segler hatte keinen Ruderkasten; das Ruderrad war teils fest mit Schiemannsgarn umwickelt, auch war es leicht dehnbar in sich. Es war wohl einmalig auf der See. Stets hatten wir zusätzlich unsere Stoßtalje als Sicherung angebracht. Es war ein ärmliches Bild; jeder sah, hier fehlte etwas. Später beachtete ich es nicht mehr, es war Gewohnheit geworden.

Allmorgendlich ging es bei Sonnenaufgang nach oben in die Masten zum Gordingüberholen. Man war müde und verschlafen, nach dieser Turnpartie aber munter geworden. Dann folgte für uns Jungen auf der Lee-Nagelbank stehend das Wasseraufschlagen aus der See in die Deckwaschbalge. Ich möchte nicht mehr die Anzahl der Eimer Wasser wissen, die allmorgendlich vom Schiffsjungen aufgeschlagen werden mußten und die dann vom Steuermann zum Deckwaschen verbraucht worden sind. Große Beachtung mußte der Junge bei dieser Arbeit, freistehend den Bewegungen des Seglers und seiner Fahrt durch das Wasser schenken, um nicht durch ein Übergewicht in die See zu fallen. Bei kräftigen Jungen wurde das Kreuz gestärkt, ein anderer mag sehr gelitten haben. Die größeren Segler hatten Handpumpen, doch im Verlaufe der Zeit wuchs das Saugloch am Schiffsboden im Meerwasser zu, so daß die beste Pumpe nichts nützte.

Vor New Haven angelangt, kamen der Lotse und ein Schlepper längsseit. Unser Klüverbaum mußte vor dem Einlaufen eingezogen werden. Ich wurde vom I. Steuermann zu dieser Arbeit mit herangezogen, ich freute mich, es war eine seemännische Arbeit.

Die Schiffsluken wurden abgedeckt, wir kamen in den Raum. Was mir auffiel, war, daß wir im Zwischendeck fast kein festes Deck hatten. Es waren einige lose Laufplanken gelegt, und darauf zu balancieren war gefährlich. Ich wußte damals noch nicht, daß ca. ein Drittel des gesamten Ladungsgewichtes als Ausgleich zur guten Seetüchtigkeit des Seglers ins Zwischendeck gehörte. Ich möchte weiter keine Stellung dazu nehmen, doch das Arbeiten des Seglers während der kommenden Ausreise ließ erkennen, daß nicht genügend Ladung ins Zwischendeck gekommen war. Unseren Segler könnte man mit einem Spielzeug-Stehaufmännchen vergleichen. Von jeder anlaufenden See wurde das Schiff ruckartig, schmeißend bewegt, ebenso ruckartig richtete es sich wieder auf. Die Bewegungen waren unberechenbar.

Anderntags wurde mit dem Laden von Zement in Fässern für Delagoa Bay in Ost-Afrika und fast gleichzeitig mit dem Löschen des Ballastes begonnen.

Außenbords sah das Schiff sehr verkommen aus, rostig, als wäre es von einer langen Reise heimgekommen. Im Dock ist nur der Schiffsboden behandelt worden, doch nicht das Überwasserteil. Jetzt sollte vor Antritt der Reise, da sehr schönes Wetter herrschte, noch mit schwarzer Farbe außenbords gestrichen werden. Nach dem dortigen Aussehen zu urteilen, wußte jeder Matrose, daß er sich sicherheitshalber mit einem Roststecher und einer Stahlbürste zu versehen hatte. Der I. Steuermann sah dies, mit einem heftigen Donnerwetter wurde den Matrosen erklärt, sie hätten nur das zu tun, was ihnen aufgetragen worden wäre, es solle nur gestrichen werden. Mit dem Roststecher oder Rosthammer außenbords zu arbeiten, wünsche er nicht. Die Farbe war sehr ölhaltig und deckte keinesfalls; das Streichen wurde gemacht. Es blieb aber nicht aus, daß man sich vor Verwunderung und kopfschüttelnd gegenseitig anschaute, ob einer logischen Begründung hierzu und in stiller Verwunderung über noch nie Dagewesenes sich Gedanken machte. Im Logis wurde dieses Geschehen von den Matrosen nicht weiter zur Debatte gestellt, es war dies Befehl vom I. und damit hat es sich. Unsere Seeleute waren ruhige und zufriedene Matrosen.

Lieber Leser, glaube nicht, daß es Menschen waren, die sich mit allem zufrieden gaben. Es war zur damaligen Zeit eine über und über disziplinierte Zeit. Jeder hatte seinen Sektor, auch der damalige Matrose hatte den seinigen. Er hielt streng auf Disziplin unter sich.

Einem Schiffsjungen wurde es niemals erlaubt, öffentlich zu rauchen. Der Leichtmatrose erlaubte sich nicht aus innerer Achtung einem Matrosen gegenüber in seiner unmittelbaren Umgebung, erst recht nicht im Logis zu rauchen. Wollte ein Schiffsjunge ins Logis, so hatte er vor der Eingangstür seine Kopfbedeckung abzunehmen, auch der Leichtmatrose. Ein Leichtmatrose duzte keinen Matrosen, selbst nicht, wenn der Leichtmatrose älter als der Matrose war. Dieser Altersunterschied war häufig. Ein Junge setzte sich erst dann zum Schaffen an die Back, nachdem die Matrosen Platz genommen hatten und er redete nur, wenn er gefragt wurde. Wer etwas anderes wagte, erhielt seine Backpfeifen oder gar mehr.

Da diese Werte, ich nenne sie so, gut eingefahren waren, lief alles zur Zufriedenheit und ruhig ab. Alle hatten ihr Gutes davon, zur Hauptsache die Schiffsführung.

Doch wehe, wenn ein Allesbesserwisser und somit ein Aufwiegler sich unter der Mannschaft befand. Dieser konnte das Leben an Bord zur Hölle machen. Einen Nutzen hatte niemand davon. Die Gesetze und die Paragraphen waren für einen Schiffsführer bei richtiger Handhabung und Ausnutzung wenn er wollte so abgefaßt, daß er auf See stets der Herr bleiben konnte. Die Zeche für diesen Aufwiegler zahlten durchweg die Kameraden.

Einen Matrosen hatten wir unter uns, der nicht zu den anderen paßte. Dies war lange zu beobachten. Er war anscheinend aus edlerem Holze geschnitzt, er verstand es nicht, sich den anderen anzupassen. Es passierte eines Nachts. Ein großer Wortwechsel mit hörbaren

Faustschlägen erfüllte unseren Raum. Der Angegriffene verließ sofort das Logis und ging achteraus. Gleich am anderen Morgen reiste dieser Seemann in die Heimat. Er muß zum Reeder oder zum Kapitän in einem besonderen Verhältnis gestanden haben, sonst wäre doch wegen einer Keilerei nicht gleich ein Matrose vom Schiff freigekommen; so etwas gab es nicht. Es mag nicht ausgeschlossen sein, daß das Seefahrtsbuch des Betreffenden ohne den Besitzer diese Reise mitgemacht hat. Zur damaligen Zeit gab es keine Paßkontrollen.

Es sind dies nur Vermutungen, unmöglich war es aber nicht!

An seine Stelle bekamen wir einen englischen Matrosen, Bill mit Namen. Ferner erhielten wir hier in New Haven einen älteren, ich möchte sagen, ehrwürdigen Segelmacher, er war ein gebürtiger Australier. Er war klein im Körperbau, aber sonst ein immer ruhiger und fleißiger Mann in seinem Beruf.

Lourenço Marques

Am letzten Tage hier in New Haven hatte unser Kapitän viel Besuch in seiner Kajüte. Ich nehme an, er hat auch an Land herzhaften Abschied nehmen müssen und da er kein Kostverachter dem Alkohol gegenüber war, war es ein anstrengender Tag für ihn gewesen. Jedenfalls hatte ich ihn nie zuvor so gesehen. Am späten Nachmittag des Tages war das Schiff beladen. Es wurde sofort seeklar gemacht. Nachdem die Luken seegerecht angelegt und verschalkt waren, legten wir von unserer Ladestelle ab und fuhren unter Lotsenanweisung und Schlepperhilfe seewärts. Sofort nach dem Ablegen begann der I. Steuermann mit dem Aussetzen des Klüverbaumes. Es war schon dunkel. In ganz kurzer Zeit waren wir von dem Molenschutz frei und befanden uns in der offenen See. Es war stürmisches Wetter Südwest, Stärke 7—8 nach Beaufort. Es kam nicht nur Spritzwasser nein es kamen Seen über und füllten teilweise das Großdeck. Unser Segler schien schwer beladen. Der Klüverbaum war noch nicht in allen Teilen fest. Die Stagen des Baumes sollten die oberen Teile des Vormastes, zur Hauptsache die Vor-Bramstenge halten. Es waren gefahrvolle Arbeiten. Es ergab sich, daß ich vom I. Steuermann achteraus geschickt wurde, dem Kapitän etwas auszurichten. Ohne einen für mich erkennbaren Grund zog er in dieser Wetterlage und dem Heulen des Windes einen Reetstock aus seinem Armloch und schlug wie wild auf mich los. So hatte ich meinen Kapitän gleichfalls noch nicht gesehen. Ich vermute, es war der Alkohol, es war seine Verantwortung, sein Risiko, das er sich mit der Übernahme seiner Part aufgeladen hatte. Sicher kam heute ein neuer, ihn belastender Faktor hinzu, er hatte wohl mehr an Ladung in seinen Segler hineingepackt, als er hätte dürfen. Darum diese Hast, bei diesem stürmischen Wetter sofort auszulaufen, sich mit dem Schiff hineinzubegeben in die offene See wo der Klüverbaum noch nicht gesetzt war.

Zum ersten Male hörte ich seine Worte: „Ick sail die Hund inne Grund".

Der Kapitän legte das schwer in der See arbeitende Schiff unter Obermarssegel und der Fock an den Wind. Es währte seine Zeit, bis alles klargemacht war und die Wachen aufgesteckt werden konnten. jetzt begann für uns das ewige Kreuzen gegen diesen fortwährend heulenden, zunehmenden westlichen Sturm. Von Zeit zu Zeit wurde mit beiden Wachen gehalst. In der darauffolgenden Nacht wurde uns verboten, während der Freiwache zur Koje zu gehen. Wir hätten uns angezogen in Ölzeug und Seestiefel, klar zum sofortigen Andeckkommen, irgendwo aufzuhalten. Ich erhielt vom I. Steuermann den Befehl, mich mit dem Segelmacher in seine Kammer zu begeben. Wir beide saßen uns bei einer schwach brennenden Petroleumlampe im Raume gegenüber. Der Segelmacher hatte seinen Platz, natürlich auch vollkommen angezogen in Ölzeug und Seestiefel, auf seiner Seekiste und stemmte seine Beine gegen die, auf der ich saß, ich tat das gleiche umgekehrt. So hockten wir und warteten. Ein jeder hing seinen eigenen Gedanken nach, während draußen der Sturm heulte, die See und die Wogen unseren Segler bearbeiteten. Das Wasser rauschte unter uns in der Kammer unaufhörlich von einer Seite zur anderen, den schmeißenden Bewegungen des Seglers ausgesetzt, und bespritzte uns zeitweise. Da das Großdeck fortwährend nicht nur Wasser schöpfte, sondern auch Wellen übernahm, so konnte das Seewasser aus unserer Kammer nicht abfließen, und wenn, erneuerte es sich entsprechend von selbst. So harrten wir im Stillen hoffnungsvoll der Dinge, die einmal eintreten mußten. Es verging die Zeit. Plötzlich öffnete einer unsere Kammer-Obertür und befahl: „Beide Wachen sofort an Deck, klar zum Halsen".

Es wurde gehalst, dieses Manöver dauerte, bis die Fock wieder gesetzt und alles andere aufgeklart war, eine geraume Zeit.

In dieser Nacht fiel mir abermals auf, sämtliche Kommandos, die aus dem Munde des I. Steuermanns kamen, waren englisch, und sie blieben für diese Reise durchweg englisch. In meinen Augen war es ungehörig. Ich fand es angebracht, wenn er dem Engländer selbst einen Auftrag hätte geben wollen, daß er es in seiner Sprache, zum besseren Verständnis getan hätte; aber als allgemeine Kommandosprache fand ich es entwürdigend unserer Sprache und auch uns gegenüber. Von niemandem an Bord wurde auch nur ein Ton hiergegen riskiert.

Dieses für uns schwere Wetter währte noch Tage. Langsam rückten wir westwärts voran. Der englische Kanal war passiert, wir befanden uns im vollkommenen freien Wasser, im Atlantik.

Das Wetter wurde besser. Unsere Anker wurden vom Schweinsrücken ab, auf die Back gesetzt und seefest gelascht. Die beiden Ketten wurden aus ihren Röhringen entschäkelt und die Ankerklüsen mit den dazu gehörenden Holzklötzen ausgefüllt. Unser Ankerspill, ganz achterkante Back war ein sogenanntes Pumpspill, wie es auf Kleinseglern gebräuchlich war. Selbstverständlich hatten wir Mitte Back ein kleines Gangspill. Unser Kettenkasten war querab des Fockmastes. Vor jedem Hafen mußten wir die schwere, für unseren Segler viel zu schwere Kette, Länge bei Länge mit einer Talje aus dem Kettenkasten hochziehen. Dieselbe wurde jeweilig an der Backbord-, resp. an der Steuerbordseite an der Achterkante Back bis zum Fockmast aufgeschlossen. Mit Tauen mußten die schweren Ketten beim Rollen unseres Seglers zum Schutze des Übergehens sorgfältig gehaltert werden. Die Kettenenden wurden um den Fockmast geschäkelt. Die Achse des Ankerspilles war mit Hartholz zu einem bestimmten Umfange aufgewulstet, in je 90 Grad Entfernung war eine eiserne Achsenverstärkung eingebaut. Waren die Anker in Gebrauch genommen, so fuhren wir drei Rundtörne Kette um die Spillachse.

Jetzt gingen wir daran, diese Längen in den Kettenkasten zu verstauen. Wie es mein Schicksal wollte, mußte ich auf Kommando des I. Steuermannes in den dunklen Kasten. Er gab mir genaue Anweisung, wie ich zu stauen hatte. Mit der Drohung, wenn ich meine Arbeit nicht seinem Befehle gemäß ausführe, so würde ich aus Platzmangel nicht wieder nach oben können und unten bleiben müssen. Die Röhre, durch die ich nach unten mußte, war meinem Umfange gerade angepaßt. Nicht jeder Seemann konnte hier hindurch. Also mit den Beinen hinein, die Arme hochgestreckt, ein Tau in den Händen, so fierte man mich langsam abwärts. Eine Fledermauslampe als Leuchte kam hinterher. jetzt begann die Arbeit des Stauens. Endlos erschienen mir die jeweiligen Längen von 120 Faden, gleich ca. 220 Meter. Der Schweiß begann zu rinnen, doch zäh und hart konnte ich sein, wenn es um etwas ging, wozu ich ausersehen war. So wie ich hinuntergelassen worden war, so zog man mich wieder aufwärts. Auch diese Löcher wurden mit einem entsprechenden Holzklotz und mit Segeltuch abgedichtet.

Gleich zu Beginn der Reise wurde ich vom I. Steuermann als Lampentrimmer abgeteilt, und ich blieb es bis zum Ende der Reise.

Unser Lampenspind befand sich an der Backbordseite, ungefähr zur Mitte des Kammern- und Wohnkomplexes auf dem Vorschiff, achterkante des Fockmastes. Sämtliche Türen rundum waren Doppel-, also Ober- und Untertüren. Das Lampenspind war nicht durchgehend. War die Backbordseite die Luvseite, so mußte ich schon, wenn die Gefahr des überkommenden Spritzwassers bestand, auch die Obertür anmachen, so daß ich einen kleinen Lichtspalt zum Sehen behielt. Trotzdem wurde ich oft feucht und naß. Mit derartigen Händen Lampentrimmen war eine Qual. Es gab kein Papier, kein Tuch, nichts. Ich weiß es heute nicht, wie alles geschafft werden konnte. Nur eins weiß ich noch, wenn ich mit meinem Petroleum nicht so lange auskam, wie es vom I. Steuermann befohlen war, ich um die Erlaubnis bat, einen neuen Kanister anbrechen zu dürfen, bekam ich erst einen Tritt oder welche an die Ohren. Ein gleiches spielte sich ab, wenn ich morgens beim Trimmen der Seitenlampen ein zersprungenes Glas vorfand und darum ein neues von ihm erbitten mußte. Es waren immer schreckliche Minuten für mich, und ich muß bekunden, eine derartige Behandlung habe ich später auf keinem anderen Segler gesehen. Ich persönlich war gar nicht in der Lage, den Verbrauch des Petroleums zu überwachen. Das Spind wurde nicht abgeschlossen. Unweit von hier war die Kombüse. Wer morgens Feuer anzumachen hatte und ich auf Freiwache war, konnte. sich aus dem Blechkanister Petroleum mopsen. Auf See Feueranmachen war für jemanden, der kein Petroleum benutzte, fast eine unmögliche Sache. Holz gab es keines, Papier gleichfalls nicht, so wurde Petroleum aus der Küchenlampe genommen. Gewiß, es war auf dem Halbdeck zu riechen, wenn Petroleum dazu benutzt worden war, doch wer sollte dies für mich tun?

Andere Hände mußten unter Umständen nachts die Positionslampen nachsehen, den Docht purren. Dazu mußten sie das Glas abheben. Die Hände waren feucht oder gar naß. Das Glas zersprang, was kümmerte es den anderen, ich hatte dies auszubaden. Unsere Positionslampen fuhren wir, wie in alter Zeit in einer gewissen Höhe im Fockwant. Zur Bedienung mußten diese eingenommen werden. Während der Zeit fuhren wir auf der Schiffsseite ohne Licht. Natürlich wurde der eigene Segler gegen Gefahren gut überwacht!

Das Schiff hatte nirgends Spannschrauben, wie sie auf später gebauten Seglern üblich waren. Wir fuhren nur Tallreepe, überall dort, wo etwas zu haltern war. Ein Tallreep war ein Hanftau durch Jungfern geschoren.

Aussegelnd von New Haven mußten wir die Wanten schwichten. Diese waren übermäßig lose. Hierdurch hatte der Groß- und Fockmast einen zu großen Spielraum, der gefährlich werden konnte, wenn es nicht sofort abgestellt worden wäre. Dieses habe ich auf keinem anderen Segler später je wieder erlebt. Balddarauf wurden die Tallreepe nachgezogen.

Im Verlaufe dieser Zeit fiel mir auf, daß unter der Back, an der Backbordseite Sonnenstrahlen sich zeigten, wo keine sein durften. Die Außenhaut war stellenweise durchgerostet. Ferner waren direkt unter dem Eisenwinkel, unter der Nagelbank vielerorts durchgerostete Stellen. Es sprach niemand darüber, und ich war klug genug, meinen Mund zu halten.

Die Reise verlief weiter bei herrlichem Wetter und mäßiger, leichter Brise. Eines Morgens, beim schönsten Sonnenaufgang, hatte ich meinen Rudertörn. Die See war ruhig, ein klarblauer Himmel und eine ganz leichte Windstärke erfüllte diese Stunde. Auf dem Halbdeck, nicht weit ab von meinem Ruderstand, saß der Segelmacher auf seiner Bank und nähte seine Segeltuchbahnen entlang. Fast nach jedem Nadelstich durch das starke Tuch blies er mit vollen Backen seinen Atem aus, ein merkwürdiges Gebaren. Wir hatten alle Segel bei. Die Rahen waren an Steuerbord angebraßt. Laut Anweisung hatte ich „Bie de Wind“ als Ruderkommando bei meiner Ablösung erhalten. An der Backbordseite des Ruderrades war meine Position. Mit meinen Augen hatte ich im Großmast die Luv-Royalschoot zu beobachten. Sie hatte laut Ordre leicht „am“ oder „im Winde“ zu spielen, wir sagten, zu killen. Mit dem Kompaß hatte ich bei diesem Auftrage nichts zu tun. Ich schaute nach meiner Schoot, hin und wieder zum Segelmacher, zu seinem Mundspiel nach jedem Nadelstich. Nebenbei hing ich anderen Gedankengängen nach. Ein herrliches Bild boten die Masten mit dem vollen Anblick all der weißen Segel. Die Dünung des Atlantiks hob und senkte den Segler und in kurzen Zeitunterschieden setzte der Bug härter in die Dünung, so daß sich ein breites Bugwasser zeigte, als segelten wir große Fahrt. Langsam schlich sich unser Schiffchen durch die See. Bald würde ich zum Morgenkaffee abgelöst werden. Dies und vieles andere gingen mir durch den Sinn. Ich war zufrieden und freute mich meines Lebens.

Plötzlich, wie aus heiterem Himmel sah ich den Zimmermann wie einen vollkommen verstörten Menschen von vorne her rennend und laut schreiend: „Leck Schipp, Kaptein, leck Schipp, Kaptein“ ausrufen. Er verschwand in der Kajüte. Wenige Augenblicke später erschienen der Kapitän und der Zimmermann an Deck, laufend auf dem Wege zum Vorschiff. Der Kapitän rief beim Passieren des Mannschaftslogis energisch befehlend aus: „Beide Wachen eiligst an Deck“!

Der Zimmermann hatte die Bilgen zu peilen, alle anderen gingen daran, die Ladeluke Nr. I zu öffnen. Der erste Gang des Kapitäns war, hinabzusteigen in den Laderaum, das Kollisionsschott abzuleuchten, ob es wasserdicht sei.

Die Bilgen wurden als trocken gemeldet, das Kollisionsschott hielt dicht, jetzt war erkannt, daß keine unmittelbare Gefahr bestand.

Für den Nichtwissenden habe ich zu erklären, daß jeder Großsegler einen durchgehenden, nicht unterteilten Ladraum besaß. Vorne, ungefähr in der Länge der Back, wurde der Laderaum zur Absicherung für den Fall einer Kollision im Vorschiff durch ein Querschott gegen ein Vollaufen des ganzen Raumes abgeschirmt. Einige unserer größten Segler hatten zusätzlich ein gleiches Querschott im Achterschiff.

An Bord gab es zur Beleuchtung nur Petroleum-Lampen. Die Vorpiek war stets dunkel und von einem eigenartigen Geruch erfüllt. Wer hinab wollte, nahm sich entweder eine Fledermaus-Lampe oder Streichhölzer und ein Talglicht mit. Der Besserorientierte bedurfte nur der Streichhölzer, er wußte seine Stelle, an welcher er sein Talglicht liegen hatte.

Der Zimmermann hatte in die Vorpiek wollen und war bei dem eiligen Hinabsteigen verschiedene Leitersproßen tief ins Wasser gestiegen, bis er dahinter kam, daß die Vorpiek unter Wasser stand und ein Loch in der Außenhaut hatte. Dieser Schreck hat ihn zum eiligen Ausrufen seiner Wahrnehmung veranlaßt.

Wäre das Kollisionsschott undicht gewesen, es hätte des Seglers Ende bedeutet; wir wären abgesackt wie ein Stein im Wasser.

Unser Segelmacher verstand fast kein Wort deutsch, doch die schreienden Worte des Zimmermanns hatte er begriffen. Er hielt darauf inne mit dem Nähen, sah zu mir auf und sagte: „Hans, by and by below“! Zur gleichen Zeit zeigte er mit dem ausgestreckten Arm der Hand und einen Finger abwärts in die See.

Es war ein seltener Augenblick; eine gefahrvolle Ungewißheit belastete uns alle!

Dieses günstig verlaufene Schicksal, bei fast ruhiger See, einer herrlichen Wetterlage, dem schönsten Sonnenschein zugleich, den angsterfüllten Ausrufen des Zimmermannes und kurz darauf ein hartes Kommandowort unseres Kapitäns aus einer völligen Ungewißheit heraus abgegeben, ist in meiner Segelschiffszeit, Gott sei Dank einmalig geblieben.

Was war die Ursache zu diesem Wassereinbruch?

Am Backbordbug, in der beladenen Wasserlinie des Seglers war ein überfaustgroßes Stück Rosteisen aus der Außenbordsplatte gefallen. So langsam beim Eintauchen des Bugs in die See lief die Vorpiek voll Wasser, war sie vollgelaufen und der Segler hob sich, so lief das Wasser wieder in die See. Es mußte ein einmaliges Wasserspiel am Backbordbug des Seglers zu beobachten gewesen sein.

Anschließend begann man sofort, dieses Loch mit einer Planke und sonstigen Balkenteilen abzudichten. Näheres weiß ich nicht, da ich erst zum Mittagessen abgelöst worden war und nach dem Essen abermals ans Ruder mußte, da unsere Wache wieder begonnen hatte. Ich muß bekunden, die Abdichtung hielt sich bis zum Löschhafen Lourenço Marques[10] gut, hin und wieder mußten wir noch etwas Wasser entleeren, es hatte nichts zu sagen, es bot keine Gefahr.

In unserer Vorpiek lagerte ganz unten der Steinkohlenvorrat für die Kombüse, darauf unsere Fässer mit dem Salzfleisch und dem Salzspeck, sämtliche Holzkisten mit je zwei vollen Kanistern Petroleum. Weiter waren dort unsere Kartoffeln, unser Gemüse, wie: Kohl, Wurzeln, Rüben usw., auch einiges an Ausrüstung wie: Draht und Tauwerk, von dem wir sehr wenig besaßen.

Eine Lenzpumpe für die Piek war nicht vorhanden. Dieses Seewasser mußte Eimer für Eimer mit der Hand hochgeholt werden. Anschließend wurde die Piek von allem was unten war geräumt und die Sachen zum Abtrocknen an Deck ausgebreitet, außer den Steinkohlen, sie blieben unten. Sämtliche Fässer, der Draht, das Tauwerk wurden vorübergehend im Laderaum untergebracht.

Diese Arbeit mit fast allen Leuten währte bis zum Abend, dann war es geschafft. Eine göttliche Fügung hatte uns vor Schlimmerem bewahrt!

Abschließend zu diesem Kapitel Leckage, muß ich an die Worte unseres I. Steuermannes in New Haven denken: Er wünschte nicht, daß wir außenbords Roststecher noch Rosthammer gebrauchten! Ein Kommentar hierzu ist wohl überflüssig!

Durch diese Leckage, vermutlich bei schönstem Wetter eingetreten, machte sich wohl ein jeder von uns seine eigenen Gedanken über die Beschaffenheit und den Sicherheitszustand unseres Seglers.

10 Maputo, Hauptstadt von Mosambik, bis 1975 Lourenço Marques.

Einige Tage darauf sahen wir einen gewaltigen Wal, parallel an unserer Backbordseite in gleicher Fahrt mitschwimmen. Er bot ein herrliches Bild. Das Tier hielt sich über eine Stunde so nahe dem Segler, daß wir es hätten von der Reling aus harpunieren können. Die Neigung, die Harpune anzusetzen, wurde aber klugerweise vom Kapitän strengstens untersagt, es war nur richtig.

Wir sahen, wie dieser Wal tauchte, wir sahen seine Atmung mit Getöse hochpusten, es erweckte Staunen darüber, daß dieses Tier in unserer unmittelbaren Nachbarschaft sich so lange hielt. Ich habe derartiges niemals wieder erlebt, es war einmalig. Wäre das Tier durch einen Harpunenwurf gereizt worden und es hätte durch Zufall die Breitseite unseres Seglers mit seiner gewaltigen Schwanzflosse in der Todesangst mit Kraft und Schwung getroffen, wer weiß was sich an unserer Bordwand an Rost gelöst und unser Ende bedeutet haben könnte.

Unser Großdeck wurde an der Stelle des tiefsten Schiffssprunges beim Großmast nie ganz trocken. Bei jeder Rollbewegung des Seglers lief das Seewasser von einer Schiffsseite zur anderen. Es war ein Zeichen, daß das Fahrzeug tiefer im Wasser lag, als es hätte liegen dürfen. Es wurde wärmer. Auf dem Holzdeck an dieser Stelle bildete sich eine gefährliche Glätte. Wir Jungen mußten schrubben, immer wieder schrubben, auch im Mondenschein, bei Nacht, zu jeder Stunde, wenn wir Ordre bekamen. Unseren Bemühungen war kein Erfolg beschieden. Diese Glätte verschwand im südlichen Atlantik als es kühler wurde. Niemals habe ich derartiges auf anderen Seglern erlebt.

Eines Tages wurde ich vom Kapitän als Junge in die Kajüte befohlen, um hier den Dienst von Fritz zu übernehmen, er kam ins Matrosenlogis. Mit bestem Eifer widmete ich mich dieser neuen Arbeit. Selbstverständlich mußte ich meine Wache an Deck weiter gehen.

Es kam vor, daß der Kapitän mittags in der Messe erschien, nachdem beide Steuerleute wachweise gegessen hatten. Er forderte mich auf, Essen für uns beide zu holen. Wollte ich bedeuten, ich hätte bereits gegessen, verbot er mir zu widersprechen. Ich hatte bei ihm Platz zu nehmen. Es wurde gegessen. Dann geschah es des öfteren, daß er beim Essen plötzlich zu mir sagte: „Hans, gehe hin und hole mir einen Salzhering aus dem Faß, wasche ihn nicht ab, bringe ihn so wie er ist“. Ich tat, wie mir befohlen. Er nahm sein Messer, schabte damit die gröbste Salzlake ab, schnitt den Bauch auf, den Kopf ab und zerteilte den Fisch. Dann legte er mir ein Stück davon auf meinen Teller und sagte zu mir: „Hier, nimm und iß“! Ich schüttelte mich innerlich vor all diesem Salz. Es gab montags und donnerstags

Salzspeck mit Erbsen, dienstags und freitags Salzfleisch mit Bohnen als Mittagessen. Zum Abendbrot desselben Tages gab es gleichfalls als Grundnahrung dies Salzspeck oder Salzfleisch in Form von Labskaus oder Krackerhasch. Natürlich aß ich ein wenig von diesem Heringsstück, meinem Kapitän zu Gefallen, dann war es gut. Er selbst nahm ein gutes Stück dieses Salzheringes zu sich, ohne eine Miene zu verziehen. Ich hatte ja gehorchend sitzenzubleiben. Als er fertig gegessen hatte, schaute er mich an, neigte seinen Kopf und zeigte mit einem Finger auf einen Punkt seines Hauptes. Dann sagte er: „Sieh' her, es kam mir einmal ein Marsfallblock von oben und fiel auf diese Stelle. Mein Junge, wenn ich in meinem Leben nicht so viel Salz gegessen hätte, wäre dieser nicht ganz kleine Block durch meinen Schädel hindurch gefallen, und ich säße heute nicht hier. Aber ich habe durch dieses viele Salz harte Knochen bekommen, und diese haben mir mein Leben gerettet. Ich rate dir, tue das gleiche, du weißt nicht, wozu du dann deine hart gewordenen Knochen noch einmal gebrauchen mußt, unser Beruf ist gefahrvoll. So, nun gehe an deine Arbeit!“

In solchen Stunden war mein Kapitän nett zu mir. Ich fühlte, er war mit mir zufrieden. Ich selbst war froh und frei und innerlich glücklich darüber, daß er so zu mir sprach.

Oft habe ich im späteren Leben darüber nachgedacht, mein Kapitän war nicht verheiratet. Sein Leben spielte sich außerhalb alles Menschlichen im nicht leichten, sondern sehr harten Dienst und einem stets entsagungsreichen Dasein auf der See, als ein Bürger der Ozeane und Meere ab. Er besaß kein liebendes Weib, keine eigenen Kinder, er kannte keine herzliche, weibliche Zärtlichkeit und wenn einmal, war sie unecht und irgendwo erkauft.

So das Leben eines alten Junggesellen zur See!

In meinem jetzigen Alter muß ich bekennen, daß ich unbewußt und ungewollt meinen Kapitän in bezug auf salziges Essen prompt gefolgt bin.

Während der Zeit meines Navigationsschulbesuches 1912 in Altona war mir das Essen, einerlei wo ich aß, immer zu nüchtern! Ich wohnte damals in meinem Elternhaus und hatte stets Salzheringe für mich zum Essen bereit. Nach der Mittagsmahlzeit, die ich nur sehr mäßig genoß, war das Essen eines Salzherings hinterher für mich ein Genuß. Zum Abendessen wurde ein Lachshering verzehrt. Eines Tages wußte ich nicht, was mit mir los war. Ich suchte einen Arzt auf. Es war ein sehr junger Herr, er stellte wenig Fragen. Ich mußte meine Brust freimachen. Mit einem Gummi rieb er ein Kreuz darauf und sagte nur: „Donnerwetter müssen Sie aber viel Salz zu sich nehmen. Lassen Sie es bleiben, dann sind Sie wieder gesund"! Nun ließ ich das viele Salzessen.

Doch das Verlangen kam wieder. In meiner Ehe hat es meiner Frau viele Tränen gekostet, denn ihr mit viel Liebe und Sorgfalt zubereitetes Essen mundete mir nicht, ich griff zu meinem Salzhering oder zum Anchovis.

An Bord der Segler, wenn bei der Arbeit in den Tropen der Schweiß an der Haut herunter perlte, verlor der Betreffende nicht nur Flüssigkeit, nein, damit auch Salz. Wäre nicht durch unsere damalige richtige, salzhaltige Ernährung ein guter Ausgleich geschaffen worden, wer weiß was dann mit uns geschehen wäre. Bestimmt hätten wir eine Berufskrankheit mehr.

Langsam näherten wir uns dem Äquator. Auf jedem Segler wurden die Neulinge, die die Linie noch nicht passiert hatten, getauft.

Auf manchen Seglern wurde so eine Taufe zu einem richtigen Fest und mit einem feierlichen Zeremoniell durchgeführt. Am Abend vor der Taufe erschien ein Beauftragter Neptuns, triefend von Meerwasser, als sei er tatsächlich aus der See gestiegen und begab sich achteraus. Hier wurde dem Kapitän in offizieller Form eröffnet, daß morgen, um die und die Uhrzeit, sein Segler die Linie passiere. Unser Herr Neptun, der Gott der Meere, der Seen, aller Teiche und Tümpel, würde mit seiner Gemahlin und dem Gefolge hier an Bord erscheinen, um bei den Neulingen beim Passieren des Äquators die heilige Taufe vollziehen zu lassen.

An dem Tage des Übertritts von der nördlichen zur südlichen Erdhälfte geschah es, daß die beiden Jungen Fritz und Gustav, genannt Nauke und Moses, nach dem Arbeitsschluß abends 6 Uhr getauft wurden. Da ich in der Kajüte beschäftigt war, unser Kapitän und der I. Steuermann für diese Scherze nichts übrighatten, konnten die Matrosen nicht an mich heran. Ich persönlich drückte mich davor, stillhalten zu müssen, um mich mit Teer und anderen scheußlichen Sachen einseifen zu lassen. Die Zeremonie des Taufaktes war bald abgeschlossen.

Gegen 7 Uhr mußte ich nach vorne, zur Kombüse. Hier erwischten sie mich. Einige Eimer Seewasser wurden mir mit Geheul und Gejohle freudig über meinen Kopf und Körper gegossen. Dem Befehle Neptuns war damit Genüge getan. Die Mannschaft hatte ihren Willen, und es herrschte Ruhe. Irgend ein Taufschein ist nicht ausgestellt worden.

In der Äquatorgegend, in der Mallung, auch Doldrums genannt, zwischen den Passaten erfuhr und erlebte ich es, was veränderliche Winde und Tropenregen bedeuteten. Dunkle Wolken, tief am Himmel hängend, zogen von irgendwoher am Horizont herauf. Totenstille und eine spiegelglatte See beim schönsten Sonnenschein herrschten vor. Die Bank kam höher und höher. Es begann zu blitzen und zu donnern. Plötzlich öffneten sich die Schleusen, als käme es mit Eimern von oben. Die Temperatur war angenehm. Der Wind änderte seine Richtung. Sofort wurden, ob es von obenherab goß, der Seemann nur in Hemd und Hose überrascht wurde, die Rahen nach dem Winde gebraßt oder eine heftige Bö erwartend, einige Segel aufgegeit. Es gab auch Tage mit einem vollständig verhangenen Himmel, mit einem Dauerregen und stets veränderlichen Winden dazu. Die Wachen kamen nicht aus dem Brassen der Rahen heraus. Jeder Windhauch mußte ausgenutzt werden, um aus dieser Gegend schnellstens verschwinden zu können.

An Bord eines Großseglers, der sich auf eine monatelange Reise begab, war das Frisch- oder Süßwasser ein hocheinzuschätzendes, von jedermann begehrtes, aber stets knappes Element. Damit mußte schon mit Beginn der Reise sehr rationell und berechnend umgegangen werden.

Daher war dieser Regen ein Gottesgeschenk. Verstehen kann es nur der, der selbst in mitverantwortlicher Stellung unter diesen Bedingungen hat leben müssen. Die Waschwassertanks, die leeren Fässer und Balgen wurden mit dem kostbaren Naß gefüllt. Segel wurden passend ausgebreitet und richtig hingeholt, um Wasser für die großen Tanks einzufangen. Persönlich nahm jeder seine Kojendecken, alles Zeug, selbst das, was er auf dem Leibe hatte, breitete es an Deck aus und ließ es zur Auffrischung durchregnen. Selbstverständlich kam die körperliche Reinigung zu ihrem Recht.

Alles Gute kann zuviel werden, so auch hier. Der später folgende, oft unaufhörliche Regenstrom zwischen den beiden Passaten wirkte sich unangenehm und lästig aus. Froh wurden wir, als ein steter Südost-Passat bei schönstem Sonnenschein-Wetter die Ablösung brachte. Mit diesem segelten wir mit Backbord-Halsen am Winde in steter Folge südwärts.

Unser Segler wurde 1868 erbaut. Zur damaligen Zeit liefen die Geitaue mit dem Geschirr des Schoothorns, dem dicken Manila-Klappläufer und dem dazugehörenden Block, sowie dem Halstau oder Draht zur Mitte des eigenen Segels. Diese Art des Segelfestmachens ergab an der Stelle zur Mitte hin einen großen Segeltuch-Wulst. Er wurde größer, wenn das Tuch naß und damit steifer geworden war und es sich nicht geschmeidig einfügte. So ein Wulst sollte nun auf die Rahe geholt werden. Es erforderte eine gewaltige Kraft. Um es zu schaffen, wurde sehr oft von dem einen oder anderen Seemann mit einem Bein das Knie gegen die Rahe gestemmt, um einen besseren Erfolg zu erzielen. Es war eine äußerst lebensgefährliche Stellung, in die sich dieser Seemann hineinbegab. Nirgends war für ihn ein Halt, außer an dieser Segeltuch-Rolle, auf die er seine ganze Kraft konzentrierte. Mit dem anderen Bein stand er im schwankenden Fußpferd. Wenn das zusammengerollte Segel im Hochziehen zur Rahe durch irgendwelche Umstände, durch unberechenbare Schiffsbewegungen schneller als vermutet werden konnte, auf die Rahe gelangte, ist mancher Kamerad, ohne einen festen Halt wieder erlangt zu haben, rückwärts fallend von oben gekommen.

Die modernisierte Art, die Segel nach der Jarvis-Methode aufzugeien, ist an diesem Segler spurlos vorübergegangen. Es war die konservative Einstellung der Kapitäne, alles Neue von vornherein zu verdammen, ohne sich überzeugt zu haben, ob nicht doch etwas Brauchbares daran sei. Zu dieser Zeit sah man kaum einen Segler, welcher nicht nach der neuen Methode seine Rahesegel zur Nock hin aufgeite. Hier an Bord war im wahrsten Sinne des Wortes die Zeit stehengeblieben.

Zusätzlich zeigte sich hier an unserem Großsegel eine weitere Erschwerung in der Festmachung.

Schon lange beobachtete ich unter unserer Großrahe etwas Eigentümliches. Ich erfuhr, es war eine in der Länge halbierte, der Form der Rahe angepaßte Hartholzspier zur Verstärkung der Unterkante durchgerosteten Rahe. Es zeigten sich mehr und mehr Sünden der Vernachlässigung an diesem Segler. Dieses Holz mag ein Einbrechen der Rahe während unserer Zeit verhindert haben, aber durch den vergrößerten Raheumfang belastete es den Seemann beim Segelbergen dadurch, daß das Zeisigherumnehmen bei Sturm und Seegang schwierig und auch gefahrvoller wurde. Stets mußte sich ein Mann ins Fußpferd setzen und von Unterkante Rahe versuchen, seinem Kameraden das Zeisigende zuzuspielen. Der Sturm wehte das Tau dorthin, wohin es nicht sollte.

Jetzt war ich schon einige Zeit in meiner neuen Stelle als Junge in der Kajüte. Alles ließ sich gut und schön an, nur wurde es zur Last, daß mir innerhalb von 24 Stunden sehr wenig Schlaf blieb; sie waren nicht genug für mich. Reell mußte ich meine Wache an Deck gehen, nebenbei alles weitere in meiner Freiwache die Kajütsräume, die Kammern der Steuerleute, die Messe und den Proviantraum sauber und in Ordnung halten. Es konnte nicht ausbleiben, daß Privatwünsche meiner Vorgesetzten hinzukamen; um diese zu erfüllen, mußte ich Schlafenszeit opfern.

Es passierte, daß mir am Ruder beim Steuern vor Übermüdung für Sekunden die Augen zufielen, und anstatt „Bie de Wind“ zu steuern, war mir der Segler etwas vom Winde abgefallen. Sofort merkte mein I. Steuermann dieses, und wie der Blitz war er am Ruderstand und ich hatte die Backpfeifen weg. Zur Strafe befahl er, daß ich auf der kommenden Freiwache zwei Stunden steuern sollte. Diese Stunden fehlten mir am Schlaf. Das Steuern machte mir nichts aus, ich tat es gerne. Dieser Fall mag berechtigt gewesen sein. Es passierten aber Grenzfälle. Fälle, bei denen er selber nicht in der Lage gewesen wäre, es mir besser vorzumachen. So erinnere ich, ich hatte meinen Kurs zu steuern und bemühte mich redlich und mit Eifer, es zu tun. Die achterliche See drückte mir den Segler zum Anluven aus dem Kurs. Der I. schaute zum Kompaß, nein, nicht als ich Kurs anlag, er wartete zum Punkt, an dem der Segler den größten Ausschlag zeigte. Sofort wandte er auch den Blick vom Kompaß ab und schaute mich an. Es folgte ein kleiner Dialog mit einem für mich bitteren Ende. Er fragte: „Was sollst du steuern?“ Ich antwortete und gab den Kurs an. Darauf er: „Also lagst du dreiviertel Strich vom Kurs, du mußt noch das Steuern lernen, komme auf der Freiwache für zwei Stunden ans Ruder.“ Eine Entgegnung wäre zwecklos gewesen, es hätte noch mehr Unheil über mich gebracht. Es wurde still ertragen mit dem Vorsatz, wirst du einmal I. Steuermann auf einem Segler, so wirst du keinen strebsamen Menschen so behandeln. Seine Handlungen wurden getragen von dem Hintergedanken, daß wenn ein Junge strafsteuert, er dafür einen Mann zum Arbeiten frei hat. Soweit hatten wir es schon durchschaut. Niemals ist auf der Wache des II. Steuermanns derartiges passiert. Und unser Kapitän ließ den I. gewähren und kümmerte sich nicht darum. Ich war zu stolz, es bei meinem Kapitän bei passender Gelegenheit vorzubringen. Es hätte auch keinen Erfolg gehabt. Alle Dinge haben zwei Seiten, bestimmt auch hier.

Ich bin und war ein Mensch des Ausgleichs und verstand zu folgern. Hätte ich mich gegen meinen I. Steuermann aufzulehnen versucht, wäre mir vieles, vieles andere nicht zuteilgeworden. Die seemännischen Arbeiten, wie da waren Drahtspleiße, einen Drahtbändsel aufsetzen, Tallreepe nach- oder neuscheeren oder anderes ähnliche führten nur der Kapitän oder der I. selber aus. Es war schon zur Gewohnheit geworden, daß ich von den beiden zu den Handlangerdiensten herangezogen wurde. Bei diesen Arbeiten habe ich vieles gesehen und gelernt. Hin und wieder kam auch etwas Menschliches beim I. Steuermann durch. Wir waren beide aus Altona-Ottensen.

Wenn er dieses Kapitel berührte, war er wie gewandelt, dann gab er mir bei meinen Diensten manchen Tip.

Des Nachts auf der Wache an Deck legten sich, wenn nichts an den Segelstellungen zu tun war, die Leichtmatrosen und Matrosen irgendwo an einer geschützten Stelle zum Ruhen oder Schlafen nieder. Wir Jungen durften es nicht. Selbst nicht, wenn wir mit zwei Jungen auf der Wache waren. Ich war überwiegend beim I. Steuermann auf der Wache. An seinen Füßen trug er bei schönem Wetter seine selbstgenähten Platting-Segeltuchschuhe. So kam er stets auf leisen Füßen, sein Kommen war nicht immer zu vernehmen. Ich saß z.B. bei Mondenschein an der Kante der Großluke und spielte mit meinen Gedanken, dabei niederschauend aufs Großdeck. Mein Gesicht in meine Hände gelegt, die Ellenbogen auf die Schenkel gestützt, war ich hellwach. Plötzlich stand der I. vor mir. Selbstverständlich zuckte ich unwillkürlich etwas zusammen. Dies genügte für ihn. Ich vernahm, er sagte, ich hätte auf meiner Wache an Deck geschlafen und verhängte daraufhin eine Strafe. So wurden unzählige Male Strafen über Strafen verhängt.

Es währte nicht lange, so erhielten wir Jungen bei schönem Wetter und Mondenschein eine Nachtarbeit. Wir mußten Holzpflocken zum Schuhebesohlen für unseren Kapitän schnitzen oder schneiden. Eine kleine Tüte voll von diesen Dingern kosteten in unserer Heimat 5 Pfennige. Doch was nützte es zu sagen: in der Heimat, hier hatten wir keine. Es paßt zu dem Ausspruch des Seemannes: „Was nützt es mich zu sagen: zu Hause habe ich Anker und Kette und hier muß ich ersaufen!“

Es geschah, daß unsere Pütz zum Wasseraufschlagen aus der See eines Tages zu Bruch gegangen war. Der vom Kapitän mitgebrachte Zimmermann erhielt den Auftrag, eine neue anzufertigen. Unsere alte Pütz war nach der Überlegung gebaut, dem Jungen die Arbeit beim Aufschlagen zu erleichtern, also wurde sie leicht im Gewicht gehalten. Jetzt hieß es, Zimmermann, baue dieselbe so, daß sie hält. Das wurde besorgt. Diese leere Pütz wog schon ohne Wasser mehr, als die vorige voll mit Wasser. Das Tau zum Aufschlagen war ein Stück einer alten, dünnen Trosse, aber dicker als ein Marsfalltau. Wer hier mit diesem Instrument morgens vor dem Kaffee seine 50, 60 oder gar mehr Eimer voll Wasser schnell hintereinander aufgeschlagen hatte, der hatte sich redlich seinen heißen Blümchen-Kaffee mit Hartbrot und etwas Margarine darauf verdient. Und daß er ein Kreuz besaß, hatte er sicherlich feststellen können, dazu, ob es stark oder schwach war. Dem Starken wurde es gekräftigt, dem Schwachen brachte es Pein, er hat leiden müssen. Nicht zu vergessen, zuvor mußte der Junge nach oben in die Masten, um die Gordinge zu überholen. Zur Royalrahe selbst führten keine Webeleinen hinauf, dorthinauf mußte er klettern. (Siehe Foto „Schürbek“, Seite 198.)

Dieser Südost-Passat hörte eines Tages auf, und zu Ende war es mit dem stetigen Wind. Viel an Instandsetzungsarbeiten sind bisher geleistet worden. Der Zimmermann hatte ganze Reihen des Großdecks kalfatert, auch achtern vor dem Halbdeck. Die fertigen Reihen wurden mit heißem Pech ausgegossen und das überstehende dieser Masse war bislang nicht abgezogen worden.

Ein Achterdeck war in voller Höhe achtern auf das des Großdecks aufgebaut. Ein Halbdeck war weniger als die Hälfte über dem Deck des Großdecks, der größere Teil war abwärts in den Schiffsraum eingelassen. Es war am Achterschiff von außen kein Aufbau erkennbar. Die Reeling verlief um das ganze Schiff in gleicher Höhe. Auf jeder Bordseite des Seglers führten je eine Treppe mit vier Stufen vom Großdeck zum Halbdeck hinauf. In der Schiffsmitte eine gleiche zur Überleitung zu einer sehr steilen Niedergangstreppe mit zwölf Stufen, die den Weg zu den achterlichen Räumlichkeiten wies. Diese drei Treppen außen und die Treppe abwärts besaßen kein festes Geländer. Es liefen als Halt zu jeder Seite Taue. Jeder wußte, Taue auf einem Segler an Deck wurden naß, sie wurden wieder trocken. Es bedeutete aber, bald waren sie stramm, bald wieder lose. Vor dem Gesetze waren sie ein gültiges Ersatzgeländer, diese Haltetaue.

Es war eines Tages – wir segelten mit einem günstigen Winde auf östlichem Kurs – zur Umrundung des Kaps der guten Hoffnung unserem Bestimmungshafen zu. Unser Segler schmiß und rollte, doch störte dieses niemanden mehr, der Mensch hatte sich hieran gewöhnt.

Ich hatte in der Messe den Tisch zum Abendbrot gedeckt und befand mich mit dem Essen auf dem Wege achteraus. In meiner rechten Hand trug ich die Bratkartoffeln, in der linken die Kanne mit dem heißen Tee. Müden Schrittes bestieg ich nun die Mitteltreppe vor dem Halbdeck, um anschließend über die Treppe mit den zwölf steilen Stufen abwärts zur Messe zu gelangen. Auf der dritten Stufe aufwärts angelangt, verlor ich durch ruckartige, schmeißende Bewegungen des Seglers mein Gleichgewicht und schlug, rechts seitwärts auf das Backbord-Großdeck in ganzer Körperlänge hin. Der Rudersmann hatte mein Fallen beobachtet und schlug Alarm. Aus der Nase blutend, einen Teil meines Mageninhaltes entleert, so fand man mich an Deck liegend, besinnungslos vor. Ich wurde achtern in die sogenannte Lazarettkoje gelegt. Als ich das erste Mal nach langer

Zeit in meiner Koje liegend erwachte und meinen Kopf bewegte, war ich abermals ohne Bewußtsein. So wiederholten sich diese Fälle anfänglich oft. Die Lazarettkammer war an der Backbordseite von der Kajüte aus zu betreten. Die Tür stand immer offen, so war ich stets unter Aufsicht des Kapitäns.

Eines Tages stand ich das erste Mal ganz langsam auf. Ich wagte nicht meinen Kopf zu drehen, um nicht erneut in eine Besinnungslosigkeit zu verfallen. Ich hielt ihn in steifer Lage, so, als hätte ich meinen Nacken voller schmerzhafter Karbunkel. Sodann trat ich vorsichtig und ganz behutsam durch die Tür, in den Salon und an den Kajütstisch heran, an dem der Kapitän saß. Ohne Halt zu gehen oder gar zu stehen, wagte ich noch nicht. Mit beiden Händen hielt ich mich am Kajütstisch fest und hörte den Worten meines Kapitäns an mich zu. Während seiner Rede vergaß ich mich und schaute leicht, ganz behutsam etwas nach oben, zum Kajüts-Skylight-Kompaß. Doch dann sackte ich wie ein Mehlsack besinnungslos in mich zusammen. Ich mußte wieder in meine Koje getragen werden. Dieses wiederholte sich noch des öfteren. Wie es so im Leben ist, ich kam dahinter, sobald ich meinen Kopf im Stehen nach rückwärts senkte, verlor ich mein Bewußtsein.

Da ich bei meinem Fallen nach rechts hinüber geschlagen war, hatte ich an meiner rechten Hinterkopfseite eine Geschwulst, die sich sehr langsam verzog. Zu meinem Erschrecken fühlte ich dort eine ganz weiche Stelle, eine Vertiefung. Also mußte sich eine Pecherhöhung beim Fallen in meinen Knochen hinein gedrückt haben, so daß, wenn ich meinen Kopf nach hinten beugte, die Gehirnmasse auf diese Wunde drückte und diese Besinnungslosigkeit auslöste. Nach Wochen wurden die harten Folgeerscheinungen geringer. Ich war ja auf einem Segler an Bord, es blieb nicht aus, nach oben in die Takelage sehen zu wollen. Doch zuvor hielt ich mich an einem Gegenstand mit beiden Händen fest. Nachdem ich meinen Halt gefunden hatte, hob ich den Kopf sehr langsam nach rückwärts, alsbald begann sich alles vor meinen Augen zu drehen. Nach Sekunden schwächte es ab und hörte bald ganz auf, und ich verspürte nichts mehr. Auch hatte ich für die nächsten Stunden, wenn ich abermals nach oben zu sehen hatte, nur ein ganz flaches Flimmern für kurze Zeit.

So hatte ich zu meinem von Zeit zu Zeit auftretenden leichten Malaria-Anfällen noch so jung dies zweite Leiden erhalten. Doch keine Traurigkeit beschlich mich.

Die Zeit verlief, und eines Tages machte ich den Kajütsdienst und das Lampentrimmen als Tagesarbeit wieder mit.

Unsere Reise verlief bei leichten bis mäßigen Winden in normalen Bahnen bis Lourenço Marques.

Es kam ein Morgen, ich wurde um 4 Uhr geweckt. Wir lagen vor Anker in der Delagoa Bay. Ich kam aufs Halbdeck, es war noch dunkel. Später beim Sonnenaufgang, zu dem ich die Ankerlampen einzunehmen hatte, sah ich einen Wald von gewaltigen Bäumen. Sie und die Erde strömten einen herrlichen, nie zu vergessenden Duft aus, doppelt wahrnehmbar für den, der monatelang nur Seeluft geatmet hat.

Unsere zurückgelegte Distanz von New Haven bis Delagoa Bay waren in gerader Linie ca. 8.000 sm. „CASSANDRA's“ letzte Reise von Hamburg nach Santos betrug in gerader Linie ca. 5.900 sm. Die Reise währte 59 Tage. Da auf beiden Reisen fast keine Stürme zu verzeichnen waren, sondern nur mit frischen bis leichten Winden gesegelt wurde, rechne ich für uns nach Delagoa Bay ca. 80 Tage.

In Lourenço Marques angekommen, wurde unsere Zementladung entlöscht und der benötigte Ballast eingenommen, getrimmt und seefest gelascht.

Unser Loch in der Bordwand, am Backbordbug wurde durch eine aufgesetzte Eisenplatte abgedichtet. Dieselbe wurde nicht genietet, sondern mit Schraubbolzen ohne Hammerschläge befestigt.

Eines Tages ging mein Kapitän persönlich mit mir zu einem Arzt. Ich wurde dort in seinem Beisein an allen Körperteilen gründlich zu meinem Unfall untersucht. Ich muß bezeugen, daß sich mein Kapitän hier wie ein väterlicher Freund benahm und an den Arzt vielerlei Fragen bezüglich meines Unfalles richtete. Anscheinend konnten bei mir, außer diesen bekannten Folgen der Hirnverletzung nichts weiter festgestellt werden. Die vom Arzt erhaltene Tropfen-Medizin wirkte von Stund an lindernd. Nie bin ich wieder besinnungslos geworden. Nur das eine blieb, wenn ich nach oben schauen wollte, hatte ich mich zuvor festzuhalten, und zwar solange, bis sich das Drehen vor meinen Augen legte. Und zu niemandem habe ich hier an Bord darüber geklagt, ich trug mein Leid still für mich. Wenn ich mich festhielt, um nach oben schauen zu wollen, so tat ich es ohne Aufsehen, ohne daß andere es bemerkten. Ich wollte für die Kameraden gesund sein. Wenn keine Klagen meinerseits zu vernehmen waren, dachte auch im Laufe der Zeit niemand mehr daran.

Unsere Schauerleute waren Schwarze, große und kräftige Männer. Ein dünnes Hemd und eine gleiche Art von Hose trugen sie bei der Arbeit, die wenigsten hatten Sandalen an den Füßen, die meisten liefen barfuß. Zum Arbeitsschluß wurde ein großer Kübel Reis auf dem Vordeck zur Verteilung unter die Arbeiter fertiggekocht. Friedlich nebeneinander stehend wurde gegessen, um anschließend mit einer großen Barkasse sich abtransportieren zu lassen.

Eines Abends entstand ein fürchterlicher Krach irgendwo bei dem Vormann an Deck. Drei von diesen großen, kräftigen Männern entkleideten sich im Laufen und schnellstens nahmen sie ihr Zeug zwischen die Zähne. Sie sprangen vom Backbord-Vordeck mit einem, ich muß sagen, eleganten Hechtsprung über unsere Reeling und schwammen im Tempo der Wettschwimmer, als sei ein Teufel hinter ihnen her, dem Lande zu. Es war ein Lohntag. Soviel ich erfahren habe, waren diese Drei wohl nicht einer Meinung mit ihrem Herrn oder Vormann gewesen, und das nannte man dazumal Aufsässigkeit, die bestraft werden mußte. Ohne Lohn und die Mahlzeit von trockenem Reis verschwanden sie im soeben angeführten, ängstlichen Tempo. Dabei waren es kraftstrotzende, große, hübsch gewachsene schwarze Männer mit krausen Haaren. Kurz nachdem diese Drei ihren Sprung über die Reeling getan und gewagt hatten, sah ich einen Mann mit einem Knüppel daherschreiten. Es war für ihn zu spät, oder sollte er gewartet haben, bis diese sicher getürmt waren, um uns auf dem Schiff keine Kolonial-Methoden zu zeigen? Nicht ausgeschlossen!

Ein kleines Ereignis als Unterbrechung in unserem eintönigen Leben an Bord zeigte sich an. Ich erhielt einen besonderen Auftrag vom Kapitän, in der Kajüte und der näheren Umgebung alles besonders gut zu säubern, das Messing zum kommenden Sonntag blitzblank, wie er sich ausdrückte, zu putzen. Er erwarte einen Herrn vom Konsulat zu Besuch. Der Koch bekam die Anweisung, ein besonders gutes Schwarzbrot und eine echt deutsche Erbsensuppe für diesen Mittag bereit zu halten.

Es kam der Vormittag, der Kapitän wollte mit seinem Ruderboot seinen Gast selber holen. Ich hatte selbstverständlich alles nach den mir gegebenen Weisungen fertig. Nur seine Stiefel zu putzen, hatte ich wohl übersehen! Jetzt kam des Kapitäns Eigenart. Beim Wienern seiner Stiefel überraschte er mich. Ich tat selbstverständlich auch diese Perleberger Glanzwichse auf die Rückseite. Als er das sah, fuhr er mich an mit den Worten: „Es ist nicht nötig, nach rückwärts gafft doch niemand. Die Hauptsache ist, vorn müssen sie blank sein!“

So die Eigenart des seefahrenden Junggesellen eines Großseglers! Ich hatte zu dieser Mahlzeit zu dienen. Dem Herrn war es darum zu tun, einmal nach vielen, vielen Jahren, wie er sagte, eine gute Erbsensuppe und Schwarzbrot essen zu dürfen, was es hier an Land für Geld und gute Worte einfach nicht gab. Eines Tages brachte unser

Kapitän einen zusätzlichen Matrosen mit an Bord. Er war ein Deutsch-Bure, ein Farmerssohn aus Süd-Afrika. Aus dem konnte ich nicht klug werden. In Altona-Ottensen, in der Lager-Straße, in derselben Schule, in der ich acht Jahre verbracht habe, will er auch unterrichtet worden sein. Er war schwer malarialeidend und machte als einziger unserem Kapitän des öfteren Ärgernis.

Wir erhielten unsere Ordre, von hieraus nach La Hacha in Kolumbien zu versegeln, um eine Ladung Blauholz, Phosphat und Divi-Divi für Hamburg zu laden.

Während unserer End-Liegezeit hier in Delagoa Bay wütete draußen, unweit von hier, auf der See ein heftiger Sturm. Selbst hier vor Anker merkten wir die nun laufende, hohe, gewaltige Dünung.

Hierzu eine Erläuterung.

Die Stadt Lourenço Marques lag und liegt nahe der Mündung des Rio Espiríto Santo. Vor dem eineinhalb Kilometer langen Gorjão-Kai befindet sich eine Wassertiefe von 10 bis 20 Metern. Doch zwei Seemeilen weiter flußabwärts, ostwärts beginnt eine fünf Seemeilen lange und von der Nordseite bis zur Südseite des Landes reichende flache Wassertiefe von weniger denn fünf Metern, sozusagen als Blockade der Stadt vorgelagert. Unser Segler hatte bei Ankunft zuviel Tiefgang und konnte nicht an die Pier der Stadt zur Entlöschung der Ladung heran. Unser Ankerplatz, in der Nähe der Insel Xefina Grande, mit ca. 7 Meter Wassertiefe war die der Stadt am nächsten gelegene Stelle. Von hieraus hat man in der Neuzeit einen über acht Meter tiefen Graben, den vier Seemeilen langen Canal da Polana als Durchstich zur Erreichung tieferen Wassers flußaufwärts gebaggert.

Die Delagoa Bay befindet sich freiliegend am offenen Meere des Indischen Ozeans. Von der Südeinfahrt zur Bay bei Cabo Inhaca, fast rechtsweisend Nord, erstrecken sich bis hinauf zur Nordeinfahrt zur Bay, Gründe an Gründe, welche bei Spring-Niedrig-Wasser brandend zu erkennen waren. Leider boten diese wenig Schutz bei den hier oft tobenden Mauritius-Stürmen. Unser Segler war von einem großen Glück begünstigt, daß er von diesen sehr gefürchteten Orkanen verschont wurde. Wir lagen hier zum Jahreswechsel 1906/1907 und erlebten nur die Dünung eines wohl nicht weit östlich von uns vorbeigezogenen Sturmes.

Die Maritime Meteorologie und Ozeanographie lehrte uns, daß der Monat Dezember relativ von allen Mauritius-Stürmen 10%, der Januar als höchstes 22% erlebt. Es war also die Zeit des häufigsten Unwetters in dieser Gegend.

Südlich des Äquators, in der Zone zwischen dem Chagos-Archipel und etwa zwölf Grad südlicher Breite, entwickeln sich diese Mauritius-Stürme und wandern im allgemeinen zunächst längs der Grenze ihres Entstehungsgebietes nach Westsüdwest, biegen weiterhin mehr und mehr südwärts um und drehen jenseits des Wendekreises und auch weit südlicher über Port Natal hinaus (ca. 30 Grad Süd) in der Regel nach Südosten vom Lande ab. Und Lourenço Marques liegt eben südlich des Wendekreises des Steinbocks, auf ca. 26 Grad südlicher Breite.

Dies zur Erläuterung und zum Verständnis, daß hier eine gewaltige See und Dünung vorherrschen konnte. Es würde zu weit führen, aus Chroniken die Zeit und die Zahl der Segler-Totalverluste hier anzuführen, sie waren in manchen Jahren sehr erheblich. Und die Delagoa Bay war unter den Fahrensleuten als Segler-Friedhof bekannt. Ein Ausweichen des Schiffes beim Nahen eines Orkanes war kaum möglich. Wenn diese gewaltigen, vom Sturmwind hochgepeitschten Ozean-Wogen auf flacheres Wasser gerieten, bäumten sie sich, durch den Untergrund gehoben, zu noch größerer Höhe auf. Wenn dann des Seglers Ankergeschirr diesen unberechenbaren Naturkräften standhielt, waren Schiff und Mannschaft vom Glück begünstigt. Die besten und stärksten Großsegler wurden nachweisbar samt Anker und Kette in Orkanen erbarmungslos auf den Strand oder die Klippen geworfen. Soweit zum Verstehen des Punktes „Dünung“ und „Sturm“, hier!

Wir hatten unseren Segler seeklar gemacht, ein Lotse mit einem Schlepper zum Assistieren erschien längsseit. Kurz nachdem der Anker auf und wir die Segel gesetzt hatten, wurde der Schlepper entlassen. Wir setzten nun unter Lotsenanweisung und segelnd unsere Reise durch die Süd-Ausfahrt dem offenen Meere zu fort, um kurz darauf an einem dort kreuzenden Lotsenschooner unseren Lotsen abzusetzen.

Der Lotsenschooner erschien auf unser Signal hin, doch er winkte ab. So, unter Segeln, backgebraßt, wollte er wegen dieser gewaltigen Dünung sein Boot nicht längsseite schicken, um uns den Lotsen abzunehmen. Dem Kapitän blieb nur übrig, kleine Segel zu machen. Doch auch dann wollte der Lotsenschooner sein Boot nicht kommen lassen. Wir mußten ankern. Der Lotse wurde abgeholt. Jetzt wurden bei uns sämtliche Segel festgemacht. Wir mußten liegen bleiben. Es war nicht ratsam, unter diesen vorherrschenden, wetterbedingten Umständen ankerauf und wieder unter Segel gehen zu wollen. Das größte Hindernis war natürlich diese außergewöhnliche, gewaltig hohe Dünung.

Ab jetzt wurde diese Schwell sorgfältig von der Schiffsführung beobachtet, ob sie abnehme, geringer werde oder sich gar legte. Es kam die Stunde, da der Kapitän sich entschied, jetzt sei die Gelegenheit zur Fortsetzung der Reise gekommen. Mit Eifer ging alles daran, die zuerst benötigten Mars- und Untersegel soweit aus ihren Befestigungen zu lösen, die Unterstagsegel klarzuhalten, so daß, wenn der Backbord-Anker vom Grunde gehoben wurde, diese sofort schnellstens gesetzt werden konnten, damit der Segler steuerfähig wurde. Wenn ein ganzes Manöver gelingen sollte, mußte so ein Zusammenspiel klappen; doch niemand ahnte, daß man dieser einstmals kleinen, sicherlich wendigen Bark Ersatzteile einverleibt hat, die sich beim Zusammentreffen von besonderen Umständen nicht vertragen konnten und hierdurch dem Seemanne die besten Vorsätze zunichte machte.

Vom I. Steuermann wurde ich zu diesem Ankermanöver befohlen. Jetzt begannen wir mit dem Einhieven unserer Ankerkette. Drei Törne hatten wir um die Ankerspill-Achse. Mit zwei Jungen mußten wir mit der Dördehand die eingehievte Kette stramm- und wegziehen. Dies Einhieven, Pall bei Pall, währte lange und war für alle eine Knochenarbeit, die lange Ausdauer verlangte. So auch für uns Jungen. Wir liefen barfuß und hatten nebenbei auf unsere Füße achtzugeben. Der nächste Schäkel vor dem Auf und Nieder der Kette wollte nicht durch die Klüse. Das Klüsenloch war nicht groß genug, den Schäkel in jeder Lage bedienen zu können. Der Steuermann versuchte selbst, mit seinem ganzen Körpergewicht diesen toten Punkt am Pumpspill zu überwinden, es wollte nicht. Jetzt wurde unter der Back mit Brechstangen versucht, diesen Schäkel soweit zu drehen daß wir im Einhieven fortsetzen konnten, aber es gelang nicht. Der letzte Ausweg war die Gien. Mit derselben wurde von außenbords die Kette angelüftet, um den Bolzen am Schäkel den Dreh geben zu können, der benötigt wurde, sich durch die Klüse zu bewegen. Stunde um Stunde war verflossen bei dieser Arbeit. Die Kette kam langsam kurzstag, also auf und nieder. Jetzt kam der Augenblick, um unseren Backbord-Anker aus dem Grunde zu ziehen. Bei dieser immer noch gewaltigen Dünung hob und senkte sich der Vorsteven und mit ihm die Kette oder gar der Anker. Bei diesem harten Einrucken auf die Achse des Spills, beim Anheben desselben vom Grunde weg, erdröhnte und erzitterte der Segler gewaltig. Nur wenige Augenblicke währte es, so befahl unser Kapitän dieses Manöver einzustellen, Kette zu stecken, damit der Anker nicht abermals aus dem Grunde gebrochen zu werden brauchte, und um unsere Spillachse nicht zu beschädigen.

Der Kapitän ordnete an, die Gien von oben zu nehmen. Mit einem Langspleiß wurde eine weitere Trosse passenden Gutes zur Verlängerung auf den Taljenläufer gesetzt. Das untere Ende der Gien wurde an dem vorderen Poller des Halbdecks befestigt. Dieser Poller wurde durch eine Drahtverbindung zu anderen Festteilen auf dem Halbdeck entlastet. Das obere Ende der Gien wurde unter der Back auf einen Stander geschäkelt, welcher durch die Klüse bis hinab zur Wasserlinie an der Kette außenbords befestigt war. Gien und Pumpspill gemeinsam brachen den Anker aus dem Grund, soweit, bis eine gleichmäßige, nicht mehr hart einruckende Kraft unser Spill belastete. Hierbei zeigte sich, das Gewicht des Ankers mit der Kette paßte auf keinen Fall zu der Leistung des Pumpspills, die Ankerkettenschäkel gleichfalls nicht zum Durchmesser der Ankerklüse.

Das Gesamtmanöver wurde durch die Fähigkeit unseres Kapitäns gemeistert. Zwar hat es von jedem der Mannschaft große körperliche Kraftanstrengung und Ausdauer verlangt. Man bedenke, alles war Handarbeit. Als der Anker aus dem Grunde kam, mußten die Segel in aller Eile gesetzt werden, um dem Segler seine Steuerfähigkeit zu geben. Es kann nur der ermessen, der es selber hat durchhalten müssen.

La Hacha am Rio Hacha

Unter Segeln von Lourenço Marques nach La Hacha am Rio Hacha in Kolumbien, doch ohne Ladung, mit Sandballast.

Unser Anker war auf, wir waren noch beim weiteren Segelsetzen.

Zum ersten Male sah ich den neuen Matrosen Jonny längsseite vom Mannschaftslogis draußen an Deck liegen. Er fand nicht mehr die Zeit, sich ins Logis zu begeben, und schüttelte sich in seinem Malaria-Anfall sehr heftig. Es sah gefährlich aus. Nach einer bestimmten Zeit stand er auf und ging wieder mit uns an die Arbeit. Diese schweren Anfälle habe ich später noch des öfteren bei ihm erlebt. Jede Hilfe lehnte er stets mit Bestimmtheit ab. Ich selbst hatte ja auch noch meine Malaria-Anfälle, doch niemals so heftig wie dieser Matrose.

In den nächsten Tagen traf für mich viel Unangenehmes zusammen.

Mir war die Lust, zum Dienst als Kajütsjunge, nebenbei meine volle Wache an Deck mitgehen zu müssen, verzweifelt über. Es geschah, daß ich mit dem II. Steuermann in unserer Kammer für Minuten zusammen war. So schüttete ich ihm mein Herz aus und erzählte treuherzig, ich möchte dies Leben nicht mehr. Prompt konnte ich am selben Tage mit dem Jungen Nauke wechseln, ich war dann im Matrosenlogis.

Zur selben Zeit bekamen wir einen Sturm. Es wurden nacheinander Segel bei Segel bis auf die letzten Sturmsegel festgemacht. Das Wetter wurde härter. Der Segler bekam mehr Schlagseite, daraufhin wurde die Luvseite von dem Groß-Untermarssegel eingenommen, und unsere Bark lag nur unter dem Vor-Stenge-Stagsegel und dem geschwichteten Groß-Untermarssegel. Ein Segeln unter einem geschwichteten Untermarssegel habe ich nur ein einziges Mal in meiner Seefahrtszeit erlebt, und zwar hier.

Es war aber wohl angebracht, denn für den Kapitän bestand die Sorge, daß beim plötzlichen Überschmeißen des hoch aus dem Wasser ragenden Seglers sich der Ballast verschieben oder gar zur anderen Schiffsseite übergehen könnte. Segeln konnte man dieses nicht nennen, wir lagen beigedreht mit einer gewaltigen Abtrift, um diesen Orkan abzureiten, wie der Seemann sagt.

Zum Verständnis muß ich noch einmal zurück zum Ankerplatz.

Ich vermute, der Kapitän beeilte sich, trotz der gewaltigen Schwell von diesem Ankerplatz, aber jetzt direkt an der offenen See, ohne vorgelagerte Gründe gelegen, wegzukommen. Möglich, er beobachtete das Nahen eines Mauritius-Orkans. Es zeigten sich schon Tage zuvor dünne Federwolken am Himmel. Später bildeten sich Höfe um den Mond, auch um die Sonne. Das Auftreten von Nimbuswolken, teils in orangeroter Färbung, das Einsetzen einer langen, hohen Dünung und ein Fallen des Barometers waren sichere Anzeichen davon, was die Natur vorhatte.

Für mich stand fest, unser Kapitän wird davon überzeugt gewesen sein, jetzt hier fort, oder es könnte unser Schicksal geworden sein!

Er war ein tüchtiger, fähiger Seemann, dessen war ich sicher! Und unser Manöver gelang gut und ohne weitere Havarie.

Während dieses Sturmes geschah es. Es war um 4 Uhr morgens, meine Wache an Deck begann. Ich bekam Malaria-Anfälle, nacheinander, stärker als ich sie sonst durchzustehen hatte. Unser neuer Matrose Jonny, selbst malarialeidend, sah mich, und beobachtete dieses. Er wollte nicht, daß ich aufstand, um mich beim I. Steuermann krankzumelden. Er wollte es für mich tun, wir waren auf einer Wache. Für mich war dieser Punkt erledigt, und ich dachte an nichts weiter.

Morgens 9 Uhr wurde ich vom Kapitän auf das Halbdeck gerufen. Der Orkan wehte in voller Stärke. Die See war weiß, gischtig, der Segler wurde von der wildtobenden See entsprechend gehoben, gesenkt und geschmissen. Der Sturm heulte seine eigene, schaurige Melodie an Tauen, Drähten, Rahen und Masten, so daß eine normale Sprache von Mensch zu Mensch nicht vernehmbar war. Warum ich gerufen wurde, war mir nicht klar. Ein wenig bangte ich, es könnte mein persönlich unentschuldigtes Fernbleiben von meiner Wache um 4 Uhr sein, ferner, daß ich nicht mehr habe in der Kajüte Dienst tun mögen. All dieses ging mir durch den Kopf. Es half nicht, mein Körper schüttelte sich fröstelnd, innerlich; mit den Zähnen klappernd, so ging ich, in Hemd, Hose, einer weißen Zeugmütze auf dem Kopf, barfuß wie immer, aus dem Logis zum Halbdeck. Ich ging an der Leeseite, an Backbord meinen Weg achteraus. Diese Treppe mit den vier Stufen aufwärtsgehend, sah ich meine Mütze in hohem Bogen vom Sturmwind, im weißen Gischt der See verschwinden. Wenn auch barhäuptig, es half nicht, ich mußte vorwärts, hin zu meinem Kapitän. Ich meldete mich mit einem höflichen „Guten Morgen“-Gruß und teilte ihm mit, daß ich vom Schüttelfrost geplagt sei. Er selbst sah verbissen und verärgert mit seinem graumelierten Spitzbart, einem Teufel ähnelnd und furchterregend für mich aus. Wie geahnt, schalt er fürchterlich. Es sei unerhört, wenn ich meine Wache nicht gehen könne, so hätte ich mich persönlich bei meinem Vorgesetzten zu melden. Ich wagte nicht mehr zu sagen, daß der Matrose Jonny mir befahl, liegenzubleiben, er würde dem I. Steuermann mitteilen, daß ich krank sei. Ich war nur froh, daß er seinen Reetstock, den er im Jackettärmel trug, unbenutzt ließ. Er befahl mir jetzt, die Kojendecken des Moses aus seiner Koje zu holen. Für mich war es Wirrwarr, was hatte ich mit den Decken des anderen Jungen zu tun. Doch der Wille meines Kapitäns war für mich Befehl, wenn mich auch innerlich noch so fröstelte und ich mit den Zähnen klapperte, hatte ich ihn auszuführen. Mit den zwei dünnen Decken von Moses erschien ich bei ihm auf dem Halbdeck. Er nahm die Decken, eine der beiden klemmte er sich unter den Arm, die andere hielt er so, daß ich einen Deckenzipfel anzufassen hatte. Jetzt zog er den Reetstock aus seinem Jackettärmel und schlug auf die Decke, später auch auf die andere ein. Natürlich kam Staub heraus. Ich dachte bei mir, daß, wenn er seine eigenen Decken zum Klopfen herholen würde, gleichfalls Staub herauskommen müßte. Natürlich schalt er über diese Unsauberkeit. Doch was später mit Moses ob seiner Unsauberkeit geworden ist, entzieht sich meiner Kenntnis.

Gleich anschließend schaute er nach oben zur Groß-Obermarsrahe. Dann sagte er zu mir: „Siehst du, daß sich das Groß-Obermarssegel an der Steuerbordseite gelöst hat, gehe hinauf und befestige es besser“. Ich folgte und war froh, aus seiner Nähe verschwinden zu dürfen. Meine Zähne schlugen im Zittern aufeinander. Ein inneres Frösteln durchschüttelte mich. Ich fühlte mich elend und schwach wie nie zuvor. Dieser mir gegebene Auftrag in meinem jetzigen Zustand lähmte alles in mir. Auf meinem Weg vom Halbdeck zum Want überlegte ich hin und her, kannst du es wagen, unter diesen Umständen den erhaltenen Befehl auszuführen? Doch mit einem Ruck entschied ich mich: „Du mußt“! Ich stieg an der Luvseite, im Steuerbord-Großwant nach oben mit dem Vorsatz, langsam, mit ganzer Überlegung zu jedem Griff, den ich tat! Und nur so konnte ich meinen Auftrag meistern. Oben angelangt sah die Situation gefährlich für mich aus. Doch ich war oben. Die Arme zitterten, die Beine gleichfalls, mit äußerstem Willen und dem harten Vorsatz, nicht zu versagen, meisterte ich die Lage mit der Gleichgültigkeit, die mir sagte, fällst du, gut, so bist du ein Opfer deines Berufes, deines Willens und Wollens! Aber ich schaffte es und verschwand darauf in das Logis, in meine Koje. Erst am Nachmittag erhielt ich Chinin als Medizin.

Liebe Leser, mögen Sie es an den heutigen Verhältnissen gemessen kaum fassen können, daß derartiges geschehen konnte. Es war damals eine harte Zeit, Mitleid gab es nicht. Jeder an Bord hatte seinen Mann zu stehen. Wer keine äußerlich sichtbaren körperlichen Schäden vorzeigen konnte, galt als gesund und arbeitsfähig, es war ein ungeschriebenes Gesetz.

Die Naturkräfte, mit denen sich der Segelschiffsmann zu jeder Zeit, ob Tag oder Nacht, auseinanderzusetzen hatte, waren unerbittlich. Der Fahrensmann mußte die Konsequenzen aus diesem Kampfe ziehen, wollte er Sieger bleiben, und er mußte es doch, sonst war er verloren. Und die Folgerung hieraus war, er hatte noch härter und unerbittlicher jeder Situation gegenüber aufzutreten. Und hierzu wurden die Junggrade herangebildet. Alle Männer, die zum Dienst die Segler-Planken betraten, waren kerngesunde Menschen. Leidende usw. kannte man nicht. Von jedem Einzelnen wurde stets ein voller Einsatz, wenn es not tat, auch seines eigenen Lebens, verlangt. Und unbewußt setzte er es täglich in der Takelage, selbst bei schönem Wetter ein. Eine gegenseitige, achtende Anerkennung unter den Männern fanden nur diejenigen, die stets ihren Mann standen, auf daß der eine sich auf den anderen verlassen konnte bei Sturm und Wetter, hoch oben in der Takelage.

Es währte nicht lange, so war ich wieder in der Kajüte in meiner alten Lage. Gleich nach dem Mittagessen desselben Tages wurde ich vom Kapitän aufs Großdeck gerufen. Ich wußte nicht, was es bedeuten sollte. Als ich bei ihm erschien, gab er mir seine Taschenuhr mit dem Bescheid, ich solle die Zeit abstoppen. Er wolle dem Matrosen Karl zeigen, wie schnell und wie gut er diesen Drahtaugspleiß mit einem fünfmaligen Durchstechen mache. Er beendete ihn in schlanker Form, in sehr kurzer Zeit. An diesem Zuschauen habe ich viel beobachtet und gelernt. Leider fand ich keine Gelegenheit, selbst das Drahtspleißen zu üben. Ich war hier zu schüchtern, den Kapitän zu bitten, bestimmt hätte ich meinen Erfolg gehabt.

Nach ca. vierwöchiger Reise vom Abgange Delagoa Bay sichteten wir eines morgens beim schönsten klaren Wetter und einem leichten Südost-Passat-Wind die Insel Sankt Helena voraus in der Kimm. Gegen die Mittagszeit hatten wir sie an unserer Backbordseite quer ab. Sie zeigte sich als ein etwas steil aus dem Wasser ragender Felsen, an dem sich die Wellen des Passats brachen. Man sah nur Brandung, weiter nichts als Brandung. Dieser Passat weht jahrein, jahraus, natürlich in verschiedenen Windstärken, und die Natur schenkt der Insel durchweg einen klarblauen Himmel mit einem herrlichen Sonnenschein.

Etwas nach Mittag erschien ein segelndes Handelsboot und machte an unserer Leeseite, an Backbord fest. Zwei der Insassen kamen über die Reeling zu uns an Bord; einer blieb zur Bewachung im Boot zurück. Sie boten uns vielerlei zum Kauf oder zum Tausch an. Es waren herrliche Muscheln, andere Souvenirs, hauptsächlich napoleonischen Zeichens und Ansichts-Postkarten von der Insel. Wir aber besaßen kein Geld, gleichfalls nichts zum Tauschen. Das, was wir unser Eigen nannten, mußten wir notwendig selber behalten. Doch der eine oder andere fand trotzdem noch etwas, das er zum Tausch missen konnte. Der Kapitän borgte uns das Geld für die Postkarten und Briefmarken. Keine von meinen geschriebenen und dem Boote mitgegebenen Karten hat je ihren Bestimmungsort erreicht. Für den Kapitän hatten sie Eier, Gemüse und Früchte mit. Einiges wurde gekauft, möglich, daß er auch nicht mehr Geld zur Verfügung hatte. Der Tausch und der Handel mit den Bootsleuten war längst abgeschlossen, sie blieben. Sie sahen unseren Schiffsarbeiten zu, sie langweilten sich durch die Zeit, als ob sie noch etwas erwarteten. Zur Kaffeezeit erhielten sie gleichfalls ihre Bewirtung, und keiner der Schiffsführung verwies sie von Bord. Ich fand dies sehr angenehm und freundlich. Die Insel war schon in weiter Ferne, da lösten die drei Helenaer freiwillig ihr Boot von unserem Segler; und mit einem winke, winke verabschiedeten sie sich von uns. Jetzt mußten sie gegen den Südost-Passat kreuzen, bald wurde es dunkel. Doch der in diesen Breiten stets vorherrschende, klare Sternenhimmel war ihnen ein guter Wegweiser. Es mag nicht ausgeschlossen sein, daß sie diese Nacht, beim Näherkommen zu ihrer Insel, zum Fischfang nutzen wollten.

St. Helena

Auf dem geraden Kurs zu unserem Bestimmungshafen La Hacha hätten wir Sankt Helena nicht anzusteuern brauchen. Aber zur Chronometer-Kontrolle war die Insel für die Schiffsführung ein geeignetes Objekt. Eine richtige Chronometerzeit ist zur sicheren Navigierung unerläßlich, da die Längengrad-Berechnung auf See nur über die Chronometerzeit ermittelt wurde. Eine astronomische Berechnung konnte im Resultat nur richtig werden, wenn die Zeit des Chronometers genaue Greenwich-Zeit zeigte. Weitere Chronometer-Kontrollen waren über Gestirnsmessungen schwieriger Art möglich, deren man sich auf vielen Seglern nur ungern unterzog. Näher hierauf eingehen zu wollen, würde zu weit führen.

Am 21. Mai 1502 wurde die Insel von Portugiesen entdeckt. Die Größe beträgt 123 qkm. Sie liegt auf 16 Grad südlicher Breite und zwischen dem fünften und sechsten Grad westlicher Länge. Die Bevölkerung besteht überwiegend aus Negern.

Auf der Überwindseite, im Nordwesten von St. Helena, liegt der einzig mögliche Landungsplatz, Jamestown. Dieser Ort ist von Wald umgeben und wohl auch die zugänglichste Stelle rundherum um dieses Stück Felsen in dem großen, weiten Atlantischen Ozean. Zur afrikanischen Küste hin ist der Abstand weit über 1.000, zur brasilianischen Küste hin ca. 1.800 Seemeilen Entfernung.

Zu dieser sonst einsamen und unbedeutenden Atlantik-Insel selbst ist anzuführen, daß das Auftauchen ihres Namens in der Öffentlichkeit dem großen Franzosen, Kaiser Napoleon, zu verdanken war. Ein Napoleon ohne Sankt Helena oder ein Sankt Helena ohne Napoleon ist doch undenkbar.

Napoleon verbrachte hier seine sechs Jahre Haft, von 1815 bis zu seinem Tode 1821, in einem bescheidenen Landhause auf dem Plateau von Longwood, The Briars benannt; zweieinhalb Kilometer Süd von Jamestown Ufer entfernt. Drei Kilometer weiter östlich verstarb Napoleon. Dieses Haus, in dem er verschied, bezeichnete man fortan als Napoleons Sterbehaus. Seine Grabstätte errichtete man ihm zwei Kilometer südwestlich von seinem Sterbehaus entfernt. Eineinhalb Kilometer südlich von seiner Grabstätte zeigt sich die höchste Erhebung dieser Insel, der Mount Actxon [Diana's Peak] mit 818

Metern über dem Meeresspiegel. 1840 wurde der Leichnam Napoleons nach Paris übergeführt.

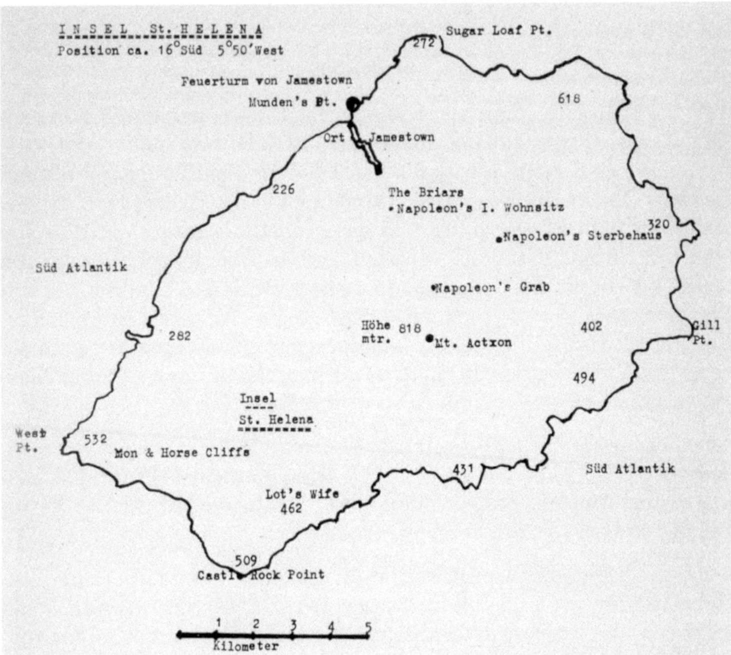

Abbildung 23: Insel St. Helena. Für „Mt. Actxon" steht heute „Diana's Peak"

In der neueren Zeit stellten Atomphysiker fest, daß Napoleon mit Arsenik vergiftet wurde. Haarproben sind in Harwell untersucht worden.

London. (dpa-ap) Atomphysikalische Untersuchungen der Kopfhaare Napoleons haben die Vermutung bestätigt, daß der nach St. Helena verbannte Kaiser ermordet worden ist. Er starb 1821 an den Folgen einer Arsenik-Vergiftung, die ihm in kleinen Dosen während seiner letzten Lebensjahre beigebracht wurde. Zu diesem Ergebnis ist eine Gruppe von Wissenschaftlern gekommen, die verschiedene Haarproben Napoleons in der britischen Atomforschungsanstalt Harwell mit Elektronen bombardierten.

Die Analyse ergab, daß Napoleon schon in den Jahren von 1816 bis 1818 Arsenik-Vergiftungserscheinungen zeigte und ihm zwischen 1820 und seinem Tode ein Jahr später mindestens 40 Dosen des Giftes verabreicht worden sein müssen. Die Wissenschaftler sind überzeugt, daß ihre Ergebnisse noch ausdrücklich bestätigt werden könnten, wenn die französische Regierung den im Pariser Invalidendom beigesetzten Leichnam des Kaisers zu einer Untersuchung freigeben würde. Sie glauben, daß für den Arsenik-Mord wahrscheinlich der Begleiter Napoleons, Graf Montholon, verantwortlich war, der im Auftrage französischer Behörden handelte.

Die Haarproben Napoleons stammen aus dem Privatbesitz von vier Familien die sie den Harwell-Wissenschaftlern zur Verfügung stellten. Das größte Büschel war unmittelbar nach dem Tode des Kaisers von seinem Schweizer Diener abgeschnitten worden. Andere Locken befanden sich in England und Australien und wurden von ihren Besitzern als Familien-Kostbarkeiten aufbewahrt.

Napoleon selbst hatte schon in seinem Testament den Verdacht geäußert, daß man ihn durch Gift ins Jenseits befördern wolle und hatte es daher in seinen letzten Lebensjahren abgelehnt, irgendeine Art von Medizin einzunehmen.

Napoleon soll versucht haben, sich an seinem Wohnhaus einen kleinen Garten anzulegen; es ist ihm nicht gelungen, da der Boden dieses Atlantikfelsens es einfach nicht zuließ!

Beim Runden der Insel St. Helena sahen wir beim Passieren aus guter Entfernung an dem Orte Jamestown, wie auf dem Bilde (nächste Seite) zu sehen, eine schnurgerade, bergaufwärts führende weiße Linie. Unser Kapitän erläuterte uns, es sei eine Marmortreppe mit 300 Stufen, erbaut für Kaiser Napoleon. Mit dieser Weisheit zogen wir erstmals ab.

Bergeshöhe dort ca. 200 Meter, 300 Treppen erzielten eine Höhe von kaum 60 Metern.

Jetzt zu dieser meiner Arbeit wollte ich ergründen, was Wahrheit, was Phantasie bezüglich der weißen Linie war! Ich wandte mich an alle möglichen Archive und Institute, nirgends ließ sich auch nur andeutungsweise erfahren, ob es dort bei Jamestown etwas derartiges gäbe.

Eines Tages traf ich einen Kameraden, er legte mir sechs Aufnahmen von St. Helena vor. Eines dieser Fotos [Abb. 24] ist das hier gezeigte mit der von mir mit eigenen Augen gesehenen weißen Linie. Genauso habe ich das Bild von 1907 vor mir!

Nach Aussagen meines Kameraden, Kapitän Werner Ross, der persönlich dort einmal an Land war, ist diese weiße Linie eine Treppe mit über 700 Stufen, das Weiße sei kein Marmor!

Abbildung 24: St. Helena – Teil-Ansicht des Ortes Jamestown (Kapitän Werner Ross).

Ob nun diese Anlage je etwas mit Kaiser Napoleon zu tun gehabt hat, läßt sich durch mich nicht so schnell klären[11] oder erfahren!

Die Insel Sankt Helena hatten wir hinter uns gebracht, auf einem geraden Kurs verrechnet, hätten wir ca. 3.000 Seemeilen des Ozeans mit unserem Steven durchpflügt. Den Kurs von NW konnten wir, nach dem Passieren derselben, auf WNW verändern, und ca. 4.400 Seemeilen Distanz auf dem kürzesten Wege lagen noch vor uns. Zur Zeit hatten wir leichte bis mäßige Passat-Winde, die später flauer wurden und oft mit einer Windstille abwechselten. Nach dem Mauritius-Orkan und dem Runden des Kaps der Guten Hoffnung hatten wir keinen Sturm mehr. Mit fast immer allen Segeln bei verlief un-

11 In der Satellitenansicht von *Google Maps* wird das Bauwerk als „Jacobs Ladder“ bezeichnet (siehe Abbildung 25, interaktive Landkarte auf verlag.cbloess.de). In der englischsprachigen Wikipedia ist im Eintrag „Jamestown, St. Helena“ vermerkt, dass „Jacob's Ladder“ eine Treppe mit 699 Stufen sei, die 1829 errichtet wurde, um Jamestown mit einem früheren Kastell auf Ladder Hill zu verbinden (ursprünglich als Lift oder Seilbahn und dann 1871 als stabile Treppe). „Die Leiter ist eine Touristenattraktion, die nachts beleuchtet ist und auf der jährlich ein Wettrennen veranstaltet wird, an dem Menschen aus aller Welt teilnehmen.“

sere ganze Fahrt bis zum Ladehafen La Hacha bei ruhiger See und verhältnismäßig schönem Wetter.

Unser Segler hatte weißgestrichene Rahen und Masten. Leider war der Rost stark hervorgetreten, das Rostwasser rötete die Farbe. Es sah sehr unschön aus. Mit einem Segeltuchlappen, mit Sand und Seewasser wurden die Wachen an Deck, bei strahlendem Sonnenschein in den Masten beschäftigt, diese Unzierde abzuscheuern. Natürlich war es eine mühsame Arbeit, doch es war warm und absolut grundlos, über diese Beschäftigung unzufrieden zu sein.

Abbildung 25 (zugefügt): Blick auf Jamestown, mit dem Standort des Fotografen über die „Jacob's Ladder" verbunden, Foto vom 13. August 2009 (Wikipedia, public domain).

Mit dem Sandscheuern an den Rahen und Masten waren wir fertig. Jetzt sollten die Stengen geschrapt werden. Ich hatte meinen Rudertörn mittags 2 Uhr beendet und wurde abgelöst. Selbstverständlich hatte ich nach dem langen Stehen am Ruder das Bedürfnis, austreten zu müssen. Auf meinem Weg nach dort wurde ich vom I. Steuermann zurückgerufen. Er gab mir eine Ohrfeige und einen Tritt mit den Worten: „Mach, daß du nach oben kommst, die Besanstenge schrapen!“ Ich mußte notwendig Wasser lassen, doch in jeder Lage behalf ich mich. Selbstverständlich wußte er, ein Messer hatte jeder, zu jeder Zeit, immer am ledernen Leibriemen, in einer Scheide steckend, an der rechten Rückenseite bei sich. Es hatte auch scharf zu sein, unter Umständen gar zur eigenen Sicherheit. Um aus seiner, für mich gefährlichen Nähe fortzukommen, beeilte ich mich und stieg schleunigst ins Want des Besanmastes. Beim Aufentern überlegte ich, was zu tun sei. Am Gaffeltoppsegel, welches nicht mehr geführt wurde, war ein Festmacher-Zeising, den löste ich mir und kletterte mit diesem überm Arm zur Spitze dieser Stenge. Dort befestigte ich mein Tau so, daß ich darin sitzend, arbeiten konnte. Nun war ich gerettet. Ich verrichtete schleunigst aus der Höhe meine kleine Notdurft. Allem Widerwärtigem zum Trotze fand ich hier oben, so gänzlich alleine für mich, in Gottes freier Natur meine Besinnung zurück. Ich freute mich zu meinem Beruf, zum herrlich freien Blick über diese Weite der See, ihre leichte, im schönsten Sonnenglanze erstrahlende Wellenbewegung. Unter mir die schlanke Form des Seglers mit seinem Kielwasser und in der Richtung voraus die vielen in Weiß schimmernden Segel. Fürwahr, eine Pracht, eine herrliche Stunde dazu.

Jetzt probierte ich die Schärfe meines Messers, sie genügte nicht, um in meiner Arbeit vorwärts kommen zu können. Ich mußte abwärts, das Messer schleifen, um anschließend dort oben mit meiner Arbeit beginnen zu können. Der I. sagte mir nichts.

Ich führe dieses an, um zu zeigen, wie unser Bordleben auf diesem Segler aussah. Aber in keiner Form beeinflußte mich diese Behandlung, mein Verstand sagte mir, auf anderen Schiffen wird es nicht so sein. Ich hatte recht!

Einige Tage darauf hatte ich die Mitte unserer festen Gaffel zu schrapen. Ein Gaffeltoppsegel war nicht gesetzt, nur der volle Besan stand. Der Baum des Segels war etwas abgefiert. Die Gaffel war in der Längsrichtung in Abständen von 90 Grad durch Halb-Rundeisen verstärkt. Nun war das Holz der Gaffel durch das Rostwasser des Eisens im Laufe der Zeit schwarz geworden, und so etwas sollte geschrapt werden! Bei meiner Arbeit lag ich balancierend auf der Gaffel und versuchte zu schrapen. Hin und wieder beim Rollen und Arbeiten des Seglers in der sonst ziemlich ruhigen doch durch eine Dünung belebten See bewegte sich das Segel halbwegs back, die Gaffel schlug teils mit. Es war für mich äußerst gefährlich, nirgends war ein fester Halt für meinen Körper. Zum Schrapen kam ich wenig. Meine eigene Sicherheit war für mich oberstes Gebot.

Unter mir, auf dem Halbdeck standen der Kapitän und der I. Steuermann und glotzten zu mir auf. Sie bewitzelten mein Gebaren, daß ich, um meiner Sicherheit wegen, für mich besorgte Bewegungen machen mußte, um mich dort zum Arbeiten zu halten.

Vor kurzem zeigte sich etwas Sonderbares unter der Mars an der Steuerbordseite am Besanmast. Schon länger wurde es beobachtet, bis sich eines Tages der Kapitän persönlich dafür interessierte. Und siehe da! Der hölzerne Untermast hatte an der Stelle kein geringes Loch, das irgendwann mit einer Art Kitt aufgefüllt und gut verstrichen dem menschlichen Auge bis zur Stunde verdeckt geblieben war. Jetzt wurde das Gaffeltoppsegel abgeschlagen.

Ich war wieder einmal aus der Kajüte entlassen, da ich dem II. Steuermann in unserer Kammer erzählte, ich hätte dem Kapitän absichtlich keinen Zucker in seinen Kaffee getan. Ja, mir war es wieder einmal über, in der Kajüte Dienst zu tun, da ich, dort beschäftigt, sehr stark an Übermüdung litt. Ich wolle hier heraus. Diese Worte an den II. Steuermann gerichtet halfen sofort. Ich durfte umziehen ins Matrosenlogis.

Es war eines Mittags, wir bekamen Erbsensuppe mit Salzspeck. Ich war bei Jonny, dem Deutsch-Buren, auf der Wache. Er befahl beim Essen, diese Back-Erbsensuppe müsse schnell geleert werden. Sie war leer. Jonny sagte zu mir: „Hans, gehe hin und hole mehr Erbsensuppe aus der Kombüse“. Ich tat, wie mir befohlen. Der Koch gab mir den Rest der Suppe. Nun verteilte Jonny die Suppe gleichmäßig auf unsere Teller. „Eßt“ sagte Jonny! Schnell wurden unsere Blechteller leergegessen. Als dieses geschehen war, sagte Jonny zu mir, gehe hin zum Koch, hole mehr Erbsensuppe, wir sind noch hungrig. Als ich den Koch daraufhin ansprach, wurde er ärgerlich. Ich solle machen, daß ich fortkäme. Ich hätte doch gesehen, daß er mir den Rest der Suppe verabreicht hätte. Davon wollte Jonny nichts wissen. „Gut, Hans, gehe sofort zum Kapitän und bringe vor, der Koch habe keine Erbsensuppe mehr. Wir verlangen mehr, da wir nicht satt geworden seien; Erbsen und Bohnen gäbe es zur Sättigung.“ Sehr verärgert ging mein Kapitän sofort zum Koch in die Kombüse, um sich Klarheit zu verschaffen über das, was hier los war. Der Koch war gleichfalls sehr aufgebracht. Stets habe sein Maß im Kochtopf genügt, nun auf einem Male sollte es nicht mehr gereicht haben! Es sei unverständlich! Anschließend ging mein Kapitän ins Logis; Jonny als Wortführer brachte seine Beschwerde vor. Es ergab sich ein harter Wortwechsel, und ich glaubte, der Kapitän als Menschenkenner durchschaute die Sache. Alles verlief im Sande. Jonny verlangte keine Journal-Eintragung mit einer Abschrift für sich, der Kapitän wird sich nur durch ein paar Notizen dieses Falles erinnert haben! Unser Bordleben verlief sonst täglich ohne Aufregung, nur bei uns Jungen bestand eine Ausnahme.

Der Jonny hat sich für irgend eine Unzufriedenheit rächen wollen, aber vor dem letzten Schritt kapitulierte er. Mir war es äußerst peinlich, daß ausgerechnet ich hieran beteiligt sein mußte.

Es kam ein Abend mit einer Unterbrechung im Einerlei unseres Daseins. Ich war natürlich schon seit längerer Zeit wieder in der Kajüte tätig. In der Messe waren alle fertig mit dem Abendbrot. Meine Backschaft hatte ich gemacht und sollte auf Ausguck gehen. Wir segelten mit allen Segeln, doch ohne Gaffeltoppsegel, am Winde über Steuerbordhalsen. Der volle Mond stand bei bester Sicht und warmer Luft an unserer Steuerbordseite sehr hoch am Himmel und beschien unsere Segel. Etwas Dünung lief, ein leichter Wind gab unserem stolzen, zum Verschrotten reifen Segler eine langsame Fahrt voraus, durchs Wasser.

Ich wollte die Kajüte verlassen, um auf Ausguck zu gehen. Der Kapitän rief mich zurück. Er forderte von mir, ich sollte Barbierwasser machen (Grogwasser). Ich tat, wie mir befohlen. Dann ging ich auf Ausguck. Es währte nicht lange, ich wurde abgelöst, um abermals Barbierwasser zu liefern. Jetzt sah ich, in der Kajüte am Tisch saßen der II. Steuermann, der Zimmermann, der Koch und der Segelmacher. Den ersten Grog hatte der Kapitän für sich spendiert, sonst habe ich nicht beobachtet, daß mein Kapitän auf See unter Segeln Alkohol zu sich nahm. Nun hörte ich, er feiere den Geburtstag seiner Mutter, er sei darob in fröhlicher Stimmung und wünsche sich einige Gäste zu dieser Stunde. Der I. Steuermann hatte die Wache an Deck. Der Kapitän beorderte einen Matroxsen der Wache auf das Halbdeck zum Aufpassen und nahm den I. Steuermann mit nach unten in den Salon. Da wir über Steuerbordhalsen segelten, hatten wir niemandem auszuweichen, außer Fahrzeugen, die wir aufliefen. Aber davor brauchten wir keine Bange zu haben. So wie sich etwas Besonderes tat oder irgend ein Licht sich zeigte, hatte der Matrose nur in die Kajüte zu rufen, im selben Augenblicke würde einer der Schiffsführung aufs Deck geeilt kommen. So war der Plan, doch nichts passierte.

Ich hatte jeden der Gäste des Kapitäns zu bedienen. Ich tat es gerne und froh, war es doch einmal etwas anderes. So wurde ich in der Folge auch öfter vom Ausguck abgelöst, um heißes Grogwasser zu reichen. Jetzt war ich mit der Bedienung diesmal fertig, ich wollte gehen. Da bat der Kapitän in sehr verbindlicher Form seinen Schiffsjungen Hans, er möge die Kiste mit Zigarren holen und jedem seiner Gäste eine anbieten. Ich tat wie mir befohlen. Aus großer Achtung und dem nötigen Respekt bot ich meinem Kapitän die erste Zigarre aus der vollen Kiste an. Doch durch sein Erschrecken über meine Ungeschicklichkeit zuckte ich zurück, schaltete und begann beim I. Steuermann der Reihe im Dienstrange nach und kam als letzter zum Kapitän. Er nahm mir die Kiste aus der Hand, ohne daß er sich eine nahm und stellte sie auf den Tisch. Dann schaute er mich länger als normal an, es ging etwas in ihm vor. Eine Stille herrschte am Tisch und alles schaute gleichsam auf mich, bis der Kapitän mit seinem Teufelsspitzbart, mit seinem Augenzwinkern die Frage an mich richtete, ob auch ich eine Zigarre rauchen möchte. Natürlich bejahte ich diese Frage. Sehr umständlich nahm er eine aus der Kiste, schnitt die Spitze ab, steckte mir die Zigarre in den Mund und zündete sie mittels eines Streichholzes an. Ich kleiner Schiffsjunge durfte im Salon eines Seglers rauchen. Wie kam ich mir vor. Ich fühlte, mein Kapitän war innerlich erfreut, das Getue der Gäste war im Lachen gemischt. Ich bemerkte einen heimlichen Groll auf mich, teils aus dem Erstaunen heraus, daß sich hier etwas ereignete, daß gegen jegliche Disziplin ging. Was scherte es mich. Leider war ich verlegen, ich stand am Tisch beim Kapitän und wußte nun nicht, darfst du gehen oder nicht? Da nichts geschah, nahm ich meine Zigarre zwischen die Finger, machte meine Verbeugung zu meinem Kapitän und bedankte mich. Dann ging ich auf Ausguck.

Hier freute ich mich meines Lebens, denn so etwas hatte ich nicht erwartet.

Mein rauher Seemann hatte zur Stunde sein Herz verschenkt in Gedanken und Erinnerungen an seine liebe Mutter und an sein Elternhaus; in seiner harten Schale verbarg sich ein weicher Kern!

Auf der Back angelangt, war ich mit meiner Kapitäns-Zigarre in der besten Stimmung und sehr beglückt über meinen Beruf. Dieses herrliche Wetter, das leise Rauschen unseres Bugwassers, das Segeln, mit den zur Zeit vor dem Steven daher schwimmenden Schweinsfischen, spendeten mir eine gehobene Stimmung.

Vieles ging mir durch meinen Sinn. Ich möchte einmal Führer eines stolzen Seglers werden, dies war bei mir zur Stunde mein lebendiger Wunsch; wohlverstanden, ein Wunsch der Träume.

Wie plötzlich, aus heiterem Himmel schlug mir einer von hinten rechts mit der Faust in mein Gesicht. Meine Zigarre flog mir in Lee außenbords, und Funken sprühten mir vor den Augen. Mit dem Faustschlag zugleich hörte ich die Worte des Zimmermanns, des früheren Zimmermanns des Seglers „ANNA RAMIEN“: „Ick will die bie Zigarrn rooken, du Bengel“. Dann war er verschwunden und ging wieder zurück in den Salon.

Lange währte es nicht, ich wurde abermals achteraus gerufen, um mehr Barbierwasser zu servieren. Nichts habe ich verlauten lassen über den Schlag des Zimmermannes in mein Gesicht. Der Kapitän hatte von seinem Vorgänger zwei Hunde mit übernommen. Beide wedelten um ihn herum, als ob sie fragen wollten, gibt es nichts für uns? Daraufhin erhielt ich den Auftrag, zwei Dosen kondensierte Milch und einen Marlspieker für ihn zu holen. Schnell war dies durch mich erledigt. Beide Dosen stellte er vor sich auf die grüne Plüschdecke des Tisches und in beide Dosen schlug er insgesamt vier, gar nicht kleine Löcher mit dem Marlspieker hinein. In jede Hand nahm er eine Dose dieser sehr zähflüssigen, dicken Milch. Auf jeder Seite seines Körpers fand sich einer der Hunde ein. Dieser größere, langhaarige Hund Bobby, an seiner linken, die kleine Hündin Mary, gleichfalls langhaarig, an seiner rechten Seite.

Beide Dosen wurden jetzt vom Kapitän über Kopf gehalten. Der dicke Milchsegen fing an zu fließen. Jedes Tierchen schluckte und leckte, alle Gäste lachten und freuten sich, wie kleine Kinder. Mein Kapitän freute sich zu seiner Wohltat, a conto dieser Stunde. Der Milchstrom floß unaufhörlich. Dieser Segen lief auch versehentlich über ihre Köpfe, über die Hose des Kapitäns, vor Freude gab es keinen Halt. Die Hunde leckten und schleckten, ein einmaliges Bild. Hinzu kamen die Bewegungen des Seglers, selbst die saubere Plüschdecke und die Plüschbank bekamen ihr Teilchen der Milch ab. Nachdem ich selbst eine Weile zugeschaut hatte, ging ich nach oben aufs Halbdeck. Mein Ausguck war beendet, und anschließend hatte ich meinen Rudertörn. Ein letztes Mal wurde ich in die Kajüte gerufen, heißes Barbierwasser zu liefern. Beim Fortgehen rief mir der Kapitän zu: „Hans, hole mir meinen Revolver". Ich tat wie mir befohlen. Wußte ich doch, er lag geladen in seiner Koje unter dem Kopfkissen. Über die Sicherung oder Entsicherung hatte ich mich niemals beim Zurechtmachen seiner Koje gekümmert. So war ich mir auch nicht im klaren, wie dieses Ding nun beschaffen sei. Ich überbrachte ihm das Gewünschte. Er nahm ihn in seine rechte Hand, hob ihn hoch und zielte, als ob er mich habe erschießen wollen. Einen großen Effekt erreichte er seinen Gästen gegenüber dadurch, daß er länger, als es nötig gewesen wäre, sein Zielen und Grimassenschneiden, als ein leibhaftiger Teufel in seinem Aussehen, fortsetzte. Und alles schaute auf mich mit unterschiedlichen Reaktionen, lautes Lachen, grinsend oder gar grieselnd. Ich konnte nur kerzengerade stehen, möglichst keine Miene verziehen und nur denken und hoffen, daß er keinen Unsinn macht und tatsächlich losschießt. Ein ganz ernstes Gesicht machte der Segelmacher, ihn grieselte.

Doch plötzlich und energisch nahm er dies Ding, vom Zielen auf mich, ab. „Da" sagte er, „Bring es wieder an seinen Platz". Gerne tat ich es, und sofort verließ ich den Salon.

Die Fröhlichkeit in der Kajüte hielt noch etwas an, doch nicht mehr allzulange. Der I. Steuermann erschien wieder auf dem Halbdeck und sagte zum Matrosen, der bislang den Segler und die gesamte Lage überwacht hatte: „Passe weiterhin auf, ich lege mich in Lee, an der Kappe zum Kajütsniedergang noch ein bißchen hin. Wenn etwas los ist, gib mir Bescheid". Kurz darauf kam der Kapitän aufs Halbdeck und sah seinen Wachhabenden dort liegen. Doch er verschwand nach unten. In Sekunden später kam er in der Kappe zum Vorschein, er bohrte dem I. eine Segelnadel irgendwo in seinen hinteren Körperteil und verschwand für die Nacht endgültig nach unten. Der I. kam mit einem Schrei hoch, wußte er doch nicht, was los war. Ich am Ruderstand hatte alles beobachtet, aber mich nicht eingemischt. Der I. ging ab jetzt ordnungsgemäß seine Wache, es war möglich, er ahnte die Wahrheit.

Es kam ein Sonntagmorgen, ich hatte die Wache an Deck bis 8 Uhr früh. Abermals war ich als Junge im Matrosenlogis gelandet.

Wir hatten bei einem herrlichen Wetter, bei einem strahlenden Sonnenschein alle Segel bei. Der Wind war von der Steuerbordseite ein. Er begann aufzufrischen, auf der See zeigten sich die ersten weißen Köpfe der Wellenbewegung an. Der I. Steuermann pfiff seine Wache mit dem Rufe: „Denn Fleeger dohl“! (Flieger nieder). Das obere Stagsegel zwischen dem Besan- und dem Großmast wurde niedergeholt. Das nächste Kommando war: „Hans, mach ihn fest“! Darauf enterte ich zu Luv im Steuerbord-Großwant aufwärts. Es waren nur wenige Minuten vor acht Glas, vor meiner Ablösung. Es gab zum Frühstück Reis und Curry, es war mein Lieblingsessen. Ich freute mich schon sehr darauf. Angezogen war ich mit einem kurzärmeligen, leichten Hemd, einer gleichen Hose und wie immer in dieser warmen Gegend barfuß. Unter der Großmars angelangt, bestieg ich den oberen Reiter. Dieses trockene, leichte Segel sauber zur Rolle zu verarbeiten, ging sehr schnell. Behende und mich sehr wohl fühlend sprang ich zum weiteren Festmachen auf den nächst niederen Reiter abwärts. Wie es meine Ahnung wollte und ein bestimmtes Sicherheitsgefühl es mich unbewußt ausführen ließ, nahm ich mit dem Festmacherzeisig einen Rundtörn um meine rechte Hand. Der Reiter unter mir brach mit mir durch. Dieser Rundtörn fing im Niedersausen meines Körpergewichtes den ersten Ruck bremsend ab, aber er löste sich dabei auf. In der Todesangst griffen Hand und Finger eisern zu, meine Linke erwischte in gleicher Sekunde einen Draht, voller Fleischhaken. Trotzdem konnte ich das Niedersausen nicht mehr abfangen. Aber ich landete hierdurch zu meinem Glück aufrechtstehend zwischen den eisernen Lenzpumpenteilen, die ein jeder Großsegler achterkante dieses Mastes fuhr. In der rechten Hand war durch die Reibung an dem Manilatau die rohe, nicht blutende Haut, in der Linken hatten mir die Fleischhaken des Drahtes die innere Handfläche blutig gerissen. Im ersten Augenblick fühlte ich wenig Schmerzen, doch später folgten sie. An ein Arbeiten war für mich vorerst nicht zu denken, doch nach Tagen, da wir nur schönes Wetter mit einer ruhigen See hatten, mußte ich stundenlang unseren Segler steuern.

Ich hatte wieder einmal großes Glück im Unglück. Wäre ich ohne mein aufrechtes Niedergleiten zwischen diese Pumpenteile gefallen, so hätte ich eine andere Verletzung, möglicherweise schwererer Art erlitten, oder gar mein Kreuz gebrochen.

Es hätte nicht vorkommen dürfen, daß ein Reiter durch meine kleine Last oder durch irgend eine andere körperliche Belastung eines Seemannes zerbrach. Unser Beruf war voller Gefahren, doch hier an Bord herrschte eine gefährliche Nachlässigkeit dem Seemanne gegenüber.

Die Zeit verlief, meine beiden Hände waren abgeheilt, und ich tat wieder Dienst als Junge in der Kajüte.

Über unseren Koch habe ich bis jetzt sehr wenig berichtet. Er war ein großer, kräftiger Mann in den dreißiger Jahren. Uns Jungen gegenüber hatte er eine lose Hand. Die Kombüse war im großen Wohnkomplex auf dem vorderen Großdeck, die vordere Abteilung gleich hinter dem Fockmast. Sie war sehr belastet bei Seegang, da gerade hier ein jeder Segler, am Winde segelnd, das meiste Wasser übernahm und der Koch in dieser Form benachteiligt wurde. Später verlegte man die Kombüsen bei Neubauten durchweg ins achtere Teil dieses Wohnkomplexes, dorthin, wohin sie gehörten.

Eines Morgens beim herrlichsten Wetter und schönsten Sonnenschein segelten wir über Backbordhalsen, mit der hart angeholten Bowline und scharf angebraßten Rahen mit zwei bis drei Seemeilen Fahrt bei wenig bewegter See dahin. Schwärme fliegender Fische belebten zu beiden Seiten des Seglers das Bild. Rückenflossen von Haifischen sah ich zu Luv an der Wasseroberfläche. Die Tiere schlichen in gleicher Fahrt, nicht weit vom Segler entfernt, schwimmend mit.

Viele Haie habe ich während unserer Fahrten beobachtet. Keine wurden gefangen. Selbst die oft in Rudeln vor dem Bug des Seglers mitschwimmenden Delphine oder Schweinsfische wurden nicht harpuniert. Keine Albatrosse in den südlichen Breiten wurden gefangen. Woran dieses lag, ich habe es nicht erfahren. Ich als Junge durfte mich nicht darum kümmern, ich beobachtete nur.

Zu dieser Stunde hatte ich meinen Rudertörn. Der Segelmacher saß nicht weit von meinem Ruderstand auf seiner Bank und nähte seine Segeltuchbahnen emsig entlang. Sein Gebaren, nach fast jedem Nadelstich, den er tat, mit vollen Backen seinen Atem auszublasen, war schon etwas Alltägliches. Das Steuern dieses Seglers am Winde war ein leichtes. Beinahe möchte ich sagen, der Segler steuerte sich von selbst. Der Segeldruck mit dem jetzt fehlenden Gaffeltoppsegel mußte sehr gleichmäßig auf den Segler einwirken, da das Schiff mit dem Dreh von nur einer Ruderspeiche willig, gleichmäßig am Winde längs lief.

Wie sooft zuvor, kam auch jetzt der Kapitän nur im wollenen Hemd, einer gleichen Unterhose, mit Hausschuhen an den Füßen und barhäuptig direkt aus der Koje aufs Halbdeck. Hier beschnupperte er erst einmal die Wetterlage, besah sich die Segelstellung und überzeugte sich, ob nichts zu bemängeln sei. Langsam näherte er sich dem Ruderstand und erfaßte eine der Radspeichen und sagte zu mir: „Hans, gehe hin und hole mir Waschwasser“! Er übernahm die Position am Ruderstand und ich ging in seinen Waschraum, mir die Kanne zum Wasser holen zu nehmen. Bei meinem Niedergehen in die Kajüte sah ich den Koch auf dem Großdeck achteraus kommen. Wir begegneten uns unten. Er schnitt mir den Weg nach vorne zu ab, und befahl mir, eine Back voll Hartbrot aus dem Tank zu holen. Ich wehrte mich, er drohte mit seiner Faust. Nun gut, ich ging auf seinen Willen ein. Der Hartbrottank war unter der Kajüte. Unter dem Kajütstisch hatte ich den Deckel abzuheben. Direkt unter dieser Luke war der Tank. Hier hatte ich den Mannlochdeckel mit vielen Verschraubungen zu lösen, hineinzusteigen in diesen Tank, in dem nicht mehr viel drin war, das Gewünschte zu entnehmen, den Tank wieder zu verschließen, usw. Als ich diese Back mit Hartbrot gefüllt auf das Deck der Kajüte setzte, nahm der Koch sie an sich und verschwand. Bald folgte ich dem Koch mit meiner leeren Kanne, um das Waschwasser zu holen. Als ich meinen Auftrag erfüllt hatte, ging ich aufs Halbdeck zurück, um den Kapitän abzulösen. Wie erwartet, fiel er mit einem Donnerwetter über mich her. Ich erzählte, was geschehen war. Dies wollte er wiederum nicht recht wissen. Barsch befahl er mir: „Mach, daß du die Gordinge am Vorroyal überholst“! Ich beeilte mich (meiner Meinung nach), ging voraus und stieg im Luv-Fockwant aufwärts. Die Vormars hatte ich noch nicht erreicht, so fühlte ich eine Nadel in meinem hinteren Körperteil zugleich mit den Worten: „Ich werde dir Beine machen, nun mal schneller hinauf!“. Er ging wieder abwärts, niemand stand zur Zeit am Ruder, der Segler steuerte sich alleine, hart am Winde. Mit dem Gaffeltoppsegel bei wäre er längst durch den Wind geschossen, wir nannten es „durchdrehen“. Viel Arbeit würde benötigt worden sein, den Segler daraufhin in die alte Lage zurückzubringen.

Hier bewahrheitete sich mein Standpunkt, niemanden an Bord als Schiffsjunge anzugeben, einerlei bei wem. Es käme nichts dabei heraus, der Junge blieb immer der Dumme. Dies war der Beweis. Hier in diesem Falle mußte ich so handeln, da der Kapitän für mein langes Verweilen unten in der Kajüte eine Begründung verlangte.

Am kommenden Sonntagvormittag war mein I. Steuermann mit meinem Steuern nicht zufrieden gewesen. Bei meiner Ablösung sagte er zu mir, gehe zur Strafe auf die Vorroyalrahe und sieh dir die

Insel Tobago heran. Bevor Du sie nicht voraus in Sicht meldest, darfst Du nicht nach unten kommen.

Was sollte ich machen, ich stieg nach oben. Das Wetter war, wie seit langem schon, herrlich und schön. Ein klarblauer Himmel voll Sonnenschein, ein leichter, kühlender Wind, eine kaum bewegte See und alle Segel bei. So hatte ich meinen Ausguck auf der vorderen, höchsten Rahe, fast an der Spitze des Mastes eingenommen. Ich machte mir das Warten so bequem wie möglich. Voll Sehnsucht schaute ich in die Ferne voraus, doch nichts wollte sich zeigen. Auch die Zeit verging nach meiner Meinung sehr langsam. So besah ich mir diese Holzrahe, von der ich Ausschau hielt. In der Mitte kam sie mir merkwürdig vor. Mit meinem Scheidemesser stellte ich Versuche an, ich fand morsches Holz. Bange Vorstellungen folgten, Gewissensbisse stellten sich bei mir ein. Dieses Royalsegel in der Höhe von zig Metern über Deck mußten nur wir Jungen festmachen, also betraf es uns in erster Linie. Doch sagte oder meldete ich etwas und es wurde hernach anders beurteilt, was war dann?

Im normalen Verlaufe des Segelbergens fand man keine Zeit, sich um solche Sachen zu kümmern. Aber hier bei mir kam es ganz von selbst, daß ich mich im endlosen Warten für Sachen interessierte, die mich nichts angingen oder doch? Ich entschied mich dahingehend, nichts gesehen zu haben, nichts zu wissen! Ob falsch oder richtig mochte die Zukunft entscheiden! „KISMET“!

In einem Unglücksfalle an dieser Rahe konnte es gleichsam mich erwischen, ich setzte zu diesem Punkte ebenso mein Leben ein, wie es irgend ein anderer tat. Daher fiel mir die Entscheidung des Schweigens leicht! Aber alles lief klar mit dieser Rahe!

Unser Kurs von Sankt Helena zu der Insel Tobago führte auf ungefähr halbem Wege zwischen der einsam im Atlantik gelegenen kleinen Inselgruppe Sankt Paul Felsen und der kleinen Felseninsel Fernando de Noronha hindurch. Ihre gegenseitige Entfernung beträgt etwas über 300 Seemeilen.

Über die Sankt Paul Felsen ist zu sagen, daß die Gesamtausdehnung dieser kleinen lnselchen und Felsen von ca. 15 an der Zahl in der Nord-Süd-Richtung gut 300 und in der Ost-West Richtung nur ca. 160 Meter beträgt. Auf der einen Insel steht noch ein alter 14 Meter hoher Turm, die höchste Erhebung beträgt nur 19 Meter. Eine Landung dortselbst ist sehr schwierig. Deutsche Seekarte Nr. 520.

Die Insel Fernando de Noronha erhebt sich 321 Meter über dem Meeresspiegel und ist der NO Küstenspitze Brasiliens 200 Seemeilen NO vorgelagert.

Beide Felseninseln sind unbeleuchtet.

Ab Fernando de Noronha verlief unser Kurs bei fast immer günstigen Winden sehr parallel zur brasilianischen, zur guayanaischen und zur venezolanischen Küste bis zur Insel Tobago in einem Abstande von 100 bis 200 Seemeilen vom Lande entfernt.

Diese Insel Tobago gab der Schiffsführung abermals eine genaue Chronometer-Kontrolle, welche für die Ansteuerung von La Hacha sehr notwendig war. Bis zur Reede von La Hacha waren es noch ca. 750 Seemeilen Entfernung.

Liegezeit in La Hacha

La Hacha war nicht einmal mit dem Begriffe eines Dorfes zu vergleichen. Vereinzelte Lehmhäuser zeichneten sich hinter Gebüsch und Gestrüpp sehr unscheinbar als Ort ab. Keine Brücke, nicht einen kleinen Steg hatte man irgendwo zum Anlegen eines Ruderbootes errichtet. Nur der Fluß Rio Hacha war für den Kapitän als Ansteuerungspunkt und zur Kennzeichnung seines Ankerplatzes von alleiniger Bedeutung. Mit Beginn der an jedem Vormittag einsetzenden Seebrise näherten wir uns der Küste ostwärts vom Rio Hacha. Ein Stück Blech von der doppelten Größe einer Signalflagge wurde weiß gestrichen, darauf ein entsprechend großes „P“ (Pilot) mit schwarzer Farbe als Lotsenflagge gemalt. An einer kräftigen Stange befestigt, wurde dieses Zeichen schon frühmorgens im Großmast, die Spitze weit überragend, angebracht.

Mit einem leichten, günstigen Winde näherten wir uns dem Lande. Die Segel wurden bis auf die notwendigsten eingenommen, niedergefiert oder dichtgegeit. Der II. Steuermann bediente das Handlot, und so fühlte sich der Kapitän, da kein Lotse erschienen, an den Ankerplatz heran. Bald war es soweit, der Steuerbord-Anker wurde geworfen. Nach dem Auslaufen von wenig Kette kam der Auftrag: „Fallen zweiten Anker“. Der Segler wurde mit dem Steven in den Wind gedreht, die Rahen vierkant gebraßt und das noch stehende Vor-Obermarssegel mit der jetzt schnell gesetzten und niedergefierten Fock bremsten unseren Segler aus der Fahrt. Sobald dies geschehen, fierte der I. Steuermann die Obermarsrahe nieder und ließ das Segel mit den Gordingen dichtgeien. Die Fock war vorbereitet; sobald der Segler stand, wurden einige Bändsel am Jackstag durchgeschnitten, und das Segel fiel an Deck. Unpassend war für uns, daß sich die Seebrise am heutigen Tage stürmisch auswirkte. Die aufgegeiten Segel in den Masten, an den Rahen schlugen, zerrten und peitschten auf ihre Art, als sei sonst etwas los. Doch der Schiffsführung machte dies nichts aus. Die Ordre lautete, alles andere liegen lassen, erst die Ketten so einzuhieven, daß der Segler gleichmäßig vor beiden Ankern lag. Doch hart haben wir diesen Tag noch arbeiten müssen. Alle Segel wurden, da sie ganz trocken waren, abgeschlagen und in die Segelkoje verstaut. Unser Kapitän ahnte wohl schon, daß wir auf dieser Reede eine lange Liegezeit haben würden. So lohnte sich diese Arbeit.

Das erste, das sich hier unseren Augen bot, waren die unzähligen gelblichen, leicht ins rötliche schimmernden, untertassengroßen Quallen. Soweit das Auge schauen konnte, war die See angefüllt mit dieser Farbenpracht.

Einige hundert Meter weiter westlich lag ein hölzerner Segler auf dem Strand. Dieses Wrack mag schon Jahre dort gelegen haben, es war abgetakelt bis auf die Unterwasserteile. Auch von unserer Schiffsführung wurde ein Auge darauf geworfen, ob noch Brauchbares vorhanden war. Der Leichtmatrose Robert versuchte auf eigene Faust in den Kettenkasten zu tauchen, es war nichts mehr vorhanden. Doch beim Auftauchen verletzte er sich seine Rückenhaut an den scharfen Muscheln.

Am anderen Vormittag mußte ich mit Nauke im Arbeitsboot unseren Kapitän an Land setzen. Da es gar nichts zum Anlegen für unser Boot gab, fuhren wir rudernd rechtwinkelig zur Küste auf das Land, auf den weichen, weißen Sand. Barfuß mit aufgekrempelten Hosen traten wir vor dem Steven des Bootes an. Den Riemen in den Sand gesteckt, hielten wir ihn auf und nieder als Stütze für unseren Körper, das obere Ende als Halt für den Kapitän. So stieg er über unsere gebückten Rücken trockenen Fußes an Land. Seine Ordre für uns lautete, hier auf ihn zu warten und das Boot gut zu bewachen. Er verschwand in dem weichen Sand mühseligen Schrittes landeinwärts. Eine gepflasterte Straße in diesem Ort gab es nicht, es waren landeinwärts nur getretene Wege. Der Seewind heulte an diesem Tage gleichfalls nicht schlecht. Die Sonne schien sengend auf uns herab, so daß wir den Seewind als kühlend empfanden. Doch irgend einen Schutz, außer dem unseres Bootes, gab es hier nicht. Der Wind war ja auflandig, kein weiterer Segler lag hier auf der Reede, und keine Menschenseele war weit und breit, soweit wir schauten, zu sehen. Also eine Gefahr für unser Boot bestand niemals. Diese

Gedanken gingen uns Jungen durch den Kopf, als wir uns in dem herrlich weißen, sauberen Sand aalten.

Die Sonne mußte schon ihren höchsten Stand am Horizont erreicht haben, die Mittagszeit war an Bord unseres Seglers, der nicht ferne von uns auf der Reede lag, vorüber. Wenn wir auch sonst nichts auszustehen hatten als nur zu warten in dieser für uns neuen Umgebung, so machte sich ein Hungergefühl bei uns bemerkbar. Unverhofft kommt oft, so auch hier. Ein ca. 10-jähriger Junge in einer zerlumpten Hose, barhäuptig, ohne Hemd und Schuhe stand plötzlich vor uns, seine Gebärden besagten, ihm zu folgen. Dieses entsprach ganz unserer Erwartung, da wir ahnten, was wir sollten. Weit hatten wir nicht zu laufen, hinter dem Gebüsch tauchten einige Lehmhütten auf. In eine dieser Hütten führte uns der Junge. Drinnen an einem Tisch auf der Diele saß unser Kapitän. Er forderte uns auf, mit Platz zu nehmen, gerne folgten wir. Doch es war leichter gesagt, denn getan. Diese Lehmdiele war derart voller Löcher, drei Stuhlbeine fanden nach langem Manövern ihren Untergrund. Mit viel Gelächter und einem spaßigen Tun überbrückten wir das Unangenehme und Peinliche für uns Jungen. Anwesend waren zwei alte zahnlose, braunhäutige Frauen. Daß sie für uns den Tisch zur Mahlzeit deckten, wäre zuviel gesagt. Sie stellten ihr heimisches Gebäck vor uns auf mit der Gebärde, uns zu bedienen. Der Kapitän forderte uns gleichfalls auf zuzulangen. Das ließen wir uns nicht zweimal sagen. Nachdem wir gegessen hatten, wurden wir vom Kapitän entlassen mit der Weisung, weiter auf ihn zu warten, es könne heute spät werden. Der Kapitän verschwand unter Führung weiter landeinwärts. Wir hatten es von hier aus leicht, die Sicherheit unseres Bootes zu überwachen. Es ergab sich, wir hörten Kommandostimmen, Trommelwirbel und dergleichen. Unsere Neugierde zog uns dorthin. Was sahen wir? Ca. 15 Jünglinge wurden anscheinend gemustert. Sie standen krumm und schief, nicht nach der Größe angetreten und hörten einem Manne in Zivil zu. Die Bekleidung dieser armen Menschen waren mehr Lumpen denn Zeug. Der eine hatte nur an seiner Hose ein Hosenbein, der andere nur einen Hemdärmel am Hemd. Der eine trug nur einen Schuh, andere hatten nicht einen an. Nein, so etwas habe ich nie zuvor und später auch nie wieder gesehen. Ab und zu wurde auf einem Brett ein Trommelwirbel geschlagen. Weiter zum rechten Flügel hin sahen wir ein kanonenähnliches Ding. Die Räder waren abgesägte große Baumscheiben und darauf montiert eine rostige Kanone. Wir beide schauten uns darob an und verschwanden unverzüglich. Merkten wir doch, daß wir nicht gerne gesehen waren.

Zum Boot zurückgekehrt, begann unser Warten von neuem. Bald legte sich der Wind und die See wurde ganz ruhig. Mit dem Sonnenuntergang wurde es kurz darauf dunkel. Der klare Sternenhimmel spiegelte sich in der ruhigen Karibischen See, an dessen Ufer wir hier verweilten. Es war ein herrlich, milder Tropenabend, die Luft war erfüllt von einem wunderbaren, bezaubernden Duft. Wenn auch die See ruhig war, ein leises Plätschern am Rande des Meeres, an unserem Ufer, am Boot hörte niemals ganz auf. Die Zeit wollte bei dieser großen Ungewißheit der Rückkehr unseres Kapitäns nicht verrinnen. Doch gegen 10 Uhr abends erschien er und bei der glatten See erreichten wir in Kürze unseren Segler, unser Zuhause.

Frühmorgens am anderen Tage sah ich, wie Ladung für unseren Segler zum Strand geschafft wurde, wie Männer ausgehöhlte Einmann-Baumstämme ins Wasser trugen. Ein einzelner Mann belud sein am Strand liegendes Kanu selber. Hatte er es beladen, so stieg er vorsichtig hinein und nahm paddelnd Kurs auf unser Schiff. Wir an Bord hatten an unserer Steuerbordseite eine Stelling, ca. einen Meter über der Wasserlinie, mit zwei Mann besetzt, angebracht. Von dieser Stelling aus wurde dem Kanumann die Ladung abgenommen und sogleich höher gereicht und von Männern an der Reeling weitergeleitet und so Sack bei Sack, so Teil bei Teil, zur Ladeluke des Seglers gemannt. Die Säcke mit der Phosphaterde wurden einzeln mit der Hand in den Laderaum gefiert. Später folgte Blau- oder Campecheholz, dieses wurde vorsichtig in den Raum fallengelassen. Es waren von Rinde und Splint befreite große Stücke. Die Außenseite war sehr stark gefurcht und es beherbergte in seinen Tiefen manches Gewürm, manches Spinnentier. Es wurde uns auferlegt, Vorsicht zu üben, um nicht unverhofft von einem Skorpion gebissen zu werden. Es war leichter gesagt als getan. Die Tönung des Holzes war an den frischen Schnittflächen gelbbraun, sonst violett, dunkler bis blauschwarz, eine bunte Färbung: es roch nach Veilchenwurzeln.

Hierauf folgte die Divi-Divi-Ladung, sie ist sehr leicht und enthält viel Hohlraum. Einen Segler nur mit Divi-Divi allein beladen zu wollen, ist riskant. Das Schiff kommt nicht auf Tiefgang und hat beim Segeln einen großen Teil der Ladung über der Wasserlinie, es ist somit sehr rank.

Aus diesem Grunde nahmen wir einen Teil Phosphaterde und Blauholz als Ausgleichsgewicht unten im Schiffsboden und füllten dann den Laderaum mit Divi-Divi vollauf.

Divi-Divi ist eine Schlehdornschote, an beiden Enden stumpf, kastanienbraun, schnecken- oder S-förmig eingerollt, sehr spröde und trocken und hat eine Länge von ca. 8 cm, eine Breite von ca. 3 cm. Die besten Sorten geben einen fast 50-prozentigen Gerbstoff ab. Im 17. Jahrhundert führten die Spanier diese Gerbschote nach Europa ein. Die Hauptausfuhrländer waren Kolumbien und Venezuela.

Sack bei Sack wurde auch hier aus dem Kanu über die Stelling außenbords höher hinauf zur Reeling gemannt und von dort in den Raum geschüttet. Die leeren Säcke gingen gleich wieder zurück ins Kanu. Beim Ausschütten des Divi-Divi in den Raum entwickelte sich in der heißen, ruhigen Luft ein dichter Staub. Zum Trimmen dieser Ladung im Raume waren wir drei Schiffsjungen abgeteilt. Bei dieser Arbeit floß der Schweiß, der Divi-Divi-Staub setzte sich darauf und bildete an den bloßen Körperteilen, als da waren das Gesicht, Hals und Nacken, Brust und Rücken, Arme und Beine, dicke, lästige Krusten. Vor den Mund und die Nase banden wir uns ein Taschentuch, da der Staub in den Atmungsorganen brannte und juckte und wir sonst nicht hätten bestehen können. Es war eine Sträflingsarbeit. Wir schaufelten unter der Luke, die leichte Ladung wurde fortlaufend geschüttet, und wer von uns gerade darunter stand, erhielt sie über sein Haupt. Unser Antreiber war stets in der Nähe. Man mag an meinen Worten zweifeln, es war aber so! War der Unterraum gefüllt, so mußten wir hier und später auch im Zwischendeck die Hohlräume zwischen den Decksbalken mit Armen und Beinen voll pressen. Scharf wurden wir kontrolliert.

Dieser Divi-Divi-Staub fand überall hin seinen Weg, zur Hauptsache zum Achterschiff, in die Kajüte und in unsere Kammern.

War keine Ladung zum Übernehmen mehr da, so wurde bis 12 Uhr mittags im Laderaum Mann neben Mann im seitlichen Kurztritt im Kreisverkehr die Ladung niedergestampft. Es lohnte sich, es füllte mehr.

Mit dem Beginn der Ladungsübernahme mußte auch unser Ballast entlöscht werden. Punkt Mitternacht öffneten wir die Großluke, wir drei Jungen wurden in den Raum beordert den Sandballast in die Kübel zu schaufeln usw. So wurde allnächtlich bis gegen 4 Uhr morgens gearbeitet.

Es war etwas Heimlichkeit dabei. Wir Jungens erhielten mit Beginn dieser Arbeit den Bescheid, wenn es heißt: „Die Lampen aus!“, so mußten wir sofort gehorchen und uns daraufhin, im Raume bleibend, ruhig verhalten. Die Luken wurden schnell angelegt und alles verschwand von Deck. Auch wurde nicht vergessen, den Sand von Deck und an der Stelle bei der Luke außenbords von den Plattenabsätzen als Beweis des Löschens verschwinden zu lassen. Ich nehme an, wenn sich Boote näherten und der I. Steuermann die Arbeit unterbrach, so waren es Fischer, die ihrem Gewerbe nachgingen. Doch auch diese hätten uns für einen Judaslohn verraten können. Dieser sogenannte Hafen hatte keine Schuten, keinen Schlepper, mit nichts hätten sie uns den Ballast abnehmen können. Doch danach fragt keine Behörde in diesen Ländern. Wenn wir diesen Sandballast täglich vor aller Augen hier auf der Reede in die See geschmissen hätten und es wäre der Obrigkeit zum Bewußtsein oder zu Ohren gekommen, hätte der Segler kein kleines Strafgeld zahlen müssen, darum war Vorsicht geboten.

Wenn dieser Ballast geschmissen wurde, so lag der Segler durch den Landwind stets in der gleichen Richtung, nämlich mit dem Steven nach dem Lande zu. Folglich fiel der Ballast auch Nacht bei Nacht auf denselben Platz. Es passierte, daß der Segler durch den Windwechsel schwojen mußte, so fing dieser Sandberg am Grunde der See das Schiff im Drehen auf. Es krängte sich, es krängte sich mehr, langsam weiter, bis es plötzlich mit einem Ruck schlingernd frei kam. Im weiteren Verlaufe der Zeit geschah es, nachdem der Tiefgang größer geworden war, daß der Segler mit seinem Schiffsboden unseren eigenen großen Stockanker beim Schwojen beiseite schieben oder ihn gar in den Grund drücken mußte. Wenn dieses der Fall war, krängte der Segler mehr und mehr über, unter unserem Schiffsboden war das Arbeiten von Eisen auf und gegen Eisen überall im Schiffe laut vernehmbar. Alles horchte dann auf, jeder dachte sich seinen Vers, doch ich habe niemanden seine Meinung äußern hören. Für uns bestand kein Grund, ängstlich zu sein, es würde im Falle einer Leckage keine Lebensgefahr bedeuten. Das Schiff würde zwar einsinken, das wäre alles, aber es weckte die Abenteuerlust gewaltig. Ich war immer noch Lampentrimmer. Es geschah, wie allabendlich, der Segler schwojte auf Landwind. Der schwere Stockanker versperrte ihm abermals am Meeresgrunde den Weg. Der ca. 10 Zoll tiefe Kiel unter dem Boden war das Hindernis. Der Segler krängte mehr und mehr über, das Rumoren dortselbst hielt an. Dann erfolgte ein gewaltig harter Stoß, der alles im Segler erzittern ließ, er schwojte frei. Ich wurde gerufen mit dem Vermerk, ich solle die Vor-Ankerlampe wieder anzünden, sie sei durch den Stoß erloschen. Es muß eine Schwell gewesen sein, die den Segler gehoben und ihn darauf mit Wucht abwärts auf den Anker gesetzt hat. Es ist nichts Ungewöhnliches, an offenen Meeresküsten kann man stets mit unverhofft anlaufenden Schwellen rechnen. Unter dem Schiffsboden war unser Segler stark, das war hiermit bewiesen. Dieser Stoß war und blieb einmalig.

La Hacha lag auf 11,5 Grad Nord Breite, somit waren wir dem Gesetze nach in den Tropen. Der Seemann hat hier statt 10 Stunden nur 8 Stunden Dienst täglich zu leisten. Bei den Matrosen und Leichtmatrosen wurde dieses Gesetz strikt eingehalten, doch für uns Jungens galt dies alles nicht.

Am ersten Liegetage hier in La Hacha ruderten wir unseren Kapitän mit dem Arbeitsboot an Land. Für den nächsten Tag ließ er das Steuerbord-Rettungsboot zu Wasser setzen, das Arbeitsboot machte ihm zu viel Wasser. Nachdem die Achtergäste ihre Mittagsmahlzeit eingenommen hatten und ich mit meiner Backschaft fertig war, erhielt ich vom Kapitän die Ordre, mit Nauke zusammen das Boot vom Heck her längsseite zu holen, er wolle an Land. Der Mast wurde gesetzt, alles weitere zum Segeln fertig gemacht. Ich freute mich riesig auf diese kommende Fahrt. Kaum waren wir bei dieser herrlichen Brise von unserem Schiff freigesegelt, so brach mit einem Ruck das steuerbordsche Luv-Dollbord und einiges mehr noch. Sofort schoß der Kapitän mit dem Boot in den Wind, das Segel wurde niedergelegt, und rudernd setzten wir unsere Fahrt fort. Für die Folgezeit wurde nie mehr gesegelt, nur noch gerudert. So lange wir hier in La Hacha lagen, mußte ich täglich, außer sonntags, mit dem Kapitän diese Bootsfahrt machen.

Die Seebrise war während unserer Liegezeit sehr frisch, es entwickelte sich ein entsprechender Seegang, und oft zeigte die See schon ab mittags ihre weißen Köpfe. Am ersten Tage mit dem großen Boot unterwegs wollte der Kapitän schon vor dem Sonnenuntergang an Bord zurück. Natürlich wurde versucht, ihn trockenen Fußes ins Boot zu bekommen, es ging nicht, der Seegang war noch zu gewaltig. Einen Warpanker hatten wir nicht aus, um das Boot mit dem Kopf gegen die See zu halten. Das Manöver mußte abgebrochen werden. Der Kapitän ging wieder ins Dorf, er sagte, er käme erst zurück, wenn der Wind vorbei und die See ganz ruhig geworden. So spielte es sich dahin ein, daß der Kapitän täglich erst gegen 10 Uhr abends zum Boot kam. Dann war die See spiegelglatt, kein Windhauch rührte sich.

Wir wurden auch nie mehr in die Hütte geholt wie am ersten Tage. Der Kapitän schien sich weiter landeinwärts aufzuhalten. Hin und wieder, alle paar Tage, wurde uns etwas Gebäck zum Boot gebracht, oft auch einige Bananen. Wir kamen so um unsere Kaffeemahlzeit und auch um unser Abendbrot. Wir waren nicht wach genug, uns selbst mit dem Nötigen auszurüsten. Hier unten am Wasser, am Boot langweilten wir uns täglich von nachmittags bis gegen 10 Uhr abends durch die Zeit.

Auch dieses Boot leckte. Wenn es von spät abends, nach unserer Rückkehr bis zum Gebrauch am anderen Mittag an der Fangleine am Heck lag, war es so voll Wasser, daß es mich kaum noch zum Wasserausschöpfen trug. Jeder Seemann wußte, kommt ein hölzernes Rettungsboot plötzlich zu Wasser, so zeigen sich leichte Leckagen, die ihre natürliche Ursache im Austrocknen des Holzes hatten. Doch nach Stunden, höchstens Tagen des Wasserns war ein gutes Boot wasserdicht. Hier hielt die Leckage an, solange wir das Boot außenbords hatten. Jetzt zeigte sich, daß die Rettungsboote außenbords mit einem dünnen, wenig erkennbaren Leinenzeug überzogen, das Heck und der Steven auszementiert waren.

In der letzten Liegezeit kamen marstaler (Insel Ærø, Dänemark) hölzerne Segler zum Laden hinzu. So passierte es, daß wir nicht direkt an Bord ruderten, nein, mein Kapitän legte noch bei einem dieser Segler an. Natürlich stiegen wir Bootsgäste mit an Bord. Wir merkten, es waren freundliche Menschen, sofort wurden wir bewirtet, da sie wußten, daß wir seit dem frühen Nachmittag am Strand gelegen und gewartet hatten. Es wurde uns frischer Bohnenkaffee mit Milch und Zucker geboten, wir durften essen, und wir hatten Appetit und Hunger zugleich.

Eine derartige Verpflegung, plus Bohnenkaffee, Milch und weißen Zucker hatte ich auf unserem Segler nie gesehen. Jetzt kam bei mir ein Gedanke, sollte es auf ausländischen Seglern in der Beköstigung vielleicht besser, ich meinte gerechter, sein? Dieser Faden wurde bei mir weiter gesponnen, die kommende Zeit wird es beweisen!

Kehrten wir kurz vor Mitternacht mit unserem Kapitän an Bord zurück, so begann für uns das Ballastlöschen. Nachdem diese Arbeit im Laufe der Zeit getan war, hatten wir es besser, diese Nachtarbeit fiel aus.

Regen hatten wir hier so gut wie gar keinen. Doch es war an einem Sonnabend, wir waren für heute mit dem Divi-Divi-laden fertig, die Luken waren teils schon angelegt, und die Mannschaft war beim Feststampfen der Ladung im Raume. Plötzlich hieß es der Koch habe kein Wasser mehr, unsere Wassertanks seien leer. Es setzte zur selben Stunde, als ob es vom Herrgott selber befohlen, ein wolkenbruchartiger Regen ein. Unser Halbdeck lag voll von Divi-Divi-Staub, die Exkremente unserer beiden Hunde waren tagelang nicht weggeschafft. Doch darauf konnte jetzt keine Rücksicht genommen werden. Es wurden eiligst Balgen, Fässer unter die Halbdeck-Abflußlöcher gestellt, das kostbare Naß aufzufangen. Es sah bläulich, violett aus und wurde, durch ein Leinentuch gefiltert, dem Koch zur

Mittagszubereitung in die Kombüse gebracht. Es ist uns allen bekommen, es ist niemand krank geworden.

Jetzt kam der Sonntag. Morgens früh wurde ich geweckt. Das große Rettungsboot wurde mit Fässern, Balgen und Behältern ausgerüstet. Der I. Steuermann wollte mit diesem Boot zum Rio Hacha um Frischwasser für uns zu holen. Als Bootsgäste hatte er den Thüringer Leichtmatrosen Robert, meine Wenigkeit und abwechselnd Nauke oder Moses beordert. Die Mündung des Flusses war nicht allzuweit von unserem Liegeplatz entfernt, in seinem normalen Verlauf war er sehr schmal. Wir ruderten flußaufwärts, doch es ging nur langsam. Baumstämme lagen hier und dort entwurzelt, vermorscht und bemoost mitten im Wege. Herabhängende Äste und Zweige versperrten oftmals gleichsam unser Fortkommen durch Rudern, so daß wir uns mit den Händen vorwärts halfen. Es war hier eine urwaldähnliche, unberührte Natur. Überall haschendes, bewegtes Leben. Es ist mir nicht möglich, was über meinem Kopfe geschah, was mein Ohr auffing, wiederzugeben. Doch das, was ich mit meinen Augen sah, bleibt unvergessen. Der erste oberflächliche Blick zum Ufer hin, besagte nichts. Beim schärferen Hinsehen gewahrte man riesige Krokodile, sie lagen ruhig und sonnten sich im Uferschlamm. Durch unser Rudern wurden sie aufgeschreckt und wie der Blitz verschwanden sie in dem schmutzigen Lehmwasser des Flusses. An anderen Stellen sahen wir diese Tiere unbeweglich, nur die zwei Augen aus dem Wasser gehoben, im seichten Uferwasser wahrscheinlich auf Beute lauernd, regungslos verharren. Der Steuermann befahl, mit dem Rudern einzuhalten, wir ließen unser Boot treiben, um zu beobachten. Unser Leichtmatrose Robert entkleidete sich, sprang ins Wasser und umschwamm unser Boot, der Steuermann ließ dies zu. Ich habe mich nur gewundert, doch es ging alles klar. Die Tiere in ihrer Stellung rührten sich nicht, man sah die beiden Augen unverändert über der Wasseroberfläche. Möglich, daß sie schliefen, einen Versuch, sie aufzuscheuchen, wollte der Steuermann nicht dulden, es war vielleicht auch besser so.

Nach Stunden erreichten wir an einer Lichtung einige Lehmhütten. Hier machten wir Rast und füllten unsere Behälter mit dem Flußwasser auf. Der Steuermann erzählte, es seien Indianer, sie lebten in ständiger Fehde mit den Bewohnern des Dorfes La Hacha. Wir sahen hier nur Frauen, die meisten waren am Ufer beim Waschen beschäftigt. Ich sah, sie schlugen ihre Wäsche um entrindete, ausgeblichene, aber saubere Baumäste. Die Schlagkraft ersetzte bei ihnen wohl das für sie unbekannte Waschpulver. Dann breiteten sie die Wäscheteilchen über Gebüsch hängend in der sengenden Sonne zum Trocknen und Bleichen aus. Ganz vereinzelte, zahnlose Greise waren anwesend, sie hockten vor ihren Hütten und rauchten. Zum Zeichen unserer Freundschaft verteilte der I. Steuermann Weizenmehl-Biskuits, sie waren extra zu diesem Zweck mitgenommen. Wir kamen jeden Sonntag, solange wir hier in La Hacha lagen, und zuletzt noch einige Male mehr zum Wasserholen, nie trafen wir Jünglinge oder Männer. Wo waren diese wohl? Ob sie uns aus der Ferne beobachteten, möglich! Doch ich weiß es nicht, es ist damals auch nicht unter uns besprochen worden. Bei unserer Ankunft gingen wir jedesmal an Land, um uns die Füße zu vertreten, gingen um ihre Hütten und verschwanden dann wieder mit unserem Boot. Aber jedesmal verteilte der I. Biskuits, zur Hauptsache an die Kinder, deren es nicht wenige gab.

Bei der ersten Heimfahrt mit dem beladenen Boot merkten wir an der Flußmündung eine sehr flache Stelle. Wir kamen mit dem Boot auf Grund, es saß fest. Wir Vier sprangen außenbords und schoben unser Boot über diese Barre hinweg, so auch die nächsten Male.

Spätnachmittags waren wir an Bord zurück und vorsichtig entleerten wir dieses kostbare Naß, dieses schmutzige Lehmwasser des Rio Hacha in unsere Frischwassertanks. Nach längerem Stehen des Wassers in dem Tank setzte sich der Lehm, und es war klares Wasser, nur es mußte vor dem Gebrauch stets abgekocht werden.

Bei den weiteren Fahrten nahmen wir keine Behälter wieder mit. Zum Füllen des Bootes mit Wasser zogen wir nur den Bodenpflock solange heraus, es war einfacher und angenehmer. Aber wir hatten das Wasser lose im Boot, das Risiko des Kenterns durch eine unverhoffte, seitliche Druckverlagerung unserer Körper war riesengroß. Harte Instruktionen wurden uns hierüber vom Steuermann zuteil, und ein jeder von uns bemühte sich auch aus eigenem Ehrgeiz und Interesse, beste Vorsicht zu üben, damit nichts derartiges passierte. Alle Fahrten verliefen glücklich und ohne den geringsten Unfall.

Anzunehmen war, daß sich unser Kapitän bei seinem Agenten in La Hacha über dieses Vorhaben, Wasser aus dem Rio Hacha holen zu wollen, Erkundigungen eingezogen und daraufhin seinen I. Steuermann unterrichtet hatte, wo und wieweit er voraussichtlich flußaufwärts hat rudern müssen, usw.

Eines Tages bot mir ein Kanumann eine große, verlängerte Oberschnauze vom Sägefisch zum Tausche an. Was ich damit wollte, wußte ich nicht; doch tauschte ich. Ich besitze dies Exemplar[12] noch

12 Heute im Archiv des Lotsengesangverein „Knurrhahn“ von 1929 e.V., für ein Foto siehe die Verlagswebsite (verlag.cbloess.de).

heute als Zierde für mein Heim. Viele, viele solcher Sägen habe ich gesehen, doch war keine so gewaltig wie diese. Sie wiegt 12 Pfund, ist 1,20 m lang, an der breitesten Stelle, ohne die Zähne, mißt sie 26 cm, hat 17 Sägen auf jeder Seite in der Länge bis zu 6,5 cm. Vermutlich war es ein Tier von mindestens fünf Metern Länge.

Unsere Liegezeit hier in La Hacha näherte sich dem Ende. An einem der letzten Tage erschien für uns plötzlich ein größeres Motorboot und legte bei uns an. Es kann nur aus dem westlich von uns gelegenen, ca. 100 Seemeilen entfernten Santa Marta gekommen sein. Es brachte für uns eine schwere Kuh, einen mittleren Ochsen und ein kleineres Rindvieh, dazu ein Arbeitsboot voll Heu. Die Tiere wurden einzeln an ihren Hörnern mittels einer entsprechenden Talje an Deck gehievt. Auf dem Großdeck zwischen den Rettungsbooten waren vier hölzerne Trägerstützen der Bootsgalgen. Um diese wurden je eine Planke befestigt und in diesem Vierkantraum erhielten diese armen Geschöpfe ihre Unterkunft. Das Heu als Futter war sehr karg bemessen. Jeden Tag, den der Herrgott für diese Tiere werden ließ, bekamen sie eine Kostprobe, die eben vor dem schnellen Verhungern bewahrte. Sie magerten auch alsbald ab. Sie sollten für uns der Fleischvorrat für die Heimreise sein.

Unsere Ladung war eingenommen, genügend Wasser bei gleich beginnender, harter Rationalisierung hatten wir uns herangeholt, die Segel waren untergeschlagen, und wir begannen, einen der Anker einzunehmen. So lagen wir vor unserem Steuerbord-Anker fast kurzstag, klar zum Verlassen dieser Reede, sobald der Landwind einsetzte. Alle Segel waren gelöst, klar zum Setzen.

Heimreise

Wie allabendlich, spät beim klaren Sternenhimmel, bei spiegelglatter See, begann sich der für uns günstige Landwind zu regen. Der I. Steuermann pfiff beide Wachen an Deck zum In-See-gehen. Bestimmte Männer wurden zum Ankerhieven abgeteilt. Wie es mein Schicksal wollte, wurde ich vom Kapitän gerufen, das Ruder zu besetzen. Der Anker war auf, und wir segelten über Backbord-Bug mit halbem Winde dahin. Nun kam der Kapitän und nahm selbst das Ruder, er sagte zu mir: „Gehe mit auf die Back zum Helfen“. Der I. Steuermann war dabei, den Steuerbord-Anker mit der Gien unter den Krahnbalken hieven zu lassen. Ich kam froh und diensteifrig zur befohlenen Stelle auf die Back, faßte mit beiden Händen zum Mitdrehen an die Spillspake und bekam von rechts einen Schlag an meinen Kopf, daß mir die Funken vor den Augen sprühten und ich zusammensackte, nach Lee einem der Kameraden vor die Füße rollte. Zur Zeit war der Wind recht frisch geworden und der Segler lag sehr über. Man trug mich besinnungslos erst einmal in das Matrosenlogis. Nach einiger Zeit kam ich wieder zu mir und konnte achteraus in meine Koje gehen.

Was war geschehen? Irgend ein Kettenglied am unteren Ende des sogenannten Fischhakens war gebrochen. Durch diesen Bruch und Ruck schlug die mit dem schweren Anker belastet gewesene Kette peitschend nach innenbords. Der Anker sauste abwärts, der ganze Segler durchzitterte beim Auffang in der eigenen Kette. Dieses zugleich mit dem dröhnenden, klirrenden Klang habe ich in der Schrecksekunde wahrgenommen. Ausgerechnet stand ich mit meinem Kopf in der Richtung des schlagenden Eisens. Dieser Schlag hätte mein Tod sein können, doch auch hier stand mir mein Gott schützend zur Seite. Anderntags ging ich wieder meiner Arbeit nach, als sei nichts gewesen. Ich persönlich sagte nichts, niemand erkundigte sich nach meinem Befinden. Mein fester Vorsatz war geblieben. Wenn ich nicht klagte oder jammerte, vergaßen die anderen, was mir passiert war. Ich wollte bei dieser Abmusterung meine reinen Papiere haben, dafür setzte ich alles auf eine Karte. So war meine Vorstellung zu diesem Punkt.

Unsere Heimreise verlief bisher bei günstigem Winde normal. Ich selbst hatte von Zeit zu Zeit still für mich meine Malaria-Anfälle, aber sie waren nicht so schwer wie bei dem Süd-Afrikaner „Jonny“. Wenn ich meinen Kopf hintenüber neigen wollte, um in die Masten zu sehen, mußte ich mich stets mit den Händen leicht stützen, bis der Schwindel vor den Augen vorüber war. Ohne Veränderung war dies geblieben, doch zu niemandem sprach ich darüber, niemand fragte auch danach!

Auf einem Großsegler unter unserer Flagge war bestimmt all und ein jedes, was zum Segeln und zur Segelbedienung erforderlich war, in Ordnung; es wurde auch auf das beste laufend überwacht. Trotzdem kam es vor, daß Segel beim Wegnehmen oder Festmachen zerrissen. Hier auf diesem Segler war das wenigste in der Takelage gut, die Segel waren nicht die besten, und doch ist uns keins verloren gegangen oder fortgeflogen. Die Wachsamkeit unserer Schiffsführung war groß, die Segel wurden vorzeitig eingenommen, und das große Glück war unser treuer Begleiter.

Wir hatten lange nicht mehr in allen Segeln Gordinge. Durch Spleißen und Auswechseln wurde versucht Taue zu erhalten, doch wenn sie zu mürbe geworden waren, half nichts mehr. Neues Tau als Ersatz war nicht vorhanden.

Als Behelf für die gordinglosen Stellen hatten wir zwei lange und zwei kurze Jollen mit irgend einem Eisen am unteren Ende beschwert, immer griffbereit liegen. Mit diesen wurden da, wo es Not tat, Schnürgordinge geschoren. Es war sehr zeitraubend und bei steiferen Winden schwer. Jede lange Jolle hatte einen festen Stertblock, dieser wurde an einer sicheren Stelle über dieser betreffenden Rahe festgemacht. Sie wurde anschließend vorkante, die kurze Jolle achterkante des Segels niedergefiert. Jetzt kam die Kunst, die beiden Jollen unterkante des Segels bei Wind und Seegang zu verbinden. Es war schwierig und nahm oft Zeit in Anspruch.

Diese Behelfskunst, Schnürgordinge zu scheren, ist auch in meiner Seefahrtszeit einmalig geblieben.

Die Zeit verrann, unsere Kühe in dem Geviert konnten schon seit Tagen nicht mehr auf den eigenen Beinen stehen. Sie lagen nur noch. Bei achterlichem Winde, der jetzt herrschte und dem Rollen des Seglers scheuerten sie auf ihren Knien, den Bewegungen des Seglers folgend mit. Es kam ein Morgen, an dem der Kapitän die Kuh schlachten ließ. Das Tier war so schwach und willenlos, es mußte zur Schlachtstelle gezogen werden. Mit den Hörnern wurde es als Halt an einen Lukenring befestigt, ein paar Schläge mit dem Vorschlaghammer auf den Schädel betäubten es, sodann wurde der Hals durchschnitten, doch kaum rührte es sich. Es war wohl kurz vor dem Verenden. Beim Zerlegen und Öffnen des Tieres kam ein Kalb zum Vorschein. Wir alle waren ein wenig traurig über dieses Schicksal, doch unser Leben kannte keine Sentimentalitäten, der Alltag forderte sein Recht.

Bestimmt hat mein Kapitän kein trächtiges Tier bestellt, doch der betreffende Lieferant oder Schiffshändler hat sich darüber hinweggesetzt. Wenn die Tat offenbar wurde, war nichts mehr zu machen, die Rechnung war bezahlt, und das Schiff war weit fort. Ob es zur Reklamation jemals wiederkehrt, war sehr unwahrscheinlich. So die Seefahrt bei wildfahrenden Seglern. Daß solche Handlungen die Kapitäne dahin erzog, jeden, der mit ihnen in geschäftliche Verbindungen trat, als einen Betrüger zu betrachten, solange bis sie vom Gegenteil überzeugt wurden, war eine einleuchtende Folgerung.

Mit dem Beginn der Reise hatte der Kapitän angeordnet, daß die rückständigen Salz- oder Salpeterkristalle der Salzfleisch- und der Salzspeck-Fässer aufzubewahren seien. Diese teilweise recht großen Kristalle wurden fein zerkleinert, das Fleisch des Tieres wurde in bequem zu bearbeitende Stücke zerlegt und mit diesen Kristallen eingepökelt. In den nächsten Tagen folgten die beiden anderen Tiere, da das Heu bis auf den letzten Halm aufgebraucht war und sie auch sonst verendet wären. Unsere Verpflegung war ab La Hacha nicht besonders, doch jetzt gab der Koch gut und reichlich.

Die Zeit verging, die warmen Tage hielten an, das Wetter und der Wind waren sehr günstig für uns und unser Fortkommen.

Wenn der Koch das Mittagessen bereitete, vermeinte der eine, später der andere, einen eigenartigen, penetranten Geruch zu vernehmen. Von Tag zu Tag verstärkte sich die Wahrnehmung und mittags, wenn das Essen auf dem Tische kam, war es geruchsmäßig beweisbar da. Das vermeintlich gut eingepökelte Fleisch ging in Fäulnis über. Zuerst drückte man die Augen zu, es ließ sich noch essen, es war ja abgekocht, doch von Tag zu Tag wurde es übler. Der Tag kam, da wir das ganze Fleisch in die See warfen. Jetzt wurde der Riemen enger geschnallt.

Kurz nach dem Verlust dieses unersetzlichen Fleisches fühlte der Kapitän sich nicht wohl, er war krank, wie er mir sagte. Trotzdem raffte er sich auf, ich mußte mit ihm. Er ging in die Kombüse und überholte das Geschirr. Sein größter Ärger war, daß er die Fleischmaschine in einer der Kombüsen-Bänke ungesäubert vorfand. Nun hatte er die vermeintliche Ursache zu seinem körperlichen Unbehagen entdeckt. Er schoß auf den Koch los, mit einem Fußtritt flog er zur Kombüsentür hinaus. Ich glaube sagen zu dürfen, hätte der Koch sich widersetzt, er hätte ihn mit der Fleischmaschine erschlagen. Jetzt nahm er den Koch mit in die Kajüte, machte ihn durch eine Journaleintragung zum Leichtmatrosen, und wie es nicht anders zu erwarten war, brüllte er mich an, ich solle in die Kombüse gehen, sie säubern und Koch spielen. Ohne Widerrede zog ich ab. Ich hatte zum Abendbrot Pfannkuchen zu backen. Da ich kein Fett auftreiben konnte, ich aber nicht wagte, Fett zu fordern, verschmorte ich den Teig. Es wurde nichts mit meinem Kochen, ich wurde abgelöst.

Der Koch hatte seine Wache an Deck mitzugehen, doch verlief die Reise unter günstigen Bedingungen reibungslos. Sonst kann so ein Mann ein Unglück für die Kameraden seiner Wache werden. Als Koch war er sonst gut, nur war er faul und flegelte sich zu sehr und lange an Deck herum, sicherlich zum Ärger unseres Kapitäns, und hieraus zog er seine berechtigten Schlüsse.

Aus der Kombüse war ich heraus, ein Matrose kochte. Das Brotbacken zeigte ihm der Kapitän, auffallend war es, ich mußte zugegen sein. Mein Kapitän war ein vorausschauender, vorsorgender Mann. Also hatte er damit, daß ich das Brotbacken miterlernen mußte, jetzt schon etwas im Sinn, was sich hernach noch ergibt.

Sehr wenig erzählten wir Jungs uns untereinander über Sachen, zu denen man lieber schwieg. Auf der Wache von Moses, also vom II. Steuermann, hörte ich, hätten sie des nachts Hartbrot zum eigenen Verzehr aus dem Lee-Rettungsboot herausgeholt. Der II. Steuermann sei harmlos, und wenn er es gesehen hätte, wäre er nicht eingeschritten. Dies nur am Rande vermerkt. Ich selbst war ja in der Kajüte, ich hatte immer noch mehr als die vor dem Mast.

Es war eines Morgens früh, ein steifer Wind fegte über die See. Wir befanden uns am Eingang zum englischen Kanal. Zwei Glas, fünf Uhr war gewesen, wir hatten die Fahrt des Seglers gelogt, da befahl der I. Steuermann: „Schweineschlachten“! Es war ein seltenes Kommandowort und mancherlei ging mir darob durch den Sinn. Wer sollte es schlachten, der Koch war abgesetzt!

Wir hatten noch ein schwarzes Schwein aus Lourenço Marques. Es wog wohl etwas über einen Zentner, nicht mehr! Es war ein stets unruhiger Gast, es war eine Art Wildschwein. Liefen wir Jungen schnell längs Deck, so kam dies Biest hinterher gerannt und biß, wenn man nicht anhielt, zu. Es ruhte kaum nach dem Fressen, wie es die hiesigen taten, daher nahm es auch an Gewicht nicht zu. Doch schlimmer noch, beim Schlachten wollte diese Art Rasse nicht verenden.

Das Tier wurde geholt, vom I. wurde es abgestochen, das Blut floß reichlich. Ein Schwein hiesiger Art wäre nach dem Blutverlust tot gewesen, doch dieses schrie und lebte weiter. Das kochende Wasser zum Abbrühen wurde gebracht, das schreiende Schwein wurde hinein getan, jetzt tobte es. Bei diesem Gebaren wurde der I. nervös. Er schlug mich und pöbelte: „Willst Du Hund schrapen!“ Wer kann es wohl, sollte ich mir durch dies zappelnde Tier, durch dieses kochende Wasser meine Haut verbrühen lassen! Natürlich versuchte ich zu schrapen, mittlerweile wurde es auch ruhiger, und ich konnte mit meiner Blechdose besser die Borsten beseitigen.

Jetzt gab es für die nächsten Tage, erst recht für uns in der Kajüte, bestes Essen.

Wir kamen vor der Elbe an. Der Seelotse stieg über die Reeling, seine ersten Worte waren, laut und vernehmlich, nie zu vergessen, da ich per Zufall neben dem I. Steuermann stand: „Leewt de ohle Sarg noch!“ (Lebt der alte Sarg noch).

Unser Segler sah aus, von außen rot, nicht von Farbe, nein, von Rost! Nie sah ich ein Schiff zuvor noch hernach so aussehen. Wir erhielten unseren Schlepper.

Auf der Morgenwache, 4 Uhr früh, hatte ich den ersten Rudertörn. Wir steuerten elbaufwärts hinter unserem Schlepper. Die Schlepptrosse war recht lang, sie war noch nicht gekürzt, wie es näher zum Hafen hin später geschah. Der Schlepper zeigte ein gut erkennbares weißes Hecklicht. Dies Licht war meine Steuermarke, ich hatte es rechts voraus an Steuerbord zu halten. Der wachhabende I. Steuermann und der Lotse marschierten, alles beobachtend, auf dem Halbdeck in der Längsrichtung des Seglers hin und her, und sie unterhielten sich recht laut. Nun hatte dieser Segler, wie zuvor schon beschrieben, nur ein Halbdeck, kein Achterdeck. Unser Ruderstand war nicht sehr hoch, um nach vorne alles richtig überschauen zu können. Doch bisher ging es gut. Es war zur Zeit finstere Nacht, die Lichter waren aber alle deutlich zu erkennen. Plötzlich, es war geschehen! Der Schlepper pfiff sein Achtungssignal, nein, nicht aus der Richtung von vorne, sondern fast querab an Steuerbord. Wie ich jetzt beobachtete, hatte ich, bevor es mir zum Bewußtsein kam, sehr viele gleich helle Lichter, rechts voraus. So ist mir vielleicht das Hecklicht des Schleppers durch irgend etwas verdeckt worden, und ich habe in meiner Unerfahrenheit ein anderes der vielen Lichter als Leitlicht genommen und bin dabei aus dem Kurs geraten. So etwas kann für einen Schlepper sehr gefährlich werden. Im selben Moment fielen beide mit einem Donnerwetter über mich her. Der Lotse nahm das Ruder, unseren Segler wieder einzusteuern, der I. Steuermann nahm mich. Es war mein letzter Rudertörn, aber auch die letzten Schläge, die mir zuteil wurden. Doch abgelöst, vom Ruder weggejagt, wurde ich nicht. Ein bestimmtes Vertrauen zu meinen Fähigkeiten muß wohl bei beiden vorhanden gewesen sein. Der Weisheit letzter Schluß ist aber der, daß, wenn beide selber aufgepaßt hätten, dürfte es niemals soweit gekommen sein.

Aus diesem Fall habe ich für später viel gelernt, es ist das, was man mit Praxis oder Erfahrung so schön bezeichnen kann.

Im Hamburger Hafen angekommen, machten wir an den Pfählen fest. Alles wurde am anderen Tage abgemustert, selbst der I. Steuermann. Der Kapitän übernahm die Aufsicht über die Entlöschung der Ladung. Nur mich behielt er an Bord zurück.

Nachdem die Ladung aus dem Segler war, verholten uns ein paar Schauerleute mit Schlepperhilfe zum Kirchenpauerhafen an die Pfähle. Hier lagen wir einige Wochen, bevor dieser Segler unter seinem Namen „CASSANDRA“ endete. Diesen Abschluß habe ich als letzter Seemann an Bord miterleben dürfen.

Nachdem alles abgemustert, ich nur mit dem Kapitän alleine an Bord war, war er ein ganz anderer mir gegenüber. Er war aufgeschlossener, er machte Spaß, er erzählte mir manches, was er sonst nie gesagt hätte. Hin und wieder nahm er mich abends mit an Land, gab mir Abendbrot, spendierte ein Gläschen Bier für seinen Schiffsjungen. Anschließend hieß es dann: „Hans, nun gehe an Bord zurück und tue Deine Pflicht"! Er wußte, er konnte sich auf mich verlassen, ich ging auf dem geraden Wege zurück an Bord. Meine Eltern durften kommen, soviel und sooft sie wollten. Meine Mutter mit meinen Schwestern haben hiervon Gebrauch gemacht. Während dieser Liegezeit habe ich mir mein Brot selber backen müssen, und ich habe es gerne getan, da ich es vom Kapitän erlernt und er gewußt, wozu er es mir beigebracht hatte. Mehl war reichlich vorhanden und sollte auf den Rest der Zeit verbraucht werden. Selbstgekochter Hopfen mit ein wenig rohen Kartoffeln, einigen Reiskörnern dazu, gaben als Gärstoff zum Backen das schönste, lockerste Brot. Meine eigene Mutter war erfreut, als sie sah, was ihr Sohn erlernt hat.

Unsere Segel waren nicht abgeschlagen, es regnete viel in den Tagen unserer Liegezeit. Ich ging aus eigenem Interesse daran und lüftete sie bei schönem Wetter soweit, daß ich dieselben alleine wieder festmachen konnte.

Eines Tages gegen Abend, ich war auf der Groß-Obermarsrahe und machte das Segel wieder fest, da sah ich einen etwas beleibten fremden Herrn zu mir auf die Rahe kommen. Er sagte im fremdsprachigen Dialekt: „Guten Tag. Ich bin der neue Kapitän dieses Seglers. Hier hast Du ein paar Mark als Dank, daß Du für das Lüften meiner Segel sorgst. Willst Du bei mir an Bord bleiben. Du kannst sofort ummustern, das Schiff heißt jetzt ›VAAR‹, Frühling auf deutsch." Ich bedankte mich für das Fünf-Mark-Stück. Es war für mich ein Monatslohn. Aber ich lehnte sein anderes Angebot, hier an Bord zu bleiben, mit der Begründung ab, ich wollte auf ein größeres Segelschiff. Nein, ich hatte zu Hause schon zu viele der Wahrheiten über dies Schiff erzählt, daß ich unmöglich abermals mitgehen konnte. Ich selber hatte auch keinen Mut dazu!

Kurz nach unserer Ankunft im Hamburger Hafen wurde ich vom Kapitän in den Salon gerufen. Es saßen dort drei fremde Herren. Ich wurde nach meinen Unfällen während dieser Reise hier an Bord befragt, ich bestätigte dieselben. Nun sollte ich Näheres über mein Leiden, über die Erscheinungen usw. erzählen. Hart und mit kurzen Worten sagte ich nur: „Meine Herren, ich kann Ihnen nichts weiter berichten, als daß ich gesund bin und keine Folgen dieser Unfälle zur Zeit verspüre." Nach meinen Worten herrschte eine augenblickliche Ruhe, die Herren schauten sich gegenseitig an, auch mein Kapitän war etwas sprachlos. Dann wechselten sie Worte hin und her, und ich bekam die Ordre vom Kapitän, ich könnte gehen.

Mein Ziel, Lotse werden zu wollen, schwebte mir vor, und wenn auch nur ein Teilchen meiner Kopfverletzungen aus irgendeinem meiner Papiere ersichtlich gewesen wäre, hätte ich niemals auf eine Lotsenstelle hoffen dürfen. Zum Glück berichtete ich kaum meinen Eltern über meine erlittenen Verletzungen, so daß mein Vater nicht auf den Gedanken kam, sich hier einschalten zu müssen. So behielt ich selbst mein mir vorschwebendes Vorhaben auf geradem Kurs in eigener Hand.

Am 15. September 1907 verließ ich den Segler „CASSANDRA“. Vom Kapitän wurde ich zum nächsten Vormittag 10 Uhr zur Abmusterung vor das Altonaer Seemannsamt bestellt. Hier erhielt ich meine Abrechnung und mein Dienstzeugnis: „Diensttüchtigkeit: Sehr gut, Betragen: Sehr gut“, ausgehändigt.

Einmal noch, zum letzten Male, mußte der Mann mit dem teuflischen Spitzbart, hier vor dem Seemannsamte, mir einen Schrecken einjagen. Die Umstehenden schauten drein in der Erwartung des Donnerwetters, daß nun folgen mußte. Mit einem großen Grimassenaufwand erzählte er, drei Schiffsjungen hätte er an Bord gehabt, zwei hätten ihm keinen Kummer gemacht, doch dieser dritte hier, dieser verdrehte Bengel, er verlange von seinem Kapitän eine Extrawurst. Ganz zur Hamburger Navigationsschule hätte er laufen müssen, um für den da, außer den schriftlichen, auch noch lange mündliche Fragen zu beantworten.

Nach einer Zeit veränderte er sein Gebaren, lachte, gab mir die Hand und wünschte mir alles Gute für mein kommendes Leben. So trennten wir uns, und ich habe später nie mehr etwas von ihm vernommen.

Ich brauche wohl keine Berichtigung vorzunehmen. Ich habe nichts von meinem Kapitän verlangt, nichts gefordert, es war der Verein „Seefahrt“, der ihn gebeten hat, des Jungen Blöss wegen, zwecks mündlicher Rücksprache, vorsprechen zu mögen.

Denselben Weg hatte ich jetzt vor mir. Sofort nach der Abmusterung ging ich zu Herrn Horn, zum Verein „Seefahrt“. Wußte ich doch, ich hatte dem Verein keine Enttäuschung gebracht. Herr Horn freute sich, er gab mir die besten Wünsche mit für mein ferneres Leben und überreichte mir eine Weiterempfehlung für meinen Beruf. Natürlich bedankte ich mich für sein mir vor einem Jahre entgegengebrachtes Vertrauen, und damit verabschiedetet ich mich.

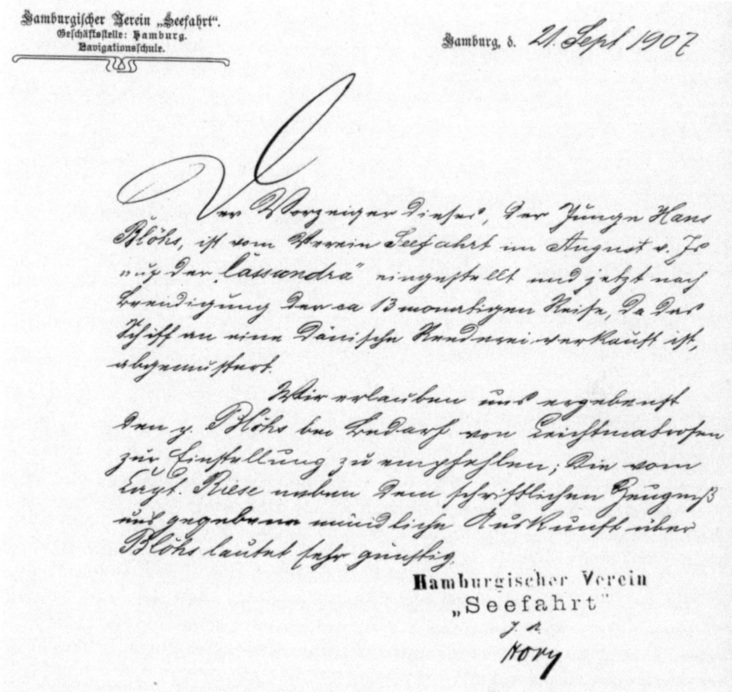

Hamburgischer Verein „Seefahrt“.
Geschäftsstelle: Hamburg.
Navigationsschule.

Hamburg, d. 21. Sept 1907

Der Vorzeiger dieses, der Junge Hans Blöhs, ist vom Verein Seefahrt im August v. Js auf der „Cassandra“ eingestellt und jetzt nach Beendigung der ca 13monatigen Reise, da das Schiff an eine Dänische Rhederei verkauft ist, abgemustert.

Wir erlauben uns ergebenst den jg. Blöhs bei Bedarf von Leichtmatrosen zur Einstellung zu empfehlen; die vom Kapt. Riese neben dem schriftlichen Zeugniß und gegebene mündliche Auskunft über Blöhs lautet sehr günstig.

Hamburgischer Verein
„Seefahrt“
i. A.
Kory

Abbildung 26: Empfehlungsschreiben des Hamburgischen Verein „Seefahrt“: »Der Vorzeiger dieses, der Junge Hans Blöhs, ist vom Verein Seefahrt im August vorigen Jahres von der ›Cassandra‹ eingestellt und jetzt nach Beendigung der ca. 13monatigen Reise, da das Schiff an eine Dänische Reederei verkauft ist, abgemustert. Wir erlauben uns, ergebenst den jg. Blöhs bei Bedarf von Leichtmatrosen zur Einstellung zu empfehlen. Die von Kapt. Riese gegebenen Zeugnisse und die gegebene mündliche Auskunft lautet sehr günstig.«

Zum Abschluß dieses Kapitels muß ich bekunden, daß die Härten des Kapitäns und des I. Steuermanns an Bord dieses Seglers uns Jungen gegenüber weit über Gebühr waren; es hatte oft eine radikale Einengung meines Bewußtseins für Momente bei mir zur Folge, und niemals war man sich über ihre plötzlich einsetzende Agressivität sicher.

Mir war die innere Wendigkeit gegeben, daß ich mich, sobald ich aus ihrer Nähe verschwunden war, an der stets um uns herum herrschenden, lebendigen Natur erfreuen und ich mich daran aufrichten konnte.

Viel von dieser Härte ist unbewußt von mir mit übernommen worden.

Ich hatte nie vergessen, ich wollte lernen und das tat ich bei ihnen, so war ich groß im Verzeihen.

Und noch eine Sonnenseite sei hier erwähnt, nie wurde nachgetragen.

Dieses mögen die Abschlußworte zu meinem Lebensabschnitt „SCHIFFSJUNGE“ sein!

*

Einige Worte zum Flaggenwechsel dieses Seglers.

Das Schiff wurde nach Norwegen, zum Oslofjord, nach Drammen hin verkauft. Sein neuer Name wurde „VAAR“.

Es geschah noch des öfteren, daß der norwegische Kapitän zu mir auf die Rahe kam, wenn ich gegen Abend dabei war, die Segel nach dem Lüften wieder festzumachen. Er wiederholte seine Fragen, ob ich nicht bleiben wolle, usw. Ich mußte stets verneinen, es war mir im Innern meines Herzens peinlich. Bestimmt hätte ich es gut getroffen. Der Herr war sehr gesprächig, manches erzählte er mir frei heraus. So, er hätte bislang nur als Kapitän auf hölzernen Seglern gefahren, dieses Schiff sei ein eisernes und Eisen sei stärker als Holz. Er freue sich, daß er durch Familien-Kapital die Kaufsumme hat aufbringen können. Er nannte mir sogar die Summe. Sie war zur deutschen Versicherungssumme rund ein Drittel.

Somit hat der deutsche Kapitän ein Jahr lang diesen Segler geführt und nebenbei zwei Drittel seiner Schiffspart eingebüßt!

Jetzt aber kam die norwegische Versicherungsgesellschaft und besah sich das Schiff. Der Kapitän bekam über Nacht graue Haare. Er mußte seinen Frachtvertrag rückgängig machen, er war ein gebrochener Mann.

Ich habe per Zufall 1914 den Inhaber der Firma, der diesen Segler damals in Hamburg für den Norske Veritas klassifiziert hat, gesprochen. Er nannte mir die Summe der neuen Seiten-Platten, die er hat einbauen müssen. Sie kam mir übermäßig hoch vor, ich möchte sie darum nicht wiedergeben. Jedenfalls ist so ziemlich der Wassergang erneuert worden.

Wie der Kapitän diese neue Lage gemeistert hat, habe ich nicht mehr erfahren, da ich abmusterte.

Nach ca. einem Jahre traf ich diesen Segler „VAAR“ im englischen Kanal, heimwärts segelnd, letztmalig. Nach Sturmschäden wurde der Segler 1910 condemniert.

4. Meine Segelschiffszeit als Jungmann und Leichtmatrose

Segler „THOR"

Vom Segler „CASSANDRA" war ich abgemustert und lebte in Altona bei meinen Eltern. Es war etwas Neues, frei und ungebunden den Tag verbringen zu dürfen. Doch lange währte es nicht, und das Streben zu meinem Beruf setzte wieder ein. Allmorgendlich führte mich mein Weg zum Hafen, zur Stellungssuche. Es wollte mir nichts gelingen, trotz meiner guten Führungszeugnisse; eine Flaute beherrschte den Schanzenmarkt des Seemannes. Eines Tages kam mein Vetter Hans mit dem Bremer Vollschiff „SIRIUS" von einer zweijährigen Reise in Hamburg an. Sofort ging er mit mir zu den ihm bekannten dänischen Heuerbaas in Hamburg, zu den Vorsetzen in eine Gaststätte. Herr Jessen erschien hier allmorgendlich und bediente die Kapitäne seiner Nation. So fühlte ich, nachdem der Herr meine Papiere durchgesehen hatte, daß er wohl eine Chance für mich haben würde. Doch bat er, ich möchte meine Unterlagen hier lassen und in zwei Tagen wieder vorsprechen. Es wurde für mich eine lange Zeit des Wartens. Als ich dann bei Herrn Jessen erschien, bot er mir eine Stellung als Jungmann auf einer marstaler Barkentine, „THOR" mit Namen, an. Freudig sagte ich zu. Am 15. Oktober 1907 war mein Dienstantritt.

Dieser Segler wurde 1891 in Vegesack aus Stahl erbaut und unter dem Namen „HAMBURG" in Dienst gestellt. 1899 wurde das Schiff für 50.000,- Mark nach Marstal verkauft. Sein Name wurde „THOR". Es war der erste Stahlsegler dieses großen Segelschiffshafens. Zur besonderen Zierde wurde sein Außen-Anstrich weiß. Die Untermasten waren aus Stahl und nicht aus Holz hergestellt. Das Ladevermögen mag ca. 6-700 tons betragen haben.

	Tons		Maß [m]		Länge [m]
Brutto	343	Tiefgang	3,80	Halbdeck	9
Netto	297	Länge	40,29	Back	5
		Breite	8,3	Deckshaus	4

Tabelle 6: Daten zum Segler „THOR"

Eine Sonderheit hatte dieser Segler.

Normal stand ein Rudersmann, durch eine Greeting erhöht, an seinem Stand. Auf diesem Segler war unser Platz mitsamt dem Ruderrad fast bis zu meiner Hüften Höhe in einem ins Deck eingelassenen

Kasten mit einem ausreichend großen Wasserabflußloch versehen eingebaut. Da das Achterdeck nicht, wie es sonst bei kleineren Seglern der Fall, zu einem Teil ins Hauptdeck eingelassen war, das Besansegel aber seine Größe forderte, so mußte der Rudersmann mit dem Rad um dieses Teilchen abwärts verschwinden.

Durch diesen Kasten wurde unser Ruderstand zu einem sehr zugigen Ort!

Der Führer dieses Seglers war von Anbeginn Kapitän J.H. Kromann.

In der Zeitrechnung ein Jahr zurück, also 1906, durchlebte „THOR" ein Ereignis besonderer Art, das uns während meiner Zeit an Bord öfter geschildert wurde und dem wir stets begeistert zuhörten.

In dem dänischen Buche „Ærø Sejlskibe", Seite 272, aus dem Skandinavisk Bogforlag, spricht ein Augenzeuge zur Tat, ein Herr C. Skjalm, selber.

„THOR" verließ im September 1906 den La Plata-Fluß beladen mit eingesalzenen Häuten in Richtung Falmouth (Süd-England) for Order. Nach vielleicht dreiwöchiger Dauer befanden wir uns zwischen dem 15. und 20. Grad südlicher Breite. Am 10. Oktober, nachmittags gegen vier Uhr, sichteten wir zu Luv eine Rauchsäule. Nach Meinung unseres Kapitäns befanden wir uns außerhalb einer Dampferroute, so konnte es vielleicht ein Kriegsfahrzeug mit einer modernen Ölfeuerungsanlage sein. Nach ca. einer Stunde wurde unser Kapitän sich darüber klar, daß diese Erscheinung Schlimmes bedeutete und er ließ das Schiff darauf zuhalten. Beim Näherkommen konnten wir feststellen, daß es ein englisches Vollschiff war und von vorne bis achterkante Großmast brannte. Zu Luv befanden sich beide Rettungsboote, besetzt mit je zwölf Mann. Vor Stunden hatten sie ihren Segler, „ST. MUNGO" mit Namen, verlassen müssen, da sie es vor Rauch und Hitze, die dieser Brand entfachte, nicht mehr haben an Bord aushalten können.

Mit freundlicher Genehmigung des „Skandinavisk Bogforlag" veröffentliche ich Bild 27 und den folgenden Text.

„THOR" manövrierte nun luvwärts und braßte den Vormast back, damit die Rettungsboote schneller längsseite abgefertigt werden konnten. Die See war durch eine Dünung belebt, und große Vorsicht mußte geübt werden, damit kein Rettungsboot beschädigt wurde. Hatten sich doch beide Boote verproviantiert, und diesen Proviant benötigten wir dringend, da wir jetzt statt neun nun 33 Mann Besatzung geworden waren.

Abbildung 27: Barkentine „THOR" birgt die Besatzung vom brennenden „ST. MUNGO".

Es war ein großes Glück, daß das Wetter ruhig war, doch das eine der Boote war beim Aussetzen an Bord des Seglers „ST. MUNGO" in der Wasserlinie beschädigt worden. Dies wurde festgestellt, nachdem die Leute das Boot hier längsseit verlassen hatten, es füllte sich schnell mit Wasser. Für die Schiffbrüchigen wäre es ein bedrängtes Geschick gewesen, tagelang in so einem Boot sich aufhalten zu müssen. Nach und nach wurde es abends 8 Uhr, bis wir alles übergenommen hatten. Jetzt gab es genug zu plaudern, an Schlaf war wenig zu denken in dieser Nacht. Es war meist der Segelmacher, mit dem wir sprachen, er war Däne. Zwischen uns jungen Menschen im Logis war es nicht besonders bestellt mit der englischen Sprache. Alle anderen Schiffbrüchigen waren Engländer.

Durch den Segelmacher erfuhren wir, daß dieser Segler mit einer Stückgut-Ladung von Liverpool nach Sydney in Australien unterwegs war. In den letzten Tagen waren die Leute im Zwischendeck mit dem Rostklopfen beschäftigt gewesen. Wodurch das Feuer entstanden war, darüber war niemand in der Lage sich auszusprechen. Es hieß, es sei eine Selbstentzündung, doch darüber machte man sich seine eigenen Gedanken. Möglicherweise war es eine mit Gleichgültigkeit weggeworfene Zigarrette, ein verlorenes, brennendes Stearinlicht usw. Jedenfalls kostete es eine eifrig ausdauernde

Arbeit, dieses Feuer zu bekämpfen. Zuerst wurde mit dem Deckwaschschlauch versucht, im Zwischendeck selbst das Feuer zu löschen. Rauch und Hitze waren derart gewaltig, daß wir das aufgeben mußten. Nun schlugen wir Löcher in das Deck an verschiedenen Stellen und versuchten auf diese Art, mit Wasser den Feuerherd zu bekämpfen, aber alles war vergebens. Es breitete sich mehr und mehr aus; wir sahen keinen anderen Ausweg, als in die Rettungsboote zu gehen und das Schiff zu verlassen, in der Hoffnung von vorbeifahrenden Fahrzeugen gesichtet und aufgenommen zu werden. Es war ein großes Glück, daß der Segler „THOR" uns sichtete, sonst hätte es nach Aussagen unseres Kapitäns lange dauern können, bis hier ein Schiff passierte.

Im Laufe der Nacht breitete sich das Feuer über das ganze Schiff hinweg aus; es brannte sogar in der Takelage. Es war großartig anzusehen, als die Segel Feuer fingen, die Fallen brannten und die Bram- und Marsrahen sich selbst fierten. Zuletzt brannten die Bramstengen, bis alles wie im Feuermeer in sich zusammenstürzte und von oben kam. Der Schiffsrumpf über Wasser wurde nach und nach rotglühend, und beim jedesmaligen Überholen des „ST. MUNGO" in der See siedete und kochte das Meerwasser wie in einem Hexenkessel.

Im Morgengrauen des anderen Tages fuhren wir mit „ST. MUNGO's" Rettungsboot zum verlassenen Segler und versuchten, mit dem Hammer und Meißel an den Platten eine Leckage in der Wasserlinie zu erreichen. Aber die Hitze und das Rollen des Havaristen zwangen uns, dieses Vorhaben aufzugeben. Auch sahen wir, das Deck (Holzdeck) des Seglers war ausgebrannt, so daß es hierdurch nicht allzulange dauern würde, bis er sich selbst versenken müßte. So kehrte das Boot zum „THOR" zurück. Der Kapitän des Seglers „THOR" befahl volle Segel und setzte den Kurs auf Salvador, Provinz Bahia, Brasilien, als den nächst gelegenen Hafen zum Landen der Schiffbrüchigen ab. Es währte immerhin noch drei Wochen, bevor wir den Hafen erreichten. Alles ging jetzt mit Lust und Liebe, hatten wir doch unsere Mannschaftsstärke bedeutend vermehrt.

Nach einer vorläufigen Seeverklarung der Besatzung des „ST. MUNGO" wurde diese nach England in ihre Heimat zurückgesandt. Nachdem „THOR" seinen Proviant, sein Frischwasser ergänzt hatte, versegelten wir über Falmouth nach Hamburg als Bestimmungshafen unserer Ladung. Am 17. Dezember kamen wir dort an und musterten vom Segler ab.

Dienstantritt auf der „THOR“

Ein Jahr später, am 14. Oktober 1907, trat ich meinen Dienst auf dem Segler „THOR“, der im Hamburger Hafen an den Pfählen lag, an. Ich sah, meine werdenden Kameraden waren dabei, am Vorschiff außenbords mit weißer Farbe schadhafte Stellen auszubessern.

Das Schiff machte auf mich einen netten, sauberen Eindruck. Eine vorschriftsmäßige Anmeldung zu meinem Dienstantritt konnte ich gar nicht anbringen. Meinen Heuerschein übergab ich dem Steuermann so nebenbei. Es war in allem gleich so etwas Selbstverständliches, daß ich dazu gehörte. Die Kameraden waren von außenbords hochgekommen und halfen mir mein Gepäck mit ins Logis, und nicht lange währte es, so war ich mit ihnen außenbords beim Streichen. Kein deutsches Wort wurde mit mir gewechselt. Ich hatte nicht nur meine Ohren scharf einzustellen, nein, mit meinen Augen dazu erriet ich manches, was man mir sagte und auftrug. Schön war es nicht in den ersten Tagen, doch mit einem klaren Verstand und einem Willen dazu, sich diesen Kameraden und meinen Vorgesetzten willig zu zeigen, nahm ich schnell ihre Laute und Sprache auf. Auch wurde ich fleißig von meinen Kameraden korrigiert, doch nie in verletzender Form.

Des Seglers Besatzung bestand einschließlich unseres Kapitäns aus acht Personen. Der Kapitän, der I. und II. Steuermann und der Koch wohnten im Achterschiff. Drei Leichtmatrosen und ich als Jungmann bewohnten das Deckshaus, ausgerüstet mit sechs Kojen. Das steuerbordsche Achterviertel dieses Deckshauses war als Kombüse eingerichtet. Alle Essensausgaben wurden uns vom Koch direkt durch eine Klappe innerhalb der Räumlichkeiten ins Logis gereicht. Das schmutzige Geschirr übergaben wir dem Koch durch dieselbe Klappe zurück. Ein Backschaftmachen gab es hier an Bord nicht. An der Backbordseite des Deckshauses, unseres Logis', ganz achterkante befand sich unser Proviantspind. Täglich vor dem Frühstück, wenn der Koch achteraus ging, schaute er in dies Spind und sah nach, ob genug Butter (keine Margarine) und weißer Zucker in den Behältern waren, andernfalls füllte er auf. Nie haben wir ein Wort darüber vernommen, daß wir zuviel Butter oder Zucker verbrauchten, und wir haben gegessen. Waren wir doch alle jung und noch im Wachsen begriffen. Natürlich wurde auch eine Arbeit verlangt. Auf See war es dies sogenannte: zehn und drei, d.h. auf der Freiwache vormittags bis 10 Uhr, auf der Nachmittags-Freiwache bis 3 Uhr und auf der Abend-Freiwache bis 8 Uhr an Deck zum Arbeiten anzutreten. Auf den Tag umgerechnet waren es 14,25 Stunden Dienst und 9,75 Stunden Freizeit. Gab es Erbsen oder Reis zum Frühstück, mußte der Koch soviel herrichten, daß wir nachmittags 3 Uhr zum Kaffee Erbsen- oder Reispfannkuchen warm bekamen. Es waren Delikatessen, hatten wir doch genügend Zucker darauf zu streuen, um es nach dem eigenen Geschmack herrichten zu können. Dosenmilch gab es rationiert, doch wir bekamen welche, im Vergleiche zur eigenen Nation, wo es so etwas nie gab. Der deutsche Seemann vor dem Mast erhielt bis zum ersten Weltkriege wöchentlich sein Pfund Margarine, nicht immer eine einwandfreie Sorte, dazu ein halbes Pfund braunen, oft ungereinigten Zucker. Diese Worte sind aus dem eigenen Erleben gesprochen. Aufschnitt erhielten wir hier jeden Morgen und Abend, als Hartbrot nur bestes, lockeres Brot. Als Kaffee gab es nur Bohnenkaffee, kein Muckefuck und, waren wir auf See, dies alle zwei Stunden für die Nachtzeit. Wir waren in der Lage, uns ihn mit Milch und Zucker nach dem eigenen Geschmack zuzubereiten. Aber niemals haben wir bei dem schlechtesten Wetter eine „Besanschoot an“ bekommen. Wir haben auch dieses Zeug nicht vermißt, hatten wir doch dafür unseren Kaffee mit den Zutaten. Für diese vornehme Geste unseres Kapitäns war uns dann auch keine Arbeit zuviel. Auch sonst war Kapitän J.H. Kromann ein in jeder Hinsicht tüchtiger und uns gegenüber korrekter Vorgesetzter, man könnte sagen, er war wie ein Vater zu uns.

Ich möchte behaupten, mit dieser Chance hatte ich zur damaligen Zeit das große Los gewonnen; dazu die angenehme, herrliche West-Indien- oder Ost-Südamerika-Fahrt. Zudem erlernte ich noch eine Fremdsprache, zu meinem späteren Vorhaben.

Fort San Juan

Als ich meinen Dienst antrat, war „THOR“ nahezu mit Stückgütern, für Maracaibo in Venezuela bestimmt, beladen. Nachdem wir unseren Segler seeklar gemacht hatten, verließen wir unter Schlepperhilfe den Hamburger Hafen elbeabwärts. Während dieser Fahrt wurde sorgsam unser Waschwassertank, sowie alle Waschwasserbehälter mit Elbwasser gefüllt. Zu erwähnen sei, daß nur unser Kapitän als einziger ein Klosett besaß, wir anderen sieben mußten stets bei Wind und Wetter einen Kübel zur Verrichtung unserer Notdurft benutzen. Mit diesem Kübel suchte man sich den vermeintlich sichersten und geschütztesten Platz auf dem Vordeck oder sonstwo auf. Bei schwerem Wetter passierte es, daß der Betreffende mitsamt seinem Kübel längs Deck gewaschen wurde.

Auf unserer abendlichen Arbeitswache von 7—8 Uhr hatten wir bei trockenem Wetter unser ganzes Holzdeck gegen ein zu starkes Austrocknen mit Seewasser, das wir von außenbords aufzuschlagen hatten, zu übergießen. Zu dieser Leistung waren wir drei Mann, es war schnell getan. Weitere Arbeit, es sei denn Segel oder die Segelstellung mußten bedient werden, wurde nicht mehr verlangt, aber trotzdem mußten wir uns bis zum Acht-Glasen-Schlagen an Deck aufhalten.

Wir hatten einen Kameraden Hans Petersen aus Marstal, er spielte Handharmonika. So geschah es eines Abends bei herrlichster Wetterlage, daß er anfing zu spielen und wir ihn mit Gesang begleiteten. Unser Kapitän ging, wenn er an Deck war an der Steuerbordseite seines Achterdecks spazieren, so auch zu dieser Stunde. Sofort, in derselben Minute, als er uns singen und spielen hörte, rief er laut aus: „Zur Koje die Wache!“ Natürlich brachen wir unsere musikalische Betätigung ab, und die Arbeitswächter legten sich schlafen. Jetzt hatten wir erfaßt, was zu tun war, wenn wir schlafen gehen wollten. Der Erfolg war bei dieser Angelegenheit auf unserer Seite.

Wie es auf vielen Seglern zur damaligen Zeit üblich war, wurde manche Arbeit mit Seemannsliedern und Shanties begleitet; hier wollte der Kapitän nichts derartiges hören. Möglich, daß für ihn die Texte zu derb, zu frei und offen waren, wer wußte es! Peter Petersen, genannt Peter Aalborg, unser II. Steuermann, war ein begeisterter Shanty-Sänger, doch unser Kapitän sprang dazwischen mit den Worten: „Haltet den Mund, eins, zwei, drei heißt es“ oder er verlangte im Hauruck-Tempo und -Ton, wie es die Handwerker taten, zu arbeiten. Andere Länder, andere Sitten; andere Kapitäne, andere Moden!

Unsere Reise verlief, abgesehen von einigen Stürmen, in denen sehr viel gerefft wurde, schnell und normal. Unsere Segel waren bestens, ein Segelwechsel auf See hat, soviel ich erinnere, nie stattgefunden. Sonst war es ja üblich, daß in der Passat- und der Mallunggegend nicht die besten Segel geführt wurden. Unser Korrespondenzreeder H.C. Christensen, der über 20 Segler bereederte, hatte auf Ærø in Marstal seine eigene Segelmacherei. Zu überholende Segel wurden von Hamburg aus nach Marstal geschickt, und ebenso erhielten wir diese bei der Wiederkehr in Hamburg zurück. Während meiner zwei Reisen, bei denen ich hier an Bord war, ist nicht eine Segeltuchbahn genäht worden, aber es ist uns auch kein einziges Segel zerrissen. Stürme und Orkane hatten wir gleichwohl auf diesen Reisen zu überstehen, aber die Wachsamkeit und Vorsicht unseres Kapitäns war vorbeugend genug, so daß nichts passierte.

Beim Durchsegeln des Sargasso-Meeres sah ich einmalig auf dieser Reise Felder über Felder dieses Sargasso-Krautes. Die See war verhältnismäßig glatt wie ein Spiegel, der Wind war leicht und wechselte oft mit ganzer Flaute oder gar Windstille, so daß wir diese Krautfelder lange sahen. Viele von uns, auch ich, füllten Seewasser und Kraut in kleine Flaschen und verschlossen dieselben mit Kork und Lack. Doch wo sind solche Raritäten im Laufe der Jahrzehnte geblieben?

Eines Tages, bei mäßiger Brise, erreichten wir die Küste, unser Lotssignal wehte im Mast. Wir waren zufällig zur Zeit der Arbeitswachen mit beiden Wachen an Deck. Plötzlich sichtete der Kapitän den von uns erwarteten Lotsenschoner, so daß er eiligst ein Wendemanöver befahl, um ihm entgegen zu segeln. Wie stets in solchen Fällen übernahm der Kapitän das Ruder und gab damit den abgelösten Rudersmann zum Manöverbedienen frei. Gleichzeitig befahl er diesem, eine Besan-Dirk loszuwerfen. Der Mann vergriff sich in der befohlenen Hast und warf das Klaufall, in dessen Bucht er ein Bein stehen hatte, los. Im selben Augenblick wurde er durch das Niedersausen der inneren Gaffel mit den Buchten des Falles, mit den Beinen nach oben, den Kopf nach unten hängend, in rasender Eile bis an den oberen Block, fast bis zur Marshöhe, hochgezogen. In Sekunden darauf lag er an Deck und schrie. Er schrie aus Leibeskräften ohne Unterbrechung. In Wut über dies Geheule kam unser II. Steuermann, Peter Aalborg genannt, auf ihn zugerannt, nahm eine Taubucht und schlug vor Wut über dies Geheule, unter noch lauterem Schreien, er solle ruhig sein, hart auf diesen Unglücklichen ein. Doch nichts half, er schrie weiter und der Kapitän verbot sich die Einmischung des Steuermanns. Ja, wir waren alle Mann am Manövern. Wer es kennt weiß, daß in solchen Minuten Segel und auch Schooten im Winde schlagen, dazwischen nun ein markdurchdringendes menschliches Heulen und Schreien, so etwas zehrt auch an gesunden Nerven! Bestimmt hatte der II. Steuermann gar nicht erfaßt, was mit diesem Menschen geschehen war. Beim normalen Amwindesegeln hätte dieses Unglück jedermann an Deck wahrgenommen, doch während dieses Manövers war alles anders. Wenige von uns hatten gesehen, was passiert war. Sofort nach dem Manöver wurde dieser Verunglückte in die Kajüte getragen, und unser Kapitän nahm sich seiner an. Unser Einsegeln ging mit raumem Winde sehr schnell vor sich. An unserer Steuerbordseite zur Einfahrt lag das Fort San Juan, dort wurde geankert. Unser Arbeitsboot wurde zu Wasser gesetzt, und mit zwei Mann, darunter war ich, ruderten wir unseren Kapitän in Begleitung des Lotsen ins innere Gewässer dieses Forts. Es währte nicht lange, so kamen beide mit einem Arzt zurück. Dieser Arzt stellte an Bord bei dem Verunglückten nur einen Beinbruch fest. Alle atmeten wir auf, hatten wir uns doch, jeder für sich, andere Unfallfolgen vorgestellt. Im Verlaufe der Zeit heilte sein Bein zur Zufriedenheit und ohne Folgen für ihn ab.

Dort im Fort sah unser Auge Schreckliches. Direkt am Meeresstrand, in der sengenden Sonne, ohne Schutz, bewegten sich oder standen eine Anzahl großer, fast nackter, kräftiger brauner Männer. Um einen ihrer Beinknöchel trugen sie eine eiserne Kette mit einer fußballgroßen eisernen Kugel daran. Bestimmt würde es keinem zivilen Auge gestattet worden sein, sich hier einen Einblick zu verschaffen, doch durch unseren Unglücksfall konnte es geschehen.

Dieses Fort soll 1905 durch einen deutschen Kreuzer als Vergeltung für etwas beschossen worden sein. Der Kapitän legte mir nahe, nie zu sagen, daß ich ein Deutscher sei, selbstverständlich verhielt ich mich auch so.

Beim weiteren Einsegeln führte uns der Kurs mit raumem Winde dicht entlang der Steuerbord-Küste. Auffallend zeigten sich hier nahe nebeneinander sehr viele Villen, Häuser reicher Leute, möglich, daß es eine deutsche Kolonie war. Die meisten der vor den Häusern stehenden Flaggenmasten waren schwarz-weiß-rot schräge von oben bis unten ummalt, an ihren Spitzen wehten stolz die damalige Reichsflagge. Es war zufällig ein Sonntag, es schien nicht ausgeschlossen, daß der Lotse so nahe unter Land längssegelte, um sich selbst an dieser Farbenpracht zu erfreuen.

Am Fort San Juan, an der schmalen Stelle, vom Übergang des Golfes von Venezuela zu den Maracaibo-Gewässern lag eine nur 18 Fuß tiefe Barre. Zur damaligen Zeit verkehrten hier von Zeit zu Zeit ein größerer Dampfer New York–West-Indien, einschließlich Maracaibo, sowie zwei kleinere Küstendampfer Curacao–Maracaibo. Ferner sahen wir beim Ein- und Aussegeln unser Schwesterschiff „BREMEN“ gestrandet liegen. Es war kein schöner Anblick und zu denken, daß es uns passieren könnte.

In Maracaibo kamen wir an der Pier zu liegen. Hier entlöschten wir unsere Stückgut-Ladung. Hierzu diente unsere eigene eiserne, für uns schwere Winde.

Es gehörte schon Kraft dazu, diese leer drehen zu müssen. Gearbeitet wurde von früh 7 bis 11 Uhr und von 1 bis 5 Uhr nachmittags. Diese acht Stunden an der Winde das Stückgut hochzuhieven, war eine schwere Arbeit; da rannen die Schweißtropfen in der Hitze. Bei einem klar blauen Himmel und sengender Sonne sah man beim Hieven den Schweißtropfen von der Nasenspitze abfallen, doch kaum hatte er das Deck berührt, war er aufgelöst und als unauffindbar verdampft. Gott sei Dank gab es Pausen. Unsere wertvolle Ladung wurde entweder in Eisenbahnwaggons oder auf andere Wagen verladen und anschließend von der Mole abgefahren. So passierte es, daß, wenn noch kein Waggon oder Wagen wieder zur Verfügung stand, wir eine notwendige Erholungspause hatten.

Als wir an der Pier festgemacht hatten, wurde uns vom I. Steuermann die Mitteilung gemacht, daß der II. Steuermann fortan hier im Hafen die Wache an Deck bis abends 10 Uhr zu übernehmen hatte. Von 10 Uhr abends bis 4 Uhr früh müßten wir vier uns ohne Extra-Entgelt, jeder eineinhalb Stunden, die Nachtwache teilen. 4 Uhr früh hatte der Koch aufzustehen, um nebenbei das Schiff mit zu überwachen. Ohne Murren, als etwas Selbstverständliches, losten wir unsere Reihenfolge in der Nachtwache untereinander aus. Durch unser Wache-um-Wache-gehen auf See unter Segeln waren wir daran gewöhnt, unter Übermüdung aus festem Schlafe aufzustehen. Und die Disziplin war groß, stets ging die Ablösung an Deck, niemals im Logis vor sich. Ich habe nicht beobachtet, daß wir kontrolliert worden sind, doch sind wir es sicher. Das Feuer in der Kombüse ging für die Nachtzeit nicht aus, bei jeder Ablösung wurde für den Betreffenden frischer Kaffee aufgegossen, er konnte sich erfrischen oder sich gar abermals satt essen nach eigener Wahl! So etwas Angenehmes habe ich später vor dem Mast nie wieder erlebt, es war einmalig. Wir waren ja alle vier jung an Jahren und stets mit einem guten Appetit versehen, so daß wir diese uns gebotene Beköstigung ausgiebig nutzten. Nach der guten Erfrischung und der Überwindung der Müdigkeit wurden noch einige Pfeifen Tabak geraucht, und im Handumdrehen waren diese eineinhalb Stunden Wache vorüber, und man durfte weiterschlafen. Unsere Logistür war die ganze Nacht über geöffnet, so hatten wir nicht nur am Tage eine reine frische Luft, nein, auch des Nachts.

Hier im Hafen kaufte unser Kapitän zwei Stauden reife Bananen und zwei Körbe mit Apfelsinen dazu. Eine Staude Bananen wurde für die Achtergäste, achtern, hinterm Besanmast, die weitere vorne auf dem Vordeck, für uns vier Seeleute gedacht, aufgehängt. Ein Korb mit Apfelsinen kam in die Kajüte, der andere in unser Logis. Es war eine große Geste unseres Kapitäns, trotz unserer Jugend und der Unerfahrenheit schätzten wir diese anständige Handlung hoch ein. Waren wir zufällig auf dem Achterdeck und unser I. Steuermann war zugegen, so gab er uns einen Wink, mit von den Bananen zu essen, da sie sonst nicht alle würden. Von Zeit zu Zeit kaufte der Kapitän die gleichen Mengen nochmals. Daß ich diese Verpflegungssache etwas ausführlich, aber der Wahrheit entsprechend geschildert habe, hat seinen Grund darin, daß ich derartiges auf keinem deutschen Segler auch nur annähernd erlebt habe. Unter deutscher Flagge habe ich auf allen Seglern vor dem Mast nur Margarine, stets braunen Zucker, nie ein Stück Aufschnitt, nie ein Ei, nie einen Tropfen Milch zur freien Verfügung erhalten. Von Bananen oder Apfelsinen gar nicht zu reden, selbst nicht in tropischen Häfen, dort, wo diese Sachen sehr billig waren. Unsere deutsche Speiserolle sah vor: 500 Gramm Butter oder Margarine. Welcher Kaufmann ist dann wohl so edel und gibt Butter anstatt der billigeren Margarine. Ich möchte nichts dramatisieren, doch damals kam mir schon deutlich zum Bewußtsein, daß ein Lehrling, der bei seinem Meister wohnte, mindestens des Sonntags einmal ein Wurst- oder Käsebrot erhielt. Wir haben bei uns vor dem Mast Seeleute gehabt, die bis ins hohe Alter auf den Seglern ihren Mann gestanden haben und ohne mit Verärgerung daran zu denken, daß andere Bürger ihres Landes bei einem weniger entsagungs- und entbehrungsreichen, harten Leben auch noch in der Verpflegung weit besser abschnitten. Von der zollfreien Einkaufsmöglichkeit des Schiffsproviantes für den Seemann ganz zu schweigen. Es wäre zu diesem Punkte noch weit mehr zu sagen!

Wir lagen noch an der Pier und waren mit dem Löschen unserer Ladung beschäftigt, als eines Tages ein Vogelhändler mit mehreren Amazonas-Papageien bei uns an Bord erschien und uns seine Tiere zum Verkauf anbot. Wie es so kam, ich schnappte mir das schönste Exemplar mit einem kleinen Käfig dazu. Eines Sonntags war ich wohl nicht achtsam genug, mein Vogel entwischte aus seinem Käfig und flog auf einem geraden Kurs, als sei er abgerichtet, davon. Am nächsten Tag erschien der Händler mit dem mir gehörenden Vogel und forderte seinen Einfangelohn, den ich zahlte. Nun wurde aber aufgepaßt, daß sich derartiges nicht wiederholte. Ich darf sagen, viel Freude hat mir dieses hübsche Tier gebracht. Nach Abgang Maracaibo, noch in schönster, warmer Wetterlage, wurde ich vom Koch gefragt, ob ich gewillt sei, dies Tier an ihn zu verkaufen. Meine Ahnung sagte mir, verkaufe ihn, denn es ist fraglich ob der Vogel diese Reise, im Winter über den Atlantik, im kalten, nassen Logis übersteht. Mein Geld hatte ich zurück und richtig, eines Tages, nach vielem schlechten Wetter, war der Vogel tot, er hatte es nicht durchgestanden. Beim Koch im Achterschiff war der Papagei zwar noch besser aufgehoben als bei mir auf dem Vorschiff im Logis. Also hatte ich recht gehandelt.

Eines Tages war unsere Ladung hier in Maracaibo entlöscht. So wie wir uns bei einem herrlich stillen Wetter und einem klar blauen Himmel an die Pier heran gewarpt hatten, so warpten wir uns bei gleicher Wetterlage zu einem Ankerplatz auf der Reede, um hier unsere Divi-Divi-Ladung einzunehmen. Wir luden nur Divi-Divi, kein sogenanntes Schwergut zuunterst. Unser Kapitän hatte schon mehrere Fahrten nur mit Divi-Divi alleine versegelt, so daß dieses zur Erfahrungssache bei ihm geworden war. Das Laden ging auch nur langsam vor sich, in der Zwischenzeit wurde von uns allen, der II. Steuermann voran, reihum im Raume, Mann neben Mann stehend, die Ladung durch Fußstampfen, Schritt bei Schritt, herunter gepreßt. Zeitweise hatte der Kapitän Einheimische zusätzlich angefordert.

Es war ein Tag, wir hatten mit zwei Mann außenbords Farbe ausgebessert. Es war Mittag befohlen. Wir beide stiegen hoch, doch es war uns nicht möglich, über die Reeling zu kommen. Ein großer Affe stand mit fletschenden Zähnen vor uns und der Fallreeptreppe. Für uns war es etwas ganz neues, keiner wagte sich nieder auf das Großdeck. Mit wütenden Gebärden, sprungbereit, zeigte er uns seine großen weißen Zähne mit Geheule. Nicht weit ab stand unser I. Steuermann mit einem Venezolaner, es war der Verkäufer des Tieres. Der Kauf kam nicht zustande. Der Mann vom Land ließ sich abholen, er nahm aber den Affen nicht mit in der Hoffnung, der I. Steuermann würde es sich überlegen und dieses Tier doch noch kaufen. Der I. dachte nicht daran. Wir vier Seeleute saßen nun beim Mittagessen. Der eine gab seine Meinung zum Kauf dieses Tieres, ein anderer hatte eine andere, bis jemand sagte, gut, wenn der I. Steuermann keinen Wert darauf legt, so fangen wir es für uns ein. Gesagt, getan! Nach dem Essen gingen wir auf die Jagd. Der Affe saß auf dem Deck unseres Logis und schaute uns von oben an. Behende begab sich einer von uns aufwärts. Doch das Tier ging höher und höher, der Seemann folgte. Zuletzt, in die Enge getrieben, entwischte es am Royalstag abwärts zur Nock des Klüverbaumes. Wir von unten folgten. Auf der Nock ließ es sich, mit dem Kopf abwärts, am Schwanze hängen. Eine Art Vogel-Strauß-Politik, als werde es so nicht gesehen. Langsam schlich sich ein Kamerad zum Zugreifen nahe an das Tier heran. Ein scheinbar sicherer Zugriff erfolgte, doch der Affe ließ sich in dem Moment, mit dem Kopf nach unten hängend, fallen. Nun wieder ein gleiches Vogel-Strauß-spielen, seinen Kopf unter Wasser haltend, als sei er ertrunken, so lag er da! Wir bekamen Mitleid, wir dachten, jetzt ist alles aus. Wir gingen weg. Zwei beherzte Leute begaben sich ins Boot und wrickten zum Affen. Dort angekommen, ließ er sich lammfromm aus dem Wasser ziehen, sich sogar auf den Arm nehmen und tat, als sei er ein alter Bekannter von uns. Vom Boot aus zum Deck hinauf ließ er sich einem anderen artig übergeben, auch mit ins Logis nehmen. Unsere Wachsamkeit ließ durch sein ruhiges Verhalten nach. Wir waren uns unseres Besitzes jetzt sicher. Gemütlich saßen wir vier gemeinsam mit unserem Affen zusammen. Wir rauchten unsere Pfeifen und unterhielten uns über diesen neuen Zuwachs. Doch plötzlich, unerwartet, sahen wir unseren neuen Freund entweichen, es geschah wie der Blitz, so schnell. Wir folgten an Deck, er saß wieder da über uns auf dem Deck unseres Logis. Derselbe Kamerad begab sich abermals nach oben auf das Deck. Der Affe entwich genau auf dem gleichen Weg, am selben Stag ließ er sich abwärts gleiten und landete abermals auf der Nock des Klüverbaumes. Beim Näherkommen unseres Kameraden hielt er sich am Schwanze hängend mit dem Kopfe abwärts in gleicher Position. Er ließ sich ins Wasser fallen, lag wieder mit dem Kopf untergetaucht, uns täuschend, als sei er ertrunken. So wurde er wieder über unser Boot eingefangen, jetzt aber durch ein Tau gehaltert. Die Zeit drängte auch für uns, bald war wieder Arbeitsbeginn. Jetzt war beschlossen, den Affen im Laderaum verschwinden zu lassen! Wir zwei Außenbordsgäste gingen ins Boot, die beiden anderen Kameraden nahmen das Tier am Haltetau mit in den Raum zum Divi-Divi-treten. Die Einheimischen verhielten sich abwehrend diesem Tier gegenüber, als sei es ein aussätziges. Lange waren wir nicht mehr außenbords, und wir gingen gleichfalls mit zum Treten in den Raum, so daß ich selbst dieses Abwehrende der Einheimischen dem Tier gegenüber mit eigenen Augen gesehen habe. Gegen Abend kam der Eigentümer des Affen, er rief und rief sein Tier, er suchte an Deck alles durch, in den Raum wagte er sich nicht hinunter. Nach langem Rufen und dem dann folgenden Palaver mit dem I. Steuermann zog er ohne seinen Affen von dannen. Welchen Wert das Tier zur damaligen Zeit für den Besitzer darstellte, kann ich nicht sagen, auch wurde zwischen uns nicht darüber gesprochen. Unser Handeln war ja nicht schön, doch was macht man in der Jugend, in der Eintönigkeit an Bord eines Seglers nicht alles. Unser I. Steuermann verhielt sich ganz neutral, und hierin lag die Verführung zu unserem Handeln. Am anderen Tag kam der Besitzer nochmals, doch vergebens, das Tier war wieder mit uns im Raum. Anzunehmen ist, daß unser Kapitän, der bestimmt hierüber erfahren hat, diesen Händler irgendwie stillschweigend entschädigt hat, ansonsten hätte er keine Unehrlichkeit auf seinem Segler geduldet, und wir hätten das Tier zurückgeben müssen, davon bin ich überzeugt. Dazu war unser Kapitän ein zu ehrenwerter Herr!

Daß wir auf See morgens und abends bei trockenem Wetter hier in den Tropen unser Deck des Seglers gegen ein zu starkes Austrocknen des Holzes mit Seewasser, das von außenbords aufgeschlagen werden mußte, begossen, wurde hier im Hafen mit Sonnen unter-

und Sonnenaufgang fortgesetzt; es waren alles Nebenarbeiten ohne Extra-Entgelt.

Warpen und Kreuzen

Nachdem wir unsere Ladung eingenommen, den Laderaum in allen Ecken mit Divi-Divi gut aufgefüllt und unser Schiff seeklar gemacht hatten, gingen wir unter Lotsenanweisung Anker auf und begannen, bei schwachem Winde seewärts zu kreuzen. Bald verließ uns der Wind, es wurde ganz still. Die Sonne stand hoch am Himmel, die Luft war drückend, aber klar.

Mehr oder weniger nur mit einem Hemd und einer Hose bekleidet, begannen wir mit dem Warpen. Ich selbst war als Bootsgast zum Warpen abgeteilt. Der Warpanker wurde am Heck des Ruderbootes, außenbords hängend, aufgefangen. Vorne, von der Back herunter, empfingen wir eine leichte Trosse. Sie befestigten wir am Röhring des Warpankers, und ab ging es mittels Rudern in Fahrtrichtung des Seglers oder nach Anweisung von Bord aus. Es wurde solange voraus gerudert, bis die vom Segler ausgesteckte Leine am Ende war. War dieser Augenblick gekommen, fiel der Warpanker in den Grund, und unser Ruderboot machte kehrt, zurück an Bord. Dort angekommen, wurde das Ruderboot unten an der Jacobsleiter kurz angebunden. Die Leiter auf enternd ging es an Deck, und zusammen mit den an Bord zurückgebliebenen Leuten begannen wir an der Warptrosse zu ziehen, um den Segler in Fahrt zu bekommen. Nach Minuten begann der Segler Fahrt voraus aufzunehmen, im ganz langsamen Greisengang zog der Segler seine Bahn voraus. Kurz bevor die Warptrosse auf und nieder vor dem Bug kam, wurde sie mit der Axt gekappt, ein bereitliegendes, entsprechendes Stück Holz wurde an das zum Warpanker gehörende Trossenende befestigt und dann außenbords ins Wasser fallen gelassen. Der Segler lief ganz langsam weiter voraus.

Kurz zuvor gingen wir Bootsgäste wieder zurück ins Boot und machten uns auf den Weg, das an der Warpleine befestigte Stück Holz, das sich schon achteraus hinter dem Segler befand, wieder aufzufischen. Mit der im Boot zurechtgelegten und im vorderen Bootsteil befestigten Dördehand zogen wir den Warpanker aus dem Grund und heißten ihn bis an das Bootsheck vor, um ihn klar zum abermaligen Fallen aufzufangen. Jetzt hieß es wieder rudern, den weit vor uns befindlichen Segler einzuholen, an seinem Bug erneut die Warptrosse in Empfang zu nehmen, um in gleicher Weise den Warpanker weit in Richtung voraus zu rudern und abermals fallenzulassen, immerfort in des Rundtörns gleichem Spiel, in der Windstille, bis sich die Sonne neigte und die Dunkelheit ein Fortsetzen dieser Arbeit unmöglich machte. Nachdem der Segler seine Fahrt beendet hatte und steuerlos wurde, fiel der Schiffsanker in den Grund. Es folgte eine kurze körperliche Säuberung, eine Mahlzeit hinterher, bald darauf, abgekämpft nach des Tages Mühen, schlief alles den gesunden Schlaf, bis der darauf folgende Tag entweder Wind zum Kreuzen oder Windstille zum Warpen brachte.

Machte sich etwas Wind auf, so wurde gekreuzt, vom Sonnenaufgang bis zum Sonnenuntergang. Beim Kreuzen hatte jeder Mann seinen festen Platz. Der Kapitän nahm das Ruder, der Koch querab von seiner Kombüse bediente die Fockschoot, zwei Mann waren für den Fockhals und die Vorsegelschooten, der Rest für die Vorrahen und den Groß- und Besanbaum abgeteilt, die beiden Letzteren bedienten sich fast alleine, da die Gaffeltoppsegel-Halse nicht mit übergenommen wurden.

Das Wenden mit diesem Segler folgte Schlag auf Schlag, kaum hatte der Segler Fahrt aufgenommen, hob der Lotse schon wieder seinen Arm und schwenkte ihn zur anderen Seite zum Zeichen: Ruder hart über, Vorsegelschooten und die Fockschoot los! Alles ging lautlos, ohne Kommando, nur nach dem Arm des Lotsen vor sich. Je nach der Breite des Fahrwassers konnten sich die Zwischenzeiten etwas verschieben. Der Koch mußte in den kurzen Unterbrechungen Erfrischungen reichen, an ein gemütliches Mahl war nicht zu denken.

War das Ende der Maracaibo-Bucht, der Ausgang in den Golf von Venezuela, erreicht, so war der Segler durch eine Sandbank, das schwierigste Hindernis, von ihm getrennt. Bevor der Kapitän, der Stunden zuvor schon selbst seinen Segler gesteuert hatte, über diese Barre hinaus in den breiten Golf halten konnte, mußten wir mit dem eigenen Ruderboot noch unseren Lotsen zum Fort San Juan, querab an Backbord in Lee liegend, absetzen. Das hatte mit der größten Schnelligkeit vor sich zu gehen. Der Kapitän war gezwungen, seinen Segler mit den Segeln am Winde spielend, mit Steuerbordhalsen möglichst mit geringer Fahrt und nicht zu großer Abtrift so zu halten, bis wir mit unserem Ruderboot an Bord zurückgekehrt, das Ruderboot in den Bootstaljen hängend, abgefangen hatten. Dann erst konnte er diese vor uns liegende, 18 Fuß tiefe Barre soeben mit Voll und Bei übersegeln. Dieses ganze Manöver des Lotsen-Versetzens war ein Risiko für den Segler, wie auch für den Kapitän. Selbstverständlich lag unser Segler beim Vonbordgehen des Lotsen hoch luvwärts. Der Wind war in dieser Gegend in der Richtung sehr beständig, aber nicht in der Stärke, so daß es für unseren Kapitän eine Beruhigung war, wenn er für diese Zeit selbst seinen Segler durch das Ruder bediente, so wie er es für richtig hielt. Das Fahrwasser war hier nicht sehr breit, ein Manöver mit einem sicheren Ablauf ausführen zu wollen, war nicht ratsam. Wie schon einlaufend erwähnt, lag unser Schwesterschiff „BREMEN“ als warnendes Beispiel gestrandet hier. Bei einem Unglücksfall hier auf rettende Hilfe warten zu wollen, wäre vergebens.

Dieses Warpen und Kreuzen von ca. 21 Seemeilen Distanz von der Stadt Maracaibo bis hinaus in die Bucht von Venezuela hat acht Tage, einschließlich eines Sonntags, gedauert. Einmal in Fahrt, gab es für das Warpen und Kreuzen, und aller dazu gehörenden Leistungen keinen Feiertag und keine Überstundenbezahlung.

Wer diese Zeit beurteilen möchte, bitte nicht aus der heutigen Sicht heraus.

Heimreise nach Altona

Eines Nachmittags auf See, bei einem herrlichen Wetter, bei achterlichem Winde und einem leicht rollenden Segler ohne unsere Gaffeltoppsegel erhielt ich vom II. Steuermann den Auftrag, mir am Großmast eine Jolle zu scheren, mittels dieser im Bootsmannsstuhl sicher sitzend die Stenge zu ölen. Unzufrieden schaute ich drein. Ich sagte, dann nehme ich den Ölbehälter mit dem Öl lieber gleich mit und öle die Stenge abwärts. Der Steuermann ging darauf ein. Ich ölte in kurzer Zeit die Groß- und Besanstenge nieder. Aber dann wußte ich, was ich getan hatte. Auch wurde mir später mein Leichtsinn bewußt. Ich, als verantwortlicher Steuermann, habe es später keinem meiner Leute erlaubt, ähnliches tun zu wollen.

Hier auf diesem Foto des Seglers „THOR“ läßt sich die Höhe der beiden achteren Stengen leicht überschauen, um meine Waghalsigkeit daran zu messen! Man bedenke, der Segler war unter Segeln und lag somit nicht ruhig. Daß auch beide Hände ölig verschmutzten, mir meinen Körperhalt verminderten, ließ sich nicht vermeiden.

Doch ich tat diese Arbeit ohne Furcht und Bedenken! Es war aber nicht richtig!

Mit unserem Affen hatten wir uns gut eingelebt. Kamen wir von der Wache ins Logis, so wurden wir von dem Tier auf seine Weise herzlichst begrüßt, ähnlich, wie es bei einem treuen Hund der Fall ist. Nahmen wir unsere Mahlzeit an der Back ein, so saß der Affe, alles beobachtend, neben uns und aß auch von dem, was wir hatten. Viele Zärtlichkeiten erwies uns dieses Tier, für uns zudringlich, für ihn war es wohl ein Bedürfnis. Es ging soweit, wenn des Wetters wegen unsere Außentür vom Logis geschlossen gehalten werden mußte, daß er eins, zwei, drei bei dem einen oder anderen mit unter seine Kojendecke kroch, seine langen Arme um den Hals des Betreffenden schlang und unter Schluchzen seine Backe an die des anderen kuschelte. Anfänglich ließ man es sich gefallen, doch dann stellte es sich heraus, das Tier war nicht trocken. Dieses bittere Ungemach konnte sich doch keiner bieten lassen, und der Affe seinerseits ahnte nicht, was er nicht durfte. An solchen Wachen zur Koje war ein großer Aufruhr, wir wurden in unserer so benötigten Ruhe erheblich gestört, und das Tier wollte seinen Willen. Es kam vor, daß wir keinen anderen Ausweg wußten als ihn in das dunkle Ölzeugspind zu sperren. Es tobte darinnen wie wahnsinnig. Wir waren gezwungen, ihm seine Freiheit zurückzugeben. Wie ein Irrer sprang er dann in solchen Augenblicken mit fletschenden Zähnen auf uns zu, es blieb uns nur übrig, diese kleine Bestie mit einem Lederriemen zur Vernunft und zur Ruhe zu bringen.

Abbildung 28: Segler „THOR" (Dr. Jürgen Meyer).

Segelten wir bei schönstem Wetter und der offenen Logistür, so daß ihm die Freiheit nach außen hin nicht verwehrt war, auf unserem Kurs der Heimat zu, so passierte es, daß er plötzlich bei dem einen oder anderen wieder störend mit unter die Decke kroch. An ein Abschütteln oder an ein Abwehren des Tieres denken zu können, war unmöglich. Wir selbst spürten, es war kein böser Wille uns zu ärgern. Nein, vielleicht war es ihm zu kalt, es fehlte dem Tier die körperliche und seelische Wärme, darum schlug auch niemand auf dieses arme Viech in diesen Stunden ein. Doch ein Ausweg mußte gefunden werden, da wir unserer Ruhe selbst sehr nötig bedurften. Einer von uns zog sich notdürftig an, nahm den Affen an der Leine mit nach oben und band ihn irgendwo in der Nähe der Sahling an. Es währte alsdann nicht sehr lange und unser Freund tobte auf seine Art mit einem kläglichen, an die Nerven eines jeden gehenden Gejammer, bis sich die Schiffsführung, meistens unser Kapitän selbst, entschloß, den Mann der Wache hinaufzuschicken, den Affen vom Tau zu befreien. In Kürze fand er wieder seinen Weg zu uns.

Wir wußten, wir wollten es in Maracaibo so, jetzt hieß es durchhalten!

Mit unserem Koch hatte sich der Affe ganz erzürnt. Von unserem Logis aus kroch oder hüpfte er, wenn der Koch nicht anwesend war, durch die Logisklappe, die der Koch meistens zu schließen vergaß, in die Kombüse. Mit seiner Neugierde schnüffelte er alles durch, er hob die Deckel von den Kochtöpfen, waren sie ihm dann zu heiß, ließ er sie fallen; ferner stieß er manches um. Dies alles sah der Koch, wenn er von achtern zurück in seine Kombüse kam. Auch wußte er sofort, wer der Sünder war. Sah er dann den Affen irgendwo, so rannte er unüberlegt mit dem Besen oder Feuerhaken wie wild hinter ihm her. Aber unser Affe war viel zu wendig, nie glückte es unserem Koch, ihn auch nur zu treffen. Es passierte sogar, daß, wenn der Koch hinter ihn her und der Affe in Sicherheit gelandet war, er den Koch auf seine Weise narrte.

Genau ein gleiches Verhältnis hatte sich zwischen dem Tier und dem I. Steuermann entwickelt. Gleich nach Abgang Maracaibo hatte sich unser Affe als Sitzplatz das kieloben liegende Arbeitsboot auf der Luke zwischen dem Logis und dem Großmast ausgesucht. Von hier aus konnte er sich stets mit einem Sprung auf unser Logisdeck, einer Gefahr entrinnend, retten. Es kam ein Tag, da dieses Boot mit weißer Farbe gestrichen wurde. Zur damaligen Zeit trockneten diese Farben sehr langsam, sie waren nicht nach der heutigen Art zurechtgemischt. Wie es nun nicht anders sein und werden konnte, saß der Affe, sobald die Luft rein für ihn war, auf dieser Farbe. Mit seinem Schweif wedelte er die frische Farbe, als pinselte er Figuren und Zeichen auf den Bootskiel, und er selbst sah verschmiert aus. Es blieb dem I. Steuermann nicht verborgen. Mit einem Bootsriemen rannte der I. auf ihn zu, doch er erwischte ihn trotzdem nicht. War der I. nicht schnell genug, war das Holz noch nicht lang genug? Doch der Affe war wohl zu flink! So ein Tier ahnt nicht, was es darf oder nicht darf, aber es hatte erfaßt, daß dieser Mann sein Feind war. In kurzen Minuten kam die Quittung. Der Affe war nach oben ins Want geklettert, oberhalb des Platzes, an dem der I. an Deck stehenblieb und ins Gespräch geraten war. Das Wetter war prächtig, wenig Wind, wir hatten eine fast ruhige See und einen klaren, blauen Himmel mit dem dazu gehörenden Sonnenschein. Auf einem Male hörte man ein lautes „Ih-Ih", dann ein Gefluche hinterher. Der Blick und eine drohende Verwünschung nach oben hin ließ uns erkennen, daß dieser Affe mit einem zielsicheren Beschuß dem I. sein kleines Geschäft als Rache verabreicht hatte. Dies imponierte jedermann, und wir erkannten daran, daß in diesem kleinen Affenhirn so etwas wie Intelligenz steckte. Für uns war es ein einmaliges Erlebnis, so etwas gesehen zu haben. Ich habe nie mehr beobachtet, daß unser I. den Affen abermals gejagt hat. Nur der Koch war wie der Teufel hinter ihm her.

Die Wetterlage wurde für unseren Freund schlechter, es wurde kälter. Das Tier kuschelte sich mehr und mehr an uns heran, es brauchte Wärme. Wir alle besaßen nur Wollstrümpfe. So opferten wir ein altes Paar, schnitten den Fußteil ab und zogen unserem Affen dieses wollene Zeug über seinen Körper. Jetzt wollte er jede Wache bei dem einen oder anderen mit unter die Schlafdecke, es gab wüste Szenen und Verärgerungen, doch wir mußten sie durchstehen, die Schuld lag ja bei uns.

Daß wir zu dieser Jahreszeit mit stürmischen Winden, zu denen Segel geborgen und auch sehr viel gerefft werden mußte, zu rechnen hatten, lag auf der Hand. Unser Segler, ohne etwas Schwergut im Schiffsboden, nur mit Divi-Divi beladen, erwies sich als äußerst rank. Er rollte von einer Seite zur anderen derart weit über, daß man nicht wußte, stand man mit seinen Füßen noch auf dem Deck oder auf dem Schott. Unsere Positionslampen hatten wir auf dem Achterdeck, querab des Besanmastes an einem zum Gebrauche ausschwingbaren Führungsgestelles. Bei diesem weit über Gebühr Überholen des Seglers passierte es, daß die See eine unserer Positionslampen überspülte und dieselbe dann erlosch. Es war einmalig in meiner Praxis auf dieser Reise. Unser Großsegel wurde am meisten bis zu drei Reffs verkleinert, im Besan waren zwei Reffs vorgesehen. Das Segel an der Royalrahe wurde kaum gesetzt, um kein Übergewicht zu erzeugen.

Mit großer Hochachtung schätzten wir vier unseren Kapitän ein, und kein Wort der Anklage gegen ihn wurde laut! Nur sahen wir, daß ihm diese Reise mit dem sehr ranken Segler nervlich in seiner großen Gesamtverantwortung viel zu schaffen machte. Oft wurde er plötzlich kreidebleich, sah er dunkle Wolkengebilde am Horizont heraufziehen. Oder ich stand am Ruder, mein Kapitän patrollierte an seiner Steuerbordseite des Achterdecks die wenigen Meter von vorne bis nach achtern und umgekehrt in endloser Reihenfolge, so blieb es nicht aus, daß er beim Wenden bei mir in kurzer Reihenfolge sprach oder fragte:

„Passe kun god paa“ – (Passe gut auf) oder „Hvad styr du“ – (Was steuerst du).

Unser Freund, der Affe, litt kolossal unter der kalten, feuchten Witterung.

Wenn ich noch anführe, daß der Vormast durch unser Logis ging, sogar durch unsere Back. Das Deck darüber leckte in letzter Zeit zeitweise sehr; mit jedem Brecher, den der Segler übernahm, bekamen wir ein Teil des Seewassers ab. Hierdurch wurde unser Logis nie mehr trocken. Somit waren für den Affen nur noch unsere Kojen trockene Plätze. Für uns war diese Leckage unangenehm, sonst aber ohne weiteren Einfluß. Einen Ofen zum Heizen hatten wir nicht in unserem Logis.

Eines Tages hatten wir bei Sturm und heftigem Regen, am Wind segelnd, unser Obermarssegel festzumachen. Wir waren mitten in der Arbeit, wir trauten unseren Augen nicht, zu sehen, daß unser Affe auf der Luvnock an Backbord unserer Rahe saß. Niemand hatte direkt gesehen, wie das Tier dorthin gelangt war. Es kann nur an der Luvschoot des Segels hochgeklettert sein. Es war ihm wohl im Logis ängstlich geworden, und durch die Kombüsenklappe mochte er nach draußen gelangt sein. Wir selbst waren alle in Ölzeug und Seestiefeln, von draußen durch den Regen naß, aber warm im Innern. Ganz naß war auch unser Freund, der Sturmwind zauste deutlich sichtbar an seinen Haaren, und der peitschende kalte Regen konnte bei ihm nur eine gegenteilige Wirkung ausgelöst haben. Beim Absteigen von der Rahe nach getaner Arbeit, abwärts im Stengewant, bei dem Heulen des Sturmwindes und dem immer noch anhaltenden harten Regen hatte ich das Tier plötzlich vor meiner Brust. Mit seinen langen Armen umschlang es meinen Hals, am ganzen Körper zitternd drückte es seine Backe mit ganzer Kraft an die meine, und dabei setzte ein fürchterliches Schluchzen und Jammern ein. Auf einem Segler steigt der Seemann in die Takelage stets zu Luv auf und ab. Durch den Sturm, den Wind im Rücken, der Segler nach Lee überliegend, wurde ich, ob ich wollte oder nicht, gegen das Stengewant gedrückt, so daß mir der Affe das Abwärtsgehen sehr erschwerte. Trotz meines Versuches, das Tier abzuwehren, gelang es mir nicht, es war wie eine Klette um meinen Hals geschlungen. Bei dieser kalten, windigen und nassen Sache hat sich unser Freund ein Leiden weggeholt. Man merkte alsbald, es ging mit seiner Gesundheit bergab. Wir näherten uns langsam meiner Heimat, der Elbe, der Stadt Altona. Klar wurden wir uns darüber, daß das Tier eingehen würde. Es gehörte uns gemeinsam. Ein Vorschlag wurde gemacht, es alsbald zu veräußern, wir wußten aber nicht wie und wohin. Es fand sich am Löschplatz einer unserer Schauerleute bereit, dies Tier zu übernehmen. Wir verabschiedeten uns von unserem Freund mit der Ahnung, lange lebst du nicht mehr, armes Tierchen! Nach zwei Tagen, morgens sehr früh nach dem Arbeitsbeginn, zeigte einer der Schauerleute mit dem Arm zum Besanmast hoch. Was sah unser

Auge, oben an der Flaggleine, eben unter dem Flaggenknopf hing unser toter Affe. Vor Ärger hatte der Besitzer ihn dort aufgeheißt. Sofort fierten wir ihn nieder aufs Deck und übergaben seinen Leib still dem Elbestrom als Schlußstrich dieses Kapitels: „Unser Freund, der Affe!“

Ende März 1908 in Altona angekommen, entlöschten wir unsere Ladung, anschließend wurde gedockt, um einen Bodenanstrich zu erhalten. Dann wechselten verschiedene Leute unserer Besatzung; ich blieb für die kommende Reise als Leichtmatrose an Bord. Aus Marstal erhielten wir einige überholte Segel im Austausche zurück.

Anfang April konnte ich, zusammen mit einem Bordkollegen, die Konfirmation meiner Schwester Anny erleben.

Rio Grande do Sul

Sehr schnell war unsere Hafenliegezeit vorüber, und wir erhielten den Auftrag, mit einer vollen Ladung Bunkerkohlen für die Hamburg-Südamerikanische Dampfschiffahrts-Gesellschaft nach Rio Grande do Sul, Brasilien, zu versegeln. Eines Tages nahmen wir unsere Ladung ein. Unser kleiner, schmucker Segler war anschließend von oben bis unten durch Kohlenstaub verdreckt, und wir selber sahen aus wie die Schornsteinfeger nach getaner Arbeit. Aber was half es, mit vereinten Kräften wurde unser Fahrzeug bald wieder sauber und anschließend auch wir. Außenbords sah der Segler wie eine buntgescheckte Kuh aus, es fand sich keine Gelegenheit mehr das Gemennigte weiß zu überstreichen.

Mittwoch, am 15. April, traten wir unsere Ausreise an. Sie verlief unter den üblichen Segelmanövern, unter den üblichen Instandsetzungsarbeiten bei überwiegend herrlichem Wetter. Unsere Besatzungsstärke war die gleiche geblieben, vier Personen achtern, vier vorne. Auf jeder Wache waren wir zwei Leichtmatrosen und der Steuermann. Bei gutem Wetter wendeten wir in der Nachtzeit mit einer Wache, nur der Kapitän kam mit an Deck und übernahm das Ruder. Wenn wir beiden Leichtmatrosen die Rahen herum geholt und die Brassen anschließend mit dem Steuermann zusammen hingestreckt hatten, wußten wir, was wir getan hatten. Der Rudertörner löste den Kapitän zu seiner unterbrochenen Nachtruhe wieder ab, der andere Kamerad hatte anschließend die sämtlichen Vorsegelschooten ordnungsmäßig über die Stagen hinweg zur anderen Schiffsseite zu führen, damit nichts mehr schamfilen konnte. Nach dieser Arbeit mußte er sofort erst oben im Großmast den Groß-Gaffeltoppsegelhals, dann anschließend oben im Besanmast den Besan-

Gaffeltoppsegelhals über das Piekfall hin zur anderen Seite übernehmen. Dies war oft schwer und erforderte Kraft, wenn dieses Stück Segel durch den Wind gegen das Piekfall drückte.

Doch nach getaner Arbeit konnte der betreffende Kamerad sich erholen und erfreuen an einer guten Tasse Bohnenkaffee, zurechtgemacht nach eigener Wahl. Wenn er wollte, durfte er essen nach Herzenslust, gutes Hartbrot, oft Frischbrot, Butter und Aufschnitt dazu. Wenn er dann aus dem Logis ging, sich seine Pfeife ansteckte, hatte er das Gefühl, vollwertig als Mensch anerkannt zu sein. Und dieses wiederum erkennend, setzten wir uns auch stets für den Mann, dem wir dieses verdankten, mit unserer ganzen Persönlichkeit aus Anstand ein. Selbstverständlich bediente der betreffende Kamerad den wachhabenden Steuermann als ersten, gleichsam nach seinem Wunsche.

Unseren Ausguck gingen wir stets achterkante Logis, pendelnd von einer Bordseite zur anderen. Durch die weiße Farbe des Logisschottes hatte der wachegehende Steuermann uns stets unter seiner Kontrolle. Wir standen sehr niedrig als Ausgucksmann auf dem Großdeck, doch es war wohl mehr, daß der Kapitän sich gegen den Gesetzesverstoß geschützt wußte.

Es geschah am 20. Juni 1908, wir waren bei schönstem Wetter, leichter nördlicher Brise und einem klar blauen Himmel bei weiter Sicht nahe der Einfahrt zu unserem Bestimmungshafen Rio Grande. Es war mein nie zu vergessender Geburtstag. Wir sahen uns schon im Hafen liegen, es sollte anders kommen.

Unser Kapitän, ein erfahrener Seemann, stets vorsorgend handelnd, nahm frühzeitig Segel ein, um dem Kommenden begegnen zu können. Wir vor dem Mast hatten keine Ahnung von dem, was unser Schiffsführer am Barometer, an Himmelserscheinungen usw. beobachtete und daraus schließend erahnte. Es war ein von Seeleuten gefürchteter Pampero im Anmarsch. In den Monaten Juni bis Oktober tritt dieser am häufigsten auf. Seine Erkennungszeichen waren ein Fallen des Barometers und ein nördlicher Wind, den wir hatten. Der südwestliche Himmel fängt an, sich zu beziehen, die Luft wird feucht, und Luftspiegelungen und ein Wetterleuchten zeigen sich. Das anscheinend Bedeckte ward in kurzer Zeit zu einer schnell heraufziehenden, drohenden, dunklen Wolkenbank. Der Wind verzieht sich von Nord auf West. Dieser Landwind brachte dann, da die Entfernung zum Lande hin nicht allzugroß war, riesige Schwärme von Insekten mit sich.

Der Kapitän hatte vorgesorgt, wie ich bereits angeführt habe. Lange währte es nicht, die Wolkenbank war noch nicht einmal über uns, da schoß der Wind in der aufkommenden Böe nach SW. Mit einem prasselnden Regenfall und dem orgelnden Südwester, bei Blitz und Donnergetöse lagen wir über Backbordbug mit kleinen Segeln und hoher Fahrt, da die See noch nicht so schnell aufgewühlt war, von der Küste ab. Gewiß, durch das Brassen und sonstige, andere notwendige Arbeiten hatten wir noch alle Hände mit beiden Wachen zu tun, diesem Unwetter gerecht zu werden.

Wie sieht es aber aus, wenn ein Kapitän sich hier draußen auf offener See von solchem Unwetter überrumpeln läßt? Manches gute, seetüchtige Schiff als Segler ist hier in der Nähe durch Sorglosigkeit überrascht und vernichtet worden. Es liegt mir nicht, bekannte Segler namentlich anzuführen, sie nachträglich zu belasten, deren Schicksal hier auf diese Art besiegelt worden ist. Kismet!

Die Dauer dieser Pampero-Stürme ist sehr unterschiedlich. Sie reichen von einer knappen halben Stunde bis zu mehreren Tagen. Sie erstrecken sich vom La Plata nordwärts bis über Porto Alegre und oft auch weit in die See hinaus. Bei uns hielt das Unwetter längere Zeit an, und erst am 27. Juni 1908 erreichten wir unseren Bestimmungshafen Rio Grande do Sul. Unsere Reise währte 73 Tage.

Unser Schiff war ein marstaler Segler. Wie es im Leben so ist, erzählte der hiesige Lotse gleich nach dem Anbordkommen dem Kapitän die Neuigkeit, daß vor zwei Monaten, am 21. April 1908, eine dänische Schonerbrigg „NANCY“ aus Marstal hier außen vor der Barre verloren gegangen sei. Sie kam mit Salz von Cádiz. Einkommend mußte „NANCY“ vor der Barre ankern. Ein gewaltiger Südost-Sturm mit einer schweren See kam abends 10 Uhr überraschend auf und brachte diesem kleinen, stolzen Segler von nur 234 BRT, 1880 erbaut, sein Ende. Man versuchte, noch unter gerefften Segeln die offene See zu erreichen, es mißglückte. Durch Grundberührung kam der Segler fest und endete als Totalverlust. Die Mannschaft konnte sich vollzählig retten.

Dieses wurde unter uns allen zum Gesprächsstoff. Waren wir doch jetzt ungefähr in gleicher Lage und wurden es später, ausgehend vor der Barre, abermals, doch waren uns das Glück und die Umstände günstig, wie noch berichtet wird.

Ich persönlich hatte kaum Beziehungen zur Schonerbrigg „NANCY“, doch einer meiner vielen Vettern, Hans Blöcker aus Travemünde und später Lotse dortselbst, war zuvor auf diesem Segler bedienstet gewesen. Und durch ihn kam ich in Beziehungen zu dem dänischen

Heuerbaas Jessen und anschließend zu meiner Stellung hier auf dem Segler „THOR“. Somit war meine Anteilnahme an dem Schicksal des Seglers „NANCY“ doch gegeben.

Da es mein Vorhaben ist, über mein Leben ohne Romantik, ohne gesuchte Pointen, ohne Ressentiments im natürlichen alles Erlebte hier wiederzugeben, so kann ich nicht umhin, in die Zeit vor meiner Schulentlassung zurückzugehen.

Dieser Vetter Hans kam eines Sonnabends gegen Abend zu meinen Eltern in Altona zu Besuch und erzählte, er sei soeben mit der dänischen Bark „CLAUDIA“, mit Häuten beladen, aus Rio Grande do Sul hier in Altona als Löschhafen eingelaufen. Bei seiner Verabschiedung lud er mich ein, morgen, Sonntag, ihn an Bord zu besuchen. Natürlich war es eine Freude für mich, das erste Mal in meinem Leben, die Planken eines Seglers betreten zu dürfen. Der Sonntag kam. Ich sah den Segler am Altonaer Kai vertäut liegen. Einen Landgang, zu beiden Seiten mit Haltetauen versehen, übersah ich nicht. Frohen Herzens ging ich leichten Schrittes über den Landgang und stand dann auf dem Achterdeck des Seglers „CLAUDIA“. Plötzlich erschien ein forscher Mann, es war wohl ein Steuermann, vor mir. Mit für mich ungewohnt harten Worten wollte er wissen, was ich hier an Bord zu suchen hätte. Schüchtern und zaghaft erzählte ich, daß mein Vetter Hans Blöcker mich gestern aufgefordert hätte, ihn hier an Bord zu besuchen. Als der Herr dies vernommen, rief er mit lauter Stimme und sehr hart in die Schiffsrichtung voraus nur einmal „Hans“, und in der Sekunde darauf erschien mein Vetter, so wie er war, in Hemd und Unterhose vorne an Deck.

Für mich Vierzehnjährigen war diese Minute eines in Sekunden gehorchenden Mannes außerordentlich eindrucksvoll. Es war bestimmt kein Zufall, und eine geübte Disziplin mir vorzuexerzieren, dazu bestand kein Anlaß.

Nein, es war das Leben eines Segelschiffsseemannes!

Für mich war dies ein Vorbild für meine kommende Segelschiffszeit. Eine Seglerführung konnte nur solche Menschen gebrauchen, die sich aus der Einsicht heraus, freiwillig aus Überzeugung fügten und gehorchten, ohne gedrillt worden zu sein.

Wind und Wetter warten nicht darauf, bis sich ein Matrose erst noch einmal umdreht oder gar noch seine Kippe aufraucht, bevor er einem erlassenen Befehl folgt. Mit Männern solchen Schlages ist keine Segelschiffahrt zu betreiben, selbst wenn sie von bestimmten Kreisen gerne wieder herbeigewünscht wird.

Die Bark „CLAUDIA“, ex Laeisz-Segler „PESTALOZZI“, wurde 1884 bei Blohm & Voss in Hamburg erbaut und ist mit 1.057 BRT vermessen und jetzt in Marstal auf Ærø, Dänemark, beheimatet.

Abbildung 29: Dänische Bark „CLAUDIA" ex „PESTALOZZI" (Archiv).

Die Ladung wurde in Rio an der Pier des Empfängers entlöscht. Hier an diesem Platz liegend, hatten wir Gelegenheit, uns des Abends und sonntags die Seebeine auf Straßen und der hier noch überwiegend aus Landwegen bestehenden Gegend zu vertreten. In unserer Nähe befand sich auch ein Kino, errichtet unter einem Zeltdach. Die Sitzbänke waren sehr schmal und unbefestigt. Das Publikum war undiszipliniert. Vor der festgesetzten Anfangszeit fingen die Leute schon an zu pfeifen und zu schreien, um den Beginn zu fordern. Sehr viel kam es vor, daß der Film riß, dann gab es ein Hallo, ein Geschreie, und ein Gepfeife setzte ein, es war fürchterlich. Wie es der Zufall wollte, saß eines Tages ein alter Mann mit einem langen weißen Bart, nicht besonders gut angezogen, zu meiner Rechten neben mir. Munter redend wurde er wohl gewahr, daß ich ein Deutscher sei. Es stellte sich heraus, wir waren beide von der Elbe, er aus Hamburg, ich aus Altona. Es währte nicht lange, so erzählte er weiter, er habe Hamburg und Deutschland verlassen, seine Frau habe er umbringen müssen, da sie ihm nach dem Leben getrachtet habe. Einzelheiten schilderte er mir, die ich hier nicht wiedergeben möchte. Ich vermutete, durch mich fand er einmal wieder eine Seele, der er dieses auf ihm Lastende hat los werden müssen.

Durch Freundes Hilfe sei er schnell über die Grenze nach Holland gekommen und von dort dann weiter nach hier. So bin ich in Person sehr jung schon einem Mörder begegnet. Damals gab es keine Paßkontrolle und auch nichts ähnliches, so waren Grenzübergänge von einem Land zum anderen kein Problem.

In Hamburg hatten die I. Steuerleute gewechselt, ein Herr Hansen, ein jüngerer schlanker Mann ging, ein neuer Herr Hansen, ein älterer, ein zuvor langjähriger Kapitän, löste ab. Beide waren ruhige, gerechte Vorgesetzte. Hier in Rio Grande an der Kohlenpier ließ mich der I. in seine Kammer rufen, er gab mir Geld und eine kleine Flasche mit der Order, Anisado oder Pisco (hiesige Schnapssorten) zu besorgen. Nun gut, ich tat, wie mir befohlen. Alle paar Tage wiederholte sich dieser Wunsch. Es hatte auch weiter nichts auf sich, doch es kam der Augenblick, da wir die Wirkung dieser Flüssigkeit persönlich Abend für Abend spürten.

Unsere Ladung war entlöscht, das Schiff gesäubert, so wurden wir an einen Ladeplatz näher zur Stadt hin verholt. Hier sollten wir eine volle Ladung gesalzener Häute für Altona an der Elbe laden.

Am nächsten Morgen sollte mit dem Laden begonnen werden. Es wurde für uns zu einer wässerigen Angelegenheit. Die Großluke blieb ganz frei und offen stehen. In diese wurde ein dreiviertel großes leeres Salzfleischfaß hineingestellt. Es wurde ein Schlauch aus altem Segeltuch genäht, der von der Lukenhöhe bis unten in den Raum ins Faß reichte. An Deck an der Reeling wurde ein Gerüst zum leichteren Wasseraufschlagen von außenbords angebracht. Dort sollte ich am nächsten Morgen das Aufschlagen besorgen. Das Wasser sollte von hier, von meinem Stand aus, über eine provisorisch gebaute Holzrinne und dann abwärts durch den Schlauch in das Faß fließen. Eine Anzahl gefüllter Säcke mit Salz wurden auf der Pier, längsseite unseres Seglers gelagert. Am nächsten Morgen wurden Teile davon in den Laderaum geschafft.

Es begann morgens damit, daß sich unser I. Steuermann mit einem Landvormann bei der Luke zum Zählen und Anschreiben aller übergenommenen Häute postierte. Diese wurden doppelt zusammengelegt, einzeln von Arbeitern auf ihrem Kopfe getragen und der Reihe nach unter Zählen in den Raum fallen gelassen. Dieses Zählen mußte laut und deutlich für den nächst folgenden Hintermann zum guten Verstehen vor sich gehen. Mein aufgeschlagenes Wasser floß nach unten ins Faß. Jede Haut wurde glatt im Raume ausgebreitet, eine bestimmte Menge Salz darauf gestreut und stets über jedes einzelne ein kleiner Eimer voll Wasser gegossen. Nach einigen Stunden des Wasseraufschlagens lösten wir uns auf Geheiß des Steuermanns ab. Auch kam es vor, daß zeitweise keine Ladung für uns da war. Eines Tages kurz vor Mittag geschah es, der I. Steuermann stoppte die Arbeit, wir waren ca. halb beladen. Die Träger zählten: siete, ocho, (sieben, acht). Der I. bestritt, es seien nicht acht, sondern erst sieben in der Zahl. Alles stand daraufhin still. Die Einheimischen palaverten, mit ihren Händen und Armen fuchtelten sie mit südländischem Temperament herum. Unser I. kümmerte sich nicht darum, er war die Ruhe selbst und sagte nur: Ich erkenne nur die Zahl sieben an, weiter nichts. Andernfalls muß die Ladung entlöscht und gezählt werden, dann bekommen wir zu sehen, wer recht hat. Der I. gab uns das Mittagszeichen, und alles verschwand von Deck. Nach dem Mittagessen ging das Laden weiter, als sei nichts geschehen. Der I. Steuermann bekam Recht, seine Zählung wurde anerkannt.

Nach ein paar Arbeitstagen mußten wir vier nach dem Abendbrot zum Pumpen antreten. Dieses auf die Häute gegossene Wasser sickerte langsam, beständig abwärts in die Bilgen des Seglers. Zuerst schaffte unser Pumpen schäumendes Wasser, langsam wurde es weniger, zuletzt zischte und blubberte dieser Salzschaum ohne Wasser. Unser sehr ruhiger I. Steuermann hatte hier das Kommando. Er hatte uns an die Pumpen befohlen und spazierte nun immer in unserer Nähe an der Backbordseite in der Richtung von vorne nach achtern und umgekehrt. Wir pumpten und pumpten, nur Zischen und Blubbern war vernehmbar. Doch unser I. merkte nichts, er priemte, spuckte und spazierte mit seinen erhöhten Holzstiefeln seinen Weg. Es wurde uns allen zuviel, doch unter strenger Disziplin gewohnt zu leben, pumpten wir unentwegt weiter. Möglich, daß unser Murren unbewußt sogar hörbar ward, sodann ließ unser I. sofort mit dem Pumpen aufhören. Dieses Pumpen mit Verzögerungen wiederholte sich Abend für Abend, einige meiner Kameraden wollten desertieren, doch die große Anständigkeit unseres Kapitäns wollten sie nicht so lohnen. Die Handlung unseres I. Steuermanns war nicht beabsichtigt, dazu war er ein hochanständiger Mensch. Durch den Alkohol war er verträumt, doch in keiner Weise war diesem Menschen äußerlich etwas anzumerken. Es passierte, wenn er uns entließ, daß ich zurückgerufen wurde. Ich kam, er legte seinen Arm um meine Schultern und sagte zu mir:

„Hans, wir haben damals (1864) eure Kugeln blitzen sehen und glaubten, ihr würdet uns mitgenommen haben, sonst hätte ich meine kleine Altersversorgung, jetzt habe ich nichts und muß hier Dienst tun!“ Seine Heimat war wohl auch die Insel Ærø. Ein Mensch, der so sprach, wollte uns allen nichts Böses. Dieses Klagen um eine Altersversorgung mir gegenüber wiederholte sich noch des öfteren. Für ihn war diese Sorge eine große Belastung. (Ich spreche aus dem Jahre 1908, heute ist die soziale Altersversorgung in Dänemark eine andere, mit damals nicht vergleichbar!)

An Land bin ich hernach nicht mehr viel gewesen. Der Dienst am Tage war anstrengend, dann kamen die eineinhalb Stunden Wache allnächtlich hinzu, so war es angebracht, abends früh zur Koje zu gehen.

In den letzten Tagen kamen zu den Häuten Wagenladungen voll von Hörnern und deren Mark. Mark und Hörner wurden im Raume vor- und achterkante der Häute getrennt gelagert und verbreiteten einen eigentümlichen, penetranten Geruch.

Falmouth

Die Stunde kam, unser Segler war beladen. Nachdem wir alles seeklar gemacht hatten, ging es mit Schlepperhilfe auf die ca. zehn Seemeilen lange, schmale, betonnte Ausfahrt in die offene freie See. Zu unserem Unglück fing es an zu stürmen, und wir mußten des Wasserstandes wegen auf der Barre, gleich hinter der Stadt gelegen, ankern. Das Auge erblickte zur Backbordseite und nach vorn zu fast nur Wasser, als sei weit und breit kein Land mehr, es ist eine lagunenartige Landschaft. Die gewaltigen Regenfälle während der Pampero-Stürme fanden ihren Niederschlag in den weiten Lagunen und erhöhten damit die Stärke des Ebbe-Stromes. Zu unserer Orientierung war in guter Sichtweite, klar erkennbar ein Signalmast, der die Wassertiefen über der Barre anzeigte. Tage lagen wir hier. Ein Pampero jagte den anderen, und ein gewaltiger Strom lief zeitweise. Der Wind tobte zur Zeit des Pampero in Sturmesstärke. Unser Segler schwoite vier bis fünf Strich (Kompaßstriche, à 11,25 Grad) nach jeder Seite und holte beim Aufhören, beim Törnen und Zurückdrehen hart über, so daß wir während solcher Zeiten, mit einem Steuermann als Aufsichtsperson auf der Reede vor Anker liegend, haben steuern müssen. Auch dieses war und blieb einmalig in meiner Praxis.

Eines Tages sahen wir einen einlaufenden Dampfer vor der Barre festgekommen liegen. Er leichterte Ladung in die See, um wieder flott zu kommen. Kisten um Kisten trieben schwimmend mit dem Flutstrom an uns vorbei.

Eines Nachts, auf meinem Ankertörn, bemerkte ich eine Erschütterung am Boden unseres Seglers. Ich beobachtete und horchte scharf, es war anscheinend nichts.

Es währte eine Weile, die Erscheinung war wieder da, jetzt ging ein Zittern und Beben, oft ein Klirren durch den Segler, ich stellte fest, daß er trieb. Er trieb sehr stark. Rennend lief ich achteraus, um den I. zu wecken und ihm dies mitzuteilen. Der II. folgte, er hatte es wohl mitgehört, möglicherweise auch am eigenen Körper wahrgenommen. Wir lagen zur Zeit vor unserem Steuerbord-Anker. Jetzt sollte der Backbord-Anker geworfen werden. Der I. klopfte, er klopfte und hämmerte, doch der drehbare Zapfen, der der Röhringkette, in der der Anker hing, einen freien Lauf zum Fallen des Ankers geben sollte, rührte sich nicht. Die Ruhe, die unser I. sonst hatte, war in diesen Minuten verschwunden. Plötzlich rauschten wir mit viel Fahrt nahe an einem spanischen Dampfer mit drei Masten vorüber. Es ging um Haaresbreite klar; dann fiel der Anker. Wir atmeten auf. Jetzt fierten beide Steuerleute, jeder an einer Kette, mehr und mehr Lose weg. Beide Anker hatten fast die ganze Kette aus (ca. 220 Meter war die Länge jeder Kette), dann stand unser Segler, nicht weit ab vor der Barre. Es mag für uns und dem Dampfer von großem Glück gewesen sein, daß unser Anker nicht früher fiel, daß wir frei voneinander trieben und daß unsere Ketten sich nicht fanden. Nicht auszudenken, welcher Gefahr wir, ohne unser Zutun, entronnen waren. Am anderen Tag wurde erzählt, es soll ein skandinavischer Segler in gleicher Richtung mit der Mannschaft auf dieser Barre verlorengegangen sein. Gesehen habe ich persönlich nichts.

> *Rückschauend überdenke ich, daß lange nicht ein jeder zu dem sehr verantwortungsvollen Seemannsberuf paßt, ob examiniert in einer verantwortlicheren Stellung oder als kleiner Leichtmatrose. Wer sich nicht für das, was er übernommen hat, mit ganzer Kraft und Seele einsetzt, würde hier auf verlorenem Posten stehen und sich und seine Besatzungsmitglieder mitsamt dem Vermögen des Seglers und seiner Ladung zunichte machen können.*

Eines Tages legte sich der Sturm, und der Wasserstand auf der Barre war ausreichend für unseren Tiefgang. In kurzer Zeit schleppten wir unter Lotsenführung seewärts. Der Wind war mäßig, das Wasser war noch sehr durch Dünung überlaufen. Hatten wir doch Schreckliches über diese Barre gehört, und jetzt schleppten wir darüber hinweg; jeder hoffte, es möge klar gehen. Hart setzte der Bug unseres Seglers von einer Dünung in die andere hinein. Doch da, plötzlich stieß der vordere Teil unseres Seglers mit einem Ruck, der uns viel Fahrt nahm, hinein in den brasilianischen Boden. Wir atmeten beruhigt auf, die Schlepptrosse, unsere Verbindung zum Schlepper hin, hatte gehalten. Unser Segler folgte willig seinem Zieher voraus. So kamen wir zu dieser Jahreszeit der häufigsten Pampero-Stürme unversehrt zurück in die offene See. Ein jeder von uns war froh!

Am Tage wurde mit jedem Wachbeginn gepumpt. Es fand sich immer noch Wasser in den Bilgen an. Die Zeit ging dahin, dann fiel uns auf, das Wasser aus der Lenzpumpe. war nicht mehr so schaumig. Tatsächlich, das Wasser wurde klarer, also mußte irgendwo durch die Grundberührung mit der Barre ein Leck entstanden sein. Jetzt ließ der Kapitän unten im Vorschiff die Hörner und Knochen abschnittsweise von der Bordwand frei packen, um zu erkunden, wo und wie das Wasser ins Schiff gelangte. Eifrig und selbst interessiert arbeiteten wir tüchtig, doch ohne Erfolg. Es ist uns verborgen geblieben, wo Wasser eindrang. Jedenfalls hatten wir zu pumpen, zu pumpen auf jeder Wache. Die Wetterlagen ließen uns gut vorankommen. Wir näherten uns den Azoren, die der Kapitän aus Sicherheitsgründen anlaufen wollte. Eines Tages gegen Mittag wurde die gesamte Besatzung aufs Achterdeck gerufen. Hier waren wir alle acht Personen zusammen. Das Wetter war hart. Wir lagen unter Sturmsegeln in einer wildaufgewühlten See. Unser kleiner Segler verschwand zwischen zwei Wellenbergen, dann, als ob der Segler bergauf liefe, waren wir oben auf dem Wellenkamm. Jetzt zeigte der Kapitän während dieser Sekunden in die Richtung zur Insel Flores, die er anzulaufen beabsichtigte. Er sagte, er habe keine Spezialkarte, nichts. So lange dieses Wetter anhielte, könne er sich sowieso dem Lande nicht nähern, ohne alles zu riskieren. Er schlage vor, die Reise bis Falmouth fortzusetzen. Dieser jetzt günstige Wind würde uns schnell voraus bringen. Er fragte jeden Einzelnen, ob er damit einverstanden sei. Selbstverständlich sagte ein jeder „Ja“ zu seinem Vorschlag. Zur selben Minute wurde der Kurs in Richtung Falmouth, Englischer Kanal, aufgenommen. Unser Segler war ein eisernes Schiff. Es wird für jedermann unverständlich bleiben, wenn ich anführe, daß unsere Leckage von Tag zu Tag geringer wurde. In Falmouth angekommen, war unser Segler wasserdicht, und wir haben nie mehr zu pumpen brauchen. Uns allen blieb es gleichfalls ein Rätsel.

Als wir beim Umpacken der Hörner und Knochen unten im Raume waren, sahen wir, daß die Knochen von kleinen schwarzen Käfern überlaufen waren. Diese kleinen Tierchen vermehrten sich derart, daß sie bis ins Logis zu uns fanden. Sie taten uns nichts, es war nur unappetitlich, sie in der Butter oder in der Suppe zu sehen. Mit der Entlöschung der Ladung waren sie auch wieder verschwunden.

Plymouth

In Falmouth lagen wir nicht lange, unser Bestimmungsort lag ja fest. Hier am Ort legte der Kapitän nur erst eine provisorische Verklarung ab und meldete den Schaden des Schiffes seiner Heimat an. Bald gingen wir ohne Schlepperhilfe unter Segeln aus der Falmouth Bay mit dem Kurs Elbe in See. Lange währte es nicht, so setzte ein NO-Sturm bei einem ganz klaren Himmel und einer niedrigen Temperatur ein. Wir waren gezwungen, bei diesem Wetter nur unter kleinen Segeln zu kreuzen. Bald zeigte unser Steven nordwärts auf die englische, bald südwärts auf die französische Küste, ein Pendeln hin und her. Keine Änderung zeigte sich, es war zum Verzweifeln. Das unerträglichste war dieser kalte Wind, dann das ewige Spritzwasser, oft wurden es Brecher und weiterhin ein fortwährendes Halsen mit dem Segler.

Unsere Tagesarbeit war, die weiße Farbe mit Seesand und Salzwasser zu säubern. Wachenlang diese Arbeit bei sehr niedrigen Luft- und Wassertemperaturen zu leisten, wirkte verzweifelnd und ermüdend. Unterm Halbdeck die rostigen Nietenköpfe mit dem Segeltuchlappen und Seesand bei so einer Wetterlage zu scheuern, empfand ich als eine Sträflingsarbeit. Das Seewasser lief in die Ärmel hinein, es gab kein Mittel, es abzuwehren.

Es war eines Abends, wir lagen unter Sturmsegel beim heulenden NO und einem sternklaren Himmel bei gut sichtbarer Luft und einer niedrigen Außentemperatur. Ich gehörte zu der Wache des II. Steuermanns, und da wir Freiwache hatten, war ich zur Koje gegangen und lag fest in den ersten Minuten des Schlafes. Erwachend sah ich, daß ein Kamerad dabei war, unsere Logis-Petroleumlampe anzuzünden. Mit seiner Hand zitterte er fürchterlich, das Lampenglas klapperte hin und her, als sei er äußerst aufgeregt. Meine Meinung war, es müßte schon wieder ein Glas sein, Zeit zum Aufstehen, um wieder auf Wache zu gehen. Ich stieg aus meiner Koje und fing an, mich anzuziehen. Da kam mir ein Gedanke, wie segeln wir überhaupt? Unser Segler konnte doch, so wie er sich jetzt bewegte, nicht mehr am Winde liegen, hatte sich das Wetter gebessert, und was sonst einem alles durch den Sinn lief. Ich rief nach meinem Kameraden „Marius", er antwortete nicht, er war überhaupt nicht mehr im Logis anwesend. Jetzt kam mir die Situation unheimlich vor. Mit meinem Troyer in der Hand ging ich zur Tür und schaute hinaus. Da sah ich, wir segelten mit angebraßten Rahen vor dem Winde. Längsseite, sehr nahebei hatten wir eine Viermastbark, hoch aus dem Wasser ragend, in Ballast mitlaufend. In großer Eile rannte auch ich zu meinen Kameraden aufs Achterdeck und hörte meinen

Kapitän in englisch, deutsch und skandinavisch durchs Megafon rufend fragen: Wie heißt das Schiff, welche Nation? Keine Antwort kam, der Name am Heck war nicht auszumachen, da die grelle Hecklampe blendete. Natürlich lief diese Viermastbark mit ihrer besseren Segelstellung und dem geringen Tiefgang schnell davon. Wir drehten unseren Segler zurück an den Wind und setzten unseren alten Kurs fort.

Es hatte sich folgendermaßen ereignet: unser wachehabender I. Steuermann sah bei dieser klaren Luft einen Segler recht auf uns zukommen. Wir machten unter kleinen Segeln sehr wenig Fahrt voraus. Der I. beobachtete weiter, nichts änderte sich, die Positionslampen rot und grün blieben gleichmäßig auf uns gerichtet. Dieser Segler, vor dem Winde segelnd, mußte uns ausweichen, wir hatten den Kurs und die Geschwindigkeit beizubehalten. Die Zeit verging, es näherte sich der Augenblick, daß unser I. sich sagte, bevor der uns in die Breitseite läuft, muß ich etwas unternehmen. Wir lagen über Steuerbordhalsen mit nördlichem Kurs auf die englische Küste zu. Er befahl dem Rudersmann, das Ruder hart Backbord zu legen, dem Ausgucksmann achterkante Logis rief er zu, wecke deine Kameraden, lasse sie achteraus kommen, schnell. Er selbst ging in die Kajüte, weckte den Kapitän, den II. Steuermann und den Koch und forderte sie auf, sofort an Deck zu kommen. Dies war die Situation. Wenn etwas passiert wäre, ich wäre nicht mehr aus dem Logis gekommen und wäre bei einer Ramming untergeschnitten, und dann wäre irgendwo in kleinen Zeilen zu lesen gewesen: Schoner „THOR" im Englischen Kanal gerammt, sieben Mann der Besatzung gerettet, ein Deutscher wird vermißt! Abermals hielt mein Gott schützend seine Hand über mich!

Um 12 Uhr war Wachwechsel, wir segelten jetzt auf den Hafen Plymouth zu. Unser Kapitän hatte es sich überlegt, bei diesem langanhaltenden NO-Wind, oft stürmisch, sogar zeitweise zum Orkan ausholend, quer zu den Ost-West, West-Ost fahrenden Schiffen liegend, wollte er sich nicht länger der Gefahr eines Überlaufen werdens durch andere aussetzen.

Bald erreichten wir den Hafen, ankerten dortselbst, und unser Kapitän fuhr in einer Barkasse an Land. Wir hatten noch ein ca. 100 Pfund schweres, halb wildes schwarzes Schwein an Bord. Der Kapitän befahl dem I. Steuermann, sofort das Schwein schlachten zu lassen. Im Augenblick nach der Abfahrt des Kapitäns von Bord war guter Rat teuer. Unser I. konnte kein Blut sehen, er ließ den Koch rufen, dieser hatte wenig Lust, er kannte diese Art der Schweine, doch sprang freudig Peter Aalborg, unser II. Steuermann, ein. Wie üblich bei solchen Gelegenheiten nahm er einen neuen Priem, krempelte sich die Ärmel auf und ließ alles klarmachen, diesen Burschen abzustechen. Der I. blieb der kommenden Handlung fern. Der Koch setzte Wasser zum Abbrühen auf, stellte eine Back zum Blutauffangen klar. Eine schwere Planke wurde bei der Großluke an der Backbordseite von derselben zur Nagelbank hin angebracht, und der II. schliff das benötigte Messer zum Abstechen. Als alles fertig war, holten wir unser Opfer, es war für uns leicht zu regieren. Wir hielten es auf der Planke liegend, so wie es der Steuermann befahl. Das Tier wurde nicht durch Hammerschläge betäubt, genauso wie es damals an Land auch noch kein Schlachter tat. Er schnitt zu, bohrte mit der Spitze des Messers ins Herz des Tieres, das Blut floß reichlich. Der Koch fing es auf und rührte mit seiner Hand, auf daß es nicht gerann. Das Schwein aber schrie, es schrie markerschütternd, es wollte kein Ende nehmen, trotz des Blutverlustes. Ein heimisches Schwein wäre längst erledigt gewesen, doch dieses Tier nicht. Jetzt kam unser I. angerannt, er konnte dieses fürchterliche, ängstliche Schreien nicht mehr ertragen. Er befahl aufzuhalten, das Schwein sollten wir an der Planke festbinden und auf die Back gehen und den Backbord-Anker auf den Schweinsrücken legen. Wir taten wie befohlen. Als wir uns entfernten, wurde unser Schwein ruhig, und wir vermuteten, jetzt sei es tot. Diese Arbeit währte ihre Zeit. Nach getaner Arbeit verließen wir die Back und näherten uns dem Tier. Es sah uns kommen und fing abermals fürchterlich mit dem Schreien an, da kannte der II. keine Grenze mehr, er nahm ein Beil und schlug auf den Schädel des Tieres ein, bis es schwieg, dann war es verendet. Wenn ich diesen Vorgang, der nicht für jedermann geeignet ist, hier wahrheitsgetreu wiedergebe, so war uns allen bei dieser miterlebten Handlung nicht besonders wohl zu Mut. Jeder der Beteiligten war der Überzeugung, der II. hat seine Sache gut gemacht, er muß das Herz getroffen haben, anscheinend aber nicht! Doch: Mitgefangen, mitgehangen!

Die Ursache, warum dieses Schwein sofort erledigt werden mußte, lag an den englischen Gesetzes-Bestimmungen. Dies Land als große Kolonialmacht mußte sich durch strenge Überwachung gegen jede Einfuhr von lebenden Tieren gegen ein Einschleppen von ansteckenden Krankheiten schützen. Und darunter fiel auch unser Schwein. Wollte der Kapitän ohne Unannehmlichkeiten und auch zu jeder Zeit, wenn die Wetterlage es gestattete, nach eigenem Ermessen wieder aussegeln, so durfte er kein Vieh an Bord haben. Dieses erforderte Formalitäten, da die verpflichteten Beamten auf sehr genaue Durchführung ihrer Königlichen Dienstvorschriften hielten, wohl kaum ein Auge zudrückten, so hätte uns dieses lebende

Schwein Zeit kosten können. Ein Beamter kam nicht, wie es der Lotse mußte, wenn er gerufen wurde; nur in den Dienststunden, wenn der Segler den Hafen verlassen wollte, konnte es geschehen. Bevor der Beamte dem Segler die Genehmigung zur Ausfahrt erteilte, nahm er persönlich dieses Tier in Augenschein, sich zu vergewissern, daß es auch lebend wieder ausgeführt wurde. Bei härteren Fällen könnte ein Tier auf behördliche Verfügung hin in eine Quarantäne-Station übergeführt worden sein. An all dies mußte ein Kapitän frühzeitig denken, ein Lotse nahm seinen Dienst erst auf, nachdem die erforderlichen Papiere ordnungsmäßig vorlagen.

Heimreise nach Altona

Nach beruhigter Wetterlage setzten wir unsere Reise unter Segeln fort. Bei schönem Wetter, bei günstigem Wind mit allen Segeln bei, näherten wir uns der Elbe. Es war eines Tages, kurz nach Mittag, ein kleiner Schlepper von der Weser, dessen Name „COLUMBlA“ war, lief uns von achtern, in Lee, an Steuerbord auf. Er fuhr in Rufweite nahe am Heck mit. Ich hatte zufällig meinen Rudertörn und konnte alles miterleben. Der Schlepperführer: „Kapitän, für dreihundert Mark nehme ich Ihr Schiff elbeaufwärts nach Hamburg.“ Unser Kapitän antwortete: „Sehen Sie nicht, ich habe guten Wind und komme ohne Ihre Hilfe viel schneller vorwärts, es kostet nichts. Nein, ich kann Ihr Angebot nicht annehmen.“ Nun erwiderte der andere: „Kapitän, wenn Sie mein Anerbieten nicht annehmen, verlasse ich Sie. Der Wind wird bald flauer, und dann sitzen Sie da vor der Elbe. Wollen Sie jetzt, daß ich Ihren Segler anfasse?“ „Nein“, war die Antwort unseres Kapitäns. Der Schlepper verminderte daraufhin seine Fahrt und sackte achteraus. Mein Kapitän sagte dann beiläufig laut vor sich hin: „Diese Haie, diese Räuber“. Sich an mich wendend sagte er: „Hans, glaub doch nicht, daß der von uns läßt, er verfolgt uns, und er bekommt uns auch noch!“ Dann wurde ich vom Ruder abgelöst, der Schlepper folgte in einem angemessenen Abstande wie ein Verfolger sein Opfer. Nach zwei Stunden mußte ich wieder meinen Rudertörn einnehmen. Die Situation war die gleiche geblieben. Gegen Ende meines Törnes kam der Schlepper von achtern aufgelaufen, der Wind war schwächer geworden, und der Schlepper-Kapitän fühlte sich nun wohl als der Sieger. In Rufweite zur guten mündlichen Verständigung herangekommen, bot er seine Hilfe abermals für dreihundert Mark an. Der Kapitän antwortete: „Zweihundert Mark!“ Dies Feilschen um den Preis ging noch lange hin und her, bis eine Einigung über zweihundertfünfzig Mark erzielt wurde und mein Kapitän mich als Zeuge anrief: „Hans, Du hast gehört:

zweihundertfünfzig Mark und nichts anderes!" „Ja" sagte ich, „zweihundertfünfzig Mark"! Wir begannen sofort eine Schleppverbindung herzustellen und kamen ohne weiteres bei glatter Fahrt, teils erst noch mit eigener, helfender Segelkraft, in Altona an einem Kaiplatz an.

Abbildung 30: Die gesamte Mannschaft an Bord des Seglers „THOR" auf der Back. Im Dienst-Range alles Leichtmatrosen, zuunterst der Koch (M. Matthiessen, Rask, Blöss, H. Petersen, unser Koch). Liegeplatz, Löschplatz am Altonaer Kai.

Hier entlöschten wir unsere Ladung, anschließend wurde bei für uns niedriger Außentemperatur unser Raum gewaschen. Wer länger in den Tropen war, für den waren einige Plus-Grade Kälte. All das hierzu benötigte Wasser mußte von uns mit der Hand aufgeschlagen werden. Der Rest der Leute war mit Schrubbern dabei, Salz und Schmutz abzubürsten. Beide Steuerleute gossen von unten eimerweise das Elbewasser zum Herunterspülen gegen die Innenbordwand. Wir waren jung an Jahren und glücklich darüber, die Reise gut vollführt zu haben, des Abends unbeschwert den Landgang genießen zu dürfen, und das ließ bei uns eine Art Übermut aufkommen. Das Resultat war, daß wir bei dieser Arbeit unser Zeug mehr naß machten, als es nötig war, dann nicht einmal wußten, wie es wieder trocken zu bekommen war. Einen Ofen hatten wir ja nicht zur Verfügung. So endete meine letzte unangenehme Arbeit auf dem Segler „THOR".

Über unsere Leckage habe ich nie mehr etwas vernommen. Doch auf Veranlassung unseres Kapitäns erhielten wir eine Belohnung für unser Verhalten ihm gegenüber bei der Insel Flores, damals im Atlantik. Er war ein guter Kapitän und sorgte für seine Leute!

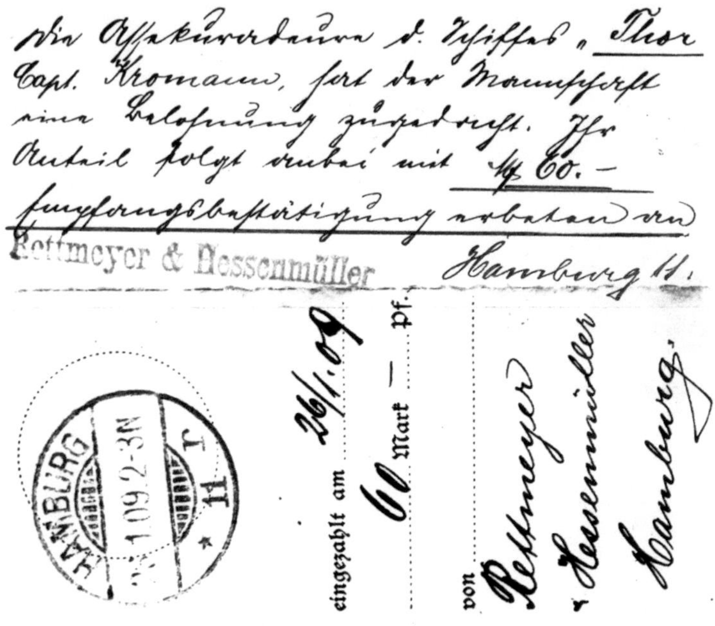

Die Assekuradeure d. Schiffes „Thor" Capt. Kromann, hat der Mannschaft eine Belohnung zugedacht. Ihr Anteil folgt anbei mit Empfangsbestätigung erbeten an

Rettmeyer & Hessenmüller Hamburg 11.

HAMBURG 1 H 1 09 2-3N

eingezahlt am 26/1.09

60 Mark — Pf.

von Rettmeyer Hessenmüller Hamburg

Abbildung 31: Belohnung für unser Verhalten dem Kapitän gegenüber bei der Insel Flores (Archiv).

Am 17. November 1908 nach rund 13 Monaten Dienstzeit an Bord musterte ich in Hamburg vor dem dänischen Konsulat ab. Ein Zeugnis war nicht vorgesehen. Man riet mir, an Bord zu gehen, den Kapitän zu bitten, daß er mir eins ausstelle. Ich ging an Bord, der Kapitän war in der Kajüte. Leider war er nicht von meinem Wunsche begeistert. Ich sei zwei Reisen bei ihm an Bord gewesen, das müsse genügen als Beweis für meine Tüchtigkeit. Natürlich bekam ich mein Zeugnis. Ich ging daraufhin aber nicht mehr aufs Konsulat zur Abstempelung. Es ging auch so.

Die Erlernung der dänischen Sprache hat mir in meinem späteren Leben als Lotse gut geholfen, mir manche Lotsung erleichtert und darum Freude gebracht.

Ich muß ehrlichen Herzens bekennen, es war meine beste Zeit vor dem Mast. Sehr ausschlaggebend war die gute Verpflegung, die Anständigkeit und Korrektheit unseres Kapitäns. Dieser kleine Segler hat dem Verhältnis nach bestimmt nicht mehr an Einnahmen erbracht als Segler unserer eigenen Nation. Erst nach dem I. Weltkrieg erhielt der Matrose auf einem deutschen Segler seinen Aufschnitt als Lohn für seinen harten und entsagungsreichen Dienst, der gekoppelt war mit dem täglichen Einsatz seiner Gesundheit, sogar seines Lebens! Von einer guten Tasse Bohnenkaffee überhaupt nicht zu reden, trotz des zollfreien Einkaufes aller Waren!

Abschlußworte zum Segler „THOR“

„THOR“ war außenbords weiß gestrichen, seine Reeling war nicht sehr hoch über dem Meeresspiegel. Wir haben Reise für Reise, zur Hauptsache bei nächtlichem Mondenschein in den Passatgegenden, viele fliegende Fische, die zappelnd an Deck lagen und sich zu uns verirrt hatten, auflesen müssen. Diese wurden zum Frühstück gebraten gegessen. Wir beobachteten, sie flogen nicht nur über unsere Reeling, nein, es passierte, daß sie in das hell beschienene Großsegel flogen und dann nieder auf das Großdeck klatschten. Ich erinnere, daß sich später auf schwarz gestrichenen Seglern weniger fliegende Fische an Deck verirrten.

Auch auf „THOR“ ist auf See kein Fisch von der Mannschaft gefangen worden, und ich möchte annehmen, daß, wenn wir es versucht hätten, es uns vom Kapitän nicht erlaubt worden wäre. Er war ein sehr ernster Mann, der in seinem Machtbereiche nicht duldete, daß man ohne Grund einem Tier etwas zuleide tat.

Von unserer Schiffsführung wurde ein einziges Mal ein Fisch, und zwar ein Thunfisch, harpuniert. Es war an einem herrlichen Sonnenschein-Nachmittag. Wir segelten mit raumem Winde und aufgebraßten Rahen unseren Kurs dahin. Zuvor hatte ich nie Geschirr zum Fischen an Bord gesehen. Doch plötzlich erschien eine nicht kleine Harpune mit einem kräftigen Stiel als Werfer, befestigt an einer nicht kurzen Manila-Leine, auf der Bildfläche. Wir hatten zur Zeit Rudel von Thunfischen um uns herum. Zeitweise zogen diese nahe an uns entlang. So erschien der II. Steuermann, begleitet vom Kapitän, an unserer Steuerbordseite mit einer blitzenden Harpune, und ehe ich gewahr wurde, was eigentlich gespielt werden sollte, hatte der II. Steuermann seine Harpune gut gezielt einem gar nicht kleinen Thunfisch verpaßt. Der Fahrt wegen wurde die Harpunenleine vom Kapitän persönlich um einen Poller belegt und langsam eingefiert, um, durch hartes, plötzliches Einrucken am Thunfisch. ein Reißen der Leine zu vermeiden. Alles war wohl zwischen dem Steuermann und dem Kapitän abgesprochen. Nach dem Treffer ging der Steuermann sofort daran, mit mir die Rahen hart an den Wind zu holen, um dem Segler die Fahrt durchs Wasser zu mäßigen. Alles klappte gut, nur das Toben des Tieres zwang uns, des Seglers Fahrt durch vollständiges Backbrassen zu drosseln. Durch dieses Manöver erwachte die Freiwache, möglich auch, sie waren noch nicht eingeschlafen, denn bis 3 Uhr ging ja deren Arbeitswache, und bis sie dann Kaffee getrunken, und ihr Pfeifchen geraucht hatten, war der Körper nicht allemal gleich schlafbereit. So bekamen wir Hilfe, die wir auch ernstlich benötigten. Sehr mühselig zogen wir mit vereinten Kräften unseren harpunierten, tobenden Fisch, nachdem der Segler seine Fahrt voraus verloren hatte, längsseit des Schiffes. Mühsam wurde versucht, einen Pahlstek, eine zusammenziehbare Schlinge, über den Schwanz des Tieres hinwegzubekommen, um es dann mittels dieser Schlinge, mit dem Schwanz nach oben, an Deck zu ziehen. Zur gleichen Zeit wurde die Royalrahe und anschließend die Bramrahe niedergefiert. Das Bramfall, das an der Steuerbordseite seinen Platz hatte, wurde entschäkelt und dazu benutzt, den Fisch an Deck zu hieven. Die Bramrahe wurde gesichert, durch das Gewicht des Tieres würde sie vielleicht angehoben werden. Als wir unser Opfer nun hochgezogen hatten, um es über die Reling zu bekommen, sahen wir, welch gewaltige Länge dieser Fisch besaß. Wenig später lag das Opfer mit dem Schwanz in Richtung voraus an Deck. Dem kleinen Koch wurde angst und bange vor diesem Riesen, es war wohl das gewaltigste Tier, an das er jemals mit seinem Messer hat heran müssen. Nein, er sollte nicht alles alleine machen, mit vereinten Kräften ging auf Anordnung des Kapitäns die Zerlegung des Tieres sofort vor sich, und bis zum Dunkelwerden war alles getan. Sehr vieles, nein, das meiste ging zurück in die See, dahinein, woher es gekommen war. Für einige Tage hatten wir Thunfisch-Fleisch als frisches Fleisch zur Verfügung, doch mein Geschmack sollte es nicht sein und ist es auch später nie geworden. Doch danach ging es nicht!

Erwähnen möchte ich noch, daß wir auf diesem Segler kein Netz zum Schutze menschlichen Lebens unter unserem Klüverbaum hatten. Es war für uns stets eine gefahrvolle Arbeit, bei grober, hoher, gar sehr hoher See den Innenklüver festzumachen. War er festgemacht und hatte ich die sicheren Schiffsplanken wieder unter meinen Füßen, so war ein innerer Dank an eine gütige Vorsehung fällig.

Das Ende dieser Barkentine „THOR".

Mit Genehmigung des Verlages dem Buche „Ærø-Sejlskibe“ von F. Holm Petersen und Kaj Lund, Nordisk Bogforlag, entnommen.

Berichtet vom damaligen I. Steuermann des Seglers „THOR“, Chr. Christensen aus Marstal:

„Im Jahre 1916 wurde ›THOR‹ in Garston an die ›Dansk Vestindisk Kompagni‹ in Kopenhagen verkauft und versegelte anschließend nach St. Thomas, um Rum und Zucker zu laden. Diese Insel war damals in dänischem Besitz.

Der 8. Oktober war ein herrlicher Tag im Hafen von St. Thomas. Es lagen hier mehrere Schiffe verschiedener Nationen, unter diesen der dänische Kreuzer ›VALKIRIEN‹, ein großer Segler aus New-Foundland, ein kleines dänisches Motorschiff, ein großer Bagger und die deutschen Dampfer ›WASSERWALD‹ und ›CALABRIA‹. Beide waren mit Ausbruch des Krieges in diesen neutralen Hafen geflüchtet, hart verfolgt vom britischen Kreuzer ›SYDNEY‹.

Alles lag wie im Frieden. Die Sonne schien, die Temperatur war angenehm. Es war gerade die Jahreszeit, in der man damit rechnen durfte, daß keine Orkane mehr zu erwarten seien. Am kommenden Sonntag wollten wir zum Dankgottesdienst zur Kirche, doch mittlerweile wurde nichts mehr daraus.

Es war 6 Uhr abends, die Sonne färbte den Horizont rot, des Fortes Kanonen schossen zur Sturmwarnung hinein in die unwetterschwangere Luft.“

(Zur Berichtigung: Einen Dampfer namens „WASSERWALD“ hat die HAPAG nicht gehabt, möglich, es war „WASGENWALD“ oder „WESTERWALD“.)

„Auf den im Hafen vor Anker liegenden Schiffen regte sich sofort eine fieberhafte Aktivität. Gewaltige Rauchfahnen entstiegen den Schornsteinen des Kreuzers und denen der beiden Dampfern; man feuerte auf, um Dampf gebrauchen zu können, wenn der erwartete Cyklon über den Hafen hereinbrach. Auf den anderen Schiffen verstärkte man die Verankerung, so gut es eben ging.

Um 7 Uhr setzte der Orkan ein. In kurzen Augenblicken war es zur Unmöglichkeit geworden, auch nur einen Meter weit voraus sehen zu können. Eine mächtige Dünung erhob sich; der Cyklon fiel heulend über St. Thomas her. Schlimmer und schlimmer wurde es. Das Meer war aufgepeitscht und durcheinander. Die Schiffe schleuderten im Umkreis des Hafenbeckens wie Kinderspielzeugschiffe in einem Wasserfaß. Regen, Sand und Schlamm heulten durch die Luft, und plötzlich kam ein entwurzelter Baum von einer Plantage vom Sturmwind fortgetragen und verfing sich in ›THOR's‹ Takelage.

Im Verlaufe von 20 Minuten brach unsere Ankerkette, und man fürchtete, daß unser Segler mit einem der deutschen Dampfer zusammenprallen würde, den man des unsichtigen Wetters wegen nicht sehen konnte. Doch wer rechnete damit, die Dampfer arbeiteten sicher mit voller Maschinenkraft dem Sturme gegen an, waren aber bereits gestrandet, bevor ›THOR's‹ Ankerkette brach. Dieser Cyklon ließ ›THOR‹ auf ein Korallenriff nahe der Einfahrt stranden, wild und gewaltig wurde er darauf geworfen. Die Boote und das gesamte Mannschaftslogis schleuderten fort in die See. Die Besatzung klammerte sich am Achterschiff fest, dort, wo der Steuermann sich an einem Tau fast bis auf die Klippe niederließ. Hiermit erhoffte er eine Möglichkeit zu erkunden, um später die übrigen Besatzungsmitglieder helfend sicher an Land bringen zu können. Eben hing er hier, als eine mächtige Woge unter das Schiff schlug, und gleichzeitig ergriff ein gewaltiger Windstoß diesen Segler. ›THOR‹ kenterte auf die Seite mit dem Kiel zum Riff und die Riggen in die See. Die Besatzung kletterte mühsam auf die Schiffsseite nach achtern zu. Hier hakten und zurrten sie sich fest. Der Segler lag nahe waagerecht, aber jetzt weit vom Lande ab. Unser Hovmester (Koch, Steward und Proviantverwalter in einer Person) war dem Ertrinken nahe, er war in der Kajüte geblieben; halb ertrunken glückte es uns, ihn durch das Oberlicht zu retten. Jetzt saßen wir hier in der Erwartung, der Cyklon würde vorüberziehen. Nur ›VALKIRIEN‹ mit seinem gepanzerten Stahlrumpf konnte diesem rasenden Cyklon standhalten. Er lag nun da mit seinem Scheinwerfer und beleuchtete den verwüsteten Hafen in dem alle Schiffe hoch aufs Land geschleudert oder aber zerschmettert gestrandet am Riff lagen.

Endlich gegen Abend kamen wir ins Zentrum des Cyklons, dort wo Windstille herrschte. ›VALKIRIEN‹ setzte ein mit Freiwilligen besetztes Rettungsboot aus, um die Mannschaft vom ›THOR‹ abzubergen. Die haushohe Dünung machte eine Rettung unmöglich. Außerdem kam das Boot der ›VALKIRIEN‹ über des gekenterten ›THOR's‹ Takelage, welche in der Dünung stampfte, und bekam eine Rahenock durch den Boden des Rettungsbootes. Ein Matrose nahm entschlossen seine Jacke und stopfte sie ins Leck und setzte sich oben auf, worauf das Boot zurück zum dänischen Kreuzer fuhr. Die Marinesoldaten wollten ein anderes Boot aussetzen, doch der Vorgesetzte verbot es, gleichsam in derselben Minute kehrte der Cyklon zurück. Keiner vermutete, daß die acht Mann, welche sich auf der Schiffsseite des Seglers ›THOR‹ festgeklammert gehalten hatten, am nächsten Morgen noch lebten. Der Cyklon raste die ganze Nacht über in voller

Stärke und jeder hoffte, daß ein Ende käme. Gegen Morgen endlich gelang es ›VALKIRIEN's‹ Besatzung, diese durchfrorenen Männer zu retten. Für den Segler ›THOR‹ gab es keine Rettung; er war am Riff vollständig zerschlagen."

ENDE

5. Viermastbark „EILBEK“

Meine Matrosenzeit an Bord der Viermastbark „EILBEK“, Hamburg

Auf Heuersuche

Vom Segler „THOR“ war ich abgemustert und lebte in Altona daheim bei meinen Eltern. Selbstverständlich war es etwas Angenehmes, so Neues, ohne Pflicht, ohne Aufgabe in den Tag hinein leben zu dürfen. Doch lange hielt diese Ruhe bei mir nicht an. Wenn auch noch kein Eis und Schnee vorherrschte, der Winter nahte aber doch. Es war mein Wille, daß, bevor er einsetzte, ich wieder auf See sein wollte. Es kam anders.

Mein Ziel war geblieben, über die Segelschiffszeit möglichst bis zur Kapitänsstellung Lotse werden zu wollen. Zu diesem Beruf war es angebracht, daß ich mich in Fremdsprachen weiterbildete. So setzte ich mir jetzt zum Ziele, es mit einem englischen Großsegler zu versuchen. Gleich in den nächsten Tagen suchte ich das betreffende Heuerbüro auf. Es befand sich in Hamburg an der Schaarsteintorbrücke[13] auf dem Grundstücke, wo heute der Neubau der Vereinsbank, Abteilung Hafen, steht.

Voller Hoffnung betrat ich diesen für mich großen Raum. Er war angefüllt mit Männern verschiedener Nationalitäten, in der weitaus größten Mehrzahl Weiße, doch untermischt von wenigen Farbigen. Man hörte selbstverständlich überwiegend englische, auch skandinavische und holländische Laute. Der Eingangstür gegenüber ging es hinein in den heiligen Raum des englischen Heuerbaases. In einer guten Breite war der Eingang zu diesem durch ein festes Geländer für den Heuerbaas und seine Tätigkeit abgeschirmt. So geschah es, der Heuerbaas erschien durch die Tür in dem für ihn freien, abgesperrten Gang, gefolgt von einem gut gekleideten Herrn, einem Segelschiffskapitän. Er ließ seinen Blick schweifen über die vor ihm stehende Herde Seeleute aller Dienstgrade. Der Heuerbaas eröffnete damit, daß er in seiner Sprache zum Kapitän sagte: „Bitte, Kapitän, bedienen Sie sich, es ist alles hier, Matrosen, Leichtmatrosen, Jungen usw.“ Der Masse zugewandt, nannte er meistens den Namen des Seglers. Jetzt begann der Kapitän und forderte sein Gewünschtes dadurch, daß er ausrief: „Matrosen, Hände hoch“ oder anderes. Die

13 Gemeint ist wohl die Schaartorbrücke über dem Alsterschöpfwerk.

Hände mit den Armen schossen in die Höhe, jetzt wurde es jedesmal Ernst für mich! Der Hals des Kapitäns reckte sich, sein Blick sah von rechts nach links und umgekehrt von einem zum anderen Ende. Dann entschied er sich plötzlich und zeigte mit der Hand und weiterer Gebärde auf den Mann seines Wunsches. Nie wurde eine Frage gestellt nach Alter, Nationalität usw. Die englischen Kapitäne entschieden sich für große, kräftige Männer, alles andere galt nicht. Was diese Menschen zuvor angestellt haben mochten, war von untergeordneter Bedeutung. Die Hauptsache war, sie hatten Kraft und ein gewisses Körpergewicht für die oft langanhaltende, durchzustehende schwere körperliche Kraftanstrengung in bezug auf Segelmanöver, Segelbedienung usf. an Bord ihrer Segler. Es mag im Büro des Heuerbaases noch gesiebt worden sein, doch ich hatte, da ich ein ganz normaler Mann und kein schwerer Brocken war, kein Glück, von irgendeinem der vielen Kapitäne angefordert zu werden. Mein damals seligster Wunsch erfüllte sich nicht.

Der Heuerbaas war ein großer, schlanker, rötlichblonder Menschentyp. Gekleidet ging er in einem hier in Hamburg sehr auffallenden, groß bunt-karierten schottischen Anzug. Er war zur damaligen Zeit für jedermann ein Blickfang. Er sprach ein gutes Hamburger Platt und soll während des ersten Krieges für sein Land manchen deutschen Seemann, der auf harmlose Art versuchte, vom Ausland in die Heimat zu gelangen, durch sein plötzliches Anreden in echter plattdeutscher Sprache als Deutschen überführt haben. Natürlich wandte ich mich auch eines Tages persönlich an diesen Schotten. Mit sehr beredter Zunge sprach er mir zu, es werde schon werden; sobald er etwas für mich tun könne, würde es geschehen. Sein freundliches Zureden ließ mich weiter hoffen und ausharren. Mein Aufenthalt und meine Verpflegung hatte ich unentgeltlich in meinem Elternhaus, daher konnte ich ohne Sorgen durchhalten, andernfalls hätte ich auch etwas anderes unternommen. Im Stillen merkte ich alsbald, daß etwas mehr dazu gehörte, sollte er etwas für mich tun. Dies widersprach meinem Charakter, obwohl ein Sprichwort besagt: „Wer gut schmiert, der gut fährt!“ Nein, ohne mich!

Soviel ich erinnere, war dieser Winter sehr strenge, und der Hamburger Hafen lag voller Segelschiffe; viele von ihnen warteten auf den kommenden Frühling, auf milderes Wetter.

Eines Tages, es war bereits März geworden, traf ich einen bekannten Seemann. Von meinem Plan, den ich vorhatte, war er nicht begeistert. Er forderte mich auf, mit ihm zu der Heuerstelle in Stubbenhuk, zu den Herren Möller, Ohlsen und Lehmberg zu kommen. Des langen Wartens überdrüssig folgte ich und ließ erstmalig in

	Fockmast Vormast		Großmast		Kreuzmast		Besanmast
	10		18		26		
	9		17		25		
	8		16		24		
	7		15		23		
Vorsegel	6	12	14	20	22	28	30
1 2 3 4	5	11	13	19	21	27	29

1 = Außenklüver
2 = Großer-Klüver
3 = Innen-Klüver
4 = Vor-Stengestagsegel
5 = Foek – Vock
6 = Vor-Untermarssegel
7 = Vor-Obermarssegel
8 = Vor-Unterbramsegel
9 = Vor-Oberbramsegel
10 = Vor-Royal
11 = Groß-Stengestagsegel
12 = Groß-Bramstagsegel
13 = Großsegel
14 = Groß-Untermarssegel
15 = Groß-Obermarssegel
16 = Groß-Unterbramsegel
17 = Groß-Oberbramsegel
18 = Groß-Royal
19 = Kreuz-Stengestagsegel
20 = Kreuz-Bramstagsegel
21 = Bagien
22 = Kreuz-Untermarssegel
23 = Kreuz-Obermarssegel
24 = Kreuz-Unterbramsegel
25 = Kreuz-Oberbramsegel
26 = Kreuz-Royal
27 = Besanstagsegel
28 = Flieger oder Besan-Stengestagsegel
29 = Besan
30 = Gaffeltoppsegel

Abbildung 32: Bezeichnung der Besegelung einer Viermastbark am Beispiel des Seglers „VIKING" unter finnischer Flagge (aus „Under Gustav Eriksons flagga", siehe Fußnote 4).

meinem Leben von meinem mir gesteckten Ziele ab. Wir betraten das besagte Büro und wurden sofort gefragt: „Was seid ihr?“. Da wir uns als Matrosen vorstellten, verlangte man unsere Papiere, wie überall in unserer Heimat üblich. Wo mein Kamerad geblieben ist, habe ich nicht mehr in Erinnerung. Zu mir sagte Herr Ohlsen, ich könne sofort als Matrose auf der Hamburger Viermastbark „EILBEK“ meinen Dienst antreten. Ich sagte zu und nahm es an. Sofort ging es anschließend zur Admiralitätstraße zum Hamburger Seemannsamt zur Anmusterung. Auf meinem Heuerschein war der Dienstantritt für morgen, den 23. März 1909, angesetzt. Der Liegeplatz des Seglers lag nahe der Elbbrücke am Kirchenpauer Kai. Pünktlich war ich am anderen Tage zu meinem Dienstantritt erschienen.

Vorgeschichte der Viermastbark „EILBEK“

Doch bevor ich die Reise mit der „EILBEK“ schildere, muß ich diesen Segler in seiner Vorgeschichte etwas näher beleuchten. Im späteren Verlaufe meiner eigenen Reise mit diesem Segler treffe ich auf einen Menschen, der mein Schicksal, ja mein Leben gewissermaßen unbewußt in seiner Hand hatte und es zum Besten wendete. Er besaß tatsächlich die Macht, es zum Positiven oder zum Negativen zu lenken. Er führte es zum Positiven. Es war Herr Kapitän Julius Tadsen, Kapitän des Seglers „EILBEK“ im Jahre 1899. Und wie es das Schicksal wollte, war er der Onkel eines meiner besten Matrosen-Kameraden, ein Kapitän Simon Matzen; Onkel und Neffe sind beide von der Insel Föhr.

Die Welt ist so groß und für den Lauf manchen Schicksals wiederum recht klein. Der Segler „EILBEK“ ist 1892 in Port Glasgow erbaut und mit dem Namen „MORETON[BAY]“ unter englischer Flagge in Dienst gestellt worden.

In großen Buchstaben stand der Name deutlich lesbar am Ruderrad eingraviert. Des Schiffes Größe war 2.222 NRT.

Ende 1898 erwarb die Reederei Knöhr & Burchard Nfl., Hamburg, diesen Segler, und der Kapitän Julius Tadsen überführte ihn nach Hamburg und ging am 6.Januar 1899 mit Stückgut beladen auf die Reise nach Melbourne. Nach 110 Tagen, am 26.4. 1899, erreichte der Segler „EILBEK“ seinen Bestimmungshafen. Nach Entlöschung der Ladung sowie der Einnahme einer Teilladung und dem notwendigsten Ballast dazu versegelte er am 19. Mai 1899 nach dem ca. 700 Seemeilen entfernten Kohlenhafen New Castle, N. S. W. (New-South Wales). Der Kurs führt zwischen dem australischen Süd-Festland und der südlich davon gelegenen Insel Tasmanien ostwärts durch die Bass-Straße, sodann mit nördlichem Kurs entlang der Südost-Küste bis zum Bestimmungshafen.

Am 21. morgens hatte der Segler die Bass-Straße bereits weit hinter sich und auf dem geraden Kurs noch ca. 300 Seemeilen bis New Castle vor sich.

Jetzt lasse ich den Kapitän Julius Tadsen aus dem Ereignis heraus selber sprechen.

Im Tagebuch des Seglers „EILBEK“ steht vom Schiffsführer eigenhändig geschrieben:

21. Mai, Position 37°46' Süd und 152°30' Ost.

4 Uhr p. m. war der Wind NW, Stärke 7. Das Barometer fing an zu fallen. Gegen 5 Uhr 30 setzte vom Westen her eine orkanartige Hagelbö von 20 Minuten Dauer ein. Das Wasser stob förmlich, es war vor Schaum und Gischt nichts zu sehen. Ein Teil der Sturmsegel flog aus den Lieken. Um 6 Uhr folgte nochmals eine gleiche Bö von ca. zehn Minuten Dauer, danach wurde der Himmel ganz klar, und die Sterne schienen hell. Der Wind behielt seine Stärke von 8—7, das Barometer begann zu steigen, es stand 8 Uhr auf 748.0 mm, der Wind war WzS, die Vock wurde gesetzt. Gegen 10 Uhr wurde es böig, und dieselben nahmen an Stärke zu. Zugleich kam eine hohe, wilde See auf, mußten in den Böen abhalten.

22. Mai.

Um 1 Uhr nach Mitternacht hatten die Böen wieder eine orkanartige Stärke erreicht und das Schiff wollte nicht mehr abfallen. Die Vock wurde weggenommen, um beizudrehen. Um 1 Uhr 30 Minuten fiel plötzlich und abermals eine schwere Bö ein, zugleich traf eine gewaltige See die Breitseite des Schiffes, es wurde mit einem kurzen Ruck auf die Seite geworfen, obwohl ich sofort die Untermarsschooten fliegen ließ, richtete sich das Schiff nicht wieder auf. Wir versuchten jetzt durch die Vorsegel und Klüver das Schiff zum Abfallen zu bringen, es gelang nicht, es legte sich immer weiter über. Jetzt wurde angefangen, die Marsstengen wegzukappen. Es war eine harte Arbeit. Die Riggen waren auf Spannschrauben gesetzt. Wir versuchten auf alle Art und Weise die Luv-Pardunen los zu kriegen, wir kappten die Bändsel ab, versuchten die Hülsen der Schrauben zu sprengen und die Schrauben loszudrehen. Letzteres war wegen der immensen Kraft, die darauf ruhte, ein Ding der Unmöglichkeit; ebenso wenig ließen sich die Hülsen sprengen. Das einzige war, die Pardunen oberhalb der Kauschen selbst durchzuhauen, jedoch war auch dieses so schwierig, da es dunkle Nacht war und man nicht genug sehen konnte, wohin man schlug. Unsere Äxte nutzten sich sehr schnell ab durch das Schlagen auf diese viereinhalb-zölligen Stahldraht-Pardunen.

Das Schiff war inzwischen ganz platt auf die Seite gefallen, wir konnten aufrecht auf der Luv-Seite gehen. Unsere Luken waren halb unter Wasser, die Nocken der Marsrahen lagen gleichfalls untergetaucht. Die Boote in Lee auf den Galgen wurden unter Wasser gedrückt und fortgeschwemmt. Nach der Markierung, welche das ölvermischte Wasser am Schiffskörper hinterlassen hat, muß der Segler ca. 70 Grad übergelegen haben und war die Lee-Reling ca. 15 Fuß unter Wasser.

Um 3 Uhr 30 Minuten ca. waren die Pardunen gekappt und brachen die drei Marsstengen weg. Sie blieben aber mit dem ganzen Geschirr oben im Bruch hängen, sie doppelten sich nur zusammen. Das Schiff richtete sich jedoch etwas danach auf. Die fallenden Riggen hatten die Luv-Boote auch zertrümmert und waren die Untermars- und die Unterrahen aufs Ende getoppt und auch stark beschädigt.

8 Uhr a. m. Sturm weht mit unverminderter Gewalt fort aus WSW mit orkanartigen Böen. Barometerstand 727,5 mm. Die Marsstengen und Rahen sind teilweise von oben gekommen, liegen längsseite und arbeiten mit furchtbarer Gewalt gegen das Schiff. Die Lee-Reling lag tief unter Wasser, somit konnten wir nichts unternehmen, um die gekappte Takelage loszuwerden. Langsam verschwand das meiste von selbst und versank unters Schiff. Wir sind dabei und versuchen durch Trimmen des Ballastes und der Ladung das Schiff wieder aufzurichten. Alles liegt an der Steuerbordseite und hat sich oben unterm Zwischendeck geklemmt. An der Backbordseite vom Kielschwein liegt gar nichts. Die Ballastschotten sind sämtlich weggebrochen.

Die nautischen Instrumente sind unbrauchbar bis auf das Aneroid-Barometer, selbiges zeigt um Mittag 29,5 engl. Zoll = 749,3 mm. Der Sturm wütet mit unverminderter Gewalt den ganzen Tag über fort aus SWzW, Stärke 10—11, mit harten Böen und sehr hoher See aus SW.

23. Mai, a. m. Sturm aus SW-SSW, Stärke 9—10 mit schweren Böen, hohe See, in der das Schiff schwer arbeitet. Es treibt mit der Breitseite gegen die See. Die See wird fortlaufend geölt.

Mittagsbreite nach Observation: 36°0' Süd.

Barometerstand 29,65 engl. Zoll = 753,1 mm.

p. m. Sturm und Böen etwas abnehmend, jedoch sehr wilde See von SW. Das Wrackgut ist jetzt alles herunter gekommen und längsseite verschwunden. Einige Rahen und Stengen sind unters Schiff durchgegangen und trieben zu luvwärts vom Segler. Es hängt aber noch alles in den Leepardunen. Wir können nicht hinkommen und dieselben wegkappen, da die Leereling noch immer unter Wasser liegt. Die Verschanzung ist nach außen gedrückt, die Stützen sind nahezu alle weggebrochen.

Das Schiff richtet sich durch das Ballasttrimmen und durch die weggekappten Stengen allmählich etwas wieder auf. Es liegt zur Zeit noch ca. 45 Grad über.

24. Mai, a. m. Wind ist SSW, stürmisch, Beaufort 8—7 mit Böen, jedoch sehr hoher, wilder See in der das Schiff schwer arbeitet.

Barometerstand 30,2 engl. Zoll = 764,5 mm.

p. m. Wind SSW, abflauend auf Stärke 6, einzelne Böen, sonst gutes Wetter, jedoch immer sehr hohe SW-liche See. Wir sind beim Ballasttrimmen und beim Wegkappen des Wrackgutes.

25. Mai, a. m. Wind SSW, frisch, einzelne Böen, hohe SW-liche See.

Mittagsbreite 34°39' Süd und 152°28' Ostlänge.

Barometerstand 30,2 engl. Zoll = 767,08 mm.

p. m. Wind SSW, frisch, gutes Wetter, jedoch hohe See, in der das Schiff stark rollt. Trimmen Ballast und kappen das Wrackgut in Lee. Das Schiff liegt noch ca. 35 Grad über.

26. Mai, a. m. Wind SSW, 6-7, einzelne Böen, hohe südliche See.

Mittagsbreite 34°03' Süd und 152°53' Ostlänge.

Barometerstand 30,2 engl. Zoll = 767,08 mm. Das Schiff liegt ca. 30 Grad über.

p. m. Wind und Wetter dasselbe, riggen Nottakelung auf und binden etliche Segel unter.

27. Mai, a. m. Wind südlich, flau, jedoch immer sehr hohe südliche See. Riggen weitere Nottakelung auf.

Mittagsbreite 33°37' Süd und 153° 13' Ostlänge.

Barometerstand 30,18 engl. Zoll = 766,57 mm.

p. m. Wind südlich, flau, bedeckte Luft. Trimmen Ballast.

28. Mai, a. m. Wind südlich mit Regen, mistig.

Trimmten beständig das Schiff gerade.

p. m. Wind südlich, Stärke 5, bedeckte Luft, dick von Regen, starkes Blitzen in NO. Hohe östliche Schwell einsetzend. Schiff liegt ca. 23 Grad über.

29. Mai, a. m. Wind südöstlich, steif, dicke Luft mit Regen und Böen, sehr hohe östliche Schwell.

Mittags keine Beobachtung.

p. m. Wind SO, abflauend, dick von Regen, sehr hohe, wilde östliche See, in der das Schiff schwer arbeitet.

6 Uhr etwas abklarend, sichteten um 7 Uhr Sydney Feuer in WzS. Rechts umlaufender Wind, dick von Regen.

30. Mai, a. m. 8 Uhr etwas abklarend. Wind SO, mäßig, jedoch sehr hohe östliche Schwell.

Sydney in WzS, ca. 15 Seemeilen Abstand.

10 Uhr a. m. bekamen einen Schleppdampfer und ankerten um 1 Uhr 30 Minuten p. m. im Hafen von Sydney.

Sydney, im Juni 1899.

Kapitän Julius Tadsen

Wenn man sich hineinversetzt, vertieft in dieses Schiffsunglück und läßt die kurzen Einzelheiten auf sich einwirken, darf man erstaunt diese gewaltige Kraftentwicklung nicht nur der Schiffsführung, nein, aller Besatzungsmitglieder, sowie die dazu gehörende Kühnheit bewundern, mit der sie allesamt den über sie hereingebrochenen Naturgewalten trotzten und am Ende voll Stolz und erhobenen Hauptes den Sieg davontrugen. Bis zu 25-30 Grad Schlagseite habe ich und wohl unzählige andere Seeleute erlebt; sie mag zumutbar zu meistern sein, was dann kommt, wird unvorstellbar in seiner Auswirkung.

Stellen Sie sich vor, ihre Stube würde sich endlos, Tag und Nacht, um 45 Grad und dann darauf folgend noch weiter schmeißend nach Steuerbord drehen, wie es mit diesem manövrierunfähigem Schiff als Wrack im Sturme auf See zwischen den hochaufgewühlten, lebendigen Wellenbergen und deren sich wie wild gebärenden Brechern fortlaufend in Sekunden-Intervallen geschah. Das Resultat würde über Unlust, Unmut, Unwillen, Verzagtheit und Angst, nicht wissend, ob es nicht auch noch in die Tiefe ginge, schließlich im körperlichen und seelischen Zusammenbruch enden.

Dann sei zu bedenken, alles geschah im normalen Broterwerb, ohne irgend etwas zusätzliches, im Positiven wie im Negativen, setzte der Mann sein Leben ein, er erlitt eventuelle körperliche Schäden, oder er behielt gar ein Leiden als ewiges Andenken an dies Unglück.

Abbildung 33: „EILBEK“ 1899 in Sydney.

Der Segler war mit der vollen Breitseite diesen Naturgewalten restlos ausgeliefert, jede See donnerte mit Gewalt dagegen und überflutete alles und spülte als reißende Wassermasse alles, was im Wege war, erbarmungslos mit sich fort. In solchen Situationen auch noch zielstrebige, schwere Körperleistung zu vollbringen, überstieg alle Ausmaße und kam einer Selbstaufgabe gleich, wenn berücksichtigt wird, daß schon sehr viel Aufmerksamkeit dazu gehört, sich selbst in Person zu erhalten. Es kam noch der Wind in Orkanstärke hinzu, sich von diesem nicht forttragen zu lassen; eine Verständigung von Mann zu Mann war äußerst schwierig, was für die Ausführung der Befehle sehr erschwerend war. Während dieser Zeit hatten und konnten, trotz Ölzeug und Seestiefeln, nicht einer der Besatzungsmitglieder einen trockenen Fetzen Zeug mehr am Leibe gehabt haben.

Laut Tagebuch war die Tagestemperatur 15 Grad plus und wohl während der Nachtzeit um etliche Grade niedriger, der Orkan heulte schonungslos Tag und Nacht in voller Stärke. An ein Schlafen oder Ausruhen war nicht zu denken. Mit der Verpflegung muß es gleichfalls äußerst bescheiden zugegangen sein. Ein Aufenthalt in der Kombüse war vermutlich nicht möglich. Der Segler holte nach Angaben des Kapitäns bis zu 70 Grad über, und wer versuchte, sich in der dann bodenlosen Kombüse zu betätigen, mußte ertrinken. An ein Frischwasserpumpen normal vom Großdeck aus war gleichfalls nicht zu denken. Es blieb nur übrig, vom Raume aus nach Öffnen des Tank-Mannlochdeckels das notdürftige Naß herbeizuschaffen. Ich bin überzeugt, daß das Wasser selbst kalt, so wie es war, im Verein mit trockenem Hartbrot gemundet hat. Die große Sorge über das ungewisse Schicksal, das vor ihnen lag, belastete bestimmt jedermann aufs intensivste. Dunkel lag ihre gemeinsame Zukunft vor ihnen. Nur die stille Hoffnung auf eine gütige Wendung konnte hier noch durch einen fern am persönlichen Horizont sichtbaren Lichtschein zur Belebung die Kraft für den Mann geben, die er benötigte bis zur letzten Sekunde, bis zur letzten Konsequenz, sich zur Errettung und Abwendung weiteren Unheils einzusetzen.

Kraft, Mut und ein zielsicheres Handeln waren hier in der Gesamtbewertung beweisbar vorhanden und zum Wohle aller auch genutzt.

Glück hat auf die Dauer doch nur der Tüchtige!

Abbildung 34: „EILBEK“ Havarist (Kapitän J. Tadsen).

Ohne mit der weiteren Ausführung meine soeben angeführte Würdigung über die Leistung der „EILBEK“-Mannschaft schmälern zu wollen, hat ein endloses Glück den sehr günstigen Kursverlauf beeinflußt. Das Wrack näherte sich, als ob es seinen Kurs selber steuerte, unaufhaltsam durch die Naturkräfte, als da waren, der Orkan, der Strom, die Drift, seinem Ziele als Nothafen. Als Abschluß dient die kleine Kartenskizze in Abbildung 35.

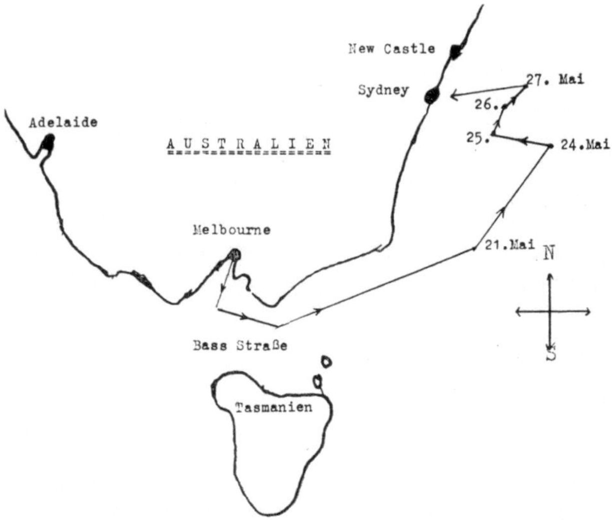

Abbildung 35: „EILBEK" Unglücksskizze 1899.

Unzählige Segler, denen die Naturgewalten nicht hold waren, sind trotz Mut und Kühnheit in ihrer Gesamtheit spurlos in der Weite der See verschwunden und wurden nach einer bestimmten Frist für verschollen erklärt.

So stand es einmal irgendwo geschrieben:

> Der Tag bricht an, die Möwen fliegen
> Noch schreiend um den Schreckensort,
> Und über Schiff und Mannschaft rollet
> Dumpf murmelnd Well auf Welle fort.
> Rings alles leer; – verschwunden ist
> Schon von dem Schiffe jede Spur,
> Kein Leichenstein verrät die Stell',
> Sucht man auch noch so sehr!

Der Abschnitt Sydney geht hiermit seinem Ende zu. Es ist mir an dieser Stelle ein Herzensbedürfnis, noch einmal zu erwähnen, daß tatsächlich Herr Kapitän Julius Tadsen im Jahre 1910 der Mann in Sydney war, der mir mein Leben unbewußt erhalten und mich meinem Berufe so schnell wie möglich durch sein tatkräftiges Handeln wieder zugeführt hat.

Dankbar und mit innerer Freude gehe ich daran, das scheinbar in der Versenkung verschwundene, von seinen Kindern mir bereitwilligst zur Verfügung gestellte schriftliche Material über ihres Vaters große Tat, so wie über sein weiteres Wirken in dieser Arbeit zu verwenden, um es der breiten Öffentlichkeit zugänglich zu machen.

Es liegen hier ausgebreitet vor mir Zeitungsausschnitte aus der damaligen Zeit des „EILBEK“-Unglücks an der australischen Küste, außerhalb Sydneys.

1. The Australian Star 30. 5. 1899
2. The Sydney Daily Telegraph 31. 5. 1899
3. The Sydney Evening News 31. 5. 1899
4. Melbourne Age 31. 5. 1899
5. The Sydney Mail 10.6. 1899
6. The Town and Country Journal 10. 6. 1899
7. The Sydney Morning Herald 14. 6. 1899
8. Deutsch-Australische Post 10. 6. 1899

Bericht des Lotsen zum Unglück.

„Ich werde wohl die Hauptverantwortung dieses Falles zu tragen haben“, begann der in seinem Berufe ergraute Seemann seinen Bericht, „aber ich denke, mich nicht darob schämen zu brauchen!

Am 19. d. M. verließen wir mit ›EILBEK‹, Melbourne. Bei günstigem Winde und gutem Wetter hatten wir Cape Everard Leuchtfeuer in der nächsten Nacht. Der Wind nahm zu und holte nach SW begleitet von stürmischen Regenschauern. Die Segel wurden entsprechend gekürzt, bis wir zuletzt unter Untermars- und dem Vorstengestagsegel lagen. Als der Segler sich Gabo näherte, nahm der Wind bis zum wütenden Orkan zu und brachte eine garstige See mit sich. Die Bark hielt bestens ihren Kurs, und alles verlief wohl gut bis zur Mitternacht des Sonntags. Ich hatte mich zurückgezogen. Der Kapitän war an Deck und stellte fest, daß der Segler dem Ruder nicht mehr gehorchte. Es wehte ein fürchterlicher Sturm, und Regenschauer verdunkelten alles. Die See lief sehr hoch, und große Wellen ergossen sich über den Segler, sie überspülten das Deck vom Bug bis zum Heck. Die Bark war nicht fähig, wie sehr sie sich auch abmühte, ihren Kurs bis 1 Uhr am Montag zu halten. Es bedeutete Ernstes, und der Kapitän ließ mich zur Assistierung rufen. Lassen Sie den Segler vor dem Winde halten, rief ich. Doch bevor dies ausgeführt werden konnte, ergriff uns eine orkanartige Bö, traf das Schiff, und zum Schrecken aller verschob sich der Ballast und warf den Segler auf die Seite. Die Leereling war vollständig untergetaucht, und das Wasser überspülte das Deck bis zu den Luken. Jeder Mann an Bord glaubte, es würde scheitern, und einige wollten schon in die Boote. Das war ja ausgeschlossen bei dieser Wetterlage. Auf dem Achterdeck wurde in aller Eile vom Kapitän mit mir und den Offizieren ein Schiffsrat abgehalten darüber, was jetzt zu tun sei. ›Schmeiß die Riggen‹, sagte ich, und die Order von mir wurde augenblicklich ausgeführt. Zu dieser Zeit brachen die Seen nur so hinweg über das Schiff, bedrohend die Leute über Bord zu waschen. Doch sie bewährten sich glänzend. Sie taten alles nur mögliche, was unter solchen Umständen überhaupt noch zu tun ist. Wir hatten keine Zeit zu verlieren. Das Schiff war in Gefahr zu scheitern, eilig klemmten sich einige Leute Beile unter die Arme, jumpten hoch auf die Luv-Bordwand und krochen zu den Riggen. Zu dieser Stunde bedrohte der Tod die Menschen auf beiden Seiten des Seglers, und jeder einzelne glaubte, es sei die letzte Stunde gekommen, als sie sich ihre Rettungsgürtel umlegten. Jeder stand zu seinem Posten. Jedes Kommando wurde gehorsamst sogleich ausgeführt. Keiner zögerte in der Dunkelheit vorauszugehen inmitten der fallenden Spieren und der sich drehenden und windenden Takelage.

Ich habe noch niemals auf See ein Fahrzeug in einem schlechteren Zustand gesehen oder daß Menschen unter solchen Umständen einen größeren Heldenmut zeigten als hier.

›Wenn wir untergehen müssen, so laßt uns arbeitend untergehen‹, schrie der Kapitän Tadsen nach der Abhaltung des Schiffsrates. Ein jeder verstand den Sinn und Geist, der damit gemeint war. Als die Kreuz-, Groß- und Vormarsstengen nach 40 Minuten gekappt waren, begann der Segler in dieser Reihenfolge sich mehr und mehr aufzurichten.

Die Mannschaft und die Offiziere arbeiteten wie die Männer. Disziplin! Ich habe niemals besseres in meinem Leben gesehen. Denken Sie sich nur, wir lagen mehr als halb unter Wasser und diesen Männern, jungen Kerlen, wurde befohlen, dies und jenes zu tun, sie gehorchten aufs Wort. Nun bin ich seit 1852 zur See, und die Leute mögen über die Deutschen sagen, was sie wollen, ich habe in meinem Leben noch nie eine Besatzung so zusammen arbeiten sehen, wie diese es tat.

Als es nun bekannt wurde, daß der Ballast im Übergehen sein Ende gefunden hatte, fühlten wir, daß das Schlimmste vorüber sei. Unsere Errettung vor dem gänzlichen Kentern des Seglers waren wohl die 300 Tonnen Mehl und Häcksel, die wir nebenbei geladen hatten und die den Lauf eines Teiles der Schlacke einigermaßen hemmten. Der Ballast hatte sich ganz nach leewärts hingearbeitet, und der Schiffskörper lag in einem Winkel von 70 Grad nach einer Seite. Es war ein kritischer Moment, und man konnte ebenso versuchen zu fliegen, als auf dem Schiffe festen Fuß zu fassen. Der einzige ebene

Platz war an der Wetterseite, und da war es so glatt wie auf einer Tischplatte.

Der Segler trieb seewärts mit den hängenden Wrackteilen. Die gebrochenen Spieren arbeiteten gleich einer Ramme und schlugen gegen die Bordwand, als sei sie durch Dampf angetrieben. Dann hörten wir den Kapitän befehlen: ›Schafft mir die Wrackteile vom Schiff frei!‹ und alles ging daran, die Order des Kapitäns auszuführen. Es war eine schwere und gefahrvolle Arbeit, sie in diesem harten Wetter zu leisten. Vier Mann wären hierbei fast zu Schaden gekommen, bevor alles vom Schiffe frei war. Die Luken waren fest verschlossen, es kam kein Wasser in den Raum.

Nachdem der Segler das Übergewicht der Takelage losgeworden war, lag er besser in diesem Sturm. Dann sahen wir uns danach um, was wohl unter diesen Umständen als bestes zu tun sei. Die Boote waren uns durch die Seen fortgeschlagen und einige von diesen wurden von den Wellen der See beim Zurückschlagen auf das Deck des Schiffes zu Kleinholz gemacht. Wir hatten zwar noch die Boote auf der Wetterseite nach, um uns gegebenen Falles zu retten, doch konnten wir nicht daran denken, diese bei dem Seegange und der Lage des Schiffes flott zu machen, und glücklicherweise gebrauchten wir es nicht. Immerhin trieben wir so für drei Tage und Nächte nach dem Kappen hilflos umher. Wir waren zur Zeit nahe bei Twofold Bay, 200 Seemeilen von Sydney, das ist seit nun neun Tagen, während dieser Zeit sahen wir kein Segel oder Dampfschlot, waren somit auf uns selbst angewiesen und setzten Hilfsmasten und Segel auf und arbeiteten im Raume.

Wir trimmten das Schiff so gut wir konnten mit Eimern langsam zurück, um den Segler einigermaßen wieder aufzurichten, und Sie sehen, wir haben unseren Endzweck erreicht. Da ist ein Schmied an Bord, der besonders verdient erwähnt zu werden. Für die Fertigkeit, mit welcher er es verstand, den Schiffskörper von den herunterfallenden Eisenteilen beim Kappen zu klären, welche drohten, die Planken des Decks einzuschlagen, in welchem Falle wir rettungslos verloren gewesen wären, da sich das Schiff schnell gefüllt hätte. Es besteht gar kein Zweifel, daß die Disziplin an Bord das Schiff gerettet hat, und manch andere Mannschaft hätte unter den Umständen den Kapitän zum Verlassen des Schiffes gedrängt. Noch muß erwähnt werden, daß wir während drei Tage und Nächte nach dem Kappen keinen Bissen zu essen hatten, da die Kombüse während obengenannter Zeit nicht betreten werden konnte.

Dann ließ der Sturm nach. Wir trimmten den Ballast im Segler so gut wir konnten mit Eimern langsam wieder zurück, und das Schiff trieb dem Hafen zu. An den Überresten der Masten wurden Segel angeschlagen, obgleich darauf schönes Wetter einsetzte, wollte das Schiff nicht steuern. Nur unter Stagsegeln und durch das Aussetzen eines schweren Warps am Heck konnten wir die Bark bis in Sicht von Sydney Head navigieren.

Zusammenfassend war die Erfahrung mehr ein Probieren, aber diese hohe Entfaltung der Seemannskunst hat einen seltenen Rekord. Kapitän Tadsen hat großartig bewiesen und wurde geschickt unterstützt durch mich, während die kühne Seemannskunst der Offiziere Petersen, Hoier und des Schmiedes Hirlinger, dann als die Order zum Kappen der Riggen kam, sie ihr Leben riskierten, als sie an der Luvseite der Bordwand kriechend ihre Arbeit ausführten, daß allesamt einer höchsten Empfehlung würdig seien.

Ich bestätigte, daß ich 14 Tage bevor ›EILBEK‹ Melbourne verließ, gesehen habe, daß der Ballast so gut im Schiff gestaut war, wie es wohl kein Schiff, das Melbourne je verlassen hat, besser getan haben konnte, und es war ein scheinbar sicherer Ballast. Es lag wohl in der Natur der Sache, daß das Material zur Leeseite überrollte. Die doppelten zwei Zoll starken Schottenplanken waren ungebraucht, sie brachen aber unter der ungeheuren Kraft wie Zündhölzer zusammen.

Der Segler ›EILBEK‹ hatte 950 Tonnen Schlackenballast, nebenbei 300 Tonnen Mehl und Häcksel als Ballast und Fracht im Laderaum.“

Soweit der Bericht eines englischen Seemannes über deutsche Disziplin und Ausdauer. Kapitän Julius Tadsen, der Führer des Schiffes, telegraphierte seinem Reeder über das Ereignis und erwartete die Antwort desselben über die weitere Zukunft seines Fahrzeuges, da die Reparaturen, die erforderlich sind, um das Schiff wieder seetüchtig zu machen, sich auf ein gutes Stück Geld belaufen werden!

In der Deutsch-Australischen Post unter dem 17. Juni steht geschrieben:

Herr Kapitän Tadsen und die Offiziere und Mannschaften des Hamburger Schiffes „EILBEK“, über dessen glückliche Rettung wir in letzter Nummer berichteten, haben in hiesigen deutschen Kreisen Anerkennung für ihre heldenhaften Taten gefunden. Im Deutschen Club wurden sie am vorigen Dienstag bewirtet und gefeiert. Im Verein „Concordia“ wird morgen Abend eine Feier zu ihren Ehren stattfinden.

Der Abend im Deutschen Club verlief festlich und fröhlich, wie es der Gelegenheit entsprach. Es hatten sich als Gäste der Kapitän, der Erste und Zweite Steuermann und dreizehn Matrosen und Schiffsjungen, darunter auch der besonders verdiente Schmied eingefunden. Herr Geheimrat Kempermann führte das Präsidium über die nahe an hundert Personen zählende Gesellschaft und eröffnete den Reigen der Reden mit einem Hoch auf den deutschen Kaiser, welchen er als den eifrigen und mächtigen Förderer der Marine, das leuchtende Vorbild und den Aneiferer zur Disziplin und Pflichterfüllung mit dem vorliegenden Falle in Verbindung brachte. Herr K. pries den Kapitän Tadsen und seine Mannschaft für ihre Ausübung dieser Tugenden und erklärte, daß Deutschland auf solche Söhne stolz sein könne. Herr H. Häege brachte mit kurzen warmen Worten das Hoch auf die Gefeierten aus, welches rauschenden Beifall fand. Herr Kapitän Tadsen antwortete in seinem und seiner Mannschaft Namen mit zu bescheidenen Worten für die Einladung und Auszeichnung durch den Deutschen Club dankend und schloß mit einem Hoch auf die Deutschen Sydneys.

Kapitän Vine Hall, der Schiffsinspektor der Versicherungs-Gesellschaften für unseren Hafen, gab in englischer Sprache seiner Bewunderung über die erstaunlichen Leistungen der Gefeierten Ausdruck. Er, als alter Seemann, könne die Schwierigkeiten beurteilen, welche das Kappen der Stahlmasten und Stahlseile auf stürmischer See und bei halbüberliegendem Schiffe bereitet haben müsse. Er hätte das Schiff einlaufen sehen und sofort besucht und könne konstatieren, daß seit den 17 Jahren, die er als Inspektor fungiere, dies der wunderbarste Fall vermiedenen Unterganges sei, der ihm vorgekommen. Es habe seltener Energie, Pflichttreue und Geschicklichkeit bedurft, um das Schiff vom sicheren Untergange zu retten, und die englische Bevölkerung erkenne dies ebenso an wie die deutsche, der vernünftige Engländer kenne in solchen Sachen keinen Nationalneid. An Tüchtigkeit zur See und Pflichttreue seien die Deutschen, Skandinavier und Holländer, sich und den Engländern völlig ebenbürtig.

Herr Otto Fischer kündigte in humorvoller Rede den Hauptakt des Abends, die Überreichung von Andenken an die Gefeierten durch Herrn Barber als Stellvertreter des Präsidenten des Clubs, Herrn Stoltenhoff, welcher durch eine Erkältung am Erscheinen behindert war, an. Herr Barber entfaltete auf dem Podium, die auf einem verdeckten Tisch befindlichen Gaben, bestehend aus einem silbernen Tafelaufsatz für Herrn Kapitän Tadsen, Reisenecessairen für die beiden Herren Steuermänner Petersen und Hoier und Rauchtabak, Pfeifen und Tabakstasche für jeden der Matrosen.

Ein Herrenabend zu Ehren der Besatzung der Hamburger Bark „EILBEK“ im Deutschen Verein „Concordia“.

Im Saale des Vereins stand eine Reihe von Tischen in Hufeisenform aufgestellt, an deren oberem Ende der Vorstand des Vereins, der Kapitän und Offiziere, an dem rechten Flügel die Mannschaft des Seglers, während an den anderen Plätzen die zahlreich erschienenen Mitglieder und eingeladenen Gäste Platz nahmen. Um etwas nach 8 Uhr eröffnete der Präsident, Herr Thomas, die Versammlung mit einer Rede, in welcher er kurz den Zweck der Feier erwähnte, die Besatzung ob ihrer heroischen Tatkraft in schwerer Stunde lobte und zu gleicher Zeit dem Herrn Kapitän Tadsen im Namen des Vereins eine von Herrn Meurer künstlerisch ausgeführte Denkschrift folgenden Inhaltes übergab:

Kapitän Tadsen, die Offiziere und Mannschaft der „EILBEK“.

Die Mitglieder des Vereins „Concordia“ erlauben sich, Ihnen hiermit als Landsleute ihre Hochachtung auszudrücken, welche Ihnen in so vollem Maße gebührt.

Auf Ihrer letzten Reise haben Sie uns gezeigt, was deutsche Manneszucht gepaart mit unerschütterlicher Pflichttreue auch unter den denkbar schwierigsten Verhältnissen zu vollbringen im Stande sind.

Mit gerechtem Stolze dürfen wir Deutsche auf solche Männer blicken, welche durch gleich heroische Taten dem schon so reichen Ruhmeskranze Germanias ein neues unverwelkliches Blatt einflechten konnten.

Mit unseren besten Glückwünschen für Ihr ferneres Wohlergehen zeichnen achtungsvoll im Namen der Mitglieder

G. Thomas, Präsident, Hans Diederichsen, Schriftführer.

Sodann forderte Herr Thomas die Anwesenden auf, mit ihm ein Glas auf das Wohl der Besatzung der „EILBEK“ zu trinken, welche Aufforderung begeistert befolgt wurde. Hierauf erbat sich der Kapitän das Wort und dankte mit warmen Worten im Namen der Besatzung für die freundliche Aufnahme seitens der „Concordia“ und das schöne Geschenk, welches ihnen ein ewiges Andenken an die hiesigen froh verlebten Stunden sein würde, worauf er in seiner schlichten Weise erklärte, er und seine Besatzung hätten nur ihre Pflicht getan und hätten eben dabei Glück gehabt, manche Mannschaft eines Schiffes, welcher dasselbe Unglück zugestoßen wäre, hätte vielleicht noch heroischer gearbeitet, doch wäre ihr nicht dasselbe Glück im gleichen Falle widerfahren, und das Schiff wäre gekentert, mit

Mann und Maus untergegangen und verschollen. Immerhin danke er nochmals herzlich für die Ehre, fordere seine Steuerleute und Mannschaft auf, auf das Wohlergehen des Vereins „Concordia“ zu trinken, welchem Bescheide die Besatzung willig nachkam.

Die Feier nahm in später Nachtstunde ihr Ende.

Lebenslauf und Tätigkeit von Julius Tadsen

Verfasst im April 1948 auf Wyk auf Föhr durch Julius Tadsen, geb. am 9. Oktober 1868 in Oevenum auf Föhr.

Nach meiner Konfirmation im April 1884 ging ich zur See, habe meine erforderliche Fahrzeit als Jungmann, Leichtmatrose und Matrose auf großen Segelschiffen von Hamburg aus erworben und ging auf die Steuermannsschule in Hamburg, wo ich Ende September 1889 mein Examen machte. Wurde danach als Einjährigfreiwilliger bei der Marine eingezogen. Vom März 1891 bis November 1893 habe ich als 2. Steuermann auf den Schiffen „PIRAT“ und „PARCHIM“ von der Firma F.L. Laeisz gedient, und nach dem Besuch der Schifferschule in Hamburg habe ich am 13. Januar 1894 mein Examen mit Auszeichnung bestanden, und es wurde mir die Prämie für umfassende Beobachtungen zuerteilt, wurde darauf zur achtwöchigen Reserveübung eingezogen und als Steuermann der Reserve entlassen.

Abbildung 36: Kapitän Julius Tadsen (Kapitän J. Tadsen).

Am 20. 3. 1894 wurde ich I. Steuermann auf der Bark „POTRIMPOS“ und Ende Oktober nach der Viermastbark „PISAGUA“ versetzt. Bei Rückkehr nach Hamburg mit letzterem Schiff wurde mir die Stelle als Kapitän der Viermastbark „BARMBEK“ ex „GILCRUIZ“ angeboten, welche von Knöhr & Burchard Nfl. angekauft war. Nach Rücksprache mit Herrn Laeiz habe ich die Stelle angenommen und das Schiff glücklich geführt und rasche Reisen gemacht. Die Führung der Viermastbark „EILBEK“ ex „MORETONBAY“, welche von Knöhr & Burchard Nfl. gekauft war, wurde mir im Oktober 1898 übertragen, gingen von Hamburg mit Stückgut nach Melbourne, erhielten in Melbourne Eisenschlacken als Ballast, um in New Castle Kohlen zu laden. Der Ballast war durch Längsschotten an den Stützen und Laschung mit Ketten darüber vor dem Übergehen sorgfältig gesichert. Es wurden 350 tons Häcksel und Hafer obenauf als Ladung nach New Castle geladen.

Am 27. Mai 1899 waren wir bei Cap Howe, das Wetter war stürmisch, doch der Wind günstig, und wir machten mit den Marssegeln, der Vock und weiteren Sturmsegeln eine gute Fahrt. Ich selbst war mit an Deck. Kurz nach Mitternacht fiel plötzlich ohne vorherige Anzeichen eine orkanartige Bö ein, die eine gewaltige See mit sich brachte. Das Schiff krängte sehr stark über, und es wollte nicht mehr dem Ruder gehorchen, obwohl ich sofort den Sturmbesan und die hinteren Sturmsegel fliegen ließ, wollte es nicht abfallen, um es vor dem Wind zu bringen, sondern es schob an, quer zu dem Wind und der gewaltigen See. Es krängte immer mehr über, ich gab Befehl, alle Segel fliegen zu lassen. Dies wurde prompt ausgeführt, doch wurde das Schiff mit jeder gewaltig anrollenden See auf die Seite geworfen. Es wurde ein Schiffsrat gehalten und beschlossen als einzige Möglichkeit, das Schiff vor dem Kentern zu retten, zu versuchen, die Marsstengen zu kappen und wurde der Versuch dazu prompt ausgeführt. Das Schiff wurde immer mehr auf die Seite geworfen. Nach ungefähr einer halbstündigen Arbeit, in welcher noch kein Erfolg erzielt war, wurde das Schiff durch eine weitere, gewaltige See fast platt auf die Seite geworfen. Die Leereling und die Leeseite der Lukenkanten lagen ganz unter Wasser, die Boote an der Leeseite waren weggerissen, und man konnte erwarten, daß das Schiff jeden Augenblick kentern würde. Die Mannschaft kam auf der Luvseite nach hinten gekrochen und meinte, es seien alle weiteren Anstrengungen vergeblich, es sei nichts mehr zu machen. Ich machte denselben ernste Vorhaltungen, so lange wir noch am Leben seien, wäre noch immer Hoffnung da. Ich würde selbst versuchen, die Stengen zu kappen und forderte Freiwillige auf, mir zu folgen. Mehrere folgten, darunter der Schmied und der Zimmermann, die gut mit dem Handwerkzeug umgehen konnten, und es gelang uns in kurzer Zeit, die Kreuzmarsstenge über Bord zu kriegen. Ich ging nach dem Achterdeck zurück und forderte alle sehr energisch auf, sofort meinem Befehl nachzukommen und zu versuchen, die anderen Stengen über Bord zu werfen. Alle folgten meinem Befehl, und in kurzer Zeit waren Vor- und Großmarsstenge auch über Bord. Die größte Gefahr des Kenterns war vorüber, das Schiff richtete sich bedeutend auf, doch lagen die schweren Rahen und Stengen längsseite und schlugen mit der schweren See beständig gegen die Schiffswand, doch blieben wir vor ernsten Schäden an derselben verschont, auch waren zum Glück die Luken sehr sorgfältig geschalkt, daß kein Wasser im Raum eindrang.

Im Laufe des Tages wurde das Wetter mäßiger, wir konnten durch die Kajüte den Schiffsraum betreten und stellten fest, daß die Stützen, an denen die Längsschotten befestigt waren, abgebrochen seien. Die Laschings waren ebenfalls zum Teil zerrissen, und der ganze Ballast war nach Steuerbord übergerutscht, unsere darauf liegende Ladung hatte sich unter dem Zwischendeck festgeklemmt, und hierdurch waren wir wahrscheinlich vor dem Kentern bewahrt geblieben. Die Stützen wurden mit Laschings nach der Bordwand zu befestigt und wieder Längsschotten errichtet. Wir waren andauernd tätig, mit Handpützen Ballast von der Steuerbordseite nach der Backbordseite zu bringen. Am vierten Tage waren wir soweit, daß die Leereling aus dem Wasser kam und wir unsere längsseite treibenden Stengen und Rahen loswerden konnten. Der Wind hielt sich südlich, und wir trieben langsam unserem Bestimmungsort zu. Jetzt, wo wir alles Wrackgut los waren, setzten wir wieder Segel. Der Wind blieb uns günstig und wir konnten ohne fremde Hilfe den Hafen von Sydney erreichen, obwohl bei Ankunft das Schiff noch stark auf der Seite lag und 23 Grad Krängung hatte.

In Sydney wurden wir als große Helden empfangen und gefeiert, ich habe die Zeitungsausschnitte aufbewahrt. Das Schiff wurde in Sydney völlig repariert. Stengen, Rahen etc., alles wurde dort gemacht und konnten die Reise New Castle, Tocopilla, Iquique, Antwerpen vollenden.

Die Viermastbark „WANDSBEK“ ex. „ANCYRA“ war angekauft und mir die Führung derselben im August 1900 übertragen, und ich habe dieses Schiff bis zum Mai 1905 glücklich geführt und schnelle Reisen gemacht.

In Liverpool angekommen, wurde ich ersucht, die Stelle als Betriebsleiter des Island Hval Industri A.S. zu übernehmen, welche eine in Island registrierte Tochter-Gesellschaft der 1903 gegründeten Germania Walfang und Fisch Industrie A.G. von Hamburg ist und in Faskrudsfjord, Island, eine ganz modern eingerichtete Walfangstation hatte, wo auch jeder Teil des Walfisches verwertet wurde. Knöhr & Burchard Nfl. waren die Haupt-Aktionäre in diesem Unternehmen.

Am l. Juli 1905 fuhr ich nach Island, um meine Stellung dort zu übernehmen. Ich war ernstlich bestrebt, soweit wie angängig, alle möglichen Informationen über den Walfang bei Grönland in früheren Jahren, den Fang der Spermwale, sowie den jetzigen Fang der

Finnwale zu sammeln, indem ich die norwegischen Walfangstationen, die in anderen Fjorden an der Ostküste von Island ihre Fabriken hatten, besuchte und dabei viele wertvolle Unterlagen sammeln konnte.

1614 wurde die erste Walfanggesellschaft in Holland gegründet, und sie entwickelte sich rasch. Engländer, Dänen und die Hansestädte folgten schnell im Walfang. Von 1770-1779 waren 1337 holländische, 743 englische und 459 deutsche Schiffe im Walfang bei Grönland und Spitzbergen tätig, von 1669-1778 sind allein von holländischen Schiffen 57.790 Wale gefangen worden.

Die Kommandeure, Kapitäne, Harpuniere, Speckschneider etc. kamen meistens von den Nordfriesischen Inseln und wurden sehr gesucht. Es sind bis 4.000 Personen im Jahr dabei tätig gewesen. 1769 waren 1.600 Personen von der Insel Föhr, darunter 160 Kommandeure im Walfang tätig.

Ein Grönland-Wal lieferte bis zu 100 kg Barten, die mit 43.000 Mark per Tons bezahlt wurden, ferner 20.000 kg Tran, der mit 400 Mark per Tons bezahlt wurde. Ein solcher Wal hatte einen Wert von 53.000 Mark. Nach 1800 nahm der Fang rasch ab, und es waren 1861-1863 nur noch vier Schiffe von Hamburg und 42 Schiffe von der Weser im Walfang beschäftigt.

Sperm- oder Pottwale sind eine Art, die keine Barten, sondern Zähne haben. Dieselben kommen in wärmeren Gewässern, hauptsächlich auf den Neufundlandbänken und den Bänken von Brasilien, vor. Der Fang auf diese erreichte 1842 seinen Höhepunkt und hatte sich über alle Meere ausgedehnt, es waren 824 Schiffe, darunter 594 Amerikaner im Fang auf dieselben beschäftigt.

Fang auf Finnwale im Norden

Der norwegische Kapitän Sven Foyen hatte sich eine von einem Deutschen erfundene schwere Harpune mit einer Granate an der Spitze, die beim Aufschlagen krepierte und eine starke Leine mit sich führte, herstellen lassen. Die Harpune wurde aus einer Kanone geschleudert. Er hatte sein ganzes Vermögen zugesetzt, um diese Methode praktisch zu entwickeln und sie nutzbar zu machen. 1868 kam der Erfolg, und bei seinem Tode hinterließ er ein Vermögen von 14 Millionen Kronen. Seit 1882 entwickelte sich der Walfang vermittels dieser Methode sehr rasch, die ersten Stationen wurden in NO-Finnland errichtet, wie der Wal hier weniger wurde, nach NW-Finnland verlegt. Wie der Wal auch hier weniger wurde, wurden die Walfangstationen nach der NW-Küste von Island verlegt. Hier wurde der Fang auch nur mehr gering, und es wurden von 1900 die Stationen nach der Ostküste Islands verlegt. Die Stationen, welche ich besucht habe, waren die größten im Walfangbetrieb. (NO- und NW-Finnland stehen im Original, ich habe kein Recht es zu ändern!) Die eine hatte neun, eine andere sechs Fangdampfer. Die Fabrikanlagen, besonders die Gebäude dazu, waren sehr primitiv, es waren nur provisorische Wellblech-Baracken, die Presskessel für die Verwertung von Fleisch und Knochen hatten, nur ein Wellblech-Dach ohne Seiten, und standen zum Teil unter freiem Himmel. Sie hatten jedoch den Vorteil, daß bei einem Wechsel der Station dieselben rasch abgebrochen und woanders wieder aufgesetzt werden konnten. Die erwähnten Firmen und noch andere, die immer zuerst auf dem neuen Fangfeld erschienen, haben glänzende Resultate erzielt und Dividenden von 169%, 130%, 80%, 50% und 30% im Jahr ausgezahlt. Bei Finnmarken sind bis 1901 27.000 Wale gefangen worden.

Die Fabrikanlagen der Island Hval Industri A.S. waren, wie schon erwähnt, sehr modern und praktisch angelegt, doch waren dieselben zu fest und solide und dadurch zu teuer geworden. Sie hatten nur zwei Fangdampfer, was für einen solchen Betrieb bei weitem nicht genügend war. Das Geschäftsjahr konnte ohne einen direkten Verlust abgeschlossen werden, doch deuteten alle Anzeichen daraufhin, daß der Walfisch auch hier wahrscheinlich ziemlich vertilgt war und es fraglich sei, ob Aussichten für einen Erfolg in 1906 vorhanden sei, jedenfalls müßten mehr Fangdampfer angeschafft werden, und ich hatte Kostenanschläge hierfür ausgearbeitet.

Ich unterbreitete weiter einen Plan mit Berechnungen, die wertvolle Station, die ganz in der Nähe der Hauptfischgründe rund Island liegt, als Zentrale für den deutschen Fischfang zu verwerten, wo sowohl Fischdampfer als auch Logger ihre Fänge zur Bearbeitung abliefern sollten und wieder neue Ausrüstung erhielten, es sollte ein passender Transportdampfer mit Kühlanlagen angeschafft werden, der regelmäßig die Waren nach Hamburg und wieder Ausrüstung nach Island zurückbrachte. Es gelang mir leider nicht, hierfür die genügende Unterstützung zu erlangen. Meine Befürchtungen für die Saison 1906 trafen leider voll ein, der Walfisch blieb fast ganz weg, und alle Stationen, sogar die paar schwimmenden, mußten das Jahr mit einem großen Verlust abschließen. Am 18. 6. 1906 wurde ich Isländischer Bürger, um die Interessen unserer Gesellschaft besser vertreten zu können.

Der Walfang im Süden

Auf meinen Reisen mit den Segelschiffen rückkehrend rund Kap Horn kommend, hatten wir südlich und östlich der Falklands Inseln des öfteren große Walfischherden gesichtet. Ich arbeitete einen Plan aus mit den Kostenanschlägen und einer wahrscheinlichen Rentabilitätsberechnung. Einen größeren Tankdampfer mit glattem Oberdeck anzukaufen, denselben als eine schwimmende Fabrik für den Walfang umzubauen, ein Teil des Hecks sollte, an starken Kränen hängend, zum Niederklappen sein, um den Wal auf das Oberdeck zu schleppen. Im hinteren Teil des Schiffes sollte die Speckverwertung stattfinden, weiter nach mittschiffs die Bearbeitung von Fleisch und Knochen und ziemlich nach vorne die Wohnräume für das benötigte Personal. Diese schwimmende Fabrik sollte mit vier modernen Fangdampfern mit Ölfeuerung den Fang im Süden in der Nähe von Süd-Georgia und den Süd-Shetlands aufnehmen. Der Unterraum des Schiffes sollte für die Aufnahme der gewonnenen Produkte dienen; auch dieser Plan fand nicht die nötige Unterstützung und konnte nicht zur Ausführung gelangen.

Christopher Bathers aus Montevideo, Direktor Larsen und José Manos, auch aus Montevideo, sowie Direktor Andersen haben seit 1904 ganz kleine, primitive Stationen in Punta Arenas, Süd-Patagonien und Süd-Georgia errichtet und haben ganz gute Erfolge erzielt. Sie sind auf das häufige Vorkommen des Walfisches bei Süd-Georgia aufmerksam gemacht, und sie beabsichtigen, mit einem kleineren, als Kocherei umgebauten Tanker und zwei Fangdampfern den Fang im Süden aufzunehmen. Sie haben die Fangdampfer „ISLAND“ und „GERMANlA“ der Island Hval Industri A.S. gekauft. Der Wal soll südlich von Georgia und Shetlands so reichlich vorkommen, daß mindestens auf 200 per Boot zu rechnen ist. Welche Erfolge diese beiden Gesellschaften und auch die später den Walfang im Süden aufnehmenden Gesellschaften gehabt haben, ist genügend bekannt. Die meisten Stationen sind in Händen der Norweger. 1927 wurden dort für 60 Millionen Mark Tran gewonnen. Die Gesellschaften hatten meistens ein Aktienkapital von 5-7 Millionen Kronen und an Dividenden wurden 147%, 75%, 42% und 39% gezahlt. Die Durchschnittsdividende kam auf 49%.

Als ich 1935 pensioniert wurde und von Australien zurückkehrte, war Kapitän Kircheis im Verein mit Fischerei-Direktor Alff bemüht, eine deutsche Walfangaktiengesellschaft in Bremerhaven zu gründen, sie konnten keinen Erfolg erreichen. Ich habe dieselben nach besten Kräften unterstützt und ausführliche Berichte mit den finanziellen Erfolgen ausgearbeitet, besonders darauf hingewiesen, daß Deutschland jährlich von Norwegen über 100.000 Tons Tran einführt.

Wenn Deutschland dies selbst gewinnen könnte, würde es eine Devisenersparnis für Walöl von ca. 50 Millionen und für Fischmehl von ca. 15 Millionen Mark sein. Meine vier ausgearbeiteten Berichte habe ich an zwölf verschiedene Gesellschaften und Personen gesandt. Durch Vermittlung von Admiral Menchy wurden dieselben dem Reichsministerium für Volksversorgung und Landwirtschaft und dem Ministerium für Handel und Industrie unterbreitet. Durch Mitwirkung der Regierung wurde die erste Deutsche Walfang A.G. bald perfekt, und kurz darauf wurde die Walfanggesellschaft Walter Rau gegründet. Da ich die übliche Altersgrenze überschritten hatte und schon pensioniert war, konnte mir kein aktiver Anteil in dem Unternehmen zugebilligt werden. Auführliche Berichte und die Berechnungen habe ich noch in meiner Hand.

Vom Oktober 1906 bis zum September 1907 war ich I. Offizier und Kapitän auf dem Dampfer „VARZIN“.

Am 5. September 1907 fuhr ich als Havariesachverständiger und Bevollmächtigter der Reederei (D.A.D.G.) (Deutsch-Australische Dampfschiffahrts-Gesellschaft) nach Vigo, wo der Dampfer „PLAUEN“ mit schwerer Beschädigung, durch eine Kollision verursacht, angelaufen war, um eine Notreparatur auszuführen und um den Dampfer nach Hamburg zu bringen. Es gelang durch Taucher, vermittels einer Holzverkleidung mit einem überspannten Segel das Leck provisorisch abzudichten. Im Raume wurde eine starke Konkretmauer errichtet, und mit dieser Notreparatur erreichten wir glücklich Hamburg.

Im Dezember des Jahres wurde ich zum Inspektor für die Reederei in Australien und Neuseeland ernannt und zum Betriebsleiter der Shipping and Stevedoring Company, welche eine in Australien registrierte Tochtergesellschaft der D.A.D.G. ist und den technischen Betrieb in Sydney hatte.

Anfang Dezember fuhr ich mit der ganzen Familie nach Australien und hatte meine Stellung am I. Februar 1908 angetreten und bis zu meiner Pensionierung, März 1935, innegehabt. Es gelang mir, im besten Einvernehmen mit den oberen Verwaltungsbeamten der zuständigen Behörden und auch mit der Übersee-Kaufmannschaft zu arbeiten. Habe mich 1912 in Australien naturalisieren lassen, um dadurch besser die Interessen der Reederei fördern zu können.

Im Jahr 1907 kamen 35 Dampfer der D.A.D.G. in Sydney an, die 72.000 Tons eingehender, 70.000 Tons ausgehender Ladung beförderten, einschließlich 107.000 Ballen Wolle.

Im Jahre 1913 waren es 76 Dampfer der D.A.D.G. mit 185.000 Tons eingehender und 112.000 Tons ausgehender Ladung, einschließlich 165.000 Ballen Wolle.

Am 25. 7. 1914 erhielt ich die Instruktion von Hamburg, in allen Australhäfen soviel Kohlen wie irgend möglich aufzukaufen und alle in den verschiedenen Häfen liegenden Dampfer der D.A.D.G. mit Bunkerkohlen und soweit angängig mit Kohlenladung zu versehen und alle Dampfer mit fertiger Maschine klar zur prompten Abfahrt liegen zu lassen. Die Order wurde sofort ausgeführt, die Regierung nahm wohl Anmerkung von meinen Handlungen, doch wurde ich nicht an der Ausführung gehindert. Acht Dampfer konnten am 1. und 2. August abgefertigt werden und abfahren. Fünf weitere Dampfer lagen zur Abfahrt bereit und warteten auf die Genehmigung von Hamburg dazu. Diese traf leider ein paar Stunden zu spät ein. Die Dampfer wurden am 4. August, also noch einen Tag vor der Kriegserklärung festgehalten und mit der Kriegserklärung offiziell beschlagnahmt. Vier weitere Dampfer kamen später in Australien an, ohne vom Ausbruch des Krieges Kenntnis gehabt zu haben. Sie wurden bei der Ankunft beschlagnahmt. Bald darauf wurden alle Dampfer als Transporter für Kriegsmaterial und Truppen requiriert, auch wurde unsere Wharf, welche die Shipping and Stevedoring Company von der Hafenbehörde auf mehrere Jahre in Miete hatte, von der Regierung übernommen. Sie besaß ganz moderne, praktische Schuppen und Anlagen, nach meinen Plänen erbaut und erst vor kurzer Zeit fertig gestellt, schien also die geeignetste zur Beschlagnahme. Ich behielt noch vor der Hand eine kleine Strecke, auch wurde es mir erlaubt, die noch ankommenden Dampfer zu löschen und die Ladung abzuliefern. Ferner erhielt ich die Erlaubnis, einen Teil unseres Materials zu verkaufen. Auch durfte ich nach den verschiedenen Häfen reisen, um an der Taxierung unserer Dampfer mitzuwirken. Die Mannschaft der requirierten Dampfer wurden erst in Privatlogis auf Kosten der Regierung untergebracht. Ich hatte garantiert für das gute Benehmen derselben einzustehen. Später kam sie jedoch in Concentrierungslager, ich durfte dieselben besuchen, und es wurde später genehmigt, Gelder von Java kommen zu lassen, welche von mir persönlich in den verschiedenen Lagern an unsere Mannschaft ausgeteilt wurden und worüber ich Rechenschaft ablegen mußte. 5.688 Personen der verschiedenen Länder sind durch das Lager gegangen, darunter waren 84 Mann von der Besatzung des Kreuzers „EMDEN". Der Lagerkommandant regte an, ich möchte doch versuchen, eine Sammlung zu eröffnen, an der sich auch australische Offiziere beteiligten, um diesen ein kleines Taschengeld zukommen zu lassen. Die Sammlung brachte £ 215 und wurde von mir bei meinen monatlichen Lagerbesuchen verteilt. Weil ich so persönlich mit den Behörden bekannt war, konnte ich für manchen Deutschen eine Vergünstigung erwirken und konnte mehrere vor der Internierung bewahren. Von den Angestellten der D.A.D.G. war keiner im Lager.

1920 wurde uns allen unsere Stellung gekündigt, doch habe ich bis zum April 1921 mein volles Gehalt bezogen. Ich wurde ersucht, auch weiterhin als Inspektor für die D.A.D.G. tätig zu sein, allerdings vorläufig mit einem bedeutend ermäßigten Gehalt. Es waren Unterhandlungen mit dem Norddeutschen Lloyd und Alfred Holt in Liverpool eingeleitet, um wieder einen gemeinschaftlichen Dienst nach Australien zu eröffnen, und sie wollten versuchen, daß ich die technische Aufsicht über diese Linien und auch die Bearbeitung haben sollte. Dieses Vorhaben scheiterte an dem energischen Widerspruch der Agentur in Sydney. Die Direktoren derselben hatten ihre eigene Privatstauerei und berechneten hohe Preise, die einen guten Verdienst einbrachten. Sie wollten sich den Verdienst aus der Bearbeitung der neuen Linie nicht entgehen lassen. Ich konnte zu der Eröffnung der neuen Linie, zu dem ungehinderten Empfang des ersten Deutschen Dampfers und zu der weiteren Entwicklung der Linie und des Verkehrs zwischen Hamburg und Australien beitragen. Ich war auch Bevollmächtigter für Knöhr & Burchard Nfl.. für deren eigene Segelschiffe und den unter deren Kontrolle stehenden Schiffen und für H. H. Schmidt, wenn die Schiffe Australien anliefen, besonders wenn Reparaturen auszuführen waren. Ich war Vertreter und Bevollmächtigter der UFA-Filmgesellschaft, bis ein eigener sachkundiger Vertreter ausgeschickt werden konnte. Die Deutsche Regierung hat um meine Ansicht ersucht, ob es schon zweckmäßig wäre, wieder ein Deutsches Konsulat zu errichten. Ich habe meine Unterstützung gegeben und Kontorräume gemietet. Ebenso wurde gewünscht, die Ansicht über Entsendung eines deutschen Kriegsschiffes zu geben, ich habe mit Admiral Menchy ein volles Programm aufgesetzt und die sehr zufriedenstellende Leitung des Empfanges in der Hand gehabt.

Habe mich sehr für die Hebung und Wiederentwicklung des Deutschtums nach dem Kriege eingesetzt und ziemliche Erfolge zu verzeichnen gehabt. Die Deutschen Vereine wurden mit Ausbruch des Krieges geschlossen, die Lokale mit Inventar wurden verkauft, es blieben £ 5.000 über, die bei der Bank hinterlegt wurden. Es gelang mir, auf meine Vorstellung hin, das Geld frei zu bekommen. Dafür wurde ein neues Klubhaus gekauft, von 1925-28 war ich der Präsident dieses Vereins und habe das Klubhaus mit einer neuen Kegelbahn, mit einem Konzertsaal etc. ausgebaut. 1925 waren wir nur noch 83 Mitglieder, 1927 war die Mitgliederzahl auf 360 gestiegen.

Ferner war ich Mitglied der Australischen Kriegsgräberfürsorge und Vorsitzender zugleich. Wir haben Geld gesammelt und den 216 im Internierungslager Verstorbenen auf dem deutschen Kirchhof in Sydney ein würdiges Marmordenkmal mit Bronzetafeln gesetzt. Die einzelnen Gräber wurden unter meiner Aufsicht von der Australregierung in Stand gesetzt. Jedes Grab hat ein Konkret-Kreuz mit Bronzeplatte, Namen, Geburts- und Todestag zeigend, aufzuweisen.

1923 wurde ein Hilfsverein für notleidende Kinder in Deutschland gegründet. Es wurde gesammelt, und diese Summe brachte £ 2.000 und viele gebrauchte Kleider, die mit den Dampfern der D.A.D.G. befördert wurden. Ich war im Vorstand aller Deutschen Vereinigungen, wie die Deutsche Kirche, Deutsche Schule, Deutscher Friedhofs-Kommission, der Deutsch-Australischen Handelskammer, des Hilfsvereins der Modern Language Association, des Deutschen Kegelklubs etc.

1934 hatte ich die Leitung des Maifestes in der Hand, was sehr erfolgreich verlief. Es waren 380 Personen und 80 Kinder anwesend.

Ich war auch im Empfangskommite für den Flieger Hans Bertram, die Fliegerin Elly Beinhorn und für Kapitän Kircheis, wie er auf seiner Weltreise im Fischkutter Australien anlief.

1935 wurde ich pensioniert und habe meinen Wohnsitz in meinem Geburtslande, in Wyk auf Föhr, aufgeschlagen.

Als Anerkennung für meine Bemühungen, den Handel und Schiffsverkehr zwischen Australien und Deutschland zu fördern, wurde ich am 18. Juni 1927 zum Magistratsrat von New South Wales ernannt, und als Anerkennung für meine Bemühungen um das Deutschtum in Australien im Besonderen erhielt ich am 6. September 1930 die zweite Klasse des Ehrenkreuzes vom Roten Kreuz verliehen.

Wyk auf Föhr, April 1948

Julius Tadsen

Abschrift

Kapitän Julius Tadsen Wyk auf Föhr, d. 16. Oktober 1950
Wyk auf Föhr
Süderstraße 22

Der Bundesminister für Verkehr
Hamburg 11, Stubbenhuk 10 See/15157/50

Ich nehme Bezug auf Ihr wertes Schreiben vom 11. September und meine Antwort darauf vom 18. September.

Heute hatte ich Besuch in meiner Wohnung von General Vicary, dem Distrikt-Kommandanten dieses Bezirks.

Er benachrichtigte mich, daß alle meine Schreiben mit Einlagen, welche ich an Mr. Bevin, den Britischen Außenminister gerichtet hatte, ihm zugestellt worden seien. Als Schreiben vom 22. X., 28. XI. 1949, 4. 1., 27.11., 17. IV., 14. VIII., 7. IX. 1950, mit verschiedenen umfangreichen Einlagen vom 30. XI. 1948, 15. 1., 30. 1., 15. III. und 3. X. 1949, dieselben betreffen Forderungen, sowie Vorschläge und Pläne, unter denen Deutschland wieder, wenn auch erst in bescheidener Weise, am Übersee-Handel, Frachtschiffahrt, Schiffbau und Walfang zugelassen werden sollte und unter denen die Abmontierung der Deutschen Industriewerke aufhören sollte und zum Wiederaufbau Westdeutschlands und West-Europa verwendet werden konnten.

Mr. Bevin, der Minister des Auswärtigen, hätte ihn beauftragt, mir persönlich die Nachricht zu übermitteln, daß alle meine ausführlichen Pläne und Vorschläge sorgfältig geprüft und erwogen seien und daß dieselben jetzt in ihrem Ganzen von Mr. Bevin und auf der kürzlichen Konferenz der Außenminister gebilligt und genehmigt worden seien.

In dieser Konferenz der Außenminister sei beschlossen worden, Deutschland dürfe nicht nur für ausländische Rechnung Schiffe jeden Types und jeder Größe ohne Einschränkung in Geschwindigkeit bauen. Deutschland dürfte jetzt auch für sich selbst solche Schiffe bauen oder erwerben ohne jegliche Einschränkung betreffs Geschwindigkeit derselben und wäre auch eine Anzahl von Passagieren erlaubt. In ganz kurzer Zeit würde Deutschland auch höchst wahrscheinlich die Erlaubnis erhalten, sich ohne Einschränkung am Passagierdienst zu beteiligen.

Um Erlaubnis zu erlangen, sich wieder am Walfang beteiligen zu dürfen, seien die Aussichten nicht so günstig, da bedeutende Schwierigkeiten zu überwinden seien. Der Walfang wird von einer Internationalen Kommission kontrolliert. Diese hat festgesetzt, der Fang sollte auf 16.000 Blauwaleinheiten beschränkt bleiben. Obwohl die Fangzeit auf 3½ Monate beschränkt sei, meinte er, die jetzt vorhandenen Fangschiffe könnten dieses Resultat unter sehr günstigen Umständen schon in einem Monat erreichen.

General Vicary sprach sich sehr anerkennend über meine andauernden und energischen Bemühungen aus und über meinen umfangreichen Schriftwechsel, der, auf ausgedehnte und umfassende fachmännische Kenntnisse und Erfahrungen begründet, immer klar und sachlich gehalten sei. Zuweilen seien meine Ausdrücke wohl etwas frei und derb gewesen, aber doch immer rein sachlich geblieben, was die allgemeine, volle Anerkennung gefunden hätte.

Er gratulierte mir im Auftrage Mr. Bevins und für sich selbst zu dem endlich erreichten Erfolg und er hoffe, dieses Entgegenkommen von Seiten Großbritanniens würde gebührend von Deutschland gewürdigt werden und zum guten Einvernehmen und zur Freundschaft beider Länder führen.

Hochachtungsvoll

gez. Kpt. Julius Tadsen
Wyk auf Föhr

Abschrift

Julius Tadsen
Wyk auf Föhr

den 27. November 1951

Das Bundesverkehrsministerium
Hamburg

Ich möchte Bezug nehmen auf meinen ausgedehnten Schriftwechsel einliegenden, ausführlichen Berichten, ganz besonders auf mein Schreiben vom 16. X. 1950 und Ihre geehrten Erwiderungen vom 11. IV., 24. V. und 11. IX.

Erlaube mir folgende Tatsachen festzustellen, wie dieselben nach Behauptung von dem Militair-Gouverneuren, von dem Britischen Außenminister Mr. Bevin und „The Office of the Military Government for Germany" (U. S. L) festgestellt wurden.

In Anbetracht meiner besonderen Stellung und meiner langjährigen Erfahrungen habe ich versucht, die Alliierten zu bewegen, Deutschland endlich die Erlaubnis zu erteilen, sich in bescheidenem Maße wieder an der Frachtschiffahrt und am Walfang beteiligen zu dürfen und daß die Abmontierungen aufhören sollten.

Es wurden von mir konkrete, auf rein sachlicher Unterlage begründete Pläne und Vorschläge, die mit fachmännischer Kenntnis in allen Einzelheiten genau ausgearbeitet waren, vorbereitet.

Am 30. XI. 1948 habe ich diese allen Alliierten Stellen unterbreitet.

General Clay, der Militair-Gouverneur der U.S.A.-Zone antwortete mir, meine Pläne hätten volle Beachtung und großes Interesse gefunden. Dieselben seien sorgfältig überprüft und von ihm gebilligt. Dieselben würden der Außenminister-Konferenz in Washington unterbreitet und Annahme befürwortet.

Am 25. IV. erhielt ich eine offizielle Mitteilung von „The Office of the Military Government for Germany“. (U.S.)

Meine Pläne seien von der Konferenz voll und ganz gebilligt worden. Vom Marshallplan seien Gelder zur Verfügung gestellt, um dieselben auszuführen. Mr. Hoffmann hatte mir dies in seinem Schreiben vom 31. I. zugesagt.

Mr. Bevin hätte jedoch verschiedene Beschränkungen gegen die Wünsche der U.S.A. durchsetzen können.

Ich habe mich mit Mr. Bevin in Verbindung gesetzt, ihn zu bewegen, auf seine erreichten Beschränkungen zu verzichten, da Britannien dadurch keine Vorteile erreichte, dies hat zu ausgedehnten, fortlaufenden und energischen Verhandlungen geführt und sind scharfe Vorhaltungen gemacht worden, die aber immer sachlich von mir begründet werden konnten.

Mr. Winston Churchill und der Manchester Guardian, die ich darum ersucht hatte, haben mir ihre Unterstützung gewährt.

Am 16. X. 1950 teilte Vicary mir persönlich mit, er käme im Auftrage von Mr. Bevin, um mir die Nachricht zu überbringen, daß meine Original-Pläne und die Ergänzungen nochmals überprüft und jetzt gebilligt seien. Deutschland erhält die Erlaubnis, Frachtschiffe jeder Größe ohne Einschränkung der Geschwindigkeit zu bauen, sowohl für eigene als auch ausländische Rechnung, es wird auch baldigst die Erlaubnis erteilt, sich ungehindert an der Passagierfahrt zu beteiligen und die erforderlichen Schiffe zu bauen, Deutschland kann sich wieder am Walfang beteiligen und es werden die Abmontierungen aufhören. Nach dem Bericht von General Clay haben dieselben schon seit dem 4. IV. 1949 aufgehört. (Nach Kieler Zeitungsberichten war die hiesige, letzte Demontage am 6. VIII. 1950, dazu Foto in dem Blatt.)

Mr. Bevin hätte ihn weiter beauftragt, mir seinen Glückwunsch und die Anerkennung auszusprechen, daß meine fortlaufenden, unermüdlichen und energischen Vorhaltungen somit zum vollen Erfolg geführt hätten. General Vicary gratulierte mir ebenfalls zu diesem Erfolg.

Obiges ist erst der Deutschen Regierung offiziell am 4. IV. 1951 bekanntgegeben worden.

Einliegend sende ich die Abschrift eines weiteren Berichtes. Ich würde Ihnen sehr dankbar sein, wenn Sie das erwähnte Gesuch um Gewährung einer bescheidenen Rente als Anerkennung für die erreichten Erfolge wohlwollend unterstützen wollen.

Hochachtungsvoll
Julius Tadsen, Kapitän und Inspektor i/R.

*

Nachdem ich diesen letzten Satz des Briefes vernommen, wurde mir ein wenig „weh“ ums Herz. Hoffentlich hat man diesem aufrechten, echt deutschen Manne seinen Wunsch erfüllt!

(Der Autor)

Abschrift

Euer Wohlgeboren lasse ich das beifolgende im Auftrage des Herrn Reichskanzlers Ihnen als Prämie für umfassende Beobachtungs-Aufzeichnungen während Ihrer Fahrzeit als Seesteuermann, sowie für hervorragende Leistungen bei Ihrer Prüfung zum Seeschiffer auf großer Fahrt in Hamburg am 8. - 12. d. M. erteilte Exemplar des Werkes: „G. Neumayer, Anleitung zu wissenschaftlichen Beobachtungen auf Reisen“ ergebenst zugehen.

Der Reichs-Inspektor für die
Seeschiffer- und Seesteuermanns-Prüfungen
gez. Schrader

Diese gestiftete Prämie besteht aus zwei Exemplaren, beide liegen hier vor mir. Trotz des gezeigten großen Anerkennungs- und Auszeichnungsschreibens für Tadsen finde ich in jedem Exemplar die fast gleiche persönliche Widmung vom Reichsinspektor unterzeichnet vor.

Der Autor dieser beiden Bücher steht schlicht mit G. Neumayer bezeichnet. Hinter diesem einfachen Wort steckt ein für den Seemann und unsere Seefahrt einmaliger großer deutscher Mann und Wissenschaftler. Und um sein sich selbst gestecktes Ziel zu erreichen, scheute er sich keinesfalls als Dr. Neumayer an Bord eines Seglers in niedriger Rangstufe anzuheuern, und dadurch wurde auch er unter die Bürger der Ozeane und Meere eingereiht.

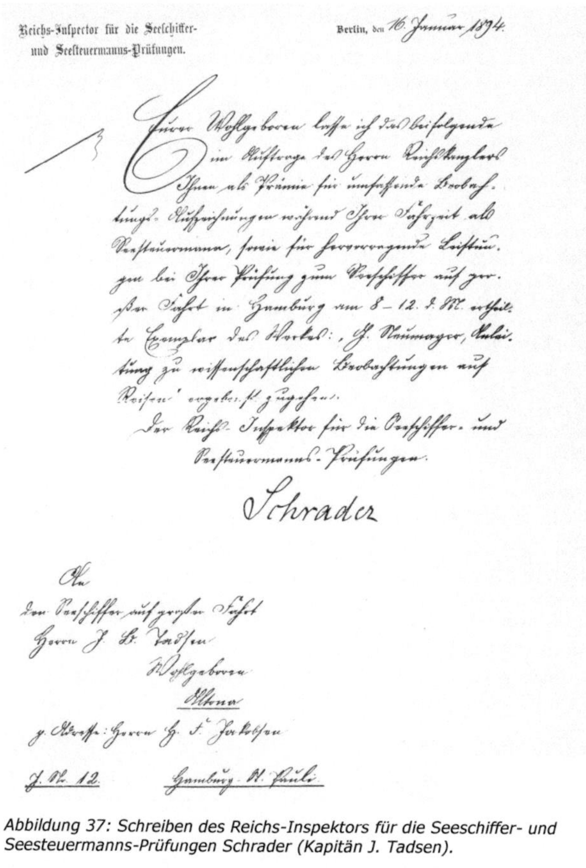

Reichs-Inspector für die Seeschiffer- und Seesteuermanns-Prüfungen.

Berlin, den 16. Januar 1894.

Euer Wohlgeboren lasse ich das beifolgende im Auftrage des Herrn Reichskanzlers Ihnen als Prämie für umfassende Beobachtungs-Aufzeichnungen während Ihrer Fahrzeit als Seesteuermann, sowie für hervorragende Leistungen bei Ihrer Prüfung zum Seeschiffer auf großer Fahrt in Hamburg am 8.–12. d. M. erhaltene Exemplar des Werkes: „G. Neumayer, Anleitung zu wissenschaftlichen Beobachtungen auf Reisen" ergebenst zugehen.

Der Reichs-Inspektor für die Seeschiffer- und Seesteuermanns-Prüfungen.

Schrader

An
den Seeschiffer auf großer Fahrt
Herrn J. St. Tadsen
Wohlgeboren
Altona
z. Adresse: Herrn H. F. Jacobsen

J. Nr. 12. Hamburg St. Pauli

Abbildung 37: Schreiben des Reichs-Inspektors für die Seeschiffer- und Seesteuermanns-Prüfungen Schrader (Kapitän J. Tadsen).

Zur Ehre auch dieses Mannes berichte ich in kurzen Worten von Kapitän Ernst Römer, aus dem Heft 4, 1957, „Der Albatros“, Zeitschrift der Deutschen Sektion der AMICALE INTERNATIONALE DES CAPITAINES AU LONG-COURS CAP HORNIERS.

Georg Balthasar Neumayer wurde am 21. Juni 1826 in der bayrischen Rheinpfalz als Sohn eines Bürgermeisters und Notars geboren. Nach seiner Gymnasialzeit bezog er 1845 die Technische Hochschule in München, um Ingenieurwissenschaften zu studieren. Es folgte das Staatsexamen und später die Promotion. Als junger Doktor, Sohn eines begüterten Vaters, stand für ihn die Welt offen.

1850 betrat er erstmalig die Planken eines Seglers, der hamburgischen Bark „LUISE“, im Hafen von Rotterdam. Nachdem er bewies, daß er als studierter Mann sich nicht scheute, selbst in der Ladung seinem neuen Stande gemäß Mauersteine, für Brasilien als Ladung bestimmt, zu mannen, wurde er vom Kapitän als Leichtmatrose für die Reise angenommen. Nach nicht allzulanger Zeit nach Hamburg zurückgekehrt, legte er hier an der Navigationsschule sein Steuermannsexamen ab. Im März 1852 mustert er als Matrose in Hamburg zu einer Reise nach Australien an Bord der Bark „REIHERSTlEG“ an. In Melbourne wird dieser Matrose ordnungsmäßig abgemustert. Hier sieht er sich wissenschaftlich um. Ende 1853 segelt er mit dem berühmten Clipper „THE SOVEREIGN OF THE SEAS“ als navigierender Passagier nach London. In Australien war in ihm der Plan gereift, ein geophysikalisches Observatorium zu gründen. Er gewann König Maximilian II. von Bayern für seinen erstaunlichen Plan, und im November 1856 schiffte er sich in Hamburg mit seiner Ausrüstung an Instrumenten zur Fahrt nach Australien ein. Dort angekommen, errichtet er mit Hilfe der Kolonialregierung das Flagstaff Observatorium in Victoria. Zum Direktor ernannt, bringt er dasselbe zu voller Blüte. 1864 gibt er sein Amt in Australien auf und kehrt mit einem englischen Clipper nach England zurück. In London wird ihm ein ehrenvoller Empfang zuteil, dann zieht er weiter nach Deutschland.

Jetzt geht es um das Ziel seines Lebens. Seine wissenschaftlichen Arbeiten, untermauert durch seine Matrosen-, seine Schiffsoffiziers- und navigatorische Praxis in der Seemannslaufbahn, sind die tragenden Säulen zu seinem Vorhaben.

1868 gründete ein Wilhelm von Freeden mit Hamburgs Unterstützung eine Norddeutsche Seewarte als Privatinstitut. Der Vater dieses Gedankens war G. Neumayer. 1871 wurde es die Deutsche Seewarte. Neumayer wirkte zu der Zeit als Hydrograph in der Admiralität in Berlin. Im Jahre 1875 brachte es Dr. Neumayer fertig, die

Seewarte zur Reichsanstalt umzugestalten, und 1876 wurde er dortselbst zu ihrem Direktor ernannt.

Im Jahr 1900 wurde ihm von seinem Landesherrn der persönliche Adel verliehen, der Kaiser ernannte ihn zum Wirklichen Geheimen Admiralitätsrath. Seine letzten Lebensjahre verlebte er in seiner pfälzischen Heimat, und als immer noch lediger Mann verstarb dieser für unsere Seefahrt große bedeutende Wissenschaftler hochbetagt am 24. Mai 1909.

Dienstantritt

1909. Meine Reise mit der Viermastbark „EILBEK“ von Hamburg nach Santa Rosalia im Golf von Californien und weiter nach Australien

Pünktlich am 23. März 1909 meldete ich mich zu meinem Dienstantritt an Bord des Seglers „EILBEK“.

Abbildung 38: „EILBEK“ im Vordergrund (Archiv).

Unser Kapitän, Thode mit Namen, machte auf mich einen guten Eindruck, ein anscheinend ruhiger, etwas beleibter Herr. Er war hier an Bord zuvor I. Steuermann gewesen und sollte nun seine erste Reise als Kapitän mit diesem Schiff machen. Wie alle Segler dieser Größe fuhr auch er drei Steuerleute. Unser II. fiel uns allen besonders auf. Er war ein langer, im Wachstum sehr hochgeschossener, schlaksiger Typ. Doch dieses war es nicht alleine. In seinen Stiefeln trug er auf Wache auf See keine Strümpfe, selbst bei Kap Horn fehlte ihm die Unterwäsche; er biß sich so durch. Er war verheiratet und hatte viele Kinder. Für diesen Mann war bei uns allen ein gewisses Mitleid vorherrschend, und für mich diente es zur Lehre, aufzupassen, damit ich nicht in eine ähnliche Lage hineingeriet. Zur damaligen Zeit gab es kein Kindergeld, keine soziale Fürsorge; ein jeder mußte selbst für das einstehen, was er sich aufgeladen hatte. Während des ersten Weltkrieges traf ich ihn in Chile wieder. Er wurde dort Kapitän eines Großseglers. Ich freute mich zu seinem Glück, doch endete sein Leben nach Monaten in einer Irrenanstalt.

Die „EILBEK“ sah aus, wie es nicht anders sein konnte; sie war bei der Ladungs-Übernahme. Diese kam, gemessen an der heutigen Eile, nur langsam längsseit. Vieles lag ohne Ordnung durcheinander an Deck herum. Jetzt begannen wir mit dem II. Steuermann Aufklarungsarbeiten, sowie Übernahme des Proviants und der Ausrüstung für die kommende Reise.

Zur Zeit waren nur zwei Junggrade an Bord, ich wurde der dritte der Mannschaft, doch bald folgten weitere Besatzungsmitglieder. Die Witterung war kalt und ungemütlich zu dieser Jahreszeit. Im Logis hatten wir keinen Ofen, und daher war es innerhalb des Raumes klamm und feucht. Im Logis sah ich die beiden ohne Kopfbedeckung, sie hatten sich gegenseitig die Haare geschnitten. Es war zum Lachen, das Haar war voller gewaltiger Treppen. Lächelnd sagten sie: „Wir gehen doch nicht mehr an Land, und auf See wächst sich alles wieder zurecht.“ Geld haben sie nicht opfern wollen für diese Schönheit. Dieses als Beispiel der Genügsamkeit des Seemannes, der später hat Nautiker werden wollen. Alle waren von zu Hause aus nicht begütert und mußten sich für den Besuch der Navigationsschule das Geld selbst verdienen und ersparen. Gott sei Dank gab es damals keine inflationistischen Tendenzen. Das ersparte Geld auf der Bank behielt seinen Wert, und niemand dachte daran, daß es eines Tages mit der Kaufkraft davonlaufen könnte.

Bei der ersten Mahlzeit wurde ich bitter enttäuscht, hier erkannte ich, wie mein Brotherr meinen Wert einschätzte. Der Unterschied zum „THOR“ war gewaltig. Dort wurde meine Arbeit durch eine gut mundende Verpflegung ausgeglichen, und ich persönlich fühlte mich hierdurch als arbeitender Mensch geachtet. Die Margarine, die ich hier vorgesetzt bekam, sah gelbbrötlich aus; im Munde wollte sie sich schwer auflösen, sie klebte noch lange am Gaumen nach. Der Hunger trieb es hinein, die Arbeit an der frischen Luft sorgte für einen guten Appetit, und ein Ausweichen auf andere Lebensmittel war nicht gegeben. Wer dies liest und an die reiche Auswahl in der Verpflegung der an Land lebenden Menschen denkt, wird es nicht begreifen können. Am liebsten wäre ich davongegangen, doch leider hatte ich gemustert, so hielt ich aus. Mir taten nur die Besatzungsmitglieder leid, die auf diesem Segler für eine monatelange Heimreise Tag für Tag solch minderwertige Margarine haben zu sich nehmen müssen. Ja, ich hatte bessere Zeiten gesehen!

Ende März 1909 war das Schiff beladen, die Ladeluken wurden seegerecht geschalkt, daraufhin vollständig Reinschiff gemacht und die Segel untergeschlagen. Bei dieser Arbeit auf dem Achterdeck hörte ich, wie mein Kapitän erzählte, die Viermastbark „WANDSBEK“ sei am 19. März auch mit Koks und Briketts beladen nach Santa Rosalia abgesegelt. Während dieser Zeit habe es überwiegend westliche Winde für den Segler gegeben. Also meinte er, „WANDSBEK“ könne noch nicht allzu weit sein. Dann lachte er vergnügt, und unter Schmunzeln hob er seinen rechten Arm mit der brennenden Pfeife in der Hand, so als sei es ein Schwur, und sagte: „Wenn ich mit diesem Segler die Nase bei Cuxhaven in See stecke, bekomme ich – Ost-Wind – und nichts anderes, das sollt ihr erleben!“ Wir guckten uns nur lächelnd an und dachten, wie kann ein Mann, der selbst Seemann ist und bestimmt schon Rückschläge in Bezug auf Wettervorhersage erlebt hat, sich so, noch dazu als Kapitän seinen Leuten gegenüber, festlegen. Jedenfalls waren wir sehr skeptisch, in Kürze würden wir es ja sehen.

Über den Atlantik

Es kam bald der Tag, an dem wir unseren Schlepper erhielten. Wir begannen unsere Reise mit dem abgeladenen Segler elbeabwärts, rund Kap Horn nach Santa Rosalia im Golf von Californien.

Am 31. 3., 11 Uhr nachts passierten wir bei ganz ruhigem Wetter fast ohne einen Windhauch Cuxhaven. Nach kurzer Schleppzeit am nächsten Vormittag in einer ruhigen, nur durch eine leichte Dünung bewegten See, regte sich unter dem bedeckten Himmel ein schwacher nordöstlicher Zug. Wir dachten an die Worte unseres Kapitäns, er sollte recht behalten. Der Wind nahm langsam zu und entwickelte sich im Laufe der Stunden zum Sturm. Mit Beginn des Windes setzten wir die Unterstagsegel, unsere Fock, dann folgend die drei Untermarssegel mit dem Besan. Zum Abschluß ließ der Kapitän noch das Groß-Obermarssegel setzen. Mit zunehmendem günstigen Winde setzte ein Schneetreiben ein, die Sicht wurde weniger. Kaum hatten wir Matrosen unsere Wacheinteilung erhalten, doch unter uns selbst noch nicht die Reihenfolge des Rudertörns geregelt und abgesprochen, so wurde ich gegen 1 Uhr mittags vom Kapitän ans Ruder befohlen. Unseren Schlepper hatte er schon entlassen, da wir mit den eigenen Segeln bei dem ruhigen Wasser und dem zunehmenden Winde in unsere Schlepptrosse mehr und mehr Lose bekamen. Mit meiner Ruderablösung zugleich kommandierte der Kapitän: „Mit beiden Wachen und den Mittschiffsgästen das Groß-Obermarssegel festmachen!“ Alles enterte nach oben, nachdem die Rahe niedergefiert und das Segel, soweit es ging, dichtgegeit war. Das Schneetreiben wurde noch heftiger, die Sicht war aufs äußerste herabgesetzt. Jetzt segelten wir mit den aufgebraßten Rahen beinahe dwarswinds auf unserem Kurs dahin. Ich hatte das Ruder übernommen, stand an meiner Luv-Steuerbordseite des großen Rades, den linken Arm querab nach Backbord mit dem Druck gegen das Rad, den rechten Arm abwärts mit der Hand die passende Speiche hochziehend, und zur Entlastung setzte ich noch das rechte Knie mit darunter. Vier volle Stunden stand ich in dieser Stellung, ohne meine Körperhaltung verändern zu können. Der Ruderdruck war derart hart, hätte ich nachgegeben, wäre der Segler aufgeluvt und vom Kurse abgewichen, und ich alleine hätte mit meiner Kraft das Ruder nie wieder zurückgedreht bekommen. Ich biß meine Zähne zusammen, ich wollte meinen Ruf als junger Matrose nicht gefährden, jeder wurde eingeschätzt nach seiner Leistung. Dieser jetzt passende Ruderdruck zur Segelfläche war derart ausgeglichen, daß der Segler, da die See sehr ruhig war, schnurgerade auf den gegebenen Kurs ohne Abweichung dahinsegelte. Der Kapitän lief unruhig an der Steuerbordseite auf dem Achterdeck von vorne nach achtern und umgekehrt, dabei eine Pfeife nach der anderen rauchend, hin und her. Die dicken angesammelten Schneemassen am Besanmast fielen von Zeit zu Zeit polternd und krachend aufs Achterdeck und spritzten dem Kapitän vor die Füße.

Die Zeit verrann, ich sah, wie der Kapitän, ungeduldig über absolut keinen Fortgang auf der Groß-Obermarsrahe, sich im Stillen grämte. Ich glaubte, er hätte seinen Befehl lieber zurückgenommen, doch die Disziplin ließ es wohl nicht zu.

Beim Rollen und Stampfen eines Seglers in einer stürmischen See ist der Winddruck im Segel nicht gleichmäßig hart, er ist veränderlich. Diese Veränderung ausnutzend, war die Gewähr dafür, ein Segel in gebührender Zeitspanne einnehmen zu können. Hier war es nicht der Fall, der Winddruck war stets gleichmäßig im Segel, so daß sich die Leute die Finger blutig krallten in diesem nassen, harten Segeltuch. Erst im Laufe der Zeit bewegte sich die See und ließ ein leichtes Stampfen und Rollen des Seglers zu und damit auch das Bergen dieses Segels. Für mich hat es sich nie wiederholt, vier volle Stunden ununterbrochenes Krallen ohne Erfolg auf ein einziges Obermarssegel zu verwenden.

Dann kam meine Stunde der Ablösung vom Ruder. Bislang hatte ich in der Aufregung des gesamten Geschehens um mich herum nur ein totes Gefühl im ganzen Körper verspürt. Als ich befreit war, waren mein rechtes Bein und meine Hände und Arme wie gelähmt, die Finger der Hand wollten nicht gerade kommen. In beiden Handflächen, an den Stellen des Druckes, hatte ich nur das rohe Fleisch, die Haut war wohl irgendwo geblieben, ohne daß ich es bemerkt hatte.

Es war für mich ein einmaliges, schmerzliches Erlebnis sonderbarer Art!

Am zweiten Tage nach Passieren Cuxhavens war an Bord eine kleine Aufregung. Einige der Besatzungsmitglieder hatten nach ihrer Auffassung Ungebührliches festgestellt, der Koch hatte in seiner Kombüse übernachtet. Der Koch, der seine Kammer im Achterschiff mit dem Steward zu teilen hatte, wollte nicht mit diesem Menschen zusammen wohnen. Der Kapitän entschied sich dafür, daß der Koch auch in seiner Kombüse schlafen dürfte, wenn er es absolut wollte. Der Zimmermann erhielt den Auftrag, sofort für den Koch in der Kombüse über seiner Bank ein Bord einzubauen, auf dem er sein Bettzeug während der Tageszeit unterbringen konnte. In der ersten Zeit war der Koch für jeden ein unbeschriebenes Blatt, aber er imponierte, er war sehr sauber, er wurde für uns alle der Koch, mit dem wir anscheinend zufrieden sein konnten. Daß es auch vorkommen konnte, daß die Erbsen- oder Bohnensuppe einmal anbrannte, war wohl bei der Primitivität des ganzen nicht verwunderlich; es durfte zwar nicht sein, doch es passierte. Er in seiner Person war schon alt und äußerlich keine robuste Erscheinung.

Zwei Tage nach „WANDSBEK“, am 4. April 1909, passierten wir Lizard Head. Somit hatten wir unseren Vordermann um ca. zehn Tage aufgeholt. Wenn dies so weiter ging, müßte der Segler „EILBEK“ ja an der „WANDSBEK“ vorbeirasen, als stünde er still. Nein, so war es nicht! Der Segler „WANDSBEK“ wurde geführt von einem alten erfahrenen Großsegler-Kapitän. „WANDSBEK“ hatte am Beginn seiner Reise widrige Winde, der Segler mußte sich mühsam kreuzend seinen Weg nach Westen Meile um Meile erkämpfen, und wir mit der „EILBEK“ wurden vom Sturme auf unserem Kurse nur so dahingetragen. Gewiß war der Segler, auf dem ich war, „WANDSBEK“ um eine Kleinigkeit an Schnelligkeit überlegen; doch die Hauptsache blieb stets ein günstiger Wind.

Fest stand, des Kapitäns Trachten war darauf gerichtet, den Segler „WANDSBEK“ an Schnelligkeit zu überbieten, möglichst vor dem anderen im Löschhafen zu sein. Eine menschlich verständliche Sache. Stand ich am Ruder, war ich in der Nähe des Achterdeckes beschäftigt und der Kapitän war zugegen, so hörte ich nur über „WANDSBEK“ debattieren: „Wo ist der Segler, wo mag er sein?“ usw. Natürlich bliesen wir alle in das Horn unseres Kapitäns!

Nach ca. drei Wochen Reise erreichte uns ein schwacher NO-Passat. Es war an einem Montag, dem 19. April 1909. Montags gab es Erbsensuppe, Pellkartoffeln mit Salzspeck. Es waren heute die letzten frischen Kartoffeln, sie waren innen teils schwarz verfärbt, doch der Appetit, entstanden an der frischen Luft bei körperlicher Arbeit, ließ sie zusammen mit der Suppe und dem fetten Salzspeck munden. Ab dann gab es fast täglich Präservekartoffel, sie hatten einen für mich sehr strengen Geruch und waren ohne Wohlgeschmack. Ich aß sie stets widerwillig.

In unserer Speiserolle steht geschrieben: „Drei Wochen nach der Ausreise sind für den Mann täglich 20 Gramm Citronensaft zu verabreichen, zweckmäßig in Mischung mit 20 Gramm Zucker, etwas Rum und ungefähr 4/10 Liter Wasser.“

Ferner steht geschrieben: „Vom Heimathafen ausgehend, ist für die Mannschaft Bier mitzunehmen bis zu 50 Liter für den Mann.“ Das uns hier an Bord gegebene Bier war bitter, so bitter, als würde ich Chinin-Wasser trinken. Niemand an Bord verlangte daraufhin mehr von dem Bier. Ich habe nur eine Tasse (da wir keine Gläser zur Verfügung hatten) hiervon zu mir genommen; da war mein Bedarf gedeckt.

Jetzt mag man nach der Begründung fragen, warum der Schiffsmann nicht sein ihm zustehendes Recht verlangte. Es ist leicht erklärt. Fast alle Matrosen auf diesen Seglern wollten beruflich weiter, die überwiegende Zahl begnügte sich mit dem, was man ihnen vorsetzte, aus vielerlei Gründen.

Zum Besuch der Navigationsschule wurden 48 Monate Fahrzeit vor dem Mast verlangt, hiervon 24 Monate als Matrose, von diesen 24 Monaten 12 Monate auf einem Segler. Und der schlaue und etwas begüterte Mann, dem der Segler, das Segeln und die Seefahrt in dieser Form nichts bedeuteten, hielt sich auch nicht einen Tag länger als nötig auf diesen Seglern auf, den Rest der Fahrzeit legte er auf Dampfschiffen zurück. Da dieser Mann beruflich vorwärts wollte, mochte er auch auf den Seglern nirgends anecken, so wußte er, ein gutes Dienstzeugnis war ihm sicher.

Ein weiterer Grund war, daß der Beschwerdeführer riskierte, als Gegenwehr der Schiffsführung, der Schikane ausgesetzt zu werden. War der Matrose in Seemannschaft nicht so auf der Höhe, genügte es, der Kapitän nahm sich die Freiheit, den Betreffenden im

Dienstrange herabzusetzen und ihm zugleich die Heuer zum neuen Rang in weniger Bezahlung zu diktieren. Sein so begehrter Matrosenrang war dahin, für den er jetzt meinte zu arbeiten. Diese Strenge, zur Aufrechterhaltung der Disziplin während der Reise, ist gar oft vorexerziert worden. Die Macht der Schiffsführung war groß; zur Sicherheit aller, der Menschen, des Seglers und der Ladung, mußte dieses aber sein.

Ich war zur Zeit auch Matrose und, soweit mein Charakter es zuließ, nahm ich derartiges, das man uns allgemein zudachte und verabfolgte, gleichgültig hin, denn auch ich wollte weiter. Später, mit zunehmendem Alter und vor allem in Vervollkommnung meines Matrosenberufes, habe ich mich gegen Ungerechtigkeiten im Namen meiner Kameraden mit Erfolg eingesetzt, doch dieses wird angeführt, wenn der Zeitpunkt gekommen ist.

Nichts sollte mir die Seefahrt auf Seglern verleiden, befand ich mich doch in einer gewissen Zeit der Durchschleusung zu meinem mir gesteckten höherem Ziele. Die See, der Segler mit seiner Segelpracht, der Kampf mit den Naturgewalten in Gottes freier Natur, war meine Welt!

Es gab nichts, was mich hiervon abbringen konnte!

Eines Abends im Nordost-Passat bei schönstem Wetter kam durch geheimnisvolle Flüstersprache durch, daß wir von der Wache vom Koch in die Kombüse eingeladen seien. Wir waren sprachlos und fanden im Moment keine Erklärung, es sollte auch für uns eine Überraschung sein. Einen Kameraden von uns hatte er sich zum Pediküren herangeholt. Als Entlohnung wurde ihm manch Eßbares zugesteckt, und niemand mißgönnte es ihm. Auf Anordnung des Kochs hatte er schon zuvor die Scharniere der eisernen Kombüsen-Doppeltür abgeölt, damit diese beim Öffnen und Schließen keinen quietschenden Ton von sich geben sollte, denn ein derartiges Geräusch lenkte die Aufmerksamkeit des Wachhabenden zur scharfen Beobachtung auf diesen Punkt. Es war auf jedem Großsegler ein unumstößliches Gesetz, daß sich niemand von der Wache an Deck in Räumlichkeiten, sondern nur an Deck aufzuhalten hatte, selbst auch in der Passatgegend. Und dies wußte auch unser Koch und strebte danach, daß sein Vorhaben ein Geheimnis der Schiffsführung gegenüber blieb. Später erfuhr ich, es war dem Kapitän schon längst hinterbracht, und dieser schmunzelte nur und freute sich darüber, daß der Koch zum Wohle und zur Zufriedenheit beitrug. Und dies tat der Koch durch seinen Plan.

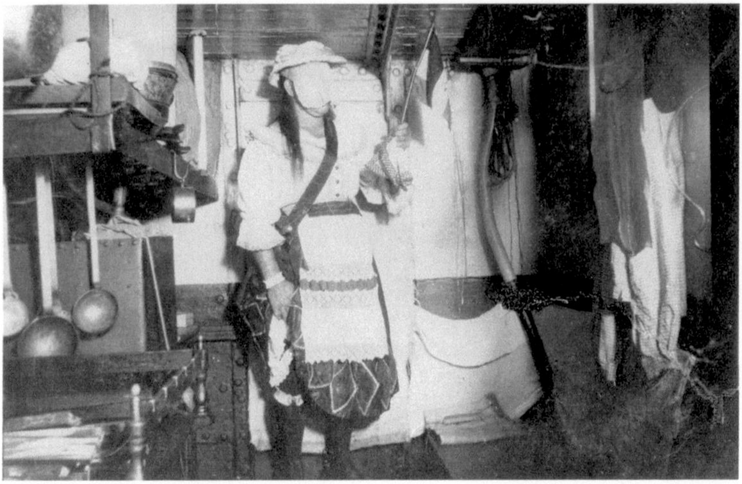

Abbildung 39: Unser Koch als Dame verkleidet an Bord, auf See in der Kombüse des Seglers „EILBEK" (Kapitän Seehase).

Wir hatten uns vor der Kombüsentür bei einem klaren Mondenschein und leichter Brise an der Backbordseite zusammenstehend eingefunden. Der Koch öffnete auf ein verabredetes Zeichen und bat im Flüstertone um große Ruhe, damit unser II. Steuermann, der die Wache hatte, nichts merken konnte. Teuflischerweise und zum Schrecken aller gab die eiserne Tür beim Öffnen und Schließen doch einen leichten quietschenden Ton von sich. Auf Zehenspitzen schleichend, betraten wir sein Heiligtum. Wir waren überrascht! Es duftete nach Bohnenkaffee und Gebackenem, nach Sachen, die sonst würdigeren Erdenbürgern vorbehalten waren, doch nicht für uns als Gaumenkitzel gelten durften. Der Raum war abgedunkelt, geheimnisvoll, wenn ich ehrlich sein soll.

Wir wurden aufgefordert, irgendwo im Raume Platz zu nehmen. Der Koch war als Dame verkleidet. Über seinen grauen Bart hatte er eine Binde gelegt, an den freien Armen trug er an den Handgelenken Ringe, Armbänder, um seinen Hals Kettenschmuck. An der Steuerbordseite, an der Tür, hatte er sich ein kleines Podest, mit der deutschen Flagge überdeckt, eingerichtet. Auf dieses stieg er und hielt in seiner Hand eine kleine deutsche Fahne, schwarz-weiß-rot. Bohnenkaffee und Zucker wurden serviert, selbstgebackener Rosinenkuchen dazu gereicht, und bevor es uns munden sollte, hatten wir leise unser Deutschlandlied zu singen. Er dirigierte, er schwenkte seine Fahne dazu. Nach Beendigung dieses Gesanges durften wir uns laben. Dann folgten weitere Lieder, die er angab, und noch einmal wurden Kaffee und ein Stück Kuchen gereicht. Wir konnten mit unserem Koch zufrieden sein, und wenn dann einmal etwas angebrannt serviert wurde, so wurde mit Nachsicht stillschweigend darüber hingesehen aus Dankbarkeit für andere empfangene Wohltaten.

Bei einer solchen Gelegenheit offenbarte uns der Koch, er würde, wenn wir in Santa Rosalia lägen, seinen Geburtstag feiern. Dazu beabsichtige er, sämtliche Besatzungsmitglieder der dort liegenden deutschen Segler zu sich an Bord einzuladen. Er würde sich zur Vervollständigung seiner Garderobe auch ein paar Damenschuhe zulegen. Und er hielt sein Wort.

Es kam in Santa Rosalia der Tag seines Geburtstages. Sein Pediküreer war mit ihm zum Kauf seiner Damenschuhe gegangen. Der Koch probierte und probierte. Sein Begleiter beriet ihn, diese Schuhe seien zu klein für seinen Fuß, nein, er wollte es nicht wahrhaben, es nicht einsehen. Trotz Widerspruchs kaufte er dann ein solch viel zu kleines, enges Paar. Die Stunde des Festes kam, er zog die Damenschuhe an, wenige Schritte damit getan, sagte er: „Nein, ich kann nicht darin gehen, was mache ich nur?“ Sein Berater riet, er solle sich Luft darin verschaffen. Es wurden an den Druckstellen das Leder eingeschnitten, und siehe da, es ging. Niemand kümmerte sich in Wahrheit um das Aussehen seines Damenschuhes, die fremden Bordkameraden, die zur Gratulation erschienen, wollten doch nur bessere Sachen genießen und trinken. Es wurde tatsächlich ein einmaliges festliches Zusammentreffen fremder Besatzungsmitglieder an Bord eines deutschen Seglers, der Viermastbark „EILBEK“. Es geschah auch nur, weil der Kapitän es dem Koch als eine gütige Ausnahme erlaubte. Fast jeder Kapitän sah nicht gerne fremde Seeleute zu Gast auf seinem Segler, geboren aus alten Erfahrungswerten.

Es lagen nur das Vollschiff „PARNASSOS“, die Viermastbarken „WANDSBEK“ und „EILBEK“ zu dieser Zeit hier im Hafen.

1906 hatte unser Koch das Erdbeben in San Franzisko miterlebt. Alle damals dort liegenden Schiffe haben Menschen in Not vorübergehend an Bord aufgenommen. Beim Abzug der Beherbergten sei ihm diese Damenkleidung und der Schmuck vererbt oder in die Hände gespielt worden.

Ab Santa Rosalia hörte die nächtliche Bewirtung der Wachen an Deck auf. Es war ein eisiges Schweigen eingetreten. Möglich, daß der Proviantverschleiß hierdurch dem Kapitän zu viel wurde und er es dem Koch untersagte. Der Koch hat noch manche Reise mit diesem Segler gemacht, und ich habe jetzt vor kurzem erfahren, seine Bewirtung der Abendwachen hat er getreulich weiter fortgesetzt. Möglich, daß er sich den Kaffee, den Zucker und die Rosinen hierzu selbst gekauft hat. Doch uns hat dieser Mensch viel Freude bereitet ! ! !

Mit leichten bis mäßigen Winden verliefen die Wachen auf See, kaum daß wir für Stunden die leichten Segel haben einnehmen müssen, bis wir in die Gegend der brasilianischen Küste kamen. Auf einer Morgenwache herrschte mäßige Brise bei völlig klarer Luft. Ein Ruf erscholl aus dem Mast: „Ein Segler in Sicht!“ Wer sich für diesen seltenen Ruf stark interessierte, war unser Kapitän: Er gab an, es sei der Segler „WANDSBEK“. Es wurde Kurs auf diesen Segler genommen. Auf dem neuen Kurs hatten wir eine Dünung recht von vorne. Das Schiff setzte mit dem Bug in die gegenanlaufenden Wogenberge hinein. Man merkte, für Sekunden wurde das Schiff jeweils in seiner Fahrt voraus recht hart gehemmt, es schüttelte sich, es erzitterte in seinem Verband. Die Natur setzte diesem ein Ende. Der Wind nahm zu. Wir begannen mit beiden Wachen die Segel zu bergen. Dann überraschte uns das Unwetter. Mit einem rasenden Sturmwind, begleitet von harten Blitzen und Donnerschlägen, von wolkenbruchartigem Regen und peitschenden Hagelkörnern, wurden wir in unserer Takelage überrascht. Der Tag hatte sich verfinstert, jegliche Sicht hatte für diese Zeit aufgehört, und als es später abklarte, war unser Mitsegler verschwunden.

Ob es nun tatsächlich die „WANDSBEK“ war, ich habe es nicht feststellen können, doch da unser Kapitän es sagte, galt es als wahr für uns.

Stürmische Überraschungen erlebten wir einige Male in dieser Gegend, doch zerriß uns kein Segel, auch büßten wir keines ein. Die Wachsamkeit unserer Schiffsführung war bestens.

Es kam der 5. Juni 1909. Auf ca. 40 Grad südlicher Breite und ca. 57 Grad westlicher Länge bei heiterem Himmel, schönem Wetter, bei südlicher Dünung und einem leichten bis schwachem Wind sichteten wir die Viermastbark „WANDSBEK“. Jetzt kam Leben ins Schiff. Der leichte Wind kam aus südlicher Richtung, wir steuerten über Backbordhalsen westwärts. Die Segel wurden bestens nachgetrimmt, und auf ein gutes Steuern wurde nun besonders geachtet. Ein jeder tat, was er konnte. „WANDSBEK“ mußte erreicht werden. Schon seit abends zuvor hatten wir ein herrliches Wetter und nun das Glück dazu, unseren Mitsegler zu treffen. Es war immer eine besondere Begebenheit und eine Unterbrechung in dem ewigen Einerlei, wenn so etwas eintraf. Wochen- und monatelang nur über sich den gewölbten Himmelsbogen, rundherum die weite blaue See, die zwar großen Schwankungen und Veränderungen unterworfen sein konnte, aber einen Segler zu sichten und ihn anzusteuern, noch dazu ein Schiff derselben Reederei, bestimmt zum selben Löschhafen, war doch etwas anderes. Die Stimmung des Kapitäns und seiner Frau auf dem anderen Segler mag ja nicht die gleiche gewesen sein, denn kein Kapitän mochte sich von einem anderen Schiffe überholen lassen. Bald sahen wir, wir näherten uns merklich dem anderen und nach Mittag hatte ich den Rudertörn. Jetzt waren wir „WANDSBEK“ soweit aufgelaufen, daß mein Kapitän mit dem Sprachrohr, genannt Flüstertüte, voraus auf die Back eilte. Ich hatte meinen Kurs am Winde zu steuern, weiter nichts. Wir näherten uns Meter um Meter. Der Kapitän winkte von der Back aus mit seinem Arm nach Steuerbord, ich sollte vom Segler „WANDSBEK“ abhalten, den wir direkt voraus an Backbord hatten. Es war ein herrliches Bild anzuschauen, beide Segler unter vollem Zeug nahe beieinander, einmalig. Dann die querlaufende Dünung, welche ein Rollen beider Segler gebot. Natürlich drehte ich das Steuerrad nach Steuerbord, und „EILBEK“ gehorchte und fiel ab. Der Kapitän hob seinen Arm zur Bedeutung, daß ich die jetzige Richtung als Kurs zu halten habe. Der Wind kam aber hierdurch günstiger in unsere Segel, die Fahrt vermehrte sich ein wenig, wir liefen „WANDSBEK“ gut auf. Zwei Schiffsbreiten Parallel-Abstand mögen es gewesen sein, doch nicht mehr. Es kam der Augenblick, da der luvwärts befindliche Segler „WANDBEK“ uns den Wind aus den vorderen Segeln nahm.

Auf dem Segler „WANDSBEK“ standen der Kapitän Köhnke und seine Frau auf dem Achterdeck, recht warm angezogen, das war zu sehen, denn es herrschten nur 7 Grad Celsius. Wie es nicht anders sein konnte, wurde zwischen den Kapitänen und der Frau Köhnke hin und her gesprochen, währenddessen liefen wir mit unserer Back parallel zu seinem Achterdeck, und unser Fahrtüberschuß hörte langsam auf. Jetzt erhielt ich den Auftrag, mehr vom Segler „WANDSBEK“ abzudrehen. Unser Segler reagierte gut, unser Abstand wurde größer, unsere Segel bekamen irgendwie wieder mehr Wind, oder „WANDSBEK“ mag schärfer an den Wind gegangen sein, wir liefen immerhin sehr nahe an ihm vorbei. Beide Segler rollten, gefährlich sah es aus, wenn die hohen Takelagen mit ihren breiten Rahen rollend ineinander schwangen und durch Zufall und Glück sich nicht verfingen. Ein einziges Mal wurde eine Berührung wahrgenommen, ein Schaden, konnte aber nicht festgestellt werden. Bald kamen wir gänzlich voneinander frei und die Frage meines Kapitäns an seinen Kameraden blieb unbeantwortet. Sie lautete: „Wo schneidest Du die Linie auf der anderen Seite?“ (Auf welcher Länge schneidest Du den Äquator im Stillen Ozean).

Die sogenannten brüllenden Vierziger hatten wir erreicht. Zur Zeit ließ sich das Wetter gut an. Zur Passat-Durchsegelung hatten wir die Segel älteren Datums untergeschlagen und nun vor Eintritt in die sturmreiche Gegend erneut einen Segelwechsel kräftigeren Tuches vorgenommen. Es ist ja so, in der Schönwetter-Gegend, dort wo niemals langanhaltende schwere Stürme auftreten und die Segel in Flauten sehr strapaziert werden, genügen ja zum Verschleiß durch endloses Hin- und Herschlagen an Tauen, Masten und Drähten die schlechtesten. So wurde es auf allen hier verkehrenden Großseglern gehalten.

In unserer Takelage wurde bis zur Stunde viel zur Sicherung der Mannschaft getan. Die Fußpferde von den Rahen wurden eins nach dem anderen an Deck genommen, entkleidet, auf die Haltbarkeit geprüft, konserviert, neu bekleidet und daraufhin wieder an ihren Platz zurückgebracht. Vieles habe ich hierbei zugelernt.

Zwei Tage nach dem Treffen des Seglers „WANDSBEK“ segelten wir über Steuerbordhalsen mit NW-Wind, Stärke 7—8, querwinds auf SW-lichem Kurs dahin. Sämtliche drei Royals waren eingenommen und festgemacht.

Ich erhielt vom II. Steuermann auf meiner Wache den Auftrag, mit einer leichten Jolle auf die Kreuz-Royalrahe zu gehen, die Brasse zu lösen und mittels dieser Jolle den Draht soweit wegzufieren, daß mein Kamerad im Besanmast mit dem Ölen des Drahtes beginnen konnte. Sodann hatte ich durch langsames Zurückholen die Brasse, nachdem sie geölt worden war, wieder an der Rahe festzuschäkeln. Zu dieser Arbeit saß ich mit dem Gesicht schiffseinwärts, die Toppnannt der Rahe mit dem Arm umklammert auf der Außennock der Backbord-Leeseite. Der Segler lag durch den harten, stürmischen Wind mit elf Knoten stündlicher Fahrt sehr über.

Nebenbei bemerkt, ein herrliches einmaliges Bild von hier oben anzuschauen, wie der lange, schlanke Segler mit vollgeblähten Segeln seine Bahn in der bewegten See dahinzog. Ein Erleben besonderer Art!

Mit dem Marlspiker hatte ich den Schäkel der Brasse gelöst, die Jolle daran befestigt und begann den Draht derselben zu fieren. Plötzlich verspürte ich ein einruckendes Gefühl an der Toppnannt, sie hatte nachgegeben. Dieser Toppnannten-Draht gab mir meinen Halt hier oben, wenn alles in Ordnung war. Niemals durfte derartiges geschehen, irgend etwas war faul in der Nähe der Mastspitze. Ein gewaltiger Schreck durchschoß mich. Auf dem schnellsten Wege versuchte ich, ins Fußpferd zu gelangen, meinen Halt an der Rahe selbst zu finden, um anschließend aufzuentern, um nachzusehen, was die Ursache hierzu war.

Abbildung 40: Segler „EILBEK“ (Dr. Jürgen Meyer) Zum Text: Oben rechts im Bilde, beim + passierte dieser Fall!

Unten auf dem Großdeck wurde ein böses Schreien und Pöbeln laut. Warum ich meinen Platz verlassen hätte, was mir eingefallen sei, und Gott weiß was noch mehr aus dem Munde meines II. Steuermannes sich ergoß. Doch nichts konnte mein Handeln erschüttern. Oben an der Mastspitze sah ich zu meinem Entsetzen für mich und mein Leben Schreckliches. Die Toppnannt der Royalrahe wurde oben durch ein sogenanntes Grummet gehalten. Es war ein selbstgefertigter Stahldrahtring über die Mastspitze gelegt, zu beiden Seiten hart zum Mast hin eingebunden, und in diese beiden Seitenösen wurden die Toppnannten eingeschäkelt. Die vordere Seite des Grummets war bis auf drei Garne der vielen sechs Kardeelen-Garne vollständig durchgerostet. Diese drei Garne haben mir mein Leben gerettet. Wären diese durch den Ruck gerissen, so wäre die andere Seite des Grummets abgeglitten, und ich hätte durch den plötzlich einsackenden Toppnannten-Draht unweigerlich meinen Halt verloren und wäre aus dieser großen Höhe in die See gefallen und verloren gewesen. So hing mein Leben wieder einmal von einem glücklichen Zufall, von drei Garnen, ab.

Unten an Deck war wohl der Groschen gefallen, nachdem man beobachtet hatte, daß ich zur Mastspitze hinaufgeklettert war. Ruhig wurde ich vom Steuermann nach meinem Abstieg empfangen, sachlich kam der Auftrag, diesen Schaden erst einmal zu beheben. Damit war dieser Fall erledigt.

Ein einmaliges Foto [siehe Abbildung 41 auf der nächsten Seite] aus der damaligen Zeit von vor dem ersten Weltkriege. Es wurde an Bord der Viermastbark „SCHÜRBEK“, ein fast gleiches Schiff wie die „EILBEK“, auf See, unter Segeln aufgenommen. „SCHÜRBEK“ war um ca. 44 NRT größer als „EILBEK“.

Ich möchte mit diesem Foto dem Beschauer zeigen, wie es an Bord der obersten Besegelung in Wahrheit ausgesehen hat. Es führte auf keinem dieser Großsegler eine Steigeleiter bis ganz hinauf zum Topp. Sie können hier die Höhe durch Blick ermessen, welchen Weg ein kleiner Schiffsjunge, durchweg müde und unausgeschlafen, allmorgendlich, sobald es hell wurde, auf nüchternen Magen zu erklettern hatte. Und wenn er Pech hatte, konnte er nacheinander in allen drei Masten die Royal-Gordinge überholen. D. h., die Gordingstaue achterkante des Segels soweit aufzulüften, sie leicht durch ein Kabelgarn tragend zu haltern, daß dies Gordingtau vorne am Segel genug Lose hatte, damit es nicht mit Kraft oder Druck, wenn sich das Segel blähte, daran scheuerte.

Zu dieser Arbeit wurde eine gewisse Rührigkeit verlangt, trotzdem mußte der Betreffende stets auf sein eigenes Leben aufpassen. Ein Fehlgriff, und es konnte geschehen sein!

Wasserhose

Es war eines Tages, ich hatte meinen Rudertörn. Wir hatten alle Segel bei. Es herrschte eine ganz schwache Brise, eine Dünung belebte die See. Der Himmel war bedeckt und die Luft diesig.

„Da, seht hin“, schrie einer aus dem Mast. „Eine Wasserhose“, rief ein anderer!

Nicht allzuweit, zu Luv, sahen wir eine sich langsam fortbewegende, mächtige Wasserhose. Auch unser Kapitän hörte diese Rufe und kam aus seiner Kajüte aufs Achterdeck. Sofort befahl er eiligst, kleine Segel zu machen, selbst die drei Untersegel wurden mit aufgegeit.

In Sekunden nach seiner Wahrnehmung ging er wie der Blitz abwärts und kam eiligst mit einer alten Donnerbüchse, aus des Seglers früheren China-Fahrten stammend, zur Abwehr gegen Piraten-Übergriffe benutzt, aufs Achterdeck und legte mit diesem Gewehr

Abbildung 41: Ein einmaliges Foto aus der damaligen Großseglerzeit! An Bord der Viermastbark „SCHÜRBEK“ (Kapitän Seehase).

auf die Wasserhose an. Einige Schüsse feuerte er zielend in dieses hoch gen Himmel ragende Gebilde ab. Weiteres habe ich nicht beobachten können, da mein Rudertörn beendet und ich abgelöst wurde, um jetzt anderweitig Beschäftigung zu finden. Doch nach einer Weile sah ich, daß diese Erscheinung vollständig verschwunden war. Ob diese Wasserhose sich selbst aufgelöst hat, ob die abgegebenen Schüsse des Kapitäns in sie hinein die Ursache zur Auflösung waren, ist mir nicht bekannt geworden. Innerhalb unseres Kameraden-Kreises wurde nicht weiter über die für uns einmalige Naturerscheinung geredet. Wir haben dies erlebt, es ist uns und dem Segler nichts passiert, so dann war auch der Fall für uns erledigt.

Da es gerade zum Thema paßt, möchte ich ein erklärendes Wort dazu schreiben. Der Mann, welcher auf Segler-Planken lebte, war wohl aus diesem Beruf heraus ein sehr schweigsamer Mensch geworden.

Ein senkrechter Luftwirbel bildet sich überwiegend bei labilem Gleichgewichtszustand der Atmosphäre, bei ruhigem, sehr feuchtem, zur Gewitterbildung neigendem Wetter. Sehr viel Wasserstaub, sehr steile Gradienten auf engbegrenztem Raum, durch besondere Umstände sehr feuchte und übermäßig erwärmte Luft, lassen eine Wasserhose zu zig-Meter im Durchmesser und einige hundert Meter hoch werden. Auf der nördlichen Erdhälfte ist ihre Drehung gegen den Uhrzeiger, auf der südlichen Erdhälfte mit dem Uhrzeiger.

Um Kap Horn zum Golf von Californien

Unser Kurs ging auf Kap Horn zu. Es sollte meine erste Umsegelung dieser normalerweise vom Sturmwind umpeitschten Ecke, der man sehr viel Schreckliches nachsagte, werden.

Eine Kap Horn-Umsegelung zählte immer beginnend vom 50. Breitengrad im Atlantik bis zum 50. Breitengrad im Stillen Ozean. Dies ist die Norm dafür, wenn es heißt, der Segler umsegelte Kap Horn in so und so vielen Tagen.

Unsere Umsegelung währte 20 Tage. Durchweg hatten wir stürmisches Wetter, auch mußten wir beidrehen beim orkanartigen Wind, und überwiegend war die Außentemperatur wenig über Null, einige Zeiten etwas unter dem Gefrierpunkt. Unser Kapitän war ein ruhiger Mann und hatte nicht das Verlangen, durch Reffen und wieder Ausreffen mit beiden Wachen kurze Erfolge zu erzielen. Die Sicherheit ging ihm wohl über alles. Damit möchte ich nicht sagen, daß er nicht alles einsetzte, um voran kommen zu wollen. Er führte seinen Segler auf seine Art, und nicht übermäßig häufig hieß es: „Beide Wachen an Deck“! Trotzdem waren diese drei Wochen hier unten im Süden zur Winterzeit, zur Umsegelung des Kaps, unangenehme Tage an Bord, was Kälte, feuchte und nasse Bekleidung, spröde, eingerissene, schmerzende Hände betrifft. Denn nirgends gab es ein Plätzchen an Bord, an dem man seine Bekleidung hätte trocknen können. Für den damaligen Segelschiffsseemann war ein hartes, entsagungsreiches Leben auf See ein Normalfall. Ein Jammern und Klagen über Erlebtes gab es einfach nicht, alles war selbstverständlich, und es mußte so hingenommen werden. Auf dem Höhepunkt mancher wirklich harten Anstrengung, im zusammenbrechenden, übermüdeten körperlichen Zustande, wurden die Seefahrt, der Heuerbaas, und, Gott weiß wer, verflucht. Dieser Fluch verhallte in der großen Weite unseres Herrgotts, und nach dem Verhallen war wieder alles bestens. Beim schweren Wetter sind manche Arbeitsgesänge, nicht für zarte Ohren bestimmt, zur Erheiterung und Aufmunterung gesungen, oft gaben sie neuen Mut als einzige Möglichkeit, sein Herz in der ernst bedrängten Lage zu beleben. Manche Versdichter verstanden es durch die Blume, teils unverblümt sogar das zu singen, was sie auf dem Herzen hatten, und die Schiffsführung war so klug, derartiges zu überhören. Der Sänger aber hatte das Gefühl, im Augenblick ein kleiner Held unter seinen Kameraden gewesen zu sein!

Am 28. Juni 1909 auf 55 Grad Süd begann die Temperatur sich zu erwärmen. Die +10°-Grenze wurde nach oben hin überschritten. Das Angenehme war, daß man bald nach der Umrundung, wenn der Kurs nördlich ging, der Wärme entgegensegelte. Natürlich immer mit Unterschieden, aber auf jedem Segler mit gleicher Hoffnung.

63 Tage lagen hinter uns, als wir am 2. Juli die 50. Breitenparallele im Stillen Ozean nordwärts überschritten.

Bis zum 30. Grad südlicher Breite hatten wir des öfteren noch ein stürmisches Wetter, doch ab dann gab es nur noch schwache bis höchstens frische Winde, es war ein Segeln bei herrlichstem Wetter, meist klarer Luft.

„WANDSBEK“ passierte am 18.7. 4 Uhr nachmittags auf 103,5 Grad West-Länge die Linie. Am 25.7. um Mitternacht schnitten wir den Äquator auf 102 Grad westlicher Länge.

Der 13. August ließ uns in den Golf von Californien einsegeln. Hier, bei schönstem Wetter und sommerlichem Sonnenschein, wurde fast täglich, wenn wir die großen Schildkröten voraus still im Wasser liegend beobachteten, mit dem Segler auf diese zugehalten, um einmal eine zu fangen, es glückte aber nie. Unser beleibter Kapitän war selbst stark dahinter her, ohne Erfolg. Da ich nie ein Fischer vor dem Herrn gewesen bin, möchte ich keine Begründung dazu anführen.

Bevor ich diese Ausreisebeschreibung abschließe, habe ich zu erwähnen, daß unser Kapitän vor dem Nordost-Passat eines morgens, 8 Uhr beim Wachwechsel, bei mäßiger Brise und allen Segeln bei, mit lauten Kommandoworten schrie: „Es gilt als – Mann über Bord –, schwingt das Lee-Rettungsboot an Steuerbord aus und fiert es bis zur Reelinghöhe ein". Für jedermann unvorbereitet, ging es an die Ausführung der Order. Der Kapitän zog nach Ausrufen seines Befehles sofort seine große Taschenuhr aus der Westentasche und beobachtete die Zeit und die Arbeit. Sechs Minuten waren verstrichen nach Bekanntgabe seines Willens. Zufrieden war er nicht mit diesem Resultat, doch später haben wir es nie wiederholt.

An einem Freitag, beim Einsegeln in den Golf von Californien, hatte ich auf dem Großdeck zu tun und sah, wie der Steward mit kalter Kirschensuppe, bestimmt für die Achtergäste bei fast 30 Grad Außentemperatur, an mir vorbeizog. Von der Kombüse her roch ich schon unsere leicht angebrannte Bohnensuppe bei dieser Hitze. Da kam mir wieder zum Bewußtsein, was ich meinem Arbeitgeber wirklich bedeutete. Trockenobst zur Mitnahme für alle, was hätte es mehr gekostet! Nein, so etwas gab es nicht!

Auf der Reede von Santa Rosalia

Am 17. August 1909 mittags erhielten wir unseren Santa Rosalia-Lotsen, um eine Stunde später auf der dortigen Reede mit Beendigung der Ausreise zu ankern.

„WANDSBEK" erreichte um acht Tage zuvor Santa Rosalia und hatte 143 Tage, „EILBEK" 139 Tage Reise ab Hamburg.

Wir hörten von der „WANDSBEK" bei unserer Ankunft, daß der Segler bei Kap Horn einen Schiffsjungen verloren hat. Er ist von einer der oberen Rahen ins Meer gefallen und ertrunken. „WANDSBEK" führte Skysegel.

Auf der Reede von Santa Rosalia waren wir vor Anker gegangen, doch lange währte es nicht, und wir verholten in den Hafen und machten mit unserer Backbordseite an der Pier zur Entlöschung der Ladung fest.

Santa Rosalia selbst war nur ein kleiner Flecken. Landeinwärts wurden Erze gewonnen, und zur Auswertung an Ort und Stelle benötigte man Koks und für die Lokomotiven Briketts, alles Frachten, die die Großsegler in Massen von auswärts in diesen Hafen brachten. Soviel ich erfahren habe, war die Ausbeute in französischen Händen, französische Dampfer fuhren die gewonnenen Produkte heimwärts. Jeder Großsegler kam beladen in den Hafen, versegelte aber von hier mit Ballast in überwiegend drei verschiedene Richtungen wieder fort:

1. Nordwärts nach Portland/Oregon, um Weizen für Europa zu laden, oder zu den dort in der Nähe befindlichen Holzverladeplätzen,
2. südwärts zu einem chilenischen Salpeterhafen, um mit Salpeter beladen nach Europa zu versegeln oder gar
3. südwestwärts Australien anzulaufen für eine Kohlenfracht nach Süd-Amerika oder gar Weizen nach irgendwohin.

„WANDSBEK“ versegelte von hier nach Portland/Oregon, um Weizen für Europa zu laden, der Segler „EILBEK“ erhielt den Auftrag, Sydney Head in Australien als Orderstation anzusegeln.

Santa Rosalia liegt ungefähr zur Mitte der Golflänge. Diese dehnt sich über 600 Seemeilen von Cap San Lucas im Süden bis zum nördlichsten Punkt Port Isabel aus. Santa Rosalia gegenüber auf dem Festland liegt der nächst größere Ort Guaymas in ca. 150 Kilometer Entfernung, der nächst größere Ort südwärts ist Topolobampo, auch auf dem Festland in ca. 400 Kilometer Abstand. Auf der Halbinsel selbst war nur nordwärts eine kleine Stadt, San Quentin, am Stillen Ozean gelegen, und ein kleines Fleckchen ganz im Süden mit Namen La Paz. Meine Angaben sollten nur andeuten, in welcher Wildnis Unternehmen gegründet wurden und sich entwickelt haben. Mit welchem Mut und Optimismus an solch ein Werk herangegangen sein muß. Der Golf ist bis 1.700 Meter tief und bis ca. 120 Seemeilen breit. Sehr viele Segler fuhren gerade von Hamburg Koks und Briketts nach hier. Santa Rosalia selbst liegt umgeben von hohen Bergen gewissermaßen in einem Talkessel, der uns für unsere Liegezeit bei der Entlöschung unserer Ladung durch heiße und schwüle Luft sehr viel zu schaffen machte. Kein Windhauch zeigte sich zur Kühlung. Heftige Gewitter mit niedrighängenden Wolken tobten sich über unseren Köpfen aus.

Die Häuser des Ortes waren durchweg Baracken, Arbeiterwohnungen. Zwei Hotels gab es hier. Ein kleiner Fleisch-, Obst- und Gemüse-Markt war vorhanden. Alles war aufs äußerste unhygienisch. Fliegen, Brummer und weiteres Getier saßen zu Tausenden auf diesen Waren herum. Nichts geschah zur Abwendung, es hatte den Anschein, als gehöre es sich so aus alten Zeiten heraus, leben und leben lassen, ob Mensch oder Getier, schrecklich!

An Bord des Seglers herrschte gleichfalls eine unerträgliche Hitze. Meine Bekleidung war stets nur ein leichtes Hemd, eine gleich leichte Hose, ein paar selbstgenähte Platting-Segeltuchschuhe und eine weiße leichte Leinenmütze.

Santa Rosalia liegt auf etwas über 27 Grad nördlicher Breite, also für unser Gesetz des Achtstundentages kam diese Breite nicht in Frage. Der Achtstunden-Tag zählte für die Breiten zwischen den beiden Wendekreisen mit dem Äquator in der Mitte. Wir hatten zehn Stunden zu arbeiten.

Unsere Entlöschung ging mit zwei Partien vor sich. Der zweite Steuermann hatte mit den Leuten seiner Wache die Position an der Großluke. Wir löschten nach außenbords in einen Trichter, der seine Ware wiederum den Eisenbahnwaggons übergab. Zur Entlöschung hatten wir einen dauernd laufenden Gnom-Motor. Er wurde mit Beginn der Arbeit über ein Schwungrad angeworfen und lief bis zur Mittagszeit ohne Pause durch, gleichfalls nachmittags bis zum Arbeitsschluß. Eine feste Stellage, Stelling genannt, war von der Großluke zur Nagelbank der Reeling hinüber angebracht. Mit vier Personen waren wir zur Bedienung an Deck postiert. Der II. Steuermann hatte seine übersichtliche Position auf der Stelling. Ich wurde zum Aufhieven der Ladung zum Winschkopf hin abgeteilt, ein anderer hatte das Trichtertau und der vierte das Tau des Leitblockes an meinem Windendraht über der Luke zu bedienen. Durch diesen Leitblock wurde der volle Korb Koks durch mich zur Mitte der Luke hochgehievt, war er hoch genug, so fierte der Mann, den von ihm zu bedienenden Leitblock ein, und der Korb bewegte sich zur Mitte-Stelling und hing dann unter seinem Block, befestigt an der so hingetrimmten Ober-Marsrahe. Unter dem Korb war zur Mitte eine kleine Tauöse, in die der II. Steuermann den Haken des Trichtertaues von außenbords einpickte. Nachdem dieses geschehen war, hievte ich meinen Korb höher hinauf, der Mann des Trichtertaues holte die Lose durch und nahm dann Törn an seinem dort angebrachten Fierknüppel. Nach gegenseitiger Verständigung fierte ich meinen Draht ein, der Korb mit dem Koks kippte durch das unter dem Korbboden befestigte Tau, das nun zum Tragen kam, um, und der Inhalt entleerte sich in den Trichter. So wiederholte sich der Dienst täglich bis zur Entlöschung des letzten Korbes Koks.

Mein dünner Stahldraht war für die Länge, die über den Spillkopf und durch meine Hände lief, mit dünnem Teertau umkleidet. Sonst wäre ich nicht in der Lage gewesen, diesen für menschliche Hände viel zu heißen Draht zu bedienen. Der eiserne Spillkopf lief unbarmherzig mit großer Geschwindigkeit um die eigene Achse. Törns vom Draht lagen doch fast beständig um diesen Kopf und dienten ohne unseren Willen der Reibung und der Hitzeentwicklung. Der Spillkopf war stets so heiß, daß ich ihn nicht berühren konnte, ohne mich zu verbrennen. Zur Hitze-Isolierung mußte ich sowieso Leder in meiner inneren Handfläche haben. Ferner kam hinzu, der I. Steuermann kam von Zeit zu Zeit mit einer Handvoll Fett zu mir und ließ den Draht mit dem Teertau durch dieses Fett gleiten. Dann dampften der Spillkopf und der Draht. Meine Schweißtropfen, die mir von der Nasenspitze herunterrannen, sah ich an Deck fallen, doch dann waren sie aufgelöst.

Der dünne Draht wurde durch die Kraft beim Hieven in runden Törns über den Spillkopf spiralförmig geformt. Er war an meiner Hose, an meinen Beinen und voller Fett ein widerspenstiger Draht; ich benötigte dazu eine große Geduld, stets und immer wach zu sein, sich die große Verantwortung vor Augen zu halten, wenn durch meine Unachtsamkeit ein Schaden entstehen würde. Ein ganz großes Augenmerk hatte ich auf dieses um den Draht gewickelte Teertau zu richten. Es konnte zu einer großen Gefahr werden, wenn es beschädigt, von der Hitze zermürbt, zerrissen und ein Teilchen, sei es noch so klein, zur Seite stand und Übersehen wurde. Alsdann konnte der sich mit schneller, großer Kraft um den Spillkopf drehende Draht beim Hochhieven der Last dieses kleine Stückchen Teertau bekneifen. Trat so ein Fall ein, so hatte ich die Macht über den Hievdraht verloren, dadurch, daß er bekniffen, achterkante nun nicht mehr abrollte, sondern aufrollte. Wenn nicht sofort in Sekundenschnelle der Motor gestoppt würde, müßte ein Unglück geschehen. Es würde der volle, beladene Korb mit Koks hoch oben mit reißender Motorenkraft vor dem Block, durch den der Draht läuft, landen, so müßte unweigerlich irgend etwas brechen, und die Last käme von oben: entweder auf die Köpfe meiner Kameraden, die unten in der Luke arbeiteten, oder je nach Position des Fierblocks auf meinen II. Steuermann. Gott sei Dank war meine Wachsamkeit stets ausreichend, es passierte an meiner Luke nichts. Noch eines, die Tauöse unter dem Korbboden war recht klein, so daß der II. Steuermann stets unter diesen Korb mit einem Teil seines Körpers oder oft gar ganz zu tun hatte, um den Haken des Trichtertaues einzupicken. Nun lag es an mir, zu diesem Tun den vollen Korb bei voll drehendem Spillkopf gleichmäßig stillzuhalten. Ich hatte eine große Vertrauensstellung und war an Matrosenzeit vielleicht der jüngste von uns allen. Solche Gedanken kamen mir damals nicht, ich war eben dazu ausersehen, und damit hatte sich das.

Nun zum Thema „Schaufeln“, die großen Körbe zum Entlöschen füllen. Eine monatelange Reise hatte den Koks, die Ladung derart durch das Arbeiten des Seglers zusammengepreßt, daß es eine schwere körperliche Arbeit bedeutete, niederzubuddeln bis auf die Wegerung. Ab dann ließ sich spielend leicht schaufeln.

Der Koks war nicht fein, er war grob und fein zusammen. Mit einer Schaufel wurde es nichts, nur mit einer Koksgabel in Verbindung mit den Seemannsfäusten wurde mühsam Korb um Korb gefüllt. Die Hände und Finger wurden spröde, rauh und rissig. Das Löschen ging anfänglich sehr langsam vor sich.

Von meinem Kapitän hatte ich schon seit längerer Zeit den Namen „Bootsmann" weg. Warum, wußte ich nicht, die Macht, es ihm zu verbieten, besaß ich nicht. Doch nur er nannte mich so. Einen gemusterten Bootsmann hatte dieser Segler. nicht. Anscheinend muß ich etwas an mir gehabt haben, daß mich mein Kapitän so betitelte.

Es war eines Vormittags, unser Kapitän, sehr leicht angezogen mit einem Handtuch über die Schultern gelegt und dieses als Schweißtuch benutzend, verließ seinen Segler. Das Löschen war in vollem Gange. Ich glaube jetzt, der Kapitän ahnte etwas. Nach einigen Minuten blieb plötzlich unser Motor stehen. Unser Schmied machte sich daran zu schaffen. Doch innerhalb einer knappen halben Minute war der Kapitän zur Stelle. Er fiel über den Schmied her und langte ihm welche in die Augen mit den Worten: „Du verdammter Schuft" und weiterfolgend ähnliches. Dann wandte der Kapitän sich mit ein paar Schritten dem Motor zu, tat ein paar Handgriffe, und wir konnten ihn wieder über das Schwungrad anschmeißen. Sicherlich hat der Schmied dem Kapitän einen Streich spielen wollen, er ahnte aber nicht, daß der Kapitän diesen Gnom-Motor gut, vielleicht noch besser als der Schmied kannte. Natürlich wiederholte sich derartiges nie mehr. Ob der Kapitän diesen Mann aus der Maschinenbranche bestraft hat oder ob die paar Flicken in sein Antlitz genügt haben, entzieht sich meiner Kenntnis.

Nachmittags zur Kaffeezeit waren unter uns im Logis stets Differenzen, alles wollte in dieser Hitze am liebsten den Kaffee eisgekühlt genießen. Da das nicht ging, sollte er so kühl wie möglich gehalten sein. Ein Kamerad und ich forderten ihn heiß. Wenn ich selbst auch stark transpirierte, nach dem Genuß des heißen Getränkes wurde mir wohl zu Mute, dieser lauwarme Kaffee war für mich ein Brechmittel.

Nach Wochen Liegezeit hier im Hafen erkrankten Kameraden an ruhrartigen, heftigen, schmerzhaften Durchfällen, auch ich. Natürlich sorgte unser Kapitän sofort für ärztliche Hilfe, die Krankheit nahm trotz der Kunst des Arztes immer mehr zu. Fast täglich erschien er beim Kapitän in der Kajüte und ließ sich die betreffenden

Kranken vorführen, verordnete Verhaltungsmaßregeln und verschrieb Medikamente. Da wir alle sonst kerngesunde Männer waren, schmiß uns diese Krankheit noch nicht um. Die Löscharbeiten konnten im vollen Umfange durchgehalten werden. In stiller Hoffnung warteten wir darauf, diesen Hafen alsbald verlassen zu können, um dann auf der gesunden See Heilung zu finden.

Andere Segler kamen, andere gingen. So passierte es, daß Seeleute desertierten. Wegen Umherstrolchens wurden sie inhaftiert, am Tage mußten sie unter polizeilicher Aufsicht Straßenarbeiten leisten. So ereignete sich ein Fall, ein Kapitän, dessen Segler schon auf der Reede zum Absegeln lag, hatte erfahren, daß sein desertierter Mann inhaftiert sei. Er bat bei der Polizei um Rückgabe, gewiß gegen Entgelt wurde der Mann in Polizei-Gewahrsam bis an das Schiffsboot gebracht. Die mexikanische Polizei unternahm nichts, den Mann ins Boot zu befördern; die Bootsleute des Kapitäns weigerten sich, ihren desertierten Kameraden anzufassen, und der Kapitän unterließ das Risiko, den Mann persönlich beim Kragen zu nehmen und ihn ins Boot zu verfrachten. So zog die Polizei mit dem Manne wieder ab.

In den letzten Tagen hier im Hafen gegen Mitternacht in dem mäuschenstillen Ort hörte unser Wachmann ein fürchterliches Weinen, Stöhnen und auch Schreien, unterbrochen von Kommandorufen. Sodann erfuhren wir tagsdarauf, daß ein ausländischer Matrose angetrunken von der Polizei gestellt worden sei. Der Seemann sollte sich widersetzt haben. Kurz und bündig wurde er durch ein Maultier, an einem Bein zum Tier hin verbunden, im Laufschritt bergauf über Stein und Geröll hinweg zum Calabozo gezogen und eingesperrt. Erst am Tage wurde er über seinen Kapitän ärztlicher Hilfe zugeführt. Mit großen blutenden Hautabschürfungen, Rippen- und Knochenbrüchen hatte dieser Seemann sich seinen Landgang teuer erkauft, sein „Landgangfein“ war bestimmt auch dahin und ob er mit dem Leben davongekommen ist, haben wir nicht mehr erfahren. Gepflasterte Straßen gab es hier nicht.

Hier zeigt sich wieder einmal, daß ein Seemannsleben früherer Zeiten niemals vergleichbar mit dem heutigen ist. Im Primitivsten des Primitiven lebte der Segelschiffsseemann monatelang in durch Gesetz und Naturgewalten gezogenen harten Grenzen. Kein anderes Erlebnis gab es als zwischen Himmel und Wasser, entweder bleierne Stille oder Kampf mit den Elementen, dabei stets unter Einsatz seines Lebens, das man doch nur einmal besitzt. Dann darauf, nach einigen Monaten, mit wenig Geld in der Tasche seines vielleicht gar nicht kleinen Guthabens im Segler, Gottes sichere Erde wieder unter seinen Füßen spüren zu dürfen, in kurzer Zeitspanne einmal einige Gläser genießen zu können, vergaß sich mancher im Taumel des jetzigen, zur Stunde völlig anderen Landlebens und bezahlte diesen kurzen Genuß teuer und schwer.

Tausendmal mehr hat der Landmensch an Alkohol in der Zeit genossen, und sein körperlicher Zustand hat sich darauf eingespielt. So schließt bei einer Beurteilung ohne Überlegung ein jeder von sich auf andere, um dann zu glauben, daß die Seefahrt ein Beruf des Saufgelages sei. Und so wird es wohl dabei bleiben, daß Liederdichter und Kabarettisten das harte Seemannsleben in Verkennung der Tatsachen mit Frivolität der Masse zur Erheiterung und zur bequemen Füllung ihrer eigenen Taschen weiter vor- und fortsetzen, ohne daß durch ein Anstandsgefühl des Bürgers, durch Mißachtung, solchen Taten ein Ende gesetzt wird.

Der Geburtstag unseres Kochs war gewesen. Und wie es unter Seeleuten an Bord im eintönigen Berufsleben war, wurde etwas Belastendes oder gar Spaßiges über die Achtergäste in Erfahrung gebracht, so wurde es herumgetragen. Und hier bei diesem Fest, bei der Masse der Matrosen wurde zum Besten gegeben, wie die arme Frau des Kapitäns von dem Segler „WANDSBEK" seekrank war und in ihrer Hilflosigkeit in bestimmter Wetterlage laut und vernehmlich ausrief und immer wieder ausrief: „August, mach doch die Bramsegel fest!" Doch August, August Köhnke, Kapitän des Seglers, dachte nicht daran.

Der Ruf: „August, mach doch die Bramsegel fest!" war in den folgenden Tagen und hin und wieder später gleichfalls spaßig hier und dort zu hören.

Das Vollschiff „PARNASSOS", 1.994 BRT groß, ein Schiff mit nur Doppel-Bramrahen, lag nicht weit von uns entfernt. Sein Kapitän Johann Hinrich von der Reith, genannt Jonny von der Reith, kam oft zu uns an Bord und besuchte unseren Kapitän. Er war ein Mann von schwerem Körpergewicht. Sicherlich ahnte er nicht, daß er in knapp vier Jahren mit seinem Segler, mit Salpeter beladen, ab Queenstown, Irland, im Schlepp eines englischen Schleppers nach Hamburg bestimmt, bei Terschelling als Totalverlust stranden sollte. Die Besatzung wurde in letzter Minute vollständig gerettet.

Bei der restlichen Entlöschung bekamen wir unseren Lehmballast von 1.200 tons Gewicht ins Schiff. Der Ballast wurde, so gut es ging, seefest abgedeckt und unser Segler seeklar gemacht.

Am 3. Oktober 1909 schleppten wir, von einer Barkasse gezogen, auf die Reede von Santa Rosalia. Am 4. Oktober, an einem Montag, früh morgens 5 Uhr, verließen wir mit dem Einsetzen der Landbrise unter Segeln nach 47 Hafentagen diese Reede von Santa Rosalia zur Reise nach Sydney Head for Order.

Von Santa Rosalia nach Sydney

Auf der Fahrt durch den Stillen Ozean südwestwärts
von Santa Rosalia nach Sydney Head for Order

Der Morgen des 4. Oktober war gekommen. Wir hatten tags zuvor nicht viel Kette beim Vor-Anker-Gehen gesteckt, sie war ziemlich kurzstag. Mit Gesang am Gangspill wurde die Kette mit dem Anker eingehievt und nebenbei Segel gesetzt. Es war ein leichter bis mäßiger Wind, der uns erst etwas voran brachte. Doch dann kam die ewige Flaute, die uns bis zum nächsten Mittag nur rund 90 Seemeilen vorwärts half.

Während des Hievens passierte es, daß der eine, dann der andere, den Ort des Bedürfnisses aufsuchte, um sich des plötzlichen Überkommens des Durchfalles zu erledigen. Hierbei kamen wir mit unserem I. Steuermann, der ja stets auf der Back war, wenn mit dem Anker oder der Kette gearbeitet wurde, ins Gespräch. Er gestand uns treuherzig, mit trauriger Miene, und sagte: „Wenn ich nicht täglich an den Euch zugedachten Schnaps hätte heran kommen können, so wäre ich jetzt nicht mehr am Leben, ohne Alkohol hätte ich die Zeit in dem Hafen niemals durchgestanden“. Wir konnten hier kaum etwas darauf erwidern und waren ruhig, es war nichts mehr daran zu ändern. Nach einer Weile sagte er: „Denkt, Ihr habt mir den Schnaps gespendet, Euch für mich geopfert.“

Unsere Wachen flossen dahin, der Segler machte mit dem geringen Tiefgang durchschnittlich eine zufriedene Fahrt. An Arbeiten wurden, wie auf jedem anderen Großsegler im schönsten Wetter, nur Instandsetzungsarbeiten verrichtet.

Die ruhrähnlichen, schmerzenden Durchfälle ließen bei manchem an Heftigkeit nach, doch nicht bei allen. Es war soweit, wer des Nachts im dunkeln längs Deck ging, mußte vermuten, daß er in Exkremente lief, es war teils furchtbar. Diese Sünder wurden vom Drang überrascht und fanden keine Zeit mehr, den richtigen Ort aufzusuchen, und fühlten sich derart elend, daß es für sie gleichgültig war, was dann geschah. Leider ist niemand von den Betreffenden dabei erwischt worden, denn dann wäre trotzdem etwas geschehen.

Einen Kameraden hatten wir unter uns, einen Kieler Matrosen Dankert. Er quälte sich täglich mit 15-20 Stuhlentleerungen und konnte sich nicht fangen. Nach 14 Tagen auf See hieß es, sein Zustand bessere sich, alle freuten sich und nahmen Anteil an seinem Schicksal. Er war der einzige, den der Kapitän ins Lazarett gelegt hatte. Er ließ ihn Tag und Nacht von einem Schiffsjungen der jeweiligen Wache überwachen. Dankert war ein stets hungriger, unersättlicher Mann und besaß die Art, den Jungen, der ihn überwachen sollte, solange anzubetteln, bis er mürbe wurde und diesem Quälgeist doch ein Stück Hartbrot oder anderes Eßbares zusteckte.

Ich persönlich war gut in meiner Besserung und fühlte mich auch danach!

Dann bekam unser Dankert seinen Rückfall. Sicher war einer der Jungen weich geworden und hat ihm trotz strengen Verbotes etwas Eßbares zugesteckt. Das sollte sein Ende werden, und der unerfahrene Junge hat seine Verantwortlichkeit unterschätzt.

Es kam der Sonnabend, der 23. Oktober. Wir hatten einen frischen südöstlichen Wind, und unser Segler legte bei der leicht bewegten See seine 9-10 Knoten per Stunde in gerader Kursrichtung zurück. Wir hatten Reinschiff gemacht, eine eigene Zeugwäsche war auf der Nachmittagswache unsere Beschäftigung. Die Jungen und Leichtmatrosen waren dabei, das Logis zu säubern. Auf der Vormittag-Wache hatte man das Lazarett, in welchem unser Kranker lag, gereinigt und desinfiziert. Dankert war für die Zeit in einen Liegestuhl gebettet worden. Ich selbst hatte ihn seit unserer Absegelung von Santa Rosalia kaum gesehen, da er auf der anderen Wache war und ich keine Neigung fand, durch den Besuch bei einem Kranken, mich einer Ansteckung auszusetzen. Wir wußten ja selber nicht, welche Arten Krankheiten unter uns herrschten.

Wie es das Schicksal mit mir vorhatte, lief ich mittags gegen 2 Uhr unserem II. Steuermann direkt in seine Arme. Er kam nach vorne, um sich einen Matrosen zu holen, der ihm behilflich sein sollte, Dankert wieder in seine Koje zurückzulegen. Alles fand ich im Lazarett sauber, es roch ganz schwach nach Karbol. Nun sah ich meinen Kameraden, mehr tot als lebendig! Was hatten die letzten 14 Tage aus ihm gemacht! Er war abgemagert; die Halssehnen standen bei diesem Jüngling hervor, als sei er ein Greis. Ich wurde vom II. Steuermann aufgefordert, seinen Oberkörper auf meine Arme zu nehmen, der II. nahm seine Unterpartie, und so gingen wir beide, den Dankert auf den Armen tragend, der Oberkoje zu. Als wir ihn hochhoben zu seinem Platz atmete er über Gebühr aus, und wie es der Zufall wollte, atmete ich durch die Belastung seines Körpergewichtes arglos tiefer ein. Beide Atmungen trafen in der Sekunde zusammen, als sollte es so sein, es mein Schicksal werden. Nach dieser

Einatmung bekam ich einen fürchterlichen Schreck über meine Unvorsichtigkeit. Sein Atem war undefinierbar faul im Geruch. Ich erahnte jetzt bei mir einen Rückschlag.

Am Sonnabend, dem 23. Oktober, um 6 Uhr abends kam die Kunde durch, Dankert sei verstorben. Zuletzt sei sein Mastdarm um ein beträchtliches Stück weiter nach außen hin vorgetreten und niemand sei in der Lage, hier helfend eingreifen zu können.

Dankert ist nicht mehr!

Also, das erste Opfer des Hafens Santa Rosalia war gebracht! Wer wird von uns der nächste sein, so stellte ich mir ab jetzt die Frage. Niemand wußte es!

Es war durchgesickert, daß wir jetzt so ziemlich die Hälfte des Weges nach Australien hinter uns gebracht hätten. Dieses zu hören, gab mir eine leichte Beruhigung. Trotzdem ahnte ich eine dunkle Zukunft!

Unter uns Kameraden herrschte Trauer, es war zu merken, zur Hauptsache bei denen, die ihre Gesundheit, ihre Kraft und damit ihre Lebensfreude noch nicht wieder zurückerhalten hatten und gleich mir dachten, wie wird die Reise enden. Es blieb als Krankheitszeichen nicht mehr bei der Diarrhöe oder Dysenterie alleine. Der Zimmermann hatte sichtbar schon neben dem üblichen eine Gelbsucht, und bei anderen Kameraden zeigten sich skorbutähnliche und andere Erscheinungen.

Am anderen Tag, es war ein Sonntag, wurden die Vorbereitungen zur Beisetzung unseres verstorbenen Kameraden getroffen. Das Wetter war herrlich, herrlich wie alle Tage hier. Ein klarer Himmel mit vereinzelten Wolken, eine Temperatur von ca. 25 Grad Celsius, und darüber, Tag und Nacht fast gleich warm, eine mäßige südöstliche Brise, die uns mit stündlich 7-8 Seemeilen dem Bestimmungsort näherbrachte. Die See war nur leicht bewegt.

Der Tote wurde auf dem Großdeck aufgebahrt, jeder konnte sich auf seine Art von ihm verabschieden. Sodann trat unser Kapitän auf der Laufbrücke in Erscheinung und teilte uns offiziell mit, daß unser Schiffsmann Dankert gestern abend verstorben sei. Er habe den Toten hier für jedermann sichtbar aufstellen lassen und stellte darauf an jeden von uns die Frage, ob noch Zweifel an dem Tod unseres Kameraden beständen. Wenn ja, so möchte der Betreffende sich zum Worte melden. Da sich niemand meldete, gab der Kapitän dem Segelmacher den Befehl, die Leiche nach seinen ihm gegebenen Anweisungen einzunähen. Alles war vorbereitet, das Segeltuch lag zurechtgeschnitten auf der Luke, der Ballast war schon extra eingenäht, um jetzt zu Füßen der Leiche eingebettet zu werden. Unsere Flagge schwarz-weiß-rot wurde halbstocks gesetzt, die Groß- und Kreuzrahen wurden backgebraßt. Auf eine bereitliegende Stelling wurde unser Toter gelegt, und der Kapitän sprach kurz ein paar Worte zum Augenblick. Dann trugen wir mit vier Kameraden beides zur Reeling, hoben es darüber hinweg nach außenbords und ließen die Stelling mit den vier Tauen von vier Männern gehalten bis auf die Wasserlinie nieder. Der Segler lag im backgebraßten Zustande tatsächlich still im Wasser. Ich selbst hatte die innere achtere Leine der Stelling. Dann erscholl vom Achterdeck das Kommando: „Achterstelling-Leinen los!“ Die Achtertaue fielen ins Wasser, der Tote rutschte mit den Beinen auf und nieder stehend abwärts in die Tiefe des Stillen Ozeans. Jetzt wurden nach einem stillverhaltenem Augenblick die Rahen wieder vollgebraßt, die Flagge vorgeheißt und des Seglers Kurs wieder aufgenommen.

Bei dem Kommando: „Achterstelling Leinen los“ konnte ich es mir nicht verkneifen, laut zu sagen: „Dankert, Du bist der erste, wer wird der nächste sein?“ Dabei dachte ich ernstlich an mich, daß ich es werden würde.

Die Leiche wurde ca. 5 Grad Nord und 146 Grad West in ca. 5.000 Meter Tiefe beigesetzt. Unser Kapitän vertrat bei derartigen Ereignissen den Urkundsbeamten seines Landes und trug Datum, Zeit und Ort und die mutmaßliche Todesursache in das Schiffstagebuch ein, und wenn er vorsichtig war, ließ er sich seine Handlung von Zeugen mit unterschreiben.

Im Kielwasser unseres Seglers hatten wir erst knappe 3.000 und mußten noch ca. 4.400 Seemeilen ab hier nachholen. An Zeit waren wir gerade 19 Tage auf See, und die Reise sollte mit 56 Tagen erst ihr Ende finden. Gut, daß ich es damals nicht wußte. Ich lebte im Optimismus der Hoffnung.

Am Abend dieses Tages war mein Stuhl blutig untermischt. Mit meiner Gesundheit ging es schnell bergab. Nur war ich sehr vernünftig, ich aß sehr knapp. Es gab montags und donnerstags Salzspeck mit Erbsen, dienstags und freitags Salzfleisch mit Bohnen, mittwochs und sonntags Büchsenfleisch und sonnabends Klippfisch, überwiegend Präservekartoffel dazu, hin und wieder auch Mehlklöße. Dieses schwere Essen bei mehrmaliger blutuntermischter Diarrhöe ließen eine Genesung niemals zu. Es stellten sich langsam weitere Leiden bei mir ein. Energisch wehrte ich mich, krank zu sein, obgleich ich mich oft vor Schwäche nicht habe auf den Beinen halten können. Ich sagte mir, legst du dich erst nieder, so kommst du unter diesen Umständen niemals wieder hoch; es wird dein Ende. Fühlte ich mich wieder zum Sterben krank und ich suchte meinen Kapitän auf, ihn um Hilfe zu bitten, so schüttelte er nur sein Haupt und sagte: „Hans, ich habe nichts, um Hilfe zu geben!“ Hoffnungslos zog ich ab. Natürlich wurde mir Rizinusöl oder Wismut-Pulver in genügender Menge verabreicht. Ich durfte mich hinlegen, auch zur Koje gehen, wenn ich wollte. Ab und zu bekam ich Reis oder Sago gekocht ohne Zutaten, aber niemals einen Tropfen Milch, niemals Wein!

Mein Körper begann sich umzubilden, mein Urinieren versagte fast ganz; in flüssiger Form kam alles aus dem Darm. Aß ich in den letzten Tagen Reis, so verließ er fast im gleichen Aussehen meinen Körper, und der Kaffee, nein, der Muckefuck, kam als Muckefuck wieder zum Vorschein. Mir war, als schleppte ich zig Pfund Gewicht in meinem Bauch mit mir umher. Ich fühlte mein Ende nahen, nur ein gewaltiger Wille und ein Optimismus mit dem Glauben an mich selbst und mein Leben richteten mich immer wieder auf. Doch bekenne ich, alles hat sein Ende, meine Kraft zum Leben hätte nicht mehr für eine weitere Woche hier an Bord unter diesen Umständen gereicht. Mein Körpergewicht war von 138 Pfund auf 98 Pfund herabgesunken, ich habe von meiner Substanz gezehrt und gelebt. Kämmte ich meine Haare, so wurde ich gewahr, sie gingen mit der Haarwurzel aus, zog ich daran, behielt ich diverse schmerzlos in der Hand.

Im letzten Abschnitt der Reise war der Wind geringer; „EILBEK“ schlich oft nur durch das Meer, die Segel schlugen back und voll, für mich war dies kriechende Vorwärtskommen eine Qual. Lag ich in meiner Koje und überdachte mein trauriges Schicksal und hörte nebenan im anderen Logis einen gleich schwerkranken Matrosen W. stundenlang vor Schmerzen schreien und toben, da er gegen jede Vernunft vom Koch Zugestecktes gegessen hatte. Er wurde, da er sündigte und dafür auszuhalten hatte, von seinen Kameraden des Schreiens wegen unbarmherzig verprügelt. Dann schätzte ich mich glücklich, daß ich ohne große Schmerzen außer beim Stuhl meinem Ende entgegensehen konnte. Wäre ich der Freund des Koches und in der Lage gewesen, extra Sachen essen zu dürfen, ich glaube, ich hätte es aus Gründen der Vernunft abgelehnt. Durch mein mäßiges Essen habe ich diese Zeit der Reise lebend überbrücken können.

Am Sonntag, dem 14. November, 24 Uhr übersegelten wir den 180. Längengrad in Richtung West. Der nächste Tag wurde der 16. November, Dienstag. So haben wir an Bord direkt keinen Montag, den 15. November, erlebt, indirekt haben wir die Zeit des Montages täglich in kleinen Zeitabschnitten durch Uhrzeitverstellen gehabt.

Dann eines Tages, es war der 30. November 1909, erreichten wir Sydney vor der Einfahrt. Es war für mich ein beglückendes Gefühl in der Hoffnung, nun doch noch zu überleben, allem Widerwärtigen zum Trotz.

Der Kapitän sollte täglich zum Feuerturm dieser Einfahrt vorsegelnd durch Flaggensignal erfragen, ob sein Bestimmungsort schon bekannt sei. Doch unser Kapitän entschloß sich, wegen der Kranken und Leidenden Sydney einzusegeln, um ärztliche Hilfe anfordern zu können. Bald sichtete uns ein Schlepper, er kam längsseite und wurde angenommen. Gleichzeitig erhielten wir einen Lotsen. Wir waren noch nicht vor Anker, so erschien eine Barkasse und legte längsseite an. Ein Herr erschien an Deck und begann in scheltenden Worten den Kapitän Vorwürfe zu machen, wieso er dazu käme, hier entgegen seiner Order einzulaufen. Er solle sich gefälligst an seine Instruktionen halten, usw. Der Kapitän blieb die Ruhe selber und entgegnete, er habe todkranke Menschen an Bord und er fühlte sich als hierfür verantwortlicher Mann verpflichtet, sie in ärztliche Behandlung zu überführen, ferner sei sein Fahrzeug nicht mehr im seesicheren Zustand durch die vielen, ihren Dienst nicht mehr verrichtenden Leute. Dieses Risiko, hier unter Umständen tagelang herum kreuzen zu müssen, könne er nicht übernehmen. Damit war das Thema erledigt, und der Herr Kapitän Julius Tadsen, ehemaliger Kapitän dieses Seglers, mußte sich zufrieden geben. Jetzt wurden wir unter Quarantäne vor Anker gelegt.

Unsere Reise quer durch den Großen oder Stillen Ozean. Sie währte 56 Tage, gleich ca. 336 Seewachen à vier Stunden.

Wir hatten 280 Wachen mit 0 bis 4 nach Beaufort,
53 Wachen mit 0 bis 5 nach Beaufort,
3 Wachen mit 0 bis 6 nach Beaufort.

Umsonst hat dieses große gewaltige Meer nicht seinen Namen: „Stiller Ozean“. Mit wenigen Ausnahmen war die Temperatur der ganzen Reise zwischen 25-28, gar 30 Grad Celsius, ob Tag oder Nacht.

Wenn nicht diese Krankheiten dazwischen gekommen wären, hätten wir diese Reise als eine herrliche bezeichnen können. Kein schlechtes Wetter gab es, keine Sturzseen ergossen sich über unseren Segler und nie ertönte das Kommando: „Beide Wachen an Deck“!

6. Meine Zeit in Sydney

Im St. Vinzenz-Hospital

Wir lagen mit der „EILBEK“ vor Anker. Die gelbe Quarantäne-Flagge wehte am Mast.

Jetzt ging man daran, diese Quarantäne-Zeit bestmöglichst abzukürzen, damit der Segler wieder dem freien Verkehr zugeführt werden konnte.

Es kamen drei Herren an Bord, wir Kranken wurden in die Kajüte gerufen und nacheinander der Kommission vorgeführt. Zuerst nahm man den Zimmermann vor, er mußte ins Krankenhaus, dann kam der Matrose W. zur Untersuchung, er durfte an Bord bleiben. Verordnet wurde für ihn Frucht, abermals Frucht und viel Gemüse, er ist bald darauf genesen. Alsdann wurde ich gerufen. Ich hatte nur meinen Bauch vorzuzeigen. Es wurde darauf gedrückt, und der Bescheid lautete für mich: ins Krankenhaus St. Vinzenz. Nach mir folgten weitere Besatzungsmitglieder. Ich wurde gleich abgeführt, nachdem ich meine Sachen gepackt hatte.

In dem Hospital erhielt ich mein Bett in einem großen Saal mit vielen Betten. Menschen mit verschiedenen Krankheiten waren hier untergebracht. Jetzt fühlte ich mich geborgen und erwartete mit ärztlicher Hilfe baldige Genesung.

Langsam kam ich dahinter, ich war in einem irländischen, katholischen Krankenhaus und der einzige nichtkatholische Patient in diesem Raum. Für unseren Saal hatten wir zwei Schwestern, eine ganz hagere, eine rundlich dicke und einige junge Wärterinnen, auch einen Wärter. Er war ein langer, in der Haarfarbe rötlicher Typ, ein echter Ire, für mich und meine späteren Wünsche ein immer hilfsbereiter Mann.

In späterer Zeit, nach Jahren dachte ich darüber nach, daß dieser Saal in den man mich gelegt, der Raum für todgeweihte Patienten war. Denn hier wurden Menschen eingeliefert, die nach Stunden oder Tagen als verstorben hinausgetragen wurden. Ich hatte nie mit Kranken und Krankenhäusern zu tun gehabt und war daher ein Neuling auf diesem Gebiete.

Sonntags, zur Vormittagszeit, ging jeder Patient, der gehen konnte, zur Andacht ins eigene Gotteshaus dieser Anstalt. Zweimal nahm man mich mit, später sträubte ich mich, und man ließ mich zufrieden. Ehrlichen Herzens bekunde ich hier, daß ich darob, daß ich nicht mehr mit zur Andacht gegangen war, keine Nachteile irgendwelcher Art gehabt habe. Man war stets gleich nett, hilfreich und freundlich zu mir.

Lag ein Patient im Sterben, wurde eine sogenannte spanische Wand um das Bett des armen Menschen gestellt. Oft konnte ich durch große freie Ecken, die blieben, hindurchsehen. So gewahrte ich, der Todgeweihte erhielt ein Kruzifix in seine Hand, von manchen wurde dieses, wenn noch die Kraft vorhanden war, geküßt. Der Geistliche stand neben dem Bett des Betreffenden, hielt sein Buch oder Heft, aus dem er seinen lateinischen Text deklamierte, ausgebreitet in der Hand vor sich. Die Schwestern, beauftragt vom Arzt oder Geistlichen, rannten in solchen Augenblicken, als wollten sie dem Tod davonlaufen. Nach einigen Schritten aber fielen diese in die Knie und abermals in die Knie, nahmen jedesmal ihr Messingkreuz, das sie stets außen auf ihrer Brust trugen, und küßten es dreimal. Wieder aufgestanden rannten sie weiter, doch stets hielten sie den Rosenkranz betend in ihren Händen. Ich bemerkte bald, daß so ein Erlebnis diese Schwestern innerlich durcheinander brachte. Sie persönlich verteilten die Medikamente an die Kranken. So geschah es, daß ich bei der Zuteilung die Medizin eines anderen erhielt. Natürlich protestierte ich, immer als einziger, ich wollte die mir zustehende Medizin haben und keine andere. Dann wurde die jeweilige Schwester zornig und schalt mich einen Protestanten, daß, wenn ich nicht ruhig sei, ich an die Luft gesetzt werden würde. So etwas geschah hin und wieder, aber nur bei diesen Anlässen fielen solche Worte.

Am anderen Morgen nach meiner Einlieferung erhielt ich mein Temperatur-Diagramm am Kopfende meines Bettes angebracht. Ich konnte erkennen, daß meine Temperatur bei 102 Grad Fahrenheit war. Ich bekam einen Schreck, niemals zuvor war meine Temperatur in der Höhe gemessen worden. jetzt begann ich auszurechnen, wieviel Grad Celsius dies sei. 102 - 32 = 70 Grad, 70 : 9 x 5 = 38,9 Grad Celsius. Wie war dies möglich, nie habe ich vermutet, daß ich eine so erhöhte Temperatur hatte, oder sollte diese sich erst jetzt eingestellt haben?

Mein Arzt war ein Herr Dr. Cohn, er gab sich sehr freundlich, redete mir zu und gab mir Hoffnung und Zuversicht. Dieser Saal hatte mehrere Ärzte.

Die Zeit ging dahin. Meine Diarrhöe legte und legte sich nicht, von Zeit zu Zeit brachte mein Arzt andere Ärzte mit, langsam empfand ich es, als wüßte man medizinisch nichts mehr mit mir anzufangen.

Wochenlang kam der lange Wärter mit einem vollen Glasbehälter auf einem hohen, leichten Gerüst und füllte mir über einen Katheter die Flüssigkeit in meinem Darm. Durch diese monatelange Diarrhöe war, was nicht anders sein konnte, mein Körper an der Stelle wund und äußerst schmerzhaft, auch wollte der Darm nichts halten, alles stieß er wieder aus.

Dann durchlebte ich eine Zeit, an der ich mittags ein Gläschen Wein bekam, es war das schönste, das man mir je offerierte, ich war dann selig und fühlte mich von allen Sorgen und Belastendem frei. Als man mir dieses wieder entzog, habe ich leiden müssen.

Meine Temperatur ging hin und wieder auf 101, vielleicht auf 100,5 Grad herunter, doch dann stieg sie wieder auf 102 Grad. So geschah es eines Tages, daß ein Geistlicher meiner Konfession an mein Bett trat, um sich mit mir zu unterhalten. Ich muß gestehen, daß ich zu der Stunde nicht ahnte, daß mein Arzt mit meinem Ableben rechnete und mir daher diesen Herrn zusandte. Nur gut, daß ich mir der Schwere der Stunde nicht bewußt war. Es sollte noch nicht sein, ich sollte mein Leben noch erfüllen.

Während meiner Hospitalzeit habe ich nie ein Ei, nie ein Stück Frucht erhalten. Mir kam eines Tages der Gedanke, den Wärter zu bitten, privat für mich Eier mitzubringen. Er nahm meine Bitte an und brachte mir meine gewünschten Eier und später tat er es immer wieder, wenn ich ihn darum bat. Diese Eier habe ich versteckt unter meiner Bettdecke, nachdem ich auf bei den Seiten mit einer Nadel Löcher hineingesteckt hatte, langsam ausgesogen, ich hatte ja Zeit. So vermute ich, daß mir dies Eigelb geholfen hat, daß ich nicht dem Tode verfiel.

Ich erlebte es, daß während meiner Liegezeit hier in meinem Saal Patienten bis zu dreimal wiederkehrten, doch dann war es ihr Ende. So passierte es, daß zur Besuchszeit Frauen auf mich aufmerksam wurden. Sie sahen, daß ich als so junger, fremder Seemann immer noch im Bett lag. Ihr Mitleid war tröstend, Blumen bekam ich auf meinen kleinen Tisch am Bett, ich konnte mich nur herzlich bedanken.

Während der Besuchszeiten gingen die Wärterinnen mit einem kleinen Holzkasten, auf dem Deckel mit einem Geldschlitz versehen und in seiner rückwärtigen Verlängerung als Griff gearbeitet, von Besucher zu Besucher zum Sammeln. Das konnte als ein normales Geschehen zum Wohle der Anstalt gelten. Doch es waren beharrliche, ja fanatische Sammlerinnen unter ihnen. Wenn der Besucher keinen Willen zum Spenden zeigte, so klapperten diese jungen Dinger in aufdringlicher Art so lange mit dem Kasten vor der Nase der Person herum und schüttelten die einliegenden Kupfermünzen wie wild mit Getöse aneinander, bis der betreffende Mensch weich wurde und zahlte. So passierte es, daß das Mädel in der Aufregung vergaß, daß der Kasten an ihrem Deckel nicht gesichert war und plötzlich, verursacht durch den hastigen Schüttelschwung, abrutschte, die Münzen mit viel Lärm durch die Gegend rollten. Dann war es für alle ein peinlicher Augenblick!

Mein Aufenthalt im Hospital schien sich endlos hinzuziehen. Meine Temperatur wurde langsam weniger, sie stand aber immer noch auf über 100 Grad Fahrenheit, war also erhöht, die Diarrhöe hielt sich in Grenzen. Es kam der Sonntag, der 13. März, und schon für den kommenden Donnerstag feierte man heute, da es ein Sonntag war, den Saint Patrick Day. Es war tatsächlich zu Ehren dieses Tages an dem Morgen hier im Saal für alle eine sehr feierliche Stimmung vorherrschend.

Am 17. März, im Jahre 430, wohl sehr früh in der Zeitgeschichte, wurde Irland durch den Apostel Patrick zum Christentum bekehrt. Da ich am 17. März nicht mehr im Hospital war, kann ich nicht bekunden, ob weitere Feiern stattgefunden haben. Da dies St. Vinzenz-Hospital sehr streng christlich geleitet wurde und den Namen Vinzenz führte, hat man sicher an dem Tage den Priester Paul von Vinzenz, auch den Schutzheiligen Patrick geehrt.

Auf Messers Schneide

Es war ein sonniger Herbsttag, es war die Jahreszeit unseres Monats September, hier auf dem südlichen Kontinent der Monat März. Eine Stille, bei weit geöffneten Fenstern, erfüllte unseren Raum, frisch gebrachte Blumen mit einem herrlichen Duft gaben diesen Tag ein besonderes Gepräge. Da vernahm ich ein Klingeln, als sei es ein Telephonanruf. Tatsächlich, es war einer. Ich horchte, nichts Zusammenhängendes war wahrnehmbar, doch als ich den Namen Captain Tadsen und Blöss hörte, durchschoß es mich. Es war für mich ein aufrüttelnder Warnschuß, ich ahnte, was dieser Anruf bezweckte, um was es für mich ging; es ging um mein Leben. Wie elektrisiert durchlief mich der Gedanke, nur raus hier, nichts als raus. Auch wenn es als undankbar empfunden werden könnte, mein eigenes Leben kam erst. Auch kam es mir plötzlich deutlich zum Bewußtsein, daß ich so nie gesunden könnte, sondern hier mein Leben beendet hätte!

Ich warf mein Bettzeug von mir, ich saß auf dem Bettrand und erwartete, die Schwester solle hier vorbeikommen. Nach einer Zeit kam sie. Ich sprach ihr meinen Wunsch aus, ich möchte sofort dies Haus verlassen! Sie schlug die Hände über dem Kopf zusammen und sagte todernst, ich sei ein kranker Mann, ich würde mich unglücklich machen, wenn ich jetzt ginge, heute sei Sonntag usw. Ich überhörte ihre wohl gut gemeinten Worte, sie standen aber im Gegensatz zu meinem Willen. Es half nicht, sie weigerte sich, meinen Wunsch zu erfüllen, und ging. In verwirrender Aufregung rief ich hinterher, ich wünschte mein Zeug und meine Entlassung zu sofort. Mitkranke schüttelten die Köpfe und dachten wie die Schwester, wohin als Fremder, heute am Sonntag.

Es wurde noch nach dem Mittagessen, bevor ich mein Zeug und meine Entlassung erhielt. Mein energisches Bestehen auf meinem Willen hatte geholfen. Möglich auch, daß meine andere Konfession mit dazu beigetragen hat, daß ich außerterminlich entlassen werden konnte. Das Umkleiden ging schnell vonstatten. Meine im Augenblick verworrene Verfassung erlaubte es mir nicht, eine herzliche Verabschiedung als Dank auszusprechen. Haben diese lieben Menschen sich doch bestens 103 Tage zu meinem Wohle und zu meiner Genesung eingesetzt, ich konnte mich nur kühl, leicht zum Saale kopfnickend, mit: „Good bye“ verabschieden. Dann verließ ich dieses Haus mit prächtigen Menschen!

In dieser Stunde, da ich abermals mein Schicksal in meine eigene Hand nahm, kamen mir Sorgen und Gedanken, die alles andere verdrängten. Ich trat beim Verlassen dieses Hauses einen Weg ins Ungewisse an. Was würde geschehen, wenn Kapitän Julius Tadsen anderer Meinung war als ich und zu mir sagen würde: „Ja, mein Lieber, Du hast Dich gewissermaßen der Heilbehandlung auf Deinen persönlichen Wunsch entzogen, nun sieh nur zu, wie Du weiterkommst“. Was würde dann geschehen? Dieses und ähnliches schoß mir durch den Kopf, als ich meine eigene Schwäche beim Umkleiden verspürte. Ich hatte diesen Weg gefordert und mußte ihn nun gehen, einerlei was kommen mochte. Fast ohne Geld, ohne Nahrung, mit Diarrhöe und leichter Temperatur ging ich als schwacher und kranker Mann an einem Sonntag ohne eine Deckung aus dem St. Vinzenz-Hospital in die Stadt Sydney nur mit dem Ziel, Kapitän Julius Tadsen privat aufzusuchen.

Noch bevor ich auf die Straße kam, wurde ich kurz zurückgerufen. Ich hatte einige Stufen aufwärts zu gehen. Da merkte ich, daß meine Kraft in den Beinen nicht reichte, um meinen Körper ohne Unterstützung der Arme, die ziehend helfen mußten, treppauf zu gelangen. Auf der Straße schlich ich an den Häuserreihen entlang. Das wurde mir bewußt, als ein Schutzmann hilfsbereit an mich heran trat mit der Frage: „My boy, is something wrong with you, you need a help?“ usw. Ich antwortete nur: „Please, leave me alone“. Damit ging ich weiter, riß mich aber mehr zusammen. Und, wie ich mit meinem eisernen Willen den Weg zu Kapitän Tadsens Privat-Wohnung gefunden habe, ist mir heute ein Rätsel, aber ich fand ihn.

Mit bangem und klopfendem Herzen näherte ich mich der Eingangstür zu seinem privaten Eigentum. Er erschien persönlich. Als ich mich vorstellte, er meinen Namen erfaßte und wußte, daß ich direkt aus dem St. Vinzenz-Hospital kam, war sein Handeln spontan. Er nahm mich fremden Jüngling an seine Brust, klopfte freudig erregt auf meinen Rücken und stieß hervor: „Dor binnen wärst krepiert“ (Dort drinnen wärst du gestorben). Unter vielem Hin- und Her-Reden, Fragen und Antworten, holte er seinen zweirädrigen Karren, spannte ein kleines Pferdchen davor, nahm mich mit auf den Bock zur Linken in seinen Arm, und behende zog dies kleine Pony-Tierchen mit uns zum Spezialarzt.

Lieber Leser, glaube mir, ich war erschüttert über soviel liebes Entgegenkommen von dieser sonst rauhen Seemannsseele. Vieles hatte ich erwartet, viele Möglichkeiten erwogen, doch eine solche positive Reaktion erleben zu dürfen, war einmalig in meinem Leben, natürlich konnte ich damals eine Begründung zu seiner Handlung nicht erkennen; in späterer Zeit kam die Logik. Ich bin überzeugt, mein Kapitän Thode vom Segler „EILBEK“ wird bei Kapitän Tadsen sehr gut über mich gesprochen haben, und hier fand die Auswirkung statt. Jedenfalls hatte ich ab jetzt Oberwasser, und die Sorge um meine Zukunft hatte sich in ein paar Stunden der Besorgnis in eine aufatmende, befreiende gute Zukunfts-Aussicht verwandelt. Der stets unbewußte seelische Druck während des Krankenhausaufenthaltes konnte entweichen, ich war dem Leben zurückgegeben. Und herzensfroh war ich über meinen Mut, darüber, daß ich meinen Willen vor ein paar Stunden zur Tat werden ließ. Beweis genug dafür, daß das Wort Schicksal oft falsch gebraucht wird, es hätte Mut heißen müssen!

Im Seemannsheim

Im Beisein von Kapitän Tadsen wurde ich vom Arzt untersucht, ich erhielt meine Medizin, Verhaltungsmaßregeln usw. Vom Arzt fuhren wir zum Seemannsheim, hier erhielt ich meine Bleibe. Hier wurde nach ärztlicher Anweisung extra für mich gekocht, Tadsen scheute keine Mühe, keine Unkosten, um mich wieder gesund zu bekommen. Zum nächsten Vormittag oder später, wenn meine Kraft und mein Befinden es zuließen, bestellte er mich in sein Büro. Er war Leiter, der Mann für Alles dort, wo die Deutsch-Australische Dampfschiffahrts-Gesellschaft ihre Schuppen, ihre Kaianlagen hatte und die Dampfer der Linie ihre Ladung abgaben und einnahmen. Die Segler der Reederei von Knöhr & Burchard Nfl., Hamburg, waren gleichfalls seiner Überwachung und Inspektion unterstellt, somit auch der Segler „EILBEK", somit auch ich.

Am anderen Morgen erschien ich auf Wunsch bei Kapitän Tadsen in seinem Büro. Er schilderte mir, was er mit mir vorhatte. Er lobte noch einmal meinen Mut, den ich bewiesen hatte, es sei eine beachtliche Tat gewesen, die er zu würdigen wisse.

Ich sei jetzt mein freier Mann, er hoffe, daß ich die Richtlinien des Arztes befolge. Damit ich dem Leben, der Aufbesserung meiner Gesundheit näherkomme, habe er vor, daß ich täglich, wenn meine Kräfte es zuließen, meinen Fußweg mache, hier bei ihm im Schuppen erscheine und sitzend auf einer Bank Bootsmannsnähte in Persennige nähe. Es solle nicht bedeuten, daß er seine Persennige nicht ohne mich in Ordnung bekäme, nein, es solle für mich eine leichte Beschäftigung sein, mich ins Leben einzugewöhnen. Nun ließ er einen Vormann rufen, stellte mich dem Manne vor und beauftragte diesen, daß, wenn ich käme, er mir eine Bank zurechtstelle, mir Segelhandschuh, Nadel und Garn dazu gäbe, Persennige anweise, in welche ich zu nähen hätte. Ferner gab er diesem Mann ein kleines Heft, in dieses solle er die Uhrzeit meines Kommens, meines Gehens vermerken, und am Ende der Woche würde ich für jede Stunde meinen Lohn erhalten. Ich wurde gefragt, ob ich damit einverstanden sei, selbstverständlich antwortete ich mit „Ja" und bedankte mich für sein großes Entgegenkommen. Fast täglich ging ich meinen Spaziergang zur Wharf der Austral Linie, dort meldete ich mich bei dem mir angewiesenen Vormann. Doch zum Nähen fühlte ich mich zu schwach, selbstverständlich sagte man mir auch nie einen Ton des Vorwurfes, und verwundert über soviel Anstand, empfing ich am Wochenende einen kleinen Lohn, ohne auch nur in der ersten Zeit eine Naht genäht zu haben. Später, selbstverständlich, wenn ich mich kräftig genug fühlte, habe ich die gewünschte Arbeit geleistet. Ich bin auch überzeugt, daß dieser Vormann aus Mitleid Zahlen ins Heftchen gesetzt oder gar Tadsen dies selbst veranlaßt hat, da er im Bilde war, daß ich täglich wanderte und in Bewegung blieb als höchste Forderung zur Genesung.

Es war eine Zeit vergangen, ich lebte streng von dem, was ich im Seemannsheim nach ärztlicher Verordnung erhielt. Auch wagte ich nicht, mir außerhalb etwas zu kaufen und zu essen, weder Frucht noch sonstige Sachen. So kam das Osterfest, es war ein herrlicher klarer Sonnentag. Die Diarrhöe hatte sich verringert. Nach dem Frühstück, nach der Einnahme meines porridge (Hafergrütze) hatte ich eine zweite Stuhlentleerung. Ich sah das ganze Becken war rot von Blut. Ein Schreck, ein Schock, durchzog meinen Körper. Ich glaubte, jetzt käme der Rückschlag. Einen Arzt aufsuchen ging nicht, es war Feiertag. Aus dem Affekt heraus handelte ich. Mit einer Schnelligkeit hatte ich mich umgekleidet, ich überholte mein Barvermögen, es war nicht bedeutend, dann schob ich ganz langsam und ziellos durch die noch menschenleeren Straßen dieser Stadt. Bei einem geöffneten sweet-shop (Erfrischungsraum ohne alkoholische Getränke) stoppte ich, ich überlegte und kam zu dem Entschluß, hinein! Sollte es bergab gehen mit mir, nun dann läßt sich nichts daran ändern, doch zuvor möchte ich kurz einmal das genießen, wonach ich mich oft lange genug gesehnt, was scheinbar aber für mich gesundheitlich nicht tragbar oder erlaubt sein sollte. Ich forderte eine Apfelsine, eine Banane, ich forderte Gebäck, Süßigkeiten, Limonade usw. Mir war wirr im Kopf von meinem ungerechten Handeln, doch der empfangene Schreck ließ mich sündigen ohne große Gewissensbisse, ohne eine klare Linie, von der ich abgewichen war. Dann sagte eine Stimme in mir, es ist ja letztlich mein Leben, meine eigene Verantwortung. Das Verlangte schmeckte, es schmeckte und mundete, ich aß mich satt in diesen Dingen und verließ diese kleine Verkaufsstelle im besten Wohlbefinden. Heimlich rechnete ich mit unangenehmen Folgen, doch es stellten sich keine ein. Dieser Tag ging vorüber ohne weiteres Blut im Becken, Gott sei Dank, ich beruhigte mich langsam.

Da mir die gestrige Kost der Frucht, der Süßigkeiten ohne Nachteile bekommen waren, setzte ich, natürlich in geringen Mengen das Essen dieser gut mundenden Herrlichkeiten fort. Ich habe weder Kapitän Tadsen noch dem Arzt hierüber Mitteilung gemacht. Im späteren Leben kam es mir zum Bewußtsein, es war für mich ein Fingerzeig Gottes, das Blut im Becken, gleichsam der telefonische Anruf meines Inspektors Kapitän Julius Tadsen im St. Vinzenz-Hospital. Beide Male wurde zugepackt, nicht resigniert!

Es kam der Freitag, der 1. April 1910. Kapitän Tadsen ließ mich rufen, ich trat in sein Büro. Er saß dort mit drei Kapitänen seiner Reederei zu Besprechungen am runden Tisch. Kaum hatte ich mich verbeugt und guten Morgen gesagt, da platzte er los: „Blöss, zu morgen abend mache Dich fertig, um mit dem Küstendampfer von hier nach

New Castle zu fahren. Ich gebe Dir einen Brief an Kapitän Lühmann von der ›BARMBEK‹ mit, und Du musterst dort als Matrose an. Geld zur Überfahrt und zu sonstigen Auslagen erhältst Du gleichfalls!“ Ich versuchte zu widersprechen, da ich absolut noch nicht in der Lage war, Dienst auf einem Segler tun zu können. Da schlug Tadsen mit der Faust auf den Tisch und donnerte los, ob ich nicht gehört hätte, sein Wunsch müßte für mich Befehl sein. In Sekunden hatte ich gegengeschaltet und mir gesagt, das letzte Wort spreche ich, nicht jetzt, aber später. Ich entgegnete: „Jawohl, Herr Kapitän Tadsen, ich fahre“. Dann sah ich an seinem Gesichtsausdruck, er war zufrieden, er hatte seinen Willen vor diesen drei Kapitänen durchgesetzt, und der Fall Blöss sollte damit für Tadsen erledigt sein.

Am Sonnabendvormittag erhielt ich nähere Instruktionen, das Geld und den Brief an Kapitän Lühmann. Abends trat ich die Nachtfahrt zu dem ca. 80 Seemeilen entfernten New Castle N. S. W. an. Sonntag frühmorgens waren wir da. Ich begab mich langsam an Bord. Der Kapitän war noch nicht zu sprechen. Einige der Matrosen waren schon auf und angezogen. Da erfuhr ich gesprächsweise, daß hier an Bord Differenzen zwischen der Mannschaft und der Schiffsführung bestanden. Es fielen Worte wie Journaleintragungen, Meutereien usw. Diese Kraftausdrücke gefielen mir nicht, mein Entschluß war jetzt schon endgültig gefaßt, am kommenden Wochenende fahre ich zurück nach Sydney, denn erstens war ich dieser Position körperlich noch nicht gewachsen, zweitens paßte ich nicht in dieses Verhältnis hinein.

Es kam die Stunde, ich konnte den Kapitän sprechen. Sein Gesicht verfinsterte sich, als er in dem Brief las, daß der Koch extra nach Anweisung des Arztes kochen sollte. Doch bevor der Kapitän Lühmann recht wußte, was er mit mir anfangen sollte, erlaubte ich mir zu sagen, ich müßte Kapitän Tadsen zu Gefallen anstandshalber eine Woche hier aushalten. Ich beabsichtige nicht, mit diesem Segler fahren zu wollen, auch nicht erst mit Schiffsarbeiten zu beginnen, sondern am Ende der Woche würde ich wieder nach Sydney zurückfahren. Da war keiner froher als Kapitän Lühmann. Während der Werktage sah und hörte ich manches zur Bestätigung des mir gesagten. So wurde es, ich fuhr nach einer Woche Aufenthalt hier an Bord wieder zurück nach Sydney.

In Sydney angekommen, ging ich sofort zu Tadsen ins Büro. Was mich dort erwartete, war mir klar. Es war aber nicht so, Kapitän Tadsen blieb ruhig, möglich auch, daß er halbwegs mit meiner Rückkehr gerechnet oder Kapitän Lühmann nach der Unterredung mit mir sofort nach Sydney berichtet hat.

In der Nähe seines Büros lag der Austral-Dampfer „HAGEN“. Mit diesem machte ich eine Küstenreise. Meine Betätigung an Bord war nur, in den Häfen während des Löschens und Ladens im Raume Aufsicht zu üben, daß von den Schauerleuten die Ladung nicht bestohlen wurde. Diese Beschäftigung konnte ich im Sitzen ab. Wir kehrten nach Sydney zurück. Der Dampfer machte in der Nähe von Kapitän Tadsens Büro fest, und ich war im Begriff, nachdem die Landverbindung hergestellt war, mich bei ihm im Büro zu melden. Er war aber schneller. Oben, an Bord, am Landgang trafen wir uns. Nach dem üblichen „Guten Morgen“-Gruß war seine Frage an mich: „Wie geht es, Blöss?“ Da ich ehrlichen Herzens die Wahrheit zu sagen hatte, daß die Diarrhöe noch nicht beendet sei, ich mich noch zu schwach fühle, um volle Arbeit leisten zu können, schnitt er mir das Wort ab und sagte: „Blöss, dort liegt der Dampfer ›LINDEN‹, melde Dich an Bord bei dem I. Offizier und mache die Heimreise mit, alles andere werde ich noch regeln.“

Halb unzufrieden, halb zufrieden ging ich den Landgang abwärts, diese letzte Neuigkeit zu verarbeiten. Langsamen Schrittes nahm ich Kurs auf Dampfer „LINDEN“. Ich kam an Bord, mittschiffs, zwischen der Brücke und dem Mittschiffsaufbau, vor der Kombüsentür traf ich den I. Offizier. Nach meiner Vorstellung und mit dem Bescheid von Kapitän Tadsen bölkte der Herr mich an mit den Worten in der plattdeutschen Sprache: „Vom Segelschiff zurückgeblieben, dort an Bord, wo sich der eine auf die Knochen des anderen verläßt, nein, so etwas können wir hier nicht gebrauchen!“ Ich war im Augenblick sprachlos und schockiert, ich entgegnete auch im gleichen Dialekt: „Dann läßt du es bleiben“. Und meine Kehrtwendung in Richtung zu Kapitän Tadsen folgte auf dem Fuß. Zur selben Minute, bei dem soeben Vorgefallenem, stand der Kochsmaat in der Kombüsentür und rief laut durch die Gegend: „Du preussischer Grenadier“. Daß der I. Offizier dieses überhörte und seine Worte an mich, gaben mir einen Überblick, wie es hier auf diesem Schiff bestellt war. Und es stimmte, wie ich es später erfahren mußte.

Dampfer „HAGEN“ war ein ruhiges Fahrzeug, es war auch nicht einer der Mannschaft desertiert, deshalb war dort kein Platz für mich. Hier auf dem Dampfer „LINDEN“ hatten fast sämtliche Leute von Deck dem Schiff den Rücken gekehrt. Es war nicht der Kapitän dieses Dampfers, nein, Herr Kapitän Mildahn war ein ganz ruhiger, sachlicher Mann, es war hier der I. Offizier, wie wir noch sehen werden.

Innerlich ein wenig verwirrt, betrat ich Kapitän Tadsens Büro, ich wartete nicht einmal seine Aufforderung: „Herein“ ab. Ich schoß durch die Tür und platzte mit den Worten: „Der will mich dort nicht haben“, auf ihn zu. Er saß wiederum mit einigen Kapitänen in seinem Büro am runden Tisch zusammen. Sicherlich war es ihm wohl peinlich, daß so ein schlichter Matrose sich erlaubte, so zu handeln. Natürlich blieb Tadsen auch nicht ruhig. Er befahl mir, auf „HAGEN“ zu bleiben. Kaum war ich aus der Tür, so rief er mich zurück, ich solle den I. Offizier vom Dampfer „HAGEN“ bitten, daß er mir meine Sachen zum Dampfer „LINDEN“ schafft. Ich solle ruhig auf Dampfer „LINDEN“ gehen, er werde alles regeln. So wurde dieser für mich sehr aufregende Tag ein neuer Wendepunkt in meinem Leben. Es war der 27. April 1910, ich war wieder mitten in der Seefahrt.

Der I. Offizier vom Dampfer „LINDEN“ hatte beobachtet, daß ich mit meiner Ausrüstung bei ihm an Bord gelandet sei. Sofort schickte er den I. Bootsmann, mich an die Arbeit zu holen. Ich lehnte jeden Arbeitsbeginn, jetzt aus Opposition zum vorherigen Geschehen, strikte ab. Ich ließ den I. wissen, daß, wenn ich ordnungsmäßig vor dem Generalkonsulat angemustert habe, ich mit der Arbeit beginne, nicht früher. Der I. gab sich nicht zufrieden, der I. Bootsmann kam noch unzählige Male, mir war es schon peinlich, dem I. hätte es noch peinlicher sein müssen. Auch an diesen Handlungen konnte ich diesen Menschen einschätzen. Ich blieb meiner Ablehnung treu.

Abends ließ der Herr I. Offizier Matrose Blöss bitten, in seine Kammer zu kommen. Ich trat ein. In einem ganz ruhigen und vernünftigen Ton sagte er: „Blöss, Sie sind von der ›EILBEK‹ als krank zurückgeblieben, morgen werden Sie vor dem Deutschen Konsulat als Matrose anmustern. Da Sie noch in der Genesung sind, nehme ich selbstverständlich in Bezug auf Arbeit bei Ihnen Rücksicht, erwarte aber als Gegenleistung, daß auch Sie ehrlich sind und für uns tun, was in Ihren Kräften steht. So, hoffe ich, werden wir gut miteinander auskommen. Bitte unterschreiben Sie hier. – Danke“. Meine Antwort war: „Ich bin daran gewöhnt, stets an Bord mein Bestes herzugeben, werde es auch jetzt so halten.“ Hier merkte ich, daß Kapitän Tadsen sein Machtwort gesprochen und diesem I. Offizier beigebracht hat, seine Befehle auszuführen und sie nicht zu durchkreuzen.

Mein Verlassen des St. Vinzenz-Hospital ist wahrscheinlich dem Deutschen Generalkonsulat gemeldet worden. Ich wurde brieflich gebeten, dort vorzusprechen. Man beauftragte mich, Kapitän Tadsen zu sagen, er müßte mich mit dem nächsten Lloyd-Passagier-

Dampfer als Passagier in die Heimat schicken. Ahnungslos berichtete ich dieses an Kapitän Tadsen. Da hatte ich aber in ein Wespennest gegriffen. Wütend sagte er mir, ich solle sofort wieder ins Hospital gehen, er zahle bis zu meiner Genesung dort für mich, und der Bescheid des Konsulats rühre ihn nicht, solange er für mich sorge. Da lernte ich erstmalig kennen, was ein gesprochenes Wort eines Konsulatsbeamten bedeutete. Es wäre Pflicht des Konsulats gewesen, bevor man mir Befehle zur Weiterleitung anvertraut, daß das Konsulat sich mit Kapitän Tadsen telefonisch oder brieflich über meinen Fall klärend unterhalten hätte. Wahrscheinlich war es unter der Würde eines damaligen Kaiserlichen Hohen Beamten, so etwas zu tun. Doch ich war wendig genug, Tadsen zu versichern, daß sein Weg, den er mit mir befolge, der für mich richtige sei. Meine Heimfahrt als Passagier wäre für mich und mein Fortkommen absolut wertlos. Ich benötigte Fahrzeit und Verdienst in barer Münze für den Navigationsschulbesuch, der einst folgen müßte. Zum Konsulat kehrte ich nie wieder zurück, außer zur Musterung.

Für den, der es nicht weiß, sei hier angeführt, daß zur damaligen Zeit Australien das Land der Zukunft war. Seeleute desertierten nicht nur, weil sie die Nase von ihrem Schiff und der Seefahrt voll hatten, nein, der Neugierde, einer Abenteuerlust wegen usw. Und dieser Kapitän Tadsen stand im Mittelpunkt all dieser Ereignisse. Nur harte und rücksichtslose Naturen konnten sich auf so einem Posten, der auch viele Feindschaften einbrachte, halten.

„EILBEK“ wurde 1918 an Kapitän Gustav Ipland, 1922 an Nordische Handelsgesellschaft Hachfeld Fischer m.b.H., Hamburg, als „TAMARA XV“ verkauft. Abgewrackt 1925.

7. Meine Heimreise von Sydney nach Hamburg

mit dem Dampfer „LINDEN“ der Deutsch-Australischen Dampfschiffahrts-Gesellschaft, Hamburg, Kapitän C. Mildahn. „LINDEN“ war vermessen mit 4.188 BRT und 2.645 NRT

Meine Anmusterung vor dem Kaiserlichen Generalkonsulat hatte am Donnerstag, dem 28. April, stattgefunden, ich war an Bord zurückgekehrt und meldete mich zu meinem Dienstantritt.

Von Sydney über Brisbane nach Durban

Nachmittags verließen wir Sydney mit dem Ziel Brisbane. Unsere Fahrt ging später weiter über Geelong und Williamstown (Melbourne Distrikt) westwärts mit Getreide beladen über den Indischen Ozean zum Bunkerplatz Durban in Südafrika. Wir waren für diese Reise nicht für den Suez-Kanal bestimmt. Unsere Ladung hatte anscheinend Zeit, bevor sie verhandelt oder verkauft wurde. Der Dampfer war sozusagen ein schwimmendes Lagerhaus, und unser Kapitän wird seine Anweisung gehabt haben, nicht vor einem bestimmten Termin Falmouth als Order-Hafen einzulaufen. Eine drahtlose Telegraphie hatte unser Dampfer damals noch nicht. Unsere Fahrt über See war demnach reduziert. Wenn „LINDEN“ volle Fahrt lief, legte das Schiff bis zu 46 Seemeilen per Wache von vier Stunden zurück, jetzt hielten wir unsere Fahrt zwischen 30 und 40 Seemeilen, doch nie darüber.

Da ich der Wahrheit die Ehre zu geben habe, kann ich nicht umhin, die Eigenarten eines sonst tüchtigen Seemannes, unseres I. Offiziers K. dieses Dampfers zu berichten. Er war der Mittelpunkt zu allem Anstößigen an Bord. Er kam erst kürzlich aus der Segelschiffsfahrt und hatte den gewaltigen Unterschied zwischen einem Segelschiffsmatrosen und dem eines Dampfermatrosen noch nicht erfaßt. Zum weiteren Verständnis dieser bald folgenden Vorkommnisse muß ich anführen, daß unsere Decksmannschaft aus Leuten verschiedener Nationen bestand und diese kein Verständnis aufbringen konnten für das, was der I. Offizier, ob Tag oder Nacht, an Arbeiten verlangte. Ferner war es denen einerlei, mit welchem Führungszeugnis sie den Dampfer verließen. Im Verlaufe der Zeit steigerte sich die Abneigung gegen diesen Herrn immer mehr, doch wegen der damals strengen Disziplin war eine offene Auflehnung wenig möglich, also wurde eine heimliche, versteckte Rache geübt. Ich persönlich saß mitten unter diesen Menschen und mußte alles mit anhören. Daß ich mich in keiner Weise hineinmischte oder gar hineinziehen ließ, war wohl selbstverständlich, und daß ich nichts verriet, noch selbstverständlicher, denn es war ja nichts, das die Sicherheit des Schiffes gefährdete.

Es begann auf der Fahrt von Brisbane nach Geelong. Die Ladung war entlöscht, der Raum mußte bis Geelong gesäubert, das Stauholz geordnet, beiseite geschafft werden, denn zum Getreideladen wurde es nicht benötigt. Natürlich, sah man in die Laderäume, konnte einem bange werden, mannshoch lag alles durcheinander. Es half nichts, gearbeitet werden mußte, die Zeit drängte. Die Fahrt dauerte vier Tage.

Am Donnerstag, dem 5. Mai, gingen wir von Brisbane aus in See, es muß der Himmelsfahrtstag gewesen sein. Nachdem wir die Leinen losgeworfen und eingeholt hatten, sollte mit den Aufklarungsarbeiten in den Räumen begonnen werden. Die Leute verweigerten die Arbeit, da heute für sie ein Feiertag sei. Es ging hin und her, die Wache an Deck verschwand ins Logis. Da befahl der I. Offizier energisch, nachdem er ins Logis gefolgt war, mit der Arbeit zu beginnen. Die Leute forderten Überstunden, sie wurden abgelehnt mit der Drohung, sie im nächsten Hafen der Meuterei zu überführen und sie einsperren zu lassen. Mit einer bösen Mißstimmung wurde sein Befehl befolgt, zumal er die Überstundenbezahlung verweigerte. Bald hatten wir die offene See erreicht, und der angefallene Unrat und Schmutz im Raume konnte, sobald er hochgehievt war, über Bord befördert werden. Die Arbeit ging nur schleppend vorwärts, es schaffte nicht viel.

In Geelong am Pier, morgens 6 Uhr beim Arbeitsbeginn, waren wir auf dem Achterdeck bei Luke IV um unsere beiden Bootsleute zur Arbeitsverteilung versammelt. Plötzlich kam der I. Offizier angerannt, stellte sich vor seinem I. Bootsmann hin, er hüpfte vom linken aufs rechte Bein und umgekehrt, fuchtelte mit den Armen wie wild umher und schrie unentwegt, als sei er verrückt: „Bootsmann, mi brennt de Feut, Bootsmann mi brennt de Feut“ (Bootsmann mir brennen die Füße). Nun war der I. Offizier ein langer, schlanker, der I. Bootsmann ein kleiner, untersetzter Mann. Im Nu hatten sich beide an der Kehle zu fassen; der kleine Bootsmann reckte seinen Arm aufwärts, der I. seinen Arm abwärts, dies Schauspiel vor versammelter Mannschaft. Ich kann nicht alles wiedergeben, was Janmaat hohnlachend an witzigen Ausdrücken zum Besten gab. Jedenfalls war es eine blamable Situation, doch dies störte unseren I. Offizier in keiner Weise.

Es kam ein Tag in Geelong, wir hatten von einer Stelling aus an dem weißen Gang an Steuerbord mit dem Rosthammer und Farbstecher sämtliche Farbe zu entfernen. Zum großen Unglück für das folgende war, daß wir gerade vor der Kammertür des I. Offiziers beschäftigt waren. Vom Wachmann wurden wir morgens beim Wecken schon unterrichtet, daß der I. nach Mitternacht von Land gekommen sei und seine große Petroleumkammerlampe, nachdem er zur Ruhe gegangen war, nicht gelöscht hatte. Diese Lampe war im Docht zu hoch geschraubt, sie qualmte fürchterlich. Der Wachmann hätte etwas unternehmen können, doch er unterließ es. Nach Stunden ist der I. durch Qualm und Atemnot erwacht, hat sich zur Tür hingeschleppt, sie aufgestoßen und hat sein Haupt auf den überall an Bord üblichen hohen Türsüll gelegt, um frische Luft zum Atmen zu haben und hat dabei weiter geschlafen, bis ihn der Wachmann 5 Uhr 30 wie alle anderen weckte.

Seine Kammer war die vordere steuerbordsche Ecke unter dem unteren Brückendeck.

Punkt 6 Uhr begannen wir, Mann neben Mann stehend, auf der Stelling vor seiner Kammertür mit dem Rostklopfen oder gar Farbstechen. Ahnungslos stieß der I. Offizier seine Tür zur Kammer weit auf. Er selbst trat vor die Tür und wischte sich mit beiden Händen gähnend von oben nach unten übers Gesicht. Da fingen seine Leute laut an zu lachen, wie sah der arme Mann aus! Unsere Stehhöhe war so, daß wir alles gut übersehen konnten. Der Lampenruß war auf seinem Gesicht durcheinander gerieben. Es dauerte noch seine Zeit, bis er sich selbst wohl im Spiegel gesehen. Er erschrak, machte seine Kammertür zu, säuberte sich, und kam dann frisch aufgemacht in Herrenpositur, als sei nichts gewesen, an Deck. Nach kurzer Zeit seiner Überlegung rief er mich. Er ging mit mir in seine Kammer und sagte, es käme gleich der Kajütsteward, er bäte, daß wir beide seine Kammer auspacken, anschließend auswaschen. Sämtliche Sachen möchten wir bis zur Wiedereinräumung vorkante Kajütschott hinstellen. Ich persönlich tat wie mir befohlen. Der Kajütssteward stellte die Sachen, entgegen den Anweisungen, achterkante von der Tür in den Steuerbordseitengang, nahe der Kajütseingangstür. Er wollte damit bezwecken, daß, wenn der Kapitän hier zufällig zur Kajütstür hinaussah oder gar herauskam, er dieses sehen sollte. So kam der I. stets höflich zu mir und bat, doch die Sachen vor das Kajütsschott hinzustellen. Natürlich unterstützte ich seinen Wunsch und kam damit noch mit dem Kajütssteward in Streit. Der I. Offizier wußte, daß ich seine Befehle befolgte. Er hatte keinen zweiten gleich mir unter der Mannschaft, sonst hätte er bestimmt nicht den Kajütssteward mit zur Hilfe herangezogen. Was der Steward in der Kammer dem I. für Streiche spielte, ist nicht zu fassen. Den Ruß verrieb er in die Reinschrift des Schiffstagebuches, wobei ich ihn energisch stoppte. Er verschmierte mit dem Ruß seine weiße Wäsche und Gott weiß was noch mehr. Der Ruß war sogar durch die Schubladenritzen hindurch in die Schublade gedrungen. Der I. hätte ja ersticken können. Seine Rettung war, daß ein großes Bullauge in seiner Kammer vorkante Schott voll geöffnet war, dort hinaus ist der gröbste Ruß entflohen.

Es passierten weitere unglaubliche Sachen, die der I. mit einer Frechheit und Dreistigkeit parierte, und dem Anständigen bestritt er mit seinem großen Maulwerk und seiner Donnerstimme die beweisbare Wahrheit.

An unserem letzten Tag in Geelong kam er weit über Mitternacht an Bord, dies sollte sein gutes Recht sein, doch nicht, daß er dadurch im Dienst als hoher Vorgesetzter versagte. Wir sollten um 6 Uhr früh nach Williamstown verdampfen. Der Lotse, Schlepper, alles war pünktlich zur Stelle. Der Wachmann weckte um 5 Uhr 30 an Bord alle Beteiligten. Er weckte den I. Offizier weitere zweimal, einmal im Beisein des III. Offiziers, ein weiteres Mal im Beisein des II. Offiziers. Er war nicht wach zu bekommen.

Normal gehört zur Verholung des Schiffes ein I. Offizier auf die Back, der II. Offizier aufs Achterdeck und der III. auf die Brücke zur Verfügung des Kapitäns, so war die normale Offiziersverteilung. Da der Kapitän seinen I. Offizier nicht auf der Back gewahrte, entsandte er den II. auf die Back und den III. aufs Achterdeck. Das Ablegen begann. Des Dampfers Winden rasselten, das Ankerspill hievte den Anker ein, der Lotse gab Signale mit der Dampfpfeife, es waren alles lärmende, den Schiffsrumpf erschütternde Vorkommnisse. Beim Ansetzen der Hauptmaschine erwachte der I. Offizier, rannte in Hemd und Unterhose aus seiner Kammer an Deck. Er fing an zu wettern und zu fluchen, es sei eine Schweinerei, er sei nicht geweckt worden, er drohte den Wachmann mit einer Bestrafung. Dann ging er in seine Kammer zurück, zog sich schnell notdürftig an und begab sich eilenden Schrittes auf seinen Posten, auf die Back. Auf halbem Wege nach dort fing er wieder mit lauter Stimme an zu fluchen und zu pöbeln, daß er nicht geweckt worden sei. Selbst seinem Kameraden, dem II. Offizier, bestritt er frech und dreist, daß er ihn mit geweckt hätte. Sein überlautes Organ sollte bis zur Brücke hinaufdringen, dem Kapitän versichern, er sei nicht geweckt worden, daher konnte er nicht auf seinem Posten gewesen sein. Unser Kapitän wird diese Situation durchschaut haben, und Achtung und Respekt vor so einem Vorgesetzten mußten bei den Leuten verschwinden.

Am Freitag, dem 27. Mai 1910, waren wir beladen und machten unseren Dampfer wie üblich seeklar. Um 6 Uhr abends verließen wir unter Lotsen-Anweisung den Ort Williamstown zur Fahrt nach Durban in Süd-Afrika. Es herrschte ein frischer NNO-Wind bei einer Außentemperatur von ca. 14 Grad Celsius. Die Wachen wurden aufgesteckt. Lange währte es nicht, so wurden wir den Ernst der Seewachen gewahr. Von den normalen Gewohnheiten in Bezug auf Beschäftigung in der Seefahrt wich dieser Dampfer sehr weit ab, Ich möchte nichts von der Tagesarbeit erwähnen, sie mußte sein. Doch die Nachtbeschäftigung des sogenannten Flötentörns nahm Formen an, die nicht dem Normalen, nein, den Schikanen zugesprochen werden mußten. Erreicht worden ist mit diesen Arbeiten nichts, gar nichts. Im Gegenteil, das Schiff büßte Werte ein, die Stimmung der Besatzung wurde immer schlechter, und die Achtung vor der Schiffsführung, wie sie zu sein hatte, war dahin.

Nachts auf See auf dem Flötentörn mußten wir Messing putzen. Fein säuberlich blank war es an Ort und Stelle, gleichfalls das Messing an den Bullaugen der unteren Brücke. Es muß einer unter uns gewesen sein, der dem Trimmer der Wache einen Tip gegeben hat. Der Mann kam mit einem Essiglappen und wischte über dies blank geputzte Messing hin, am anderen Morgen war alles voller Grünspan. Damit der Trimmer unauffällig Zugang zur unteren Brücke bekam, erbat er sich vom Wachhabenden den Kombüsenschlüssel, der stets für die Nachtzeit auf der Brücke verwahrt wurde. Morgens sah der Kapitän diese Bescherung und schüttelte nur mit dem Kopf über diesen Zustand. Ferner muß einer unter uns oder aus der Maschine einen besonderen Haß auf die Schiffsführung gehabt haben. Ging man ans Brückengeländer auf- oder abwärts, mußte man vermuten, daß das Geländer, natürlich nur nachts im dunkeln, verschmiert war. Nichts ist unternommen worden, ausfindig zu machen, welcher Flegel dies alles anstellte. Im rohen Rahmen wußte ich viel, lange nicht alles, erst recht nicht in der Person. Wir fühlten, daß unser Kapitän nicht einverstanden war mit dem, was der I. Offizier machte.

Aus alter Segelschiffszeit und Tradition heraus hielt die Inspektion darauf, daß die Neubauten der Reederei noch mit Schratsegel ausgerüstet wurden. Sie sollten dazu dienen, bei querwinds das Rollen und Schmeißen in Ballast in grober See abzufangen. Hatten wir eine derartige See und Wetterlage, ging der I. mit dem III. Offizier dabei und setzte das Segel hinter dem Vormast. Der Dampfer war tief beladen, dies Segel half gleich Null, es war mehr Spielerei und bot eine kleine Freude für den, der Segeln liebte. Sobald unser Kapitän dies vorgeheißte Segel sah, wurde er ärgerlich. Er pfiff den Bootsmann und befahl, den Lappen, wie er sich ausdrückte, wegzunehmen. Oft kam es zu sehr erregten Szenen zwischen dem I. Offizier und unserem Kapitän, es kam sogar vor, daß der Kapitän dem I. Offizier die Brücke verbot. Solche Auftritte waren ja Wasser auf die Mühle der Besatzung. Es passierte, daß der I. Offizier aus einer Entfernung sich anhören mußte, wenn ein Ingenieur laut vernehmlich pöbelnd über ihn herfiel. Doch unser I. Offizier nahm wenig Notiz von all diesem, auch nicht von dem, was der Kapitän befahl, er tat stets so, als sei nie etwas vorgefallen, nie etwas gesagt noch verboten worden. Zu eigenem Nutz und Frommen eine Dreistigkeit bei einem dicken Fell. Ich vermute, er hatte schon seine Zusage durch Protektion von dritter Seite, bald selbst Kapitän werden zu dürfen, er ist es auch geworden, soviel ich vernommen habe.

Es kam der Tag, da dem I. Offizier auffiel, die Deckseimer wurden weniger oder waren verschwunden. Ging ein Heizer oder Trimmer mit einem Eimer über Deck, so rannte er hinterher, nahm dem betreffenden den Eimer ab und suchte den eingravierten Namen „DECK“ als Erkennungsmarke. Doch stets waren es Eimer mit dem Vermerk „MASCHINE“. Jetzt hörte ich auch eines Tages im Logis, daß aus Rache dem I. gegenüber alles, was nicht fest war, einerlei was war, in die See flog. Eimer, Besen, Marlspieker, Waschquäste, Farbtöpfe, Pinsel usw., immer hinein in die See. Ich glaube, wenn tatsächlich einer etwas gesehen hätte von der Überbordwerferei, außer von den Offizieren oder gar der Kapitän, keiner hätte es gemeldet, denn die Mannschaft, die Küche, selbst die Ingenieure waren mit dem Manne verfeindet und empfanden Schadenfreude über alles, was man diesem Mann direkt oder indirekt zufügte.

Am Sonntag, dem 26. Juni, frühmorgens, ankerten wir auf der Reede von Durban. Bei Tagwerden beobachteten wir hier im Hafen einen deutschen Segler, die havarierte Hamburger Bark „UNDINE“. Der Kapitän des Havaristen kam mit seinem Ruderboot zu uns längsseit und auch an Bord, sein Besuch galt unserem I. Offizier. Die Zeit verlief, es wurde dunkel, unser Wachmann war ein älterer Matrose, Jan. Wann das „UNDINE“-Boot wieder von uns ablegte, ist mir nicht bekannt geworden. Es geschah zur späten Stunde, unser I. pfiff seinen Wachmann und beauftragte ihn, eine bestimmte Persenning aus dem Kabelgatt zu holen. Jan bemühte sich, den Befehl auszuführen und ging voraus. Da fiel ihm ein, diese Persenning lag auf dem Mittschiffs-Hochdeck, neben dem Hühnerstall des Kapitäns. Jan machte kehrt und ging dorthin. Er näherte sich dem Hühnerstall und bemerkte eine Unruhe unter den Tieren. Da wurde er gewahr, daß der I. Offizier sich am Stall zu schaffen machte. Jan, als Untergebener, entfernte sich schnell und lautlos, es war nicht seine

Angelegenheit, was der I. machte. Am nächsten Morgen beim Wecken brachte eine große Neuigkeit von Jan Leben in unser Logis. Er berichtete, er war im Begriff unseren I. Offizier zu wecken, er öffnete seine Kammertür, wollte sich hinein begeben, ihn wachrütteln, da er stets wie ein Halbtoter schlief. Jan erschrak. Es war ein Huhn in der Kammer. Es flog vom Bettrand hoch wie wild durch die Gegend. Jan machte, daß er verschwand und gewahrte, daß der I. wach geworden war. Jetzt kam Licht dahinter, der Kapitän hatte des öfteren die Mannschaft verdächtigt, daß sie sich an seinem Hühnerstall zu schaffen machte. Da alle ein ruhiges Gewissen hatten, regte es niemanden weiter auf, keiner fühlte sich betroffen.

Die Unglücksfahrten der „UNDINE“

„UNDINE“ ging im Februar 1909 mit Stückgut beladen von Hamburg nach Callao in Peru und weiter über Guayaquil nach Taltal in Chile. Von dort versegelte die Bark mit einer vollen Ladung Salpeter nach Delagoa Bay in OstAfrika. Hier wurde der Salpeter entlöscht und der benötigte Ballast eingenommen. Jede Salpeterladung brachte nach monatelanger Reise über See -zig Tonnen Salpeterwasser als Rückstände in den Bilgen. Dieses Wasser wurde nicht entleert, sondern in den Bilgen des Seglers belassen. So ist sehr wahrscheinlich dieses Wasser die Ursache zu der gebildeten schweren Schlagseite, welche das Unglück heraufbeschworen hat. Bei nicht ganz dichter Bodenwegerung spült das Wasser den Sand in die Bilgen. Dieses soll kein Beweis, nur ein Hinweis sein.

Zum Unglück.

Am Donnerstag, dem 21. April 1910, machte sich durch stetiges Fallen des Barometers das Nahen eines Mauritius-Orkanes bemerkbar. Das Glas fiel an dem Tag von 757 auf 752 mm und am Freitag, dem 22., weiter auf 743 mm. Gleich nach Mitternacht am Sonnabend, dem 23., gegen 2 Uhr drehte der Wind von NW auf WSW und fing mit Windstärke 8 nach Beaufort zu stürmen an. In kurzer Zeit war das Wetter zum Orkan mit Stärke 11 angewachsen, schnell bildeten sich die dazu gehörenden Wellenberge. Der südöstlich gerichtete Ast der Sturmbahn, der nicht immer zu großer Entwicklung gelangt, hat anscheinend diesmal kräftig gewirkt. Ca. 900 Seemeilen hatte „UNDINE“ hinter sich gebracht und stand zur Zeit auf 37 Grad Süd und 44 Grad Ost, als das Unglück über den Segler und seine Besatzung hereinbrach.

Worte des Kapitäns.

„Nach 4 Uhr a. m. am 23. April schnell zunehmender Sturm- und Seegang. Wir machten alle Segel fest bis auf die Unter-Marssegel, das Vor-Stengestagsegel und den Sturmbesan. Am Sonnabendnachmittag gegen 1 Uhr ging der Ballast über, obgleich er besonders gelascht war. Versuchten zu halsen, jedoch fiel das Schiff nicht mehr ab. Der Ballast ging immer mehr über, das Schiff lag schon mit den Unter-Raaen und mit den Nocken der Mars-Raaen im Wasser. Der Kiel war ganz über Wasser. Mußten Marsstengen kappen, da das Schiff jeden Augenblick kentern konnte. Am Vor-Topp wurde Unter-Mars- und Fock-Raae von der fallenden Takelage mit herunter gerissen. Am Groß-Topp wurde Groß- und Unter-Mars-Raae geborgen. Trimmten Ballast über und riggten Nothtakelage auf, um Port Natal (oder Nothhafen) zu erreichen.

Am 6. Mai passierten Dampfer ›WALROO‹. Ich verzichtete auf Hülfe.
Am 12. Mai passierten einen Dampfer nahebei.
Am 14. Mai erreichten Port Natal.
Bei der Havarie ist niemand verletzt oder zu Schaden gekommen".

Abbildung 42: „UNDINE" nach dem Unglück im Hafen von Port Natal oder Durban in Süd-Ost-afrika (Kapitän W. Peters). Kapitän Wilhelm Peters war Matrose zu dieser Zeit an Bord und hat alles miterlebt.

Da die Kosten – 6.000 Pfund Sterling – (hier) zu hoch sind, wurde „UNDINE“ als reparaturunwürdig condemniert; später nach Chinde verkauft.

In Lourenço Marques hatte die ganze Besatzung der „UNDINE“ sehr unter Malaria-Fieber zu leiden. Mehrere Male waren nur ein oder zwei Mann an Deck arbeitsfähig. 6-8 Mann lagen zeitweilig im Hospital in Lourenço Marques. Auch der Kapitän und die Offiziere blieben nicht von diesem Fieber verschont. Einen Tag vor der Havarie waren endlich alle Mann arbeitsfähig, es war ein Glück für „UNDINE“.

Diese Bark „UNDINE“ hatte vor gar nicht langer Zeit unter einem anderen Kapitän bei Cap Horn die Takelage schmeißen müssen. Einige Stunden zuvor passierte „PREUSSEN“, das einzige Fünf-Mast-Vollschiff, „UNDINE“. Beide Segler tauschten noch Flaggensignale untereinander aus, und dann geschah für „UNDINE“ das Unglück. Mit einer Nottakelung segelte der Havarist zurück nach Montevideo. Ein Hamburg-Süd-Dampfer brachte für „UNDINE“ die neuen Stengen und Rahen mit nach draußen.

Ich habe zu beiden Katastrophen des Seglers „UNDINE“ Kameraden kennengelernt, die diese Unglücke persönlich haben miterleben müssen. Es ist mir ausführlich darüber berichtet worden. Beide Male hat sich Unschönes dazu abgespielt; da ich es nicht persönlich erlebt habe, berichte ich nicht darüber.

Von Durban über Falmouth nach Hamburg

Am Dienstag, dem 28. Juni, frühmorgens 7 Uhr verließen wir nach unserer Bunker- und Wasserübernahme Durban mit dem Ziele, Falmouth in Südwest-England im Englischen Kanal liegend als Orderhafen anzulaufen.

Meine Diarrhöe hielt sich bis Durban konstant einige Male täglich. Jetzt, auf der Fahrt nach Europa, einige Tage nach dem Verlassen Durbans, merkte ich plötzlich, daß sie verschwunden, tatsächlich ganz verschwunden war. Mir kam eine Überlegung, sollte es dies frisch eingenommene afrikanische Trinkwasser gewesen sein, daß diesen Wechsel gebracht hatte? Ich möchte es nicht von der Hand weisen. Jedenfalls war ich Überglücklich, daß sich mein Leid abermals zum Guten gewendet hatte. Aber Wochen brauchte ich, mein berechtigtes Mißtrauen der Genesung gegenüber zu überwinden. Jetzt darf ich bekunden, daß sich nie Rückschläge noch nachwirkende Beschwerden zu diesem überwundenen Leiden eingestellt haben.

Leider hatte ich ab Durban wieder leichte Malariaanfälle. Das Flimmern und Drehen vor meinen Augen, wenn ich plötzlich meinen Kopf nach achtern warf, um nach oben sehen zu wollen, waren geblieben. In großer Vernarrtheit behielt ich alles für mich und habe niemand mit meinem Kummer belästigt. Während meines Krankenhausaufenthaltes in Sydney habe ich keine Malariaanfälle verspürt, und ich hatte sie ganz vergessen. Hier auf diesem Dampfer, nach dem Anlaufen von Afrika, stellten sie sich wieder ein. Möglich auch, daß ich dort durch Mückenstiche neu infiziert wurde.

Unsere Reise verlief überwiegend bei schönstem Wetter. Es war eine ganz kurze Zeit, nur Stunden, daß wir mit Windstärken 7, gar 8 belästigt wurden, und diese Winde wollte der I. Offizier mit seinem Schratsegel nutzen, er tat es immer wieder, trotz Verbots des Kapitäns.

Während dieser Heimfahrt machte sich Tabakmangel bemerkbar. Der Kapitän sagte mir kopfschüttelnd: „Nein, Blöss, ich habe keinen Tabak mehr über". Ich nahm an, er hielt denselben zurück als Strafe für das Benehmen einzelner Besatzungsmitglieder. Da kein Tabak mehr da war, wurde versucht die Teeblätter aus der Teekanne zu diesem Zweck zu trocknen oder gar Tee so zu rauchen. Einen fürchterlichen Gestank entwickelten Teeblätter und Tee als brennende Masse in der Pfeife. Zum Pfeiferauchen besaßen verschiedene Matrosen Albatros-Flügelknochen als Pfeifenspitzen. Fanatiker gingen nachts dabei, mit Hilfe dieser langen Albatrosknochen-Pfeifen diesen Teequalm dem I. Offizier durch seine stets etwas geöffnete Kammertür in den Raum, in dem er schlief, hineinzurauchen. Doch der I. hat sich nie etwas anmerken lassen.

Wie ein Schießhund wachte der I. Offizier darüber, daß die beiden Bootsleute bis zum Glockenschlag 6 Uhr abends arbeiteten. Das Werkzeug, einerlei was es war, trugen hernach die von der Wache an Deck dem I. zu. Er persönlich, in gute Uniform gekleidet, verpackte die Sachen selbst an Ort und Stelle. Mit solchen Handlungen erniedrigte er seine Bootsleute, und die Reaktion blieb nicht aus. Natürlich müssen hier Ursache und Wirkung auseinander gehalten werden, hierüber bin ich nicht im Bilde.

I. Offiziere dieser Art haben dem Namen der Reederei geschadet. Unter uns Seeleuten war bekannt, daß es auf Dampfern dieser Gesellschaft Dritte und Vierte Offiziere gegeben hat, die in Uniform mit den Matrosen zusammen haben außenbords arbeiten müssen. Ich habe mir nicht die Aufgabe gestellt, den Namen der Reederei zu schädigen, beileibe nicht; doch dies tangiert mein Leben, so ist es mein Wille, konsequent der Wahrheit gemäß zu berichten. Es wurde solchem Treiben Vorschub geleistet dadurch, daß Menschenmaterial in endloser Menge zur Verfügung stand. Wahrheitsgemäß habe ich zu bekennen, daß lange nicht auf allen Dampfern dieser Reederei solche wilden Zustände herrschten, so denke ich an den Dampfer „HAGEN", Kapitän Parau.

So passierte es eines Abends, der I. Offizier war wieder einmal dabei und verpackte Farbtöpfe und Pinsel, usw. im Vorschiff. Seine Kammertür stand sperrangelweit geöffnet. Auf seinem Kammertisch lag ein soeben angebrochenes Pfund-Paket Dobbelmannscher Shagtabak. Es war von einem dort passierenden Matrosen ein Griff, und der Tabak war verschwunden. Er wurde freudig im Logis unter die Kameraden verteilt. Ich persönlich verhielt mich neutral und empfand diese Handlung als für mich peinlich. Es war schwer für mich, nicht in den Verdacht eines Verräters zu gelangen.

Wir erreichten eines Sonntags, dem 31. Juli 1910, spät abends die Reede von Falmouth.

Am Donnerstag, dem 4. August, gingen wir Anker auf mit der Bestimmung, nach Antwerpen als Löschhafen zu verdampfen. Jetzt war das Tagesgespräch unter uns, wohin geht es von Antwerpen? Jeder schwor, er bliebe an Bord, bis das Schiff Hamburg erreicht, denn das Reisegeld von Antwerpen bis Hamburg wollte keiner opfern. Dicke Töne wurden geschwungen. Ich persönlich beteiligte mich nicht daran, sondern war ruhig und wartete ab.

Wie stets, wenn ein Schiff von langer Reise kam und am Kai festgemacht hatte, kamen die Landhaie an Bord und versuchten, ihre Opfer zu fangen. Natürlich brachten sie, um leichter an ihr Ziel zu gelangen, Kleinigkeiten an geistigen Getränken mit, sogar geldliche Vorschüsse wurden unter Umständen gewährt. Hinzu kam ein Gefühl besonderer Art für jeden Seemann, wenn er nach langer Reise im Löschhafen angelangt war, keine Maschine mehr Umdrehungen lief, das Schiff vertäut und still lag und die Freiheit des Lebens vor der Türe lachte. Es war plötzlich eine andere Welt, sie ließ bei sehr vielen die besten Vorsätze zerrinnen und wirkte wie ein Magnet; das Leben forderte sein Recht, und nicht alle waren stark genug, ihren Willen über das Verlangen stellen zu können.

In Antwerpen angelangt, ließ der Kapitän uns alle wissen, der Dampfer solle von hier wieder nach Australien. Wer beabsichtige abzumustern, müsse sich sofort melden. Für mich war es ein plumper Trick. Und tatsächlich, die größten Schreier, die aushalten wollten, bis das Schiff Hamburg anlaufe, waren die ersten, die sich zur Abmusterung stellten. Tatsächlich blieben wir mit den beiden Bootsleuten vier Mann an Bord zurück. Sofort am gleichen Vormittag ging die Abmusterung vor sich. Der Kapitän kehrte schon zur Mittagszeit an Bord zurück und ließ uns wissen, nach der Entlöschung der Ladung würden wir von hier über Shields (Ostküste Englands) zum Docken und Bunkern fahren, um dann zum Hamburger Hafen zu dampfen.

Hier in Antwerpen lagen wir 16 Tage. Vom I. Offizier wurde ich zum Wachmann bestellt, nach einer Woche ließ der I. uns tauschen. Mein Kamerad, der ältere Matrose Jan, ging eines Abends an Land, obgleich er geschworen hatte, nie in Antwerpen an Land gehen zu wollen. Das Ende vom Lied war, mein lieber Jan wurde daraufhin gegen Morgen von der Polizei an Bord gebracht. Er hatte alles eingebüßt, sie hatten ihn irgendwo in den Docks bis auf sein Unterhemd und seine Unterhose ausgeplündert, sein guter Anzug, seine besten Schuhe, sein Hut, seine goldene Uhr und Kette, wie sie damals getragen wurden, waren weg, sowie anderes mehr. So das Leben eines ollen, ehrlichen Matrosen, denn Jan war der einzige, der in Australien nicht desertiert war, er war ein alter Austral-Matrose.

Seitdem die Mannschaft vom Dampfer abgemustert war, merkte man einen Unterschied, es war ruhig und friedlich. Die Anweisungen gingen in sachlichem, ruhigem Ton vor sich.

In Shields wurde gedockt und gebunkert, sodann fuhren wir am 24. August quer über die Nordsee bei schönstem Wetter nach Hamburg.

Am 27. August wurde ich vor dem Hamburger Seemannsamt nach einer Reise um die Erde mit zwei Schiffen abgemustert. Bei der Abmusterung stand plötzlich mein Kapitän, Herr Mildahn, neben mir, fragte mich, ob ich nicht noch eine Reise mit ihm machen wolle. Höflich gab ich ihm zu verstehen, wohl gerne, doch da ich weiter wolle und Segelschiffsfahrzeit benötige, müsse ich wieder auf einen Segler zurück. Natürlich zeigte er Verständnis für mein Wollen. Mein Zeugnis war bestens. Seine an mich gerichteten Worte gaben mir die Gewißheit, daß kein Verdacht wegen all der angeführten Untaten mit auf mich zurückgefallen war.

Der I. Offizier war gleichsam ruhig und sachlich zu mir bei der Arbeitsanweisung. Am letzten Tag, zur Abrechnung, war er sehr großzügig. „Blöss“, sagte er zu mir, „ich kann nicht übersehen, wieviele Überstunden Sie noch zu leisten haben werden, doch ich muß meine Abrechnung fertig haben. Sind Sie damit einverstanden, ich gebe Ihnen jetzt soundsoviele Überstunden zur Gutschrift, und Sie verpflichten sich, die anfallenden Überstunden zu leisten ohne Nachkontrolle“. Die Summe war so gut bemessen, daß ich zufrieden sein konnte, es zeigte sich, daß ich kaum eine Überstunde zu leisten brauchte.

Das Ende einer Weltreise als Matrose, auf der mir der Montag, der 15. November, zu verleben, gestrichen wurde.

8. Meine Welt-Umsegelungsreise als Matrose

Vom Dampfer „LINDEN“ hatte ich abgemustert, sofort ging ich in mein hier in Altona gelegenes Elternhaus.

Jetzt ging es an die Überlegung, was zu tun sei. Nach dem Gesetze fehlten mir knapp zwei Monate Segelschiffsfahrzeit, insgesamt aber noch ca. zehn Monate Gesamtfahrzeit als Matrose, um eine Navigationsschule besuchen zu können. Ich entschied mich, diese restlichen Monate nur auf einem Segler zu verbringen, da ich doch beabsichtigte, als Steuermann auf Seglern weiter fahren zu wollen. Eine Australien-Reise, dachte ich mir, würde diese Zeit gerade ausfüllen.

Abbildung 43: Bark „HANS" ex „EAST INDIA" (Dr. Jürgen Meyer).

Da ich noch mein freier Mann in Bezug auf Stellungsuche war, überlegte ich wohl, niemals wieder als Matrose auf einem mit Koks und Briketts beladenen Segler von der Hamburger Gas aus zur Westküste Amerikas anzuheuern. Beileibe nicht, weil es eine Kap-Horn-Umsegelung gab. Nein, für seemännische Strapazen im Kampfe mit der Natur auf freiem Felde der See gab es keine Überlegung für mich, es war mein Beruf, den ich liebte; es waren andere Dinge die Ursache.

Ich wollte keine Wiederholung des bisher Erlebten. Ich konnte nicht vergessen, was man uns angetan und zugemutet hatte!

Zu gleicher Zeit gewahrte ich bei unserer Entlöschung in Santa Rosalia, daß des Seglers Bilgen, die in ihrer Tiefe bis zu meinem Halse reichten, in ganzer Schiffslänge mit Briketts beladen waren. Die Fächer, in denen die Saugkörbe der Lenzpumpen montiert waren, waren freigeblieben. Gefühlsmäßig war diese Handlung für mich etwas Unerlaubtes, aber dieser Segler war nicht der einzige, der die Bilgen voll Briketts fuhr. Es war zur damaligen Zeit von Hamburg aus allgemein üblich, und niemand dachte sich etwas dabei. Es ist an Bord auch nie ein Wort dagegen geredet worden, es gehörte sich anscheinend so. Doch ich erkannte im Stillen für mich, und dies durfte mein gutes Recht sein, welche Gefahr diese Beladung für mich (und uns alle) hätte haben können. Im Falle einer Leckage hätten sich die Saugkörbe durch den endlosen feinen Brikettstaub verstopft, und wir als Mannschaft hätten es auszubaden gehabt. Jedenfalls galten Bilgen für mich nicht als Laderaum derartiger Sachen. Jetzt fragte ich mich, sollte ich mich noch einmal als einfacher Matrose solcher Gefahr für nichts und wieder nichts aussetzen.

So geschah es Abend für Abend in Santa Rosalia nach der Tagesarbeit des Briketts- und Kokslöschens, daß wir aussahen wie die Kohlenarbeiter, verdreckt durch den Schweiß am ganzen Körper. So standen wir splitternackt mit drei, sogar vier Mann um einen dreiviertel gefüllten Eimer Frischwassers, um uns zu säubern. Den Rest im Eimer, nach getaner Waschung, durfte man bescheiden als eine morastige Soße bezeichnen! Nachgespült wurde mit Meerwasser, mit brackigem Wasser!

Für mich gab es damals keine Überlegung, daß der Konkurenzkampf in der Seglerfahrt schon hart und unerbittlich war, daß die von Jahr zu Jahr größer werdende Dampferflotte den Seglern die Frachten drückten und somit langsam, beständig der internationalen Großseglerflotte das Ende bereiteten.

Nein, ich war Matrose und vertrat aus meiner Sicht heraus nur meine Interessen!

Es war für mich selbstverständlich, daß ich am kommenden Montag, dem 29. August 1910, zur Heuerstelle ging und meinen Wunsch zu einer Australien-Reise vorbrachte. Er wurde angenommen, ich solle Nachricht erhalten, wenn etwas passendes anliefe. Am folgenden Montag wurde ich gebeten zu erscheinen. Man sagte mir, gegen Ende der Woche wäre eine Stellung auf einer angekauften englischen Bark „EAST INDIAN“, sie sollte umbenannt werden in „HANS“, frei für mich. Der Segler läge in Ipswich, etwas nördlich von Harwich an der Südost-Küste von England. Natürlich nahm ich dieses Angebot an.

Nach Ipswich auf Rädern

Am Sonnabend, dem 10. September, abends reisten wir mit einem englischen Wochendampfer von Hamburg nach Harwich und die restlichen ca. 20 Kilometer mit der Bahn nach Ipswich. Die Dampferfahrt währte bis Montag früh. Auf dieser Überfahrt durften wir viel Freude erleben, es waren recht gesellige Stunden.

Als Reiseführer hatten wir unseren II. Steuermann Meißner mit. In Harwich wurde bis zur Zugabfahrt nach Ipswich erst gefrühstückt, natürlich ham and eggs, anderes konnte es ja nicht sein hier in England. Dem Koch passierte es, daß sich beim Salzüberstreuen der Deckel des Behälters löste und er samt Salz auf seinem Eigelb landete. Da es nun ausgerechnet dem Koch passierte, wurde das Gelächter doppelt groß, und wie es so im Leben ist, wer den Schaden hat, braucht für den Spott nicht zu sorgen!

Beim Anbordkommen gewahrten wir, daß wir die ersten der neuen Besatzung waren. Unser Kapitän Bade sowie der Inspektor Kapitän Bock waren bereits vor uns eingetroffen. Meine Einschätzung der Schiffsführung und unseres Kapitäns Bade war die allerbeste. Ich fühlte mich hier sofort wie zu Hause. Beschreiben läßt es sich nicht, so etwas ist eine Herzens- und Gefühlssache. Und ich sollte mich nicht getäuscht haben.

Dieser Reeder, Herr Krabbenhöft, besaß bislang nur einen Segler, „CLAUS“ mit Namen. Unser Inspektor, Kapitän Bock, wurde später Mitreeder. Im Jahre 1920 wird er hier in dieser Arbeit noch eine Rolle zu spielen haben.

Wir betraten unser Logis und erschraken, keine Back und keine Bank waren vorhanden; es war ein öder Raum, den wir so nicht beleben konnten und wollten. Jetzt gewahrten wir, wie hier der englische Seemann vor dem Mast eingeschätzt worden war. Es hat ein jeder für sich sein Essen in seinem Napf aus der Kombüse geholt, sich irgendwo einen Platz gesucht, wo er gedachte, sein Mahl mit dem Napf auf dem Schoße einzunehmen. In diesem Falle ging ich sofort zu unserem Kapitän, darum zu bitten, daß wir nach deutscher Art eine Back und die dazu gehörenden Bänke bekamen. Mit einer Selbstverständlichkeit wurde unser Wunsch sehr bald erfüllt, wir waren zufrieden und konnten nach gewohntem Tun gemeinsam an unserer Back unsere Mahlzeiten einnehmen. Mit demselben Auftrag erhielten wir auch unseren Biskuitkasten, groß genug, um Brot für mehrere Mahlzeiten aufzunehmen. Dieser Kasten wurde über der Back vorkante unter Deck aufgehängt. Es währte nicht allzulange, so besorgte ein Findiger einen kleinen Flaschenzug, vierscheibig mit einer passend langen Leine. In der sonst eintönigen Lebensweise begannen wir vor der Mahlzeit, unseren Biskuitkorb mit Gesang auf die Back niederzufieren, nach beendeter Mahlzeit ihn mit all hands wieder gesanglich vorzuheißen. Der letzte Rest der daran Beteiligten stand bis hinaus an Deck. Wir waren mit unserer Freude schweigsam, es hat eine Weile gedauert, bis die Achtergäste dahinter kamen, was unser Shantie-Gesang bedeutete. Insgesamt faßte unser Logis zwölf Kojen, alle waren belegt.

Unser Segler war eine kleine unbedeutende Bark mit Doppel-Bram und Royal. Ein englischer Schriftsteller schrieb, daß dieser Segler ein guter Lastenträger, aber kein Rekordsegler sei, und so sollte sich unsere Bark „HANS“ auch zeigen. Sie war mit ca. 1.600 NRT und 1.746 BRT vermessen, außenbords schwarz, der Wassergang mit weißer Talgfarbe und unter Wasser mit roter Bodenfarbe gestrichen. Für deutsche Segler eine herrliche Farbzusammenstellung, dazu an der Gaffel eine große schwarz-weiß-rote Flagge ergaben, ohne politischen Hintergrund, ein hübsches Bild fürs Auge!

Jetzt erfuhren wir, daß unser Segler baldigst nach London geschleppt werden sollte, um eine Stückgut-Ladung für Australien einzunehmen. Bei günstigem Wetter legten wir die ca. 80 Seemeilen lange Strecke ohne Fahrtunterbrechung bei Tageslicht zurück. Wir machten unseren Segler im West-India-Dock zur Ladungsübernahme fest.

Bevor wir Ipswich verließen, bekamen wir zwei Ferkel an Bord, und wie es das Unglück wollte, liefen uns diese beiden Dümmlinge unter die Back, wir folgten, sie einzufangen. Im Nu waren beide durch die Ankerklüsen verschwunden und schwammen vergnügt im Hafenbecken umher, ohne sich verletzt zu haben. Zwar dauerte das Wiedereinfangen seine Zeit, aber wir bekamen sie zurück an Bord.

Den ersten Abend in London zogen wir zu dritt an Land. London war damals schon eine Millionenstadt, und wir gingen aufs Geratewohl ohne Ziel los. Wie es für uns Seeleute nicht anders sein konnte, fanden wir scherzhaft gesprochen, sogar ohne Kompaß oder Lotsenberatung eine belebte Gegend. Plötzlich wurden wir auf der Straße angesprochen, ob wir uns nicht tätowieren lassen wollten. Da wir drei Matrosen waren, daher auch drei Meinungen vorherrschten, der eine den anderen nicht im Stich lassen wollte, so blieben wir bei dem Manne stehen. Frage und Antwort fielen, es war ein hin und her, und so gewahrten wir, daß der Tätowierladen vor uns lag. Ein Kamerad verspürte große Lust, sich ein kleines ewiges Andenken einritzen zu lassen, wir gingen hinein. Eine sehr große Auswahl an Motiven war vorhanden. Dieser Kamerad wurde bedient und, soviel ich erinnere, ging die Prozedur sogar elektrisch und sehr schnell vor sich. Der zweite Kamerad war bereits durch viel Zureden gewonnen und ließ es geschehen. Ich hatte bislang wenig gesprochen, jetzt fielen alle drei über mich her, ich möchte mich gleichfalls tätowieren lassen, doch ohne Erfolg. Ich war mir von Anbeginn meiner Seefahrtszeit klar darüber, daß mir mein Körper für solche Scherze zu gut sei, und ich freue mich auch heute noch, daß ich diese Zeit ohne jegliche Tätowierung überstanden habe.

Abbildung 44: Unsere Schiffsführung: von l. n. r. II. Steuermann Meißner, Kapitän H. Bade, I. Steuermann Burgdorf (Kapitän Max Weil).

Hier in London erhielten wir unsere gesamte Ausrüstung. Unser Inspektor, Kapitän Bock, hatte einiges mit uns vor. Der Segler hatte bislang Handbrassen und Handfallen für die Rahen. Es sollte anders werden. Er lieferte uns für den Vor- und Großmast Braßwinden, für die Ober-Mars- und Bramrahen Fallwinden mit allem Zubehör. Ferner bekamen wir kleine Gangspille, zu jeder Schiffsseite eins, für die Fockschoot. Mit der Montage der Winden und Spille wurde sofort mit den benötigten Kräften begonnen, so daß wir nur das Aufriggen während der Reise zu besorgen hatten. Für mich war es eine freudige Beschäftigung, denn nicht jeder Matrose fand während seiner Fahrzeit solche Riggerarbeiten, an denen er stark beteiligt wurde. Hier gab es Neues zu sehen, zu lernen.

Liegezeit

Auf jedem deutschen Großsegler war es Vorschrift, ein Netz zum Schutze für den Seemann unter dem Klüverbaum zu führen. Diese Vorschrift hat sich gelohnt, so doch mancher Kamerad in sturmbewegter See mit gewaltigen Wellenbergen beim Festmachen eines Innenklüvers oder auch sonst vom Klüverbaum weg in den Fluten versunken und ohne Rettung oder Rettungsversuche der Heimat als verloren gemeldet worden ist. Für diese gute Tat einer Netzverordnung unterm Klüverbaum zum Schutze menschlichen Lebens darf man der deutschen Seeberufsgenossenschaft noch heute danken. Diese Bark hatte bislang kein Netz unter ihrem Klüverbaum. Gleich mit dem Beginn unserer Liegezeit hier im Dock wurde ich vom Kapitän persönlich angewiesen, ein solches unter unserem Klüverbaum zu knoten. Tag für Tag, im Oktober-Monat, von morgens 6 bis abends 6 Uhr, saß ich in luftiger Höhe dort all eine im Freien und knotete dieses Hanftau-Netz zusammen. Unser Klüverbaum ragte weit über Land, unter mir liefen die Straßenpassanten. Eine lange Zeit hatten wir nordöstliche Winde, sie waren kalt und ließen meinen Körper, besonders meine Hände und Finger, während dieser langen Tagesstunden arg auskühlen. An ein Pfeiferauchen, zur Erwärmung der Hand, war damals nicht zu denken. Rauchen durften nur der Kapitän und sein I. Steuermann, eventuell auch die übrigen Steuerleute, sonst niemand während der Arbeitszeit. Keiner war glücklicher als ich, als mein letztes Bändsel geknotet war, nein, nicht der Arbeit, der Kälte wegen.

Auf unserer Überfahrt von Hamburg nach Harwich lernte ich ein Mädel kennen, sie wollte vom Urlaub über Harwich zurück nach London. Einige Briefe hatten wir in England gewechselt, und sie war über des Seglers Liegeplatz hier in London bestens informiert. Es währte auch nicht allzulange, da stand sie Abend für Abend in unserer Schiffsnähe und wartete auf mich. Vom Klüverbaum aus hatte ich eine gute Sicht, so blieb ein „Winke, Winke" nicht aus. In Eile wurde nach Arbeitsschluß zum Landgang gerüstet, so waren mir diese Londoner Tage im Fluge dahin gegangen. Von Anbeginn ließ ich sie wissen, daß unsere Bekanntschaft nicht ernst zu nehmen sei. Davon wollte sie offenbar nichts wissen, sie entpuppte sich als eine Klette ohne Vernunft. Ich mußte mich in den letzten Tagen verleugnen lassen, da sie vorhatte, alles auf eine Karte zu setzen, sich an Bord zu schleichen, sich zu verstecken, bis wir auf See seien, sie wollte nicht von mir lassen. Es wäre nicht auszudenken gewesen, wenn das Mädel seinen Willen in die Tat umgesetzt hätte, es geschah aber nicht! Gott sei Dank!

Es kam der Tag, da unser Segler seine Stückgut-Ladung eingenommen hatte. In der Großluke war zur Mitte ein freier Raum geblieben. In diesen sollten wir auf dem Strome, irgendwo, noch Dynamit in Kisten zuladen. Diese wenige, sehr rentable Ladung dauerte ihre Zeit bis zur fertigen Übernahme. In diesen Freiraum wurde ein vorschriftsmäßiger starker Holzkasten eingebaut. In diesen wurden die unzähligen kleinen mit Dynamit gefüllten Kistchen hineingelegt. Dies Laden ging unter strenger behördlicher Aufsicht vor sich, sie blieb solange, bis wir die Luke angelegt und sie seegerecht verschalkt hatten. Für diese Jahreszeit war das Wetter eigentlich recht angenehm.

Über den Atlantik

Wir schleppten am 3. November 1910, nachdem wir alles seeklar gemacht hatten, die Themse abwärts in See. Bis South Foreland brachte uns der Schlepper, dann setzte abends ein leichter, zunehmender nordwestlicher Zug ein, und der Schlepper wurde entlassen. Jetzt sollten sich die Segeleigenschaften unserer Bark zeigen. Am 5. November legten wir bei ganz schwacher bis leichter Brise 100 Seemeilen zurück. Doch am Sonntag, dem 6. November, begann ein west- bis südwestlicher Sturm. Jetzt hatten wir für die nächsten zehn Tage überwiegend mit Windstärken von 9—10 nach Beaufort zu kämpfen, es waren die berüchtigten Äquinoktialstürme. Am 16. endlich hatten wir die Biscaya in ihrem Anfang erreicht und den Englischen Kanal hinter uns gebracht; wir standen ca. 30 Seemeilen West von Ouessant.

In diesen Sturmtagen, es war der Montag, der 14. November, abends gegen 8 Uhr, in stockdunkeler Nacht, unterbrochen von Regenschauern beim heulenden Sturm von Windstärke 10 bei einem Seegang 9 nach Beaufort, hatten wir mit unserem I. Steuermann auf der Back zu tun. Der Segler rollte, schmiß, hob und senkte sich in dieser wilden See. An Segeln hatten wir nur die Unter-Marssegel, das Vor-Stengestagsegel und den gerefften Besan bei. Unsere Abtrift betrug sechs Striche, knappe 70 Grad, seemännisch ausgedrückt lagen wir beigedreht, es war ein sogenanntes Abreiten des Sturmes. Unsere Position war in der Mitte zwischen Lizard und Ouessant, also am Ausgang des Englischen Kanals.

An Bord befanden wir uns auf der Back, an der Luv-Seite des Geländers. Unser I. war gerade achteraus gegangen, um zu um 8 Uhr seine Tagebucheintragungen zu machen, plötzlich wurden wir hart erschreckt. In der Dunkelheit gewahrten wir ganz nahebei, gewissermaßen unter uns, in einem Wellental ein kleines Fahrzeug, besetzt mit sehr, sehr vielen Menschen, die in französischer Sprache wie wild durcheinander riefen und schrien. Ein sehr glücklicher Zufall ließ uns um nur Meterbreite aneinander vorbeitreiben. Es blieb uns tatsächlich das Herz stehen vor Schreck! Wenn etwas eingetreten wäre, der kleinere Segler, wahrscheinlich ein New-Foundland-Fischer, ein Logis, ausgerüstet mit drei Kojen übereinander, drei nebeneinander und drei hintereinander zu beiden Schiffsseiten, wäre der Leidtragende gewesen. Wir führten als Segler nur eine rote und eine grüne Seitenlampe und am Heck ein weißes Licht. Dieser kleine Segler lag völlig im Dunkeln. Er zeigte in seiner Bedrängnis nicht einmal irgend ein Notlicht als Warnung, um sagen zu wollen: „Achtung, hier bin ich, fahrt mich nicht über". Nichts geschah. Wir wiederum waren ja auch kaum segelfähig in dieser gewaltig hohen See. Gott sei Dank, uns war das Glück hold, und nach kurzen Minuten war von diesem Schreckgespenst nichts mehr zu sehen, noch zu hören. Unser I. hat von der ganzen Sache persönlich nichts wahrgenommen, denn in dem heulenden Sturm konnte man sein eigenes Wort kaum vernehmen. Wir berichteten selbstverständlich darüber.

Daß wir in diesen Tagen Wasser über Deck und Luken bekamen, ist wohl selbstverständlich. Für einen Kapitän war es nicht einfach, ein übernommenes Schiff einzusegeln. Bei bester Besichtigung, beim Kauf des Seglers sind nicht allemal schwache Stellen in der Takelage zu erkennen, denn, bricht plötzlich in einem Sturme etwas, reißt es leicht anderes mit sich, und ein Unglück von unübersehbaren Folgen könnte die Auswirkung sein.

Jetzt kam der 17. November, unsere Fahrt ging durch die sonst von allen Seeleuten mit Recht gefürchtete Biscaya zu dieser Jahreszeit. Für unseren Segler sollte diese in drei Tagen durchlaufen sein. Wir hatten hier Glück durch eine für uns günstige Brise. Auf der Vormittagswache des heutigen Tages, des 17. Novembers, machte unsere Bark, kaum glaubhaft, 51 Seemeilen, etwas für diesen Segler wohl einmaliges. Es war Nord-Wind, 8—9 bei einem nicht allzu hohen Seegang von 5, alles nach Beaufort. Der Kurs war S 60° W, also mit Backstag-Brise und wohl allen Segeln bei, eine herrliche Fahrt, ein herrlicher Anblick!

Vom I. Steuermann wurde ich zum Vortoppsgast beordert, gewöhnlich bekommt ein sehr befahrener Matrose diesen Vertrauensposten, ein Matrose, der für ein gewissenhaftes, selbstständiges Beobachten und Arbeiten in der Takelage bürgt.

Jetzt begannen wir, unsere Mars- und Bramfallen vom Handbetrieb auf Windenbetrieb umzustellen. Da diese Arbeit vom I. Steuermann geleitet wurde und ich bei ihm auf der Wache war, fiel mir die Arbeit vieler dieser Drahtspleiße zu. Nachdem diese Veränderung abgeschlossen war, wurden die Drähte der Braßwinden vorbereitet und anschließend montiert. Wir hatten durchweg keine starken Winde mehr durchzustehen, so daß diese Arbeit bei bestem Wetter schnell voranschritt und ich wiederum viele Drahtspleiße zu leisten hatte; es war eine Freude für mich!

Am 1. Dezember standen wir ca. 100 Seemeilen Nord von der Insel Madeira, dann schralte der Wind, so daß wir Madeira weit westlich lassen mußten. Vom 3. auf den 4. Dezember passierten wir die nächste Inselgruppe, die Kanarischen Inseln, westwärts im Abstande von ca. 20 Seemeilen. Da es Nacht war, sahen wir den hohen Berg der Insel Palma von 2.338 Metern nicht. Am 6. Dezember setzte der Nordost-Passat mit ganz schwacher Brise ein; unser Etmal betrug nicht mehr als 55 Seemeilen. In den nächsten Tagen frischte der Passat etwas auf und ließ uns vorankommen. Am 10. Dezember passierten wir die ca. 2.000 Meter hohe Insel Santo Antão, eine Insel der Kap Verde-Inselgruppe, in ca. 40 Seemeilen Abstand an Backbord.

Meeresbewohner und Schiffsbegleiter

Am 9. Dezember auf ca. 20 Grad Nord und ca. 25 Grad West sichteten wir die ersten fliegenden Fische. Der Zufall wollte es, daß einige dieser Fische sich zu uns über die Reling hin verirrten, dort zappelnd sich bemerkbar machten, aufgelesen und vom Koch für uns zum Frühstück gebraten wurden.

So etwas passierte auf diesem außenbords schwarz gestrichenen Segler nicht sehr oft.

Vom 17. auf den 18. Dezember um Mitternacht passierten wir die Linie, den Äquator. Es folgte am 18. die Linientaufe für einige der Junggrade, es war und blieb eine ruhig verlaufene Sache. Es fehlte hier an Bord der Mann mit Schwung. Ich muß bekennen, persönlich habe ich mir aus einer Linientaufe nie etwas gemacht, so auch hier nicht, vielleicht zum Leidwesen des Lesers.

Zu den fliegenden Fischen gesellten sich Scharen von Schweinsfischen (Delphine), die oft stundenlang vorm Bug des Seglers spielend, oft sich paarend daherschwammen. Wollte man diese Tiere fangen, so wurden sie von oben, vom Klüverbaum aus harpuniert und dann getroffen an Deck gezogen. Lange nicht jeder Harpunenwurf war ein gezielter Treffer.

Zu anderen Zeiten sah man Rudel oder auch vereinzelte Bonitos vor dem Bug des Seglers daherschwimmen. Diese Art Tiere wurden mittels einer starken Leine, am Ende mit einem kräftigen, mit einem weißen Lappen umwickelten Haken, pilkend gefangen. Der weiße Leinenlappen täuschte bei der Fahrt des Seglers den fliegenden Fisch vor. Man muß sich vorstellen, der Segler schob seine meist gewaltige Bugwelle polternd vorweg, er hob und senkte sich, Wellenberge und Wellentäler hier auf der hohen See lösten einander fortlaufend im Wechselspiel der Natur ab. Der Wind wehte die Leine unter dem Klüverbaum mit dem Haken und dem weißen Lappen zur Bucht weit in Lee hinaus. So geschah es, bald tauchte der Haken ein in die See, bald wurde er hoch aus dem Wasser gerissen. Wenn dann der Fisch diesen weißen Lappen täuschend als fliegenden Fisch erkannte, schoß er wie wild auf ihn zu, sogar kurz aus dem Wasser, um ihn hastig zu schnappen, zu verschlingen, doch dann war er unbarmherzig am Angelhaken gefangen, und selten kam es vor, daß der Haken aus dem Fleisch des Tieres wieder herausgerissen wurde. Jetzt hieß es, diesen Burschen hochziehen. Wer nun als Neuling versuchte, diesen obenangelangten Fisch anzufassen, ihn festhalten zu wollen, mußte erkennen, daß es unmöglich war. Keine Menschenhand, sei sie noch so stark, vermochte es. Des Tieres Körper vibrierte derart, als elektrisiere er die Hand, daß sie versagen mußte und der Bonito ins Wasser fiel. Daher hielt man aus Erfahrung stets einen Sack bereit, um ihn dort hinein zu manövrieren. Einfacher war es, ihn, wenn er nicht allzuschwer war, mit einem Schwung auf die Back zu schleudern. Der Bonito nährte sich zur Hauptsache von den fliegenden Fischen. Sein Aussehen war farbenprächtig. Auf dem Rücken und an den Seiten war er stahlblau, schillernd in rot und grün, unterm Bauch silbern mit braunen Streifen. Er konnte bis zu 80 Zentimeter lang werden. Die Tiere, die von uns gefangen wurden, waren im Durchschnitt weit kleiner. Das Fleisch des Tieres war ungenießbar, es sollte sogar für den Menschen schädlich sein. Jetzt, nach so vielen Jahren, frage ich mich, warum haben wir diese Tiere gefangen, getötet und sie der See wieder zurückgegeben. Es war wohl mehr der Reiz des kleinen Schauspieles, des Miterlebens im eintönigen Bordleben, und niemand war da, der es wehrte. So geschehen an Bord der Großsegler zur damaligen Zeit, nicht nur allein hier bei uns auf dem Segler, der Bark „HANS“.

Hin und wieder fingen wir auch Albacore, eine Thunfisch-Art, sie war weniger farbenfreudig, doch das Fleisch war sehr schmackhaft.

Der farbenprächtigste Fisch war für uns der Delphin. Der Seemann hatte für viele Teile, verschiedener Arten zur damaligen Zeit seine eigene Bezeichnung, so auch hier. Sein richtiger Name ist Goldmakrele. Dieses Tier schwimmend zu beobachten, war eine Pracht, seine Form ist schlank, und es schillert in wahrhaft prächtigen Farben. Es wurde mit dem Elker, einer drei- oder fünfzackigen Harpune, harpuniert. Der Körper zeigte bei manchem Harpunennarben als Zeichen, daß der Fisch schon zuvor harpuniert, aber durch seine gewaltige Schnelligkeit den Angriff abgewehrt hatte. Wie wir an Bord stets hörten, war das Fleisch dieser Tiere nicht allemal einwandfrei. Zur Kontrolle legten die Schiffsköche beim Kochen etwas Silbernes mit in den Topf. Sie behaupteten, dies Silber würde anlaufen, doch wenn nicht, so sei das Fleisch des Tieres genießbar und einwandfrei. Wir fingen auf dem Segler „EILBEK" auf der Ausreise im Golf von Californien einen 45 Pfund schweren, auf seiner Haut mit Narben bedeckten Delphin. Das Fleisch wurde gekocht, ein Silberstück war beim Kochen mithinein gelegt worden und hatte sich nicht verfärbt. Das Fleisch wurde zum Abendbrot verabreicht und gegessen. Nach genossener Mahlzeit ließ der Kapitän vom III. Steuermann an alle zur Vorsicht eine große Besanschot austeilen. Ich kam als letzter vom Ausguck und erhielt nichts mehr, da alles restlos ausgetrunken war. Nach einigen Stunden bekam ich auf meiner Abendwache ein Rumoren in meinem Bauch, bald stellte sich Brechreiz ein, und unter leichten Schmerzen entleerte ich meinen Mageninhalt. Es war keine Seekrankheit, die See war ruhig. Nein, daran hat es nicht gelegen, es war doch wohl das Fleisch des Fisches. Daher habe ich Fleisch von diesem herrlichen Tiere später sehr mit Vorsicht zu mir genommen. An den Glauben der Köche, an das Verfärben des mit hineingelegten Silbers beim Kochen des Fleisches habe ich nie recht geglaubt.

Der Nordost-Passat brachte uns in stetem Lauf zur Linie, die sogenannte Mallung zwischen den Passaten unter dem Äquator ließ unseren Segler ohne tagelange Windstille flott passieren. Am 19. Dezember auf ca. 3 Grad südlicher Breite erreichte uns der Südost-Passat und brachte uns sehr schnell in den Süden. Am 26. Dezember mit Beendigung unseres Südost-Passates passierten wir in ca. 60 Seemeilen Entfernung in westlicher Richtung die Insel Trinidad[14]. An diesem Tage sahen wir viele Landvögel, gleichfalls Springer und Rudel von Bonitos vor dem Bug des Seglers mitschwimmend.

14 Gemeint ist wohl die Inselgruppe Trindade und Martim Vaz.

Wir sind durch die Passat-Winde sehr weit westlich geraten, doch wenn ein Segler zum Vorwärtskommen genug Wind hat, läßt sich alles wieder ausgleichen. Mit dem Jahreswechsel auf das Jahr 1911 erhielten wir seit langem zum ersten Mal Windstärken bis zu 9 nach Beaufort. Da der Wind aus nördlicher Richtung wehte, konnten wir gut auf unserem Kurse vorankommen. Der Wille des Kapitäns war wohl, zur Chronometer-Kontrolle die Insel Tristan da Cunha, mit 2.300 Meter Höhe auf ca. 37 Grad Süd und 12 Grad West liegend, südlich in Sicht zu passieren. Zum sicheren Ansteuern benötigte er eine genaue Breite, und hierzu war das Wetter ungünstig. Der Himmel war tagelang bedeckt, es war dunstig und neblig, so daß wir in einem sicheren Abstande von ca. 75 Seemeilen an dieser Insel vorbeisegelten. Allerdings liegen südlich und südwestlich von Tristan da Cunha zwei weitere unbefeuerte Inseln im Abstande von ca. 20 Seemeilen vorgelagert. Ihre Namen sind Inaccessible und Nightingale, somit war der Sicherheitsabstand, um jegliches Risiko für den Kapitän auszuschließen, gut 50 Seemeilen.

Albatrosse

Mit dem Neujahrstage sichteten wir die ersten Albatrosse. Jetzt kam Leben und eine emsige Rührigkeit in uns. Das Geschirr zum Fangen dieser großen, herrlichen Vögel mußte hergestellt werden. Ein ca. 20 cm langes und 3-4 cm breites, gleichwinkeliges Stück dünnes Blech in Dreiecksform wurde Unterkante mit einem passenden Stück Holz verbunden, so daß es schwimmfähig war. Einer dieser drei Winkel wurde mit etwas Speck umwickelt. Sodann konnte der unblutige Albatros-Fang vor sich gehen.

Bei Sturm und Wind, bei Flaute oder Windstille sah man nur diese majestätischen Großvögel schwebend ihre Bahn ziehen, es war selten, daß sich ein Flügelschlag zeigte. Sie umkreisten unseren Segler in Erwartung der Essensabfälle stundenlang. Bei nicht zu hoher, möglichst geringer Fahrt wurde nun die Dreiecksangel, an einer dünnen Leine befestigt, ins Wasser gelassen. Dann mußte man soviel Leine stecken, wie der Segler an Fahrt voraus durchs Wasser glitt, derart, daß die Angel still auf dem Wasser lag. Sofort wurde der Köder von den Tieren scharf beobachtet. Nun, der Segler entfernte sich mehr und mehr von der Vogelfalle. Lange währte es nicht, und ein Albatros ließ sich neben diesen Leckerbissen auf das Wasser nieder. Jetzt hieß es aufpassen, nur Sekunden und der Vogel pickte zu. Sofort wurde das Auslaufen der Leine gestoppt und dieselbe eingeholt. Der Vogel stemmte Schwimmflossen und Flügel gegenan. Er war gefangen, sein großer, nach unten gebogener Schnabel saß fest in dem Blechwinkel der Angel. Würde der Vogel, statt sich zu sträuben, in Fahrtrichtung zum Segler hin, also voraus fliegen, würde sich die Falle lösen, und er hätte unverletzt seine Freiheit wieder. In der Folge war es möglich, einen Albatros nach dem anderen einzufangen.

Abbildung 45: An Bord des Kosmos-Dampfers „POLYNESIA" im Stillen Ozean. Dieser Albatros wurde gefangen, photographiert und kurz darauf wieder in Freiheit gesetzt (Archiv, abgedruckt in „Glanz und Schicksal der Potosi und Preussen" des Autors).

In der ersten Zeit nach dem Sichten der Albatrosse fingen wir mehr als wir benötigten. In der Eile wußten wir nicht so recht, wohin damit. Wir setzten diese herrlichen Vögel auf das Großdeck, da sie uns hier sicher waren. Ein Albatros kann niemals von den Decksplanken eines Seglers alleine in die Freiheit gelangen, er braucht eine bestimmte Anflugbahn. Auch ist ihm seine große Flügelweite an Bord hinderlich. Dann sahen wir zu unserem Schrecken, die Tiere rannten mit voller Fahrt mit dem Kopf und Schnabel gegen unsere weißstrahlende Verschanzung der oberen Bordwand. Sie waren wohl des Glaubens, daß dies Weiß der helle Himmel über der Kimm sei. Hierbei verletzten sich die Tiere derart, daß wir ab jetzt nicht mehr fingen als zur Zeit benötigt wurden. Sonderbarerweise wurde der Albatros, auf den Decksplanken sich aufhaltend, seekrank, selbst ein Durchfall gesellte sich hinzu.

Allgemeines zum Haifisch-Fang

Der Albatros war dem Seemanne auf der einsamen, großen, weiten Meeresfläche ein liebgewordener Begleiter, doch zum Hai, als Raubtier, empfand er keine Sympathie, eher Haß! Einem gefangenen Albatros gab man im Einzelfall die Freiheit zurück, einem Hai niemals. Zur Entschuldigung sei hier gesagt, daß ein an einer Angel gefangener Hai in der Regel beim Fang derart verletzt wurde, daß er, wenn er der See zurückgegeben worden wäre, sich hätte zu Tode quälen müssen.

Der Hai kann ein Riese werden. Nach wissenschaftlichen Angaben erreicht der gefährliche Menschenhai eine Länge bis zu sieben Metern. Die verschiedenen Hai-Arten möchte ich hier unerwähnt lassen. Die Haihaut ist rauh wie Schmirgelpapier. Der Rachen des Haies liegt an der Unterseite und, von der Spitze des Kopfes gesehen, etwas weiter zurück. Wollte er einen Köder an der Wasseroberfläche haschen, so mußte er sich also auf den Rücken drehen. Der Hai hat nach meiner Erinnerung ein mehrreihiges Gebiß. Seine scharfen, dreieckigen, wie ein Sägeblatt geformten Zähne waren umlegbar. Er wurde von kleinen, bunt schillernden Fischchen begleitet. Ihre Anzahl war unterschiedlich. Sie schwammen über seinem Rücken und wurden von uns Seeleuten Hai-Lotsen genannt. Die Haiangel wurde durchweg vom Bordschmied auf der Reise hergestellt und hatte eine zur Größe des Tieres passende Weite und Stärke. Die Zähne des Haies waren derart scharf, daß sie eine Angelleine zerbeißen würden, deshalb mußte die erste Hakenverlängerung entweder aus einer passenden Kette oder Draht sein. Dann erst folgte die kräftige Angelleine oder das Angeltau.

Meistens in Flaute, in Windstille, bei ruhiger, glatter See, in der der Segler fast keine Fahrt durch das Wasser machte, passierte es. Plötzlich sah man die Rückenflosse eines Haies über der Wasseroberfläche. Lauernd schwamm er ganz langsam dahin. Irgendjemand an Bord hatte ihn gesehen und rief: „Hai längsseits". Ein Ruf, der alle erfaßte! Jetzt die Angel her, wenn es die Schiffsführung gestattete und es zeitlich angebracht schien. Eine oder mehrere Haiangeln hatte jeder Großsegler klar zur Benutzung hängen. In fieberhafter Eile wurde der Koch um einen Köder angegangen, ein Stück Salzspeck genügte. Dann wurde vom Heck aus versucht, den Räuber zu fangen. War der Hai nicht nahe genug heran, genügte es, die Angel an der Wasseroberfläche auf und nieder zu bewegen. Beim Näherkommen sah man über dem Rücken des Tieres in dem klaren Wasser die „Hailotsen". Der Hai kam und witterte den Köder. Mißtrauisch umschwamm er langsam schleichend die Angel. Plötzlich drehte er sich, uns den Bauch zeigend, um und schnappte zu. Im selben Augenblick gab man der Leine kurz Lose. Gleich darauf wurde die Angelleine angeholt, und der große, scharfe Haken bohrte sich irgendwo im Körper des Tieres fest, es war gefangen. Wie rasend tobte es. Zur Bändigung mußte die Leine soweit angeholt werden, daß der Körper teils aus dem Wasser war. Es kam vor, daß der Angelhaken durch das Arbeiten des Tieres ausriß, und der Hai, tödlich verwundet, in Blitzfahrt senkrecht in die Tiefe flüchtete. Das Tier war im übrigen sehr schwer, und es bedeutete ein Risiko, es nur über den Haken an Deck ziehen zu wollen. Daher wurde ein laufender Pahlstek, eine zusammenziehbare Schlinge, um die Angelleine nach unten und über den Körper des Haies hinweg zur Schwanzflosse hinabgelassen. Dort angelangt, wurde sie dichtgezogen. Erst jetzt war der Fang gesichert. Mit dem Schwanz nach oben holte man den Hai an Deck. Hier wurde er getötet und von den Qualen befreit.

Die Reflexbewegungen des toten Tieres hielten enorm lange an!

Zu erwähnen sei noch, daß auf sehr vielen Großseglern eine Haifisch-Schwanzflosse Zierde der Nock des Klüverbaumes war; sie wurde es auch bei uns.

Um das Kap der Guten Hoffnung

Am 7. Januar passierten wir Tristan da Cunha, auf ca. 37 Grad Süd und 12 Grad West gelegen, am 15. Januar, nach 8 Tagen, erreichten wir die Kap der Guten Hoffnung-Länge weit südlich in einem Abstand von beinahe 600 Seemeilen. Mit einer für uns sehr zufriedenstellenden Durchschnittsfahrt von 7,5 Seemeilen stündlich haben wir diese Distanz zurückgelegt.

Bis zu dieser Stunde hatte jeder seine Albatrosse gefangen, und die Flügelknochen zur Pfeifenspitze zurechtgemacht, so daß die Raucher an langen Pfeifen ihre Freude hatten. Einige Haie hatten auch daran glauben müssen. Das größte Interesse an all diesem Fangen hatte wohl unser Schmied. Er benötigte zu jedem Hai einen Albatros. Er verstand es, das Hai-Rückgrat zu präparieren, es auf eine passende Stahlstange zu montieren und den Albatros-Schnabel als Krücke zu einem sauberen Fantasie-Spazierstock mit diesem zu verbinden.

Kurz vor Beendigung der Reise habe ich erfahren, daß unser Schmied politisch ein ganz links stehender Mann war, und unser Kapitän es wußte oder ahnte, und der Schmied die außerdienstliche Begegnung mit dem Kapitän völlig mied. Ich persönlich stand in einem sehr freundschaftlichem Verhältnis zum Schmied, und ich bekenne hier, daß dieser Mann nie ein Wörtchen über Politik mit mir gewechselt hat. Wer kümmerte sich zur damaligen Zeit im Kaiserreich um solche Dinge an Bord eines Seglers auf See, und während der kurzen Zeit des heimatlichen Landlebens lagen menschlich wichtigere Dinge vor. Während der Frühstückszeit des Schmiedes ging ich sehr oft für kurze Minuten auf meiner Freiwache bis zu seinem Arbeitsbeginn ihn in seiner Kammer zu besuchen. Es fiel auf, es passierte sehr, sehr oft, daß der Kapitän gerade um diese Minuten durch den Mittschiffsgang an des Schmieds stets offener Kammertür vorbeikam, um zu horchen, über was wir beide uns unterhielten. Ich persönlich hatte zur damaligen Zeit keine Ahnung von dem, was der Kapitän klargestellt haben wollte. So sah es damals an Bord unserer Großsegler aus. Es wäre mir schlecht bekommen, wenn ich der politische Freund unseres Schmieds geworden wäre. Da ich danach strebte, in eine führende Stellung an Bord eines Seglers zu gelangen, widerstrebte es mir, mich mit für mich nicht-aktuellen Dingen befassen zu müssen. Auch wäre es für einen werdenden Nautiker zur damaligen Zeit nicht ratsam gewesen. Weiter möchte ich in diesen Sektor nicht hineinleuchten, obgleich noch vieles hierzu zu sagen wäre. Verstehen wird es die heutige Zeit doch kaum mehr, es sei von mir auch nur am Rande vermerkt.

Mein Kamerad von der Steuerbordwache, Großtoppsgast, Jonny Stüven mit Namen, ein Blankeneser Junge, entpuppte sich als ein tüchtiger Fischer. Wir interessierten uns alle mehr oder weniger für das Fangen mit der Harpune, dem Elker oder Pilker, nur die wenigsten schafften etwas, doch Jonny stets. Wenn er seine Nase über die Reling steckte, sah und fing er auch. Ich persönlich habe Stunden während meiner Freizeit auf dem Klüverbaum zugebracht, ich wollte gerne etwas fangen, doch meistens vergebens. Dem Jonny, dürfte man sagen, waren die Fische gehorsam.

Zum Abschluß möchte ich über das Fischen bemerken: Unser Segler machte die erste Reise unter deutscher Flagge, und wir stellten fest, daß manch Nötiges fehlte. Auf Anordnung unseres Kapitäns hatte der Schmied mit Beginn der Reise unter anderen Sachen Harpunen, Elker und Haihaken geschmiedet und der Zimmermann sie mit Stielen versehen. Diese Anweisungen an Schmied und Zimmermann zeugten davon, daß auch unser Kapitän den Fischfang liebte und uns daher später nie hemmend im Wege stand. Es war hier an Bord ein gutes Verhältnis, wie es nicht auf allen Seglern der Fall war. Ein gutes Zusammenleben kann nie einseitig gedeihen, auch wir vor dem Mast trugen dazu bei.

Die Kap der Guten Hoffnung-Länge hatten wir am 15. Januar überschritten, und jetzt segelten wir hinein in den Indischen Ozean. Mit sechs Seemeilen Durchschnittsfahrt erreichten wir am 24. Januar die Crozetinsel-Gruppe auf ca. 46 Grad Süd und ca. 51 Grad Ost in zehn Seemeilen Nord davon. Zur Chronometer-Kontrolle ergab die Beobachtung an Land-Objekten, daß wir 20 Seemeilen westlicher standen.

Zur Inselgruppe ist zu sagen, daß die nördlichsten drei, vier kleinen Inselchen die Apostel hießen, und diese steuerten wir an. Die höchste der Inseln ist Possession Island mit 1.524 Metern, die nächste ist Hog Island mit nur 610 Metern an Höhe, und weiter folgen East Island und die Penguin Islands. Nord von diesen liegt die Antares-Bank von plötzlich nur ca. 50 Meter Tiefe. Dieses alles mit geringer Meerestiefe erstreckt sich ohne die Antares-Bank in der Nord-Süd Richtung auf ca. 40, in der Ost-West Ausdehnung auf ca. 90 Seemeilen.

Am Morgen des 24. Januar, es war das Wetter, wie es in der Heimat im Juli ist, wurde es früh hell. Ich hatte zufällig um 4 Uhr meinen Rudertörn. Wir hatten alle Segel bei, der Wind war südwestlich, Stärke 6—7 mit einem Seegange von 5 alles nach Beaufort, und wir segelten unsere neun Seemeilen auf östlichem Kurse dahin. Gestern rundherum eine tiefblaue See, schon teils Seetang zeigend, heute hatte das Meer eine grünliche Färbung. Unser Segler wurde von den majestätischen, fast immer nur schwebenden großen Albatros-Vögeln umflogen, viele Eisvögel, Landvögel, mischten sich unter diese. Die See war angefüllt mit Seetang, mit Quallen verschiedener Färbung oder Tönung, und die Vögel der Antarktis, die Pinguine, fehlten nicht. Selbst die Schweinsfische zeigten sich zur Stunde und zogen in Rudeln ostwärts. Dazu das herrliche Bild der vom Winde prallgefüllten Segel in ihrer ganzen Höhe bis zur Mastspitze hinauf. In Auswirkung der Kraft des Windes das breite, zur Seite ausholende Bugwasser, die Wellenbewegungen, die unseren Segler hoben und senkten, die vom Winde angetriebenen Wellenberge, die von achtern her den Segler auflaufend, an der Bordwand sich höher auftürmend und sich über des Seglers Reling auf das Deck mit Getöse ergossen. Es war fürwahr ein nie zu vergessendes, einmaliges Bild, und nun bald darauf zum ersten Male seit langem Land in Sicht.

Es war morgens früh, 4 Uhr 40 Minuten, da sichtete unser I. Steuermann die nördlichste der Apostel-Inseln und meldete dieses gleich darauf seinem Kapitän. Er erschien sofort in seinem Unterzeug an Deck, um sich selbst zu orientieren.

Ab hier hatten wir ca. 4.000 Seemeilen auf geradem Kurs bis zum Hafen von Adelaide nach. Wir legten diese mit einer Durchschnittsfahrt von ca. 8 Seemeilen stündlicher Geschwindigkeit zurück. So darf ich zusammenfassend sagen, daß uns das Glück der günstigen Winde hold war. Dieser Segler kam nur gut vorwärts, wenn er viel Wind hatte. Segler mit durchschnittlich schnellen Reisen waren Flauten-Läufer, das heißt, sie schlichen voraus durch das Wasser, wenn sie kaum feststellen konnten, woher der Wind kam. Und das konnte unsere kleine Bark nicht, in Windstille lag der Segler still, still wie ein Klotz im Wasser.

Am 14. Februar liefen wir durch die Investigatorstraße ein und erhielten abends 7 Uhr unseren Lotsen. Um 7 Uhr 30 Minuten ankerten wir mit dem Steuerbord Anker und 60 Faden Kette in 5 Faden Wassertiefe in Port Adelaide in Australien.

Unsere Reisedauer währte 102 Tage, sehr gut für diesen Segler.

Die Zeit in Adelaide

Anderntags begannen wir auf der Reede mit der Entlöschung unseres Dynamits. Alsdann verholten wir an eine Pier, um unser für Adelaide bestimmtes Stückgut zu entladen. Gegen Arbeitsschluß am Sonnabend, dem 18. Februar, hatten wir den Segler am Kai vertäut. Wir kamen nicht mehr dazu, eine ordentliche Landverbindung herzustellen. Es wurde provisorisch nur eine gewöhnliche Sprossen-Leiter als Gangway von der Reling zum Pier hingelegt. Seit dreieinhalb Monaten hatten unsere Füße kein festes Land mehr betreten. Beim Abendbrot wurden wir drei – Fritz, Jonny Stüven und ich – uns einig, heute noch australischen Boden betreten zu wollen; doch ohne ein festes Ziel. Ich, wohl als dienstältester Matrose, machte bei unserem Kapitän einen bescheidenen Versuch, etwas Geld für uns drei zu erbitten. Ich merkte, es war ihm peinlich, mir sagen zu müssen, er hätte nichts. Seine Worte waren: „Hans, ich war ja noch nicht an Land, um Geld für uns alle aufzunehmen. Doch warte nur, ich werde meine Taschen überholen, vielleicht langt es für eine Kleinigkeit." Und tatsächlich, er überreichte mir siebeneinhalb Shilling. Zweieinhalb für jeden von uns, wir sahen den guten Willen unseres Kapitäns. Nun waren wir drei glücklich. Für dieses Geld wollten wir ins Kino. Freudig erregt kletterten wir, nachdem wir uns umgezogen hatten, über unsere Leiter an Land. Etwas anders hatten wir uns die Straßen dieses Landes hier vorgestellt. Der Weg zur Stadt führte durch losen weichen Sand; es dauerte nicht lange, so bemerkten wir diesen in unseren Schuhen. Wir erreichten nach einiger Zeit eine sogenannte Straße. Der Untergrund wurde etwas fester, doch es war keine Straße im heutigen Sinne. Was sah unser Auge, das erste Eckhaus auf unserer Seite war ein Bierlokal! Gemeinsam verspürten wir das Bedürfnis, erst einmal ein Gläschen Bier zu trinken. Wir traten ein, Oh Schreck, was sahen wir, unser I. Steuermann saß mit einem Einheimischen an einem runden Tisch. Als er uns gewahrte, lud er uns drei mit einem: „Hallo boys, come on here" ein, an seinem Tisch Platz zu nehmen, und der waiter (Kellner) erhielt den Auftrag, vier Whiskys zu bringen. Den Einheimischen überging er. Das Verlangte wurde schnell gebracht, und ebenso eilig prostete der I. uns zu, und mit einem Wipp, nicht in Abschnitten, war der Whisky durch die Kehle verschwunden. Es währte nicht allzulange, so ließ er den waiter wissen, er wünsche vier weitere derselben Sorte. Im Nu mußten diese vier mit einem gleichen Schwung denselben Weg gehen. Ich hatte schon überschlagen, diese vier Whiskys à six pence, die, wenn serviert, stets sofort bezahlt werden mußten, machten zusammen zwei Shillinge, so behielt ich noch ein Sixpence nach. Also konnte ich es mir erlauben, die nächste Runde zu bestellen. Nach meiner Runde gab der I. wieder eine Runde, darauf fühlte sich mein Jonny verpflichtet, dasselbe zu tun. Daraufhin bestellte der I. die nächste Runde, so dann unser Kamerad Fritz, und hernach als Abschluß noch einmal der I. wieder. So hatten wir Jünglinge in ganz kurzer Zeit unsere acht Whiskys hinuntergestürzt. Nach dem letzten Drink verschwanden wir, da wir vorhatten, ins Kino zu gehen. Vor dem Kino angelangt, lasen wir, Sixpence-Plätze waren ausverkauft. Teurere Plätze waren noch zu haben. Doch nicht für uns, wir hatten ja nur noch ein Sixpence. Nun sollte der letzte Sixpence irgendwo auf dem Nachhauseweg in einem Bierlokal vernascht werden. Ein paar Häuser weiter auf dem Wege zum Schiff traten wir in die Steh-Bierhalle ein.

Langsam stellte sich die Wirkung des Alkohols ein. In diesem Lokal war ein lärmender, sonst reger Betrieb. Ein jeder versuchte, an der Bar sein Bier zu bekommen, es war Sonnabend. Alles war belagert, und ich stand gleichsam Schlange. Zur Rechten hatte ich einen Menschen, er wollte partout einen für mich ausgeben. Zur Linken stand anschließend sein Freund und redete gegen an, ich sollte ihn zufrieden lassen. Ich persönlich ging auf nichts ein und verhielt mich neutral. Doch diese Sätze von rechts und die von links wurden immer lauter und eindringlicher. Ich schaltete und wendete mich ab als der Klügere, um nicht eventuell noch eine Prügelei und sonstiges zu entfachen. Ich wandte mich meinen Kameraden zu, sie hatten gleichfalls noch nichts Trinkbares erhalten. So gingen wir drei geschlossen aus dem Lokal. Draußen an der frischen Luft merkten wir, daß unser Kamerad Fritz gestützt werden mußte. Wir nahmen ihn zwischen uns in unsere Arme. Auf dem einsamen, unbeleuchteten, sandigen, schwer zu begehenden Weg passierten wir hin und wieder entgegenkommende Personen. War etwas Weibliches in Sicht, riß sich unser Fritz plötzlich los, rannte seinem Ziel entgegen. Doch nach wenigen Schritten lag er in ganzer Länge im Sand. Natürlich waren wir beide in Eile bei ihm und versuchten, schnellen Schrittes unseren Segler zu erreichen. Vor dem Schiff angekommen, halfen wir unserem Jüngsten sicher über die Leiter an Bord. Dann war unser Fritz uns aus den Augen entschwunden. Wir waren ja an Bord und haben uns auch nicht mehr weiter um ihn gekümmert. Meinem Jonny habe ich in seine Koje geholfen, seine Schnürbänder zerschnitt ich, da ich den Knoten nicht habe lösen können. Dann ging ich schlafen.

Am nächsten Morgen, es war Sonntag, erwachte ich. Es herrschte eine große Aufregung in unserem Logis. Ich hörte Worte wie: „Komm heraus an Deck, wenn Du ein Kerl bist“ usw. Mein Jonny hatte sich durch diesen Whisky während der Nacht übergeben, und der Junge seiner Wache sollte dies sauber machen. Ein älterer dänischer Matrose verbot es dem Jungen mit der Bemerkung, Jonny solle es selber machen. Da schaltete sich mein Fritz dazwischen und forderte diesen Matrosen auf zum fight an Deck. Der Kampf wurde vorne an der Backbordseite, querab vom Fockmast ausgetragen. Der Fritz war ungemein wendig, der Däne konnte ihn nicht erwischen, aber Fritz gab seinem Gegner derart viele Faustschläge ins Gesicht, daß er aufgab. Es war soweit, daß der Däne ein geschwollenes Gesicht mit großen Kaubeschwerden davongetragen hatte. Der Junge mußte den Auftrag von Jonny ausführen, da gab es jetzt nichts anderes mehr. Vom Wachmann hörten wir später, unser Fritz sei des Nachts aufgestanden und hatte sich mit seinem eigenen Schatten auf der weißen Farbe des Logisschottes geboxt, derart, daß seine Fingerknöchel geblutet haben sollen.

So sah unser erster Landgang auf diesem Segler nach einem langen Seetörn aus. Wir haben den Whisky nicht gesucht. Andererseits durften wir unserem sehr anständigen I. Steuermann auch nicht ablehnend, beleidigend gegenübertreten. Ferner waren wir jung, kerngesund und wollten nicht kneifen oder feige sein. Mit Anständigkeit sind wir, nachdem der Alkohol sich bemerkbar machte, kameradschaftlich gemeinsam an Bord, so schnell es ging, zurückgekehrt!

Am Sonnabend, dem 25. Februar 1911, verholten wir von der Pier zu unserem Ankerplatz. Sonntag früh 2 Uhr hievten wir Anker und setzten Segel zur Fahrt nach Melbourne. Es war fast windstill, unser Segler legte an diesem ganzen Tag nur ca. 30 Seemeilen zurück. Anderntags nahm der Wind zu, und wir steuerten nach Landpeilungen durch die Backstairs-Passage. Diese ca. 750 Seemeilen lange Strecke legten wir ohne Ereignisse in 10,5 Tagen mit einer stündlichen Durchschnittsfahrt von nur drei Seemeilen zurück.

Am Mittwoch, dem 8. März abends 6 Uhr, ankerten wir auf der Melbourne Reede in 5 Faden Wasser mit 30 Faden Kette. Anderntags verholten wir an unseren Löschplatz. Wir lagen hier an einem gewaltig langen Kai als einziges Fahrzeug. Unmittelbar am Kai war ein vollständig überdeckter, rundum abgeschlossener Schuppen. In diesem lagerten große Mengen an Stückgütern, Kisten aller Größen und Formate; teils aufgebrochen und noch nicht einmal wieder verschlossen. Ganz rechts lagerten Wasch- und Klosettbecken aus Porzellan aufgestapelt bis zur Schuppenhöhe. Abseits davon war ein Berg von zerbrochenem Porzellan, das noch nicht abgefahren war.

In diesem Schuppen wurde unsere Ladung gleichfalls untergebracht, nur sehr wenig wurde sofort abgefahren. Auch zwischen unseren Kisten befanden sich, für uns unverständlich, aufgebrochene Teile. Dieselben wurden, so wie sie waren, abseits an die anderen gestellt.

Sofort mit dem Arbeitsschluß des Tages erschien ein älterer Wachmann für diesen Schuppen mit einer umgehängten, sogenannten Stech- oder Kontrolluhr zur Bewachung dieser hier lagernden Werte. Kameraden von uns kamen alsbald mit diesem bejahrten Manne ins Gespräch. Es stellte sich heraus, er war auch in früheren Jahren auf Segelschiffen als Matrose zur See gefahren. Um sein Leben fristen zu können, ging er hier Wache. Er behauptete, er würde scharf kontrolliert, dazu habe er jede halbe Stunde, möglichst genau, sehr genau seine Kontrolluhr zu stechen, als Zeichen, daß er nicht geschlafen, sondern wach seinen Dienst versehen habe. Eine Einladung, einmal an Bord zu kommen, lehnte er ab. Eines Tages konnte er wohl nicht widerstehen, noch einmal Großseglerplanken unter seinen Füßen zu haben. Leider konnten wir ihn nicht bewirten, doch mit holländischem Shagtabak und Prinz-Albert-Pfeifentabak wurde er nach seinem Wunsche bedient. Einmal war er zu uns an Bord gekommen, so fand er bald nichts mehr dabei, seine Besuche zu wiederholen. Nie haben wir gesehen, daß andere Personen ihn kontrolliert haben.

Es kam ein Tag, wir standen mit einigen Matrosen zusammen mit unserem Steward an Land, längsseits unseres Seglers auf dem Kai dieses gewaltigen, vollständig überdachten und mit wenig Waren gefüllten Schuppen. Jeder Tritt, der getan wurde, hallte im Echo wider. In der Richtung ganz rechts sahen wir bis unter die Decke hochgestapelt Porzellan-Waren, als da waren Wasch-, Spül- und Klosettbecken. Weiter zum Wasser hin lagerte ein großer Scherbenhaufen zerbrochenen Porzellans. Unser Steward deutete auf diese heilen Teile und sagte: „Ihr wißt, daß auf diesem angekauften englischen Segler kein Spülklosett für unseren Kapitän vorhanden ist, er sich mit solcher Primitivität begnügen muß. Wenn er nach Europa kommt, beabsichtigt er, sich eins einbauen zu lassen, das weiß ich! In einigen Tagen nun hat er Geburtstag, und ich glaube, wenn wir ihm eins von den Dingern als Geschenk überreichten, würde er sich freuen. Ob nun eins mehr oder weniger dort liegt, ist doch belanglos, seht diesen großen Scherbenhaufen, der ist Beweis genug dafür." Nein, soweit wollten wir uns nicht in Gefahr begeben, es wäre Diebstahl und würde hier in diesem Lande besonders hart bestraft. Nein, wir lehnten ab! Doch da wir an Bord ein sehr gutes Verhältnis untereinander hatten und wir alle unseren Kapitän schätzten und achteten, ließ uns dieser Gedanke nicht los. Wir berieten sogar mit dem Wachmann des Schuppens und erklärten und erläuterten dies immer brennender werdende Problem, da die Zeit verrann, der Geburtstag unseres Kapitäns näher rückte. Dieser Wachmann als früherer Segelschiffsmann konnte uns verstehen. Er sagte aber nichts und nahm keine Stellung zur Sache. Nach einer Weile ging er fort, wir sahen, sein Weg führte ihn zum Porzellan. Dort machte er sich zu schaffen. Am nächsten Abend erklärte er uns, dort am Scherbenhaufen läge ein wenig beschädigtes Becken, wenn wir es haben wollten zu dem Zwecke, so würde er es uns zeigen, wir könnten es mitnehmen. Gesagt, getan! Es war aber ein einwandfreies. (Er hatte wohl ein ganz wenig beschädigtes mit diesem vertauscht, so daß die Stückzahl der unbeschädigten stimmte.)

Dieses Porzellanbecken wurde unserem Kapitän überreicht. Doch wie erklärlich, konnte er es auf keinen Fall annehmen. Höflich und bestimmt bat er, es wieder zurückzubringen, er wolle mit der ganzen Sache nichts zu tun haben. Natürlich wußte in Sekundenschnelle ein jeder hier an Bord von dieser Entscheidung. Als wir uns anschickten, es zurückzubringen, kam der II. Steuermann mit dem Vorschlag, es unter die Kohlen in der Vorpiek zu vergraben. Dies hörte unser I. Steuermann. Er verbot es, da wir am anderen Morgen weitere Kombüsenkohle in die Vorpiek bekämen. Schnell war unser II. mit einem fast neuen Sack zur Stelle. In diesem Sack verbargen wir das Becken. Es wurde außenbords an einer Leine auf den Grund des Hafens niedergelassen, der Tampen an einen Bolzen außenbords befestigt. So war dieser Fall erledigt, und wir waren froh, daß es so abgelaufen war. Eines Tages im Hafen gewahrte ich, daß dieser Tampen vom Außenbordsbolzen verschwunden war, möglich, daß der Kapitän es veranlaßt hat und der II. Steuermann es hat ausführen müssen. So ruht dies Becken womöglich noch heute dort eingesackt im Schlamm des Hafenbeckens, oder es ist auf Befehl des Kapitäns an seinen Platz zurück gebracht worden. Niemals wurde mehr darüber gesprochen. Solche Taten und Handlungen liefen damals unter einem neutralen Namen, schlicht: „Besorgen!“ Unser Kapitän bekam sein Spülklosett in der Heimat eingebaut!

Die Neugierde zu wissen, was in unseren entlöschten, aufgebrochenen Kisten wohl darin sein könnte, ließ einigen Kameraden keine Ruhe. Es kam eine abgesprochene Stunde, der Wachmann wurde an Bord durch Gespräche aufgehalten, und zwei Kameraden gingen ihre Neugierde stillen. Alles was sie festgestellt hatten war, daß die aufgebrochenen Teile Kristallschalen verschiedener Größen enthielten. Einige brachten sie mit an Bord. Was sie damit wollten, war ihnen wohl selbst nicht klar. Doch sie schmückten unsere Back, der eine oder andere tat seine Margarine dort hinein. Damit war die Neugierde gestillt, und das Thema war erledigt. Sicher hatten wir Kisten mit guten Spirituosen und anderen, wertvolleren Sachen dazwischen, aber respektvoll wurde nur das nicht von uns erbrochene überholt. Ein Aufbrechen von verschlossenen Kisten hätten wir nicht erlaubt, dafür kann ich hier noch bürgen.

Jonny Stüven als Groß- und ich als Vortoppsgast haben sofort in Melbourne nur unter Aufsicht unseres Kapitäns von morgens bis abends eine Riggerarbeit ausgeführt. Wir begannen am Vormast Hoftau bei Hoftau, dann folgend alle Pardunen zu lösen. Die von uns abgenommenen Spannschrauben bekam unser Schmied zum Ausglühen und Reinigen, dann füllten wir sie wieder mit Talgfarbe auf. Am Hoftau lösten wir die vier Bändsel, entkleideten den dicken Eisendraht, reinigten, mennigten und bekleideten ihn, um das ganze mit vier neuen Drahtbändseln wieder in die alte Form zurückzubringen und als Abschluß über die Spannschraube das Hoftau wieder steif zu setzen. Dies war unsere Hafenarbeit. Mit dem Stückgut-Löschen sind wir gar nicht in Berührung gekommen.

Abbildung 46: Mannschaftsbild vom Segler „HANS" (Archiv) Es fehlen: Der Kapitän, der I. Steuermann und der Koch. Obere Reihe, zweiter von links: Blöss.

Am zweiten Sonnabend hier in Melbourne erhielten wir unseren neuen Proviant. Am Sonnabend nachmittag kam der Junge mit einer Margarine ins Logis, die der der „EILBEK"-Margarine im Hamburger Hafen glich. Ich sah mir sie genauer an, schmeckte sie und verbot dem Jungen, sie aufzuteilen. Kochend vor Wut, doch äußerlich ruhig, ging ich mit einer Probe dieser Schmiere zu meinem Kapitän. Er hörte sich meine Beschwerde an und entgegnete ruhig und bestimmt: „Hans, ich habe nicht gewußt, was sie mir hier an Bord geschickt haben. Wenn ihr diese Margarine nicht wollt, selbstverständlich geht sie zum Schiffshändler zurück, und ihr bekommt eine andere." Ich war beglückt über die Einstellung meines Kapitäns und bedankte mich im Namen meiner Kameraden. An seiner soeben getroffenen Entscheidung sah ich abermals, daß er ein höchst anständiger Mensch war und seine Mannschaft zufriedenzustellen sich bemühte und nicht versuchte, uns seinen Willen aufzuzwingen bei einer Sache, bei der er im Unrecht war, an der er einen kleinen Nebenverdienst einstecken konnte.

Unsere Stückgut-Ladung war eines Tages entlöscht, und wir verholten mit Schlepperhilfe unter Lotsenanweisung nach dem Weizenverschiffungshafen Williamstown, noch zum Distrikt von Melbourne gehörend. Es war eine lange ins Wasser hinaus gebaute, auf auf- und niederstehenden, in den Grund gerammten Eisenbahnschienen ruhende, mehrgleisige Brücke. Unsere Ladung erhielten wir nur über Eisenbahnwaggons. Die Beladung ging äußerst schleppend vor sich, doch dies nur nebenbei. Daß unser Laderaum zuvor aufs beste gesäubert, alle Eisenstützen mit Matten umwickelt und die Bordwand mit Matten dicht behängt wurden, versteht sich. Als Längsschotten in den Luken erhielten wir neue Bohlen von Land, so daß man sagen konnte, zur Seetüchtigkeit unseres Seglers hatte der Kapitän das beste aufgewendet.

Auch hier in diesem Hafen arbeiteten Stüven und ich ab sofort an der Neubebändselung der Hoftaue und Pardunen an der Backbordseite des Großmastes. Mit der Ladung hatten wir nichts zu tun. Allmorgendlich erschien der Kapitän einmal und sah unserer Arbeit zu. Daß wir beide unsere Matrosenehre darein legten, stets gleichmäßig und auch gut zu arbeiten, versteht sich.

Eines Tages kurz vor Arbeitsschluß sahen wir, daß bei der Entlöschung eines uns schon längere Zeit gegenüberliegenden englischen Dampfers eine Hiev von vier Kisten aus der Schlinge zwischen dem Dampfer und der Pier ins Wasser fiel. Jonny, der Fischermann, fieberte vor Aufregung. Nach Feierabend wollte er diese pilkend herausholen. Er bat Fritz und mich, ihn zu begleiten. Da er so siegessicher auftrat, so als sei es nichts, folgten wir ihm. Er beriet sich mit uns, wie und auf welche Art wir dahin kämen. Da gab es nur einen Weg. An der dem Lande abgekehrten Steuerbordseite vorne unter dem Kranbalken hing unser Scheuerprahm. Auf eigene Faust fierten wir diesen langsam und vorsichtig, damit es die Achtergäste nicht wahrnehmen sollten, aufs Wasser nieder. Heimlich verschwanden wir drei aus dem Logis. Auch hier sollte es vorerst niemand erfahren, was wir vorhatten. Zwischen diesen auf- und niederstehenden unzähligen Eisenbahnschienen, auf denen die Brücke ruhte, konnten wir gerade zur anderen Brückenseite hin passieren. Dort angekommen, hörten wir, daß oben von der Brücke aus gepilkt wurde. Wir verabredeten, ruhig zu sein, es sollte möglichst niemand erfahren, daß wir hier unten auch versuchten, diese Kisten zu fischen. Und tatsächlich, es gelang Jonny nach einer Zeit eine Kiste am Boden des Sees zu erfassen. Langsam holte er sie hoch, bis an die Wasserlinie konnte er sie an seiner Leine halten. Jetzt mußten wir beide von einer Ecke des Scheuerprahms aus versuchen, die Kiste in denselben hineinzuziehen. Es war nicht so einfach. Zwei Männergewichte plus Gewicht der Kiste tauchte die Ecke des Prahmes bis zur Wasserlinie tief ein. Wir hatten die Kiste im Wasser zu halten, bis Jonny mit seinem Körpergewicht als Gegengewicht auf der uns gegenüberliegenden Seite des Scheuerprahms hingeturnt war. Dann hatten wir mit unseren Bemühungen Glück, wir bekamen die erste Kiste in Sicherheit in den Prahm. Diese Kiste war beschädigt und einige Dosen des Inhalts waren verloren gegangen. Doch einerlei, die erste Kiste hatten wir. Daß der Inhalt Jam war, hatte Jonny schon abends auf der Pier vernommen. Jetzt traten wir den Rückzug an. Im Augenblick waren wir durch die Brücke zur anderen Seite, und Fritz kletterte nach oben, um Hilfe zum Aufheißen des Scheuerprahms zu holen. Es war klar, jetzt gab es Leckeres als Brotaufstrich, und alle waren dabei. Die Kristallschalen kamen zu ihrem Recht, als sollte es so sein. Sonst hätten wir gar nicht so recht gewußt, wohin mit diesem Jam. Aber jetzt, als sei es eine Vorsehung gewesen, leuchtet herrlicher Jam in der glitzernden Kristallschale. Ein einmaliges Bild im Matrosenlogis eines Großseglers. Dieser Jam wurde gemeinsam als Brotaufstrich gegessen. War die Schale leer, wurde sie wieder gefüllt. Sogar unsere Mittschiffsgäste bekamen aus dieser ersten Kiste ihre Probe ab.

Jetzt ging die Pilkerei Abend für Abend durch Jonny weiter, und wir beide begleiteten ihn stets. Es gab Abende, es wurde 10, 11, gar 1 Uhr; oft nickten wir beide, Fritz und ich, neben Jonny auf schmalen Stangen hockend, ein. Wenn Jonny dann die Pilk warf, schreckten wir zusammen und hatten unsere liebe Not, nicht unseren Halt zu verlieren, um nicht ins kalte Wasser zu fallen. Es währte noch Tage, bevor er alle vier Kisten herausgeholt hatte. Die letzte Kiste war unversehrt und ganz gefüllt. Wenn bei der Übernahme dieser letzten vollen Kiste sich nicht der Scheuerprahm selbst zwischen den Schienen festgeklemmt hätte, wäre uns der Prahm durch das Gewicht vollgelaufen, oder wir hätten die Kiste fallen lassen müssen. Aber es glückte. Die Landmenschen pilkten und pilkten weiter; nicht ahnend, daß wir von unterkante Brücke den Boden des Wassers abgegrast und leer gemacht hatten. Jetzt gab Jonny sogar den Achtergästen von seinem Jam ab.

Hier in Williamstown besuchten uns ein paar deutsche Seeleute und warben für ihre Arbeitsstelle. Im Melbourne-Distrikt hielt man sich schwimmende Lagerhäuser in Form von großen Leichtern. So ein Leichter war besetzt mit einem Mann, er wohnte an Bord in einer sauber eingebauten Kammer mit allem Zubehör. Er war frei in allem, nur mußte er sehr verläßlich diesen Leichter mit Inhalt Tag und Nacht bewachen und sollte dabei gerne Seemann sein. Diese Leichter wurden von einem Schuppen zum anderen geschleppt. Es wurde geladen, es wurde gelöscht, wie es gerade anlief oder gefordert wurde. Diese Leichtermänner machten uns diesen Job sehr schmackhaft. Ihre Gage war damals monatlich sechs bis acht australische Pfunde. Natürlich hatten sie sich selbst zu beköstigen. Sie umgingen dies aber. An Bord dieser Leichter befand sich alles zum Leben Notwendige. Mit der Zeit lernte man, was in dieser oder jener Kiste drin war. Man hatte soviel Zeit, eine Kiste sorgsam zu öffnen, derselben eine Kleinigkeit zu entnehmen, den Hohlraum mit einer anderen Sache aufzufüllen und sie ganz sorgfältig wieder zu verschließen. So redeten sie auf uns ein, um uns einen rosigen neuen Job anzupreisen. Doch auf unserem Segler hatte keiner Neigung, sein Lebensziel dahingehend zu verändern. Aber diese Deutschen waren uns darob nicht böse, sondern sie besuchten uns von Zeit zu Zeit immer wieder, wenn sie in unsere Nähe mit ihrem Leichter lagen. Sie brachten uns Zucker und manches mehr.

Eines Tages war einer dieser Seeleute mit seinem Leichter längsseite eines uns an der Pier gegenüberliegenden englischen Dampfers. Er forderte uns auf, gleich nach Feierabend einen von ihm gefüllten Sack Zucker für uns abzuholen. Er hatte zur Zeit eine große Partie Zucker in seinem Leichter. So entnahm er vielen Säcken eine Kleinigkeit, und wenig viel gibt letzten Endes eine Menge. Die Säcke im Leichter wurden in der Naht ein wenig geöffnet, nach der Entnahme gleich wieder sauber vernäht, so ging alles klar.

Zwei von uns gingen den Sack Zucker holen. Sie hatten ihn vom Leichter an Bord des Dampfers geholt. Einer buckelte sich denselben auf und ging damit zur anderen, zur Landseite, quer zum Dampfer, um dann einige Schritte voraus zum Landgang zu gelangen, abwärts zu gehen, die Pier zu überschreiten, und er wäre auf unserem Segler gewesen. Doch es kam anders. Auf dem kurzen Wege zum Fallreep lief plötzlich der farbige Wachmann eiligst achteraus. Der Sackträger bekam es mit der Angst, er schmiß den Sack Zucker zwischen Dampfer und Pier ins Wasser und machte eiligen Schrittes, daß er an Land kam. Wir beobachteten die Sache. Doch auf dem Dampfer geschah dagegen nichts. Der Farbige hat wahrscheinlich austreten müssen, wer weiß. Unser schöner Zucker, auf den wir uns schon sehr gefreut hatten, war den Fischen geopfert worden, es sollte nicht sein.

Eines Morgens beim Dienstbeginn fehlte uns unser Matrose Hein. Ja, Hein mußte desertiert sein. Ihm hätten wir es am allerwenigsten zugetraut, aber er war fort. Einige Tage vergingen, da stand unser Hein wieder mitten unter uns im Logis. Daß ein Mann, der desertiert, dann aber wiederkehrt, wollte uns allen nicht in den Sinn. Still holten wir erst einmal Luft, der Zorn über solche Dummheit unseres Hein kam über uns. Hein bekam eine gar nicht kleine Abreibung als Denkzettel. Doch in Kürze war alles abgeebbt und Hein war wieder unter uns als der alte. Nur unser Kapitän maßregelte ihn anders. Er hatte fortan gleich nach dem Abendbrot achteraus zu kommen und wurde für jede Nacht hier im Hafen ins Kartenhaus eingeschlossen. Hein ließ sich auch dieses gefallen, ja, er war Hein, ein harmloser Jüngling. Andererseits hatte er schon viel erlebt und durchgemacht.

Hein machte seine erste Reise auf der kleinen Hamburger Bark „SELENE". Sie lagen in Guayaquil in der Republik Equador. Dieser Hafen war zur damaligen Zeit der verseuchteste an der ganzen südamerikanischen Westküste. Hein erzählte, 13 Personen habe er zu Tode gepflegt, selbst seinem Kapitän habe er beim Sterben die Augen zugedrückt. Ihm selber sei nichts passiert. Fünf Mann der Besatzung waren die Überlebenden, darunter der I. Steuermann, Herr Umlandt. Dieser hat den Segler heimgeführt.

Dies ist eine mir von dritter Seite bestätigte Wahrheit!

Hein war bedienstet auf einer Viermastbark, der Name des Seglers ist mir nicht mehr in Erinnerung. Der Segler wurde gerammt, er ging unter. Nur ganz wenige wurden gerettet, darunter war Hein.

Hein war auf der Hamburger Bark „UNDINE". Zwei Stunden vor dem kommenden Unglück passierte der Segler „PREUSSEN" die „UNDINE" südlich von Kap Horn. „PREUSSEN" war damals der Welt größtes und einziges Fünfmastvollschiff. Nur durch die Naturkraft Wind vorwärts bewegt, beförderte dieser Koloß ca. 8.000 Tons Ladungsgewicht. „UNDINE" ereilte dann das Unglück, es mußten die Masten geschmissen werden. Mit einer Nottakelung segelte „UNDINE" den Hafen von Montevideo an. Es war derselbe Segler „UNDINE", der hier schon einmal im Zusammenhang mit einem gleichen Unglück erwähnt und beschrieben worden ist. Nur fand dieses Unglück eine Reise zuvor statt, doch unter einem anderen Kapitän. Die Namen der beiden Kapitäne sind mir bekannt, doch möchte ich sie hier nicht erwähnen.

Auf jedem Schiff, mit dem Hein bisher in See gegangen war, passierte etwas. Es konnte nicht ausbleiben, daß wir mißtrauisch wurden und Hein als einen Unglücksraben ansahen, als einen Mann, der auch uns oder unserem Segler Böses bringen mußte. Gott sei gelobt, unser Segler und damit wir blieben von einem Unglück verschont.

Es kam der Tag, unser Segler war mit Weizen für Callao in Peru bestimmt, beladen. Meine Enttäuschung war groß, ich hatte geglaubt und gehofft, daß wir mit Weizen nach Europa zu versegeln hätten; ich hatte falsch getippt.

Das Schiff wurde, wie stets üblich, in allen Teilen gehörig seeklar gemacht. Fritz und ich waren nachmittags im Großmast beschäftigt. Wir sahen die Hamburger Viermastbark „ATHENE“ einlaufen. Sie ging, so wie es von uns aus aussah, sehr nahebei auf dem Strome vor Anker. Das Bild dieses herrlichen Seglers reizte uns, ein Wort holte das andere, wir kamen überein, nach Feierabend zu versuchen, ein Ruderboot aufzutreiben, um diesem Segler einen Besuch abzustatten. Wir beide hatten uns so verbissen in dieses Vorhaben, daß wir tatsächlich daran gingen, unseren Wunsch und Willen zu verwirklichen. Wir dachten nicht daran, daß die jetzt kommende Nacht hier im Hafen uns die letzte Gelegenheit bot, ordentlich auszuschlafen, bevor wir wieder in den unruhigen Wachtörn einstiegen. Mit einem freudigen Optimismus gingen wir auf unser Ziel los. Nachdem wir uns landfein gemacht und unser Abendbrot gegessen hatten, gingen wir fort. Unser Weg führte uns entlang der Uferstraße, um zu peilen, zu beobachten, ob nicht irgendwo ein Boot zu unserem Vorhaben aufzutreiben war. Es war ein herrlicher Abend, es passierten uns viele Menschen. Jetzt gewahrte ich einen Herrn mittleren Alters, er schien mir ein biederer Seemann gehobener Stellung zu sein. Ich faßte mir den Mut, ich redete diesen Herrn höflich an und sagte: „Wir sind Matrosen der dort liegenden Hamburger Bark ›HANS‹. Morgen gehen wir in See zur Reise nach Callao in Peru. Wir sahen unsere Hamburger Viermastbark ›ATHENE‹ heute Nachmittag einkommend dort vor Anker gehen. Jetzt sind wir auf der Suche nach einem Boot, diesen Segler zu besuchen und sind hier ortsfremd“. Der Herr lächelte, es sah aus, als ob er überlege. Doch dann sprudelte er in einem sehr freundlichem Tone mit fröhlicher Miene, mit dem rechten Arm zugleich auf einen sehr nahegelegenen Segler zeigend hervor: „Seht Ihr dort den kleinen Schoner liegen, er ist mein Eigentum. Geht an Bord und sagt dem Steuermann, er möchte Euch das kleine Boot vom Logis herunterlangen, mit dem könnt Ihr Eure Reise machen. Wenn Ihr zurückkommt, macht das Boot längsseit meines Seglers fest, dann ist es gut!“ Wir bedankten uns für seine Freundlichkeit und versprachen den Himmel auf Erden.

Das Boot wurde uns bereitwilligst vom Steuermann ausgeliefert. Wir selbst hatten uns nicht warm genug angezogen, es ging gegen Abend, wir merkten schon jetzt die Frische. Wir vergaßen, eine Lampe mitzunehmen, dies alles, weil wir glaubten, es sei nur eine kleine Entfernung, andernfalls hätten wir dies Wagnis nicht riskiert. Daß wir nun ein Boot hatten, war ja fein.

Doch diese Art Boote kannten wir auf unseren Seglern kaum. Auf der Bark „CASSANDRA“ hatten wir ein solches. Es war eine skandinavische Art, wir nannten so ein Boot Moses. Normalerweise wrickt man diese Boote. Hier fehlte diese Einrichtung. Ein Mann mußte rudern, hierzu mußte der betreffende sich selbst eingeübt haben, denn zuerst drehte sich dies kleine Boot beim Rudern von links nach rechts und umgekehrt. Ein Ruder oder Steuer besaß das Boot nicht. Wollte ich das Boot beim Rudern auf Kurs halten, so hatte ich mit beiden Riemen genau den gleichen Druck auszuüben, und diese Kunst sollte erst erworben werden. Jedenfalls haben wir, statt voranzukommen, uns übermäßig viel im Kreise herum bewegt. Wenn es auch nicht ganz wörtlich zu nehmen ist, so haben wir uns aber eine lange Zeit mit der Einübung des Ruderns beschäftigt. Dem Fritz kam es am sauersten vor, er wollte absolut umdrehen. Ich wollte mit dem gleichen Willen vorwärts zu unserem abgesprochenen Ziel. Es kam soweit, wir beide standen uns erbost und weiß Gott wie aufgeregt bis zur Tätlichkeit in dem kleinen, leicht schwankenden, sehr empfindlich beweglichen Boot inmitten des freien Wassers gegenüber. Eine in der Aufregung zu hastig getane Bewegung hätte das kleine Boot zum Kentern gebracht, und wir wären in eine schwere Bedrängnis geraten. Ich glaube, die Vernunft hat uns beiden zum Siege verholfen, daß wir uns wieder auf den Hosenboden setzten und Fritz sein Rudern wieder aufnahm. Mittlerweile war es schon lange dunkel, wir sahen Dampfer fahren, wir wurden gewahr, daß wir kein Licht im Boot hatten, wir kannten nicht den Weg des Fahrwassers. Es wurde auch langsam dunstig, und je tiefer aufs Wasser nieder, desto dichter und dicker ist der aufsteigende Wasserdunst, und wir befanden uns doch im Sitzen wenig über der Wasseroberfläche. Nun stellten wir fest, wir hatten für den Fall von Nebel auch keinen Kompaß mit, hinzu kam, daß wir eine Strömung bemerkten. Keiner von uns beiden hatte eine Uhr mit. Langsam wurde mir auch der Leichtsinn unseres Unternehmens klar. Mein Lichtblick war aber der für uns immer noch klare Sternenhimmel, solange der blieb, war alles nur halb so schlimm. Mir kam immer wieder das beobachtete Bild der kleinen Entfernung von unserem Segler zur „ATHENE“ im Sinn, hieran orientiert, gab es für mich keine Beunruhigung weiter, und das Hauptfahrwasser konnte unmöglich hier längsführen.

Die Ankerlampen von dem Segler „ATHENE“ haben wir stets in Sicht gehabt. wir hatten sie zwar schon in dem Dunst verloren, doch nach Sternorientierung immer wieder gefunden. Es kam die Stunde, wir erreichten „ATHENE". Da nichts an der Bordwand herabhing, woran wir hätten aufentern können, so machten wir uns durch Zuruf bemerkbar. Es mußte schon spät geworden sein. Die an Bord vermuteten, daß wir ganz andere seien, Leute, die etwas im Schilde führten. Man verweigerte uns jeden Zutritt, wir sollten machen, daß wir verschwanden, sonst würden wir einen Segen von oben erleben. Wir berieten, erst einmal an die Ankerkette zu rudern, uns dort ein wenig zu erholen. Wir taten wie wir besprochen. Doch auch hier ließ man uns nicht lange ruhen. Jetzt ging es heimwärts nach dem mißglückten Versuch, etwas Nettes erleben zu wollen. An der Ankerkette gestoppt, merkten wir, daß hier ein mäßiger Strom lief. Die Dunstigkeit hatte zugenommen, wir hatten unsere liebe Not, die benötigte Richtung des kürzesten Weges zu finden. Wir fanden sie und lieferten das geborgte Boot wie gewünscht in Ordnung und unbeschädigt längsseite des Seglers ab. Als wir zu unserem Segler „HANS" zurückkehrten, war die Uhr bereits 5 durch, die Nacht bald vorüber. In einer knappen halben Stunde wurde geweckt, und um 6 Uhr begann der Dienst. Die Fahrt nach Callao wurde angetreten, und wir hatten nicht geschlafen, doch die unerschöpfliche Vitalität im Körper ließ uns dieses, wie sooft bei dienstlichen Gelegenheiten, ohne Schmerzen überstehen. Seemannsleben!

Überfahrt nach Callao

Am Freitag, dem 14. April, um Mitternacht erhielten wir unseren Lotsen, und mit Schlepperhilfe, nachdem der Anker auf war, steuerten wir seewärts. Gegen 8 Uhr a. m. ging der Lotse von Bord, bald darauf wurde auch der Schlepper entlassen. Mit fast allen Segeln bei liefen wir mit westlicher Brise 7-8 Seemeilen stündlich auf unserem Kurs dahin.

Am 25. April waren der Wind und die See sehr zunehmend. Es kam viel Wasser über unser Deck und die Luken. Wir führten nur die Ober-Marssegel. Der Sturm von Stärke 10 nach Beaufort ließ uns nur ca. 6 Seemeilen stündlich vorwärts kommen. Es waren viele Wale beim Schiff.

Es sollte unter Umständen das Vor-Obermarssegel gerefft werden. Der II. Steuermann hatte die Wache. Zur Sicherheit schickte er einen seiner Leute auf die betreffende Rahe, um nachzusehen, ob an beiden Seiten der Steckbolzen zum Reffen vorhanden sei. Dieser Dussel kam mit dem Bescheid achteraus, es sei nichts vorhanden. Das hörte der Kapitän. Ärgerlich wandte er sich an seinen I. Steuermann und warf ihm vor, er solle gefälligst dafür sorgen, daß derartige, notwendige Sachen an Ort und Stelle seien. Natürlich kam unser I. zornig und geladen nach vorne vor unsere offenstehende Backbord-Logistür und rief mit lauter Stimme: „Hans (ich war gemeint), ist dort oben auf der Vor-Obermarsrahe auf jeder Seite ein Steckbolzen vorhanden?" Ich antwortete ärgerlich: „Selbstverständlich sind auf beiden Seiten die erforderlichen Steckbolzen vorhanden". Und sie waren vorhanden! Mein Freund Simon Matzen hatte Wache an Deck. Zufällig war Simon gerade im Logis, als dies passierte. Als der I. die Frage an mich richtete, ob die Steckbolzen auf der Rahe seien, pustete Simon den I. an: „Die hast Du wohl Deiner Ollen als Zeugleine eingepackt"! Es war recht unverfroren, unserem I. eine solche Zumutung zu unterstellen. Bald darauf wurde Simon achteraus gerufen, hier mußte er sich, aufgefordert durch unseren Kapitän, im Beisein des I. Steuermanns entschuldigen, andernfalls ein Strafantrag gestellt worden wäre. Und Simon tat es denn auch. Der Friede war wiederhergestellt.

Am 26. April sichteten wir die Insel Auckland in südlicher Richtung. Die Position dieser Insel diente unserer Schiffsführung zur Chronometerkontrolle und der genauen Längenbestimmung. Die Insel Auckland liegt auf 50 Grad 50 Minuten südlicher Breite und 166 Grad östlicher Länge. Es stand eine hohe See von vorne. Das Schiff nahm viel Wasser über Deck und Luken. Der Sturm nahm nachmittags an Stärke ab.

Am 27. April waren der Wind und das Wetter wieder zunehmend. Führen nur Ober-Marssegel. Viel Seetang beim Schiff. Schießen auf Walfische.

Am 28. April führen nur die Ober-Marssegel. Das Deck des Seglers unter Wasser. Der Sturm nahm gegen Mittag ab. Der Segler schlingerte heftig in der gewaltigen See.

Für die nächsten fünf Tage waren die Windstärken abwechselnd bis Stärke 10 nach Beaufort, dazu der entsprechende Seegang. Führten durchweg nur die Ober-Marssegel. Der Segler machte eine zufriedenstellende östliche Fahrt. In der Zeit ölten wir beständig die See.

Am Sonntag, dem 30. April, überschritten wir den 180. Längengrad. Auf unserem überwiegend östlichen Kursen mußten wir ja täglich die Uhr voran stellen. Eine Zeit, die kalendermäßig richtig war, aber der Wirklichkeit nicht entsprach, da wir die vorausgestellte Uhrzeit nicht durchlebt haben. Hier am 180. Längengrad, an dem Punkt des Datumwechsels auf der Erde, bekamen wir die bis dato nicht durchlebte Zeit ersetzt. Wir schrieben am folgenden Tag nicht Montag, den 2. Mai, nein, nochmals Sonntag, den 30. April.

Mit dem Überschreiten des vierzigsten, südlichen Breitengrades am 20. Mai nordwärts hörten die Stürme auf, und schwache, selten frische Winde führten uns weiter dem Ziele zu.

Es war der 26. Mai auf ca. 30 Grad südlicher Breite an einem sonnenklaren Tag. Der Wind war fast eingeschlafen, der Segler lag still im Wasser, nur die Segel schlugen in der Dünung durch die Bewegungen des Schiffes hin und her, voll und back. Ich selbst war im Großmast beschäftigt, mein I. Steuermann saß, was er sonst nicht tat, auf dem Großdeck auf der Spiere, ungefähr unter mir. Aus dem Mast heraus hatte ich einen guten Rundblick. Meine Arbeit hatte ich beendet und wollte abwärts steigen. Ich traute meinen Augen nicht! Da gewahrte ich unter mir im Wasser eine Einheit, etwas Großes, Rundes. Es stieg langsam senkrecht hoch und wurde in der Farbe, im Aussehen deutlicher, doch da schien es den Segler-Kiel berührt zu haben und sackte so ganz langsam wieder abwärts, bis es nicht mehr erkennbar in der Tiefe verschwand. Was war das? Was kann es gewesen sein? Möglicherweise ein großer Rochen? Aber gibt es Rochen von der gewaltigen Größe? Dieses Unbekannte schimmerte bräunlich mit hellen Punkten besprenkelt. Ich konnte weder Kopf noch Schwanz erkennen. Es erschien als eine große runde Fläche und mochte an der Segler-Länge gemessen ca. 50 Meter im Durchmesser gehabt haben.

Es war auf dieser Reise auf einer Abendwache kurz vor Mitternacht. Der Himmel war bleiern, kein Lufthauch kräuselte die See, und ein Gewitterregen rieselte unaufhaltsam auf uns herab. Wir hatten mit unserem I. Steuermann gebraßt und befanden uns auf dem Wege vom Vorschiff achteraus. Es wurde vom Rudersmann ein Glas geschlagen. Der Junge von unserer Wache begab sich daraufhin in das Matrosenlogis, um die Petroleumlampe anzuzünden und die Freiwache zu unserer Ablösung zu um 12 Uhr zu wecken. Zu seinem Schrecken blitzte es plötzlich grell, in derselben Sekunde, zum selben Augenblick setzte der dazu gehörende Donnerschlag derartig gewaltig ein, daß der Junge im Logis das Lampenglas in tausend Scherben verwandelte und ich, der ich der vordere im Gehen achteraus war, meinen Mund aufsperren mußte und als Halt das sich vor mir befindliche Treppengeländer ergriff, sonst wäre ich in mich zusammengesackt. Meine sämtlichen Hintermänner wurden, da sie keinen Halt fanden, auf das Deck niedergedrückt, sie mußten sich sozusagen auf ihren Hosenboden setzen. Es war nicht der Schreck durch den Donner allein, nein, es muß ein gewaltiger Luftdruck geherrscht haben, der im Moment den Körper belastete. Mir war, als würde mein Brustkasten eingedrückt. Dieser Blitzschlag muß in ganzer Nähe unserer Bordwand oder gar in unseren Blitzableiter eingeschlagen sein. Wir haben keine Nachforschungen angestellt, es war an Bord so üblich, daß, wenn nichts mit Folgen passierte, alles als gewesen abgetan und nie mehr darüber geredet wurde, es wurde vergessen. Wären wir bei diesem Blitz oben in der Takelage gewesen, wer weiß, wer bei diesem Schlag seine Sicherheit verloren hätte, wer weiß? Jedenfalls habe ich nie mehr in meinem Leben bis zur Stunde einen zweiten derartigen Blitzschlag erlebt, dieser war einmalig!

Bei der Annäherung an den südamerikanischen Kontinent bekamen wir für die letzten drei Tage frische, sogar steife östliche Winde, die uns auf unserem jetzt nördlichen Kurs schnell voranbrachten. Nach einer Reisedauer von knapp 50 Tagen ankerten wir mit dem Backbord-Anker in 7 Faden Wassertiefe mit 30 Faden Kette auf der Reede von Callao.

Aufenthalt in Callao

Nach einigen Tagen Liegezeit auf der Reede verholten wir zur Entlöschung der Weizenladung an die Pier. Hier an diesem Liegeplatz mußten wir unseren Segler an den dort für die Schiffe bereit gehaltenen großen Grastrossen festmachen. Solche Grastrossen haben es in sich, federnd zu wirken für die anlaufende Schwell, Dünung, Wellenbewegung ohne Wellenkämme. An der Chile-Küste, weiter nordwärts, bis zum Äquator und darüber hinaus in Häfen mit offenen Reeden, direkt am Stillen Ozean gelegen, in Gegenden, in denen sich wenig Stürme zeigen, kommen plötzlich wie aus heiterem Himmel bei Windstille und dem schönsten Sonnenschein, bei ruhiger, sternenklarer Nacht Dünungen (Wassererhebungen) angelaufen, die in der Lage sind, überraschend mancherorts großes Unheil anzurichten. Ein in solcher Gegend vor Anker liegender Segler begann plötzlich zu schlingern, derart, daß die Unterrahnocken, wenn in Ballast, die See berührten und an Bord vieles durcheinander geworfen wurde. Bei einem an einer Mole vertäut liegenden Segler, der durch diesen Schwell in Bewegung versetzt wurde, vorwärts und rückwärts anfuhr und nur durch zu diesem Zweck an den Molen gehaltenen, schweren Grastrossen federnd gebändigt werden konnte, zeigte sich, welch verheerende Kraft in solchem Schwell steckte.

Direkte Stürme sind hier seltener. Wenn sie auftreten, dann nur in den Wintermonaten von April bis September in Nordchile hinauf bis Peru. Sichere Anzeichen sind: Ausbleiben des sonst beständigen Seewindes, zunehmende Bewölkung, eine nördliche Dünung, Luftspiegelung, fallendes Barometer und Einsetzen leichter östlicher

Winde. Beim Einsetzen dieses Norders, der ein bis zwei Tage anhalten kann, tritt meistens Regen ein, begleitet von einer hohen gefährlichen See. Der Sturmwind dreht dann nördlich. Nachfolgendes Foto (Abbildung 47) aus Callao mag während so eines Norders aufgenommen worden sein.

Abbildung 47: Callao (Archiv).

Auch in diesem Hafen wurden Jonny und ich vom Kapitän abgeteilt, unsere Riggerarbeit fortzusetzen. Alle anderen Kameraden mußten in den Laderaum, um den Weizen zu löschen. Callao liegt ungefähr auf 12 Grad Süd. Bei klarem Himmel brannte die Sonne erbarmungslos auf uns nieder. Es machte wenig Unterschied, ob der Kalender Sommer oder Winter zeigte.

Allgemein glaubt jeder, daß es direkt unter dem Äquator am heißesten sein müßte. Nein, der wärmste Parallelkreis ist der von 10 Grad nördlicher Breite, der sogenannte „Wärme-Äquator".

Doch wir beide waren jung und nahmen unsere Arbeit bei sengender Hitze nicht weiter als große Belastung: Wir freuten uns zu unserer Arbeit, sie war etwas Besonderes. Unsere Arbeitszeit betrug hier acht Stunden, wir waren in den Tropen.

Unsere Pier, an der wir mit der Backbordseite zu liegen kamen, war die gleiche, auf Eisenbahnschienen ruhende Brücke, wie in Williamstown in Australien. Die ganze Ladung ging in Säcke gefüllt in Eisenbahnwaggons landeinwärts. Die Liegezeit sollte hier 40 Tage werden, eine recht lange Hafenliegezeit. Bevor der Rest der Ladung entlöscht war, erhielten wir über die Steuerbordseite aus Leichtern in die Großluke unseren Ballast. Er bestand aus rundlichen Steinen verschiedener Größen. Kräftige, neue Bohlen als Querschotten hatten wir ja in Williamstown bekommen, um unsere Weizenladung gegen ein Übergehen im Laderaum bei schwerem Wetter haltern zu können. Diese wurden jetzt im Laderaum zur Sicherung des Ballastes tiefer gesetzt. Zur Übernahme dieser rundlichen Steine als Ballast, sah ich der kommenden Reise besorgt entgegen.

Zum Orte Callao ist nicht allzuviel zu sagen. Ein Ort, wie all diese südamerikanischen Orte. Kaum eine gepflasterte Straße war aufzuweisen. Es gab wenig Steinhäuser, es waren überwiegend niedrige, aus Holz gezimmerte Familien-Häuser. Sie mußten jährlich gesetzlich zum großen Nationalfeiertag mindestens gesäubert, besser frisch gestrichen werden.

Der Übergang von der Pier zum festen Lande war durch eine Zollwache abgesichert. Ein großes hohes schmiedeeisernes Gitter bildete die Grenze. Wollte man als Seemann abends an Land, wurde mit freundlicher Miene eine kleine Pforte zum Durchgehen geöffnet. Wollte man später wieder zum Schiffe zurück, so hatte man seinen vom Hafenkapitän ausgestellten Ausweis vorzuzeigen. Gut, ein normaler Vorgang. An Schikane grenzte aber eine Anweisung, daß das Tor für den an Bord zurückkehrenden Seemann nur stündlich, und zwar mit dem Glockenschlag der Turmuhr 9, 10, 11 usw. geöffnet wurde. Waren die Davorstehenden durch die Pforte hindurch, hatte der Zöllner die Tür ins Schloß gelegt, so wurde es für den um Sekunden später Eintreffenden nicht wieder geöffnet. Er hatte zu warten, bis die Turmuhr abermals die volle Stunde schlug. Große Auftritte spielten sich Abend für Abend vor diesem imponierend hohen Abzäungitter ab.

Eines Abends, eben nach 11 Uhr, kam unser II. Steuermann nach einem etwas reichlichen Weingenuß vor diesem Zollgitter an. Er begehrte Durchlaß. Die Wache reagierte überhaupt nicht. Nun, sagte mein Herr Steuermann, willst Du nicht, dann läßt es bleiben. So klettere ich eben über diesen eisernen Zaun. Gesagt, getan! Er kletterte. Das sahen die Zöllner. Mit ihren Gummiknüppeln schlugen sie auf seine Finger oder Hände, derart, daß er sein Vorhaben aufgeben mußte. Er gab sich aber noch nicht geschlagen. Es führt ja ein Wasserweg um diesen Zaun. Erbost suchte er nach dem nächsten freien Platz zum Wasser. Die Zöllner beobachteten ihn, sie schlugen Alarm, nachdem sie sahen, er ging in voller Sonntagskluft hinein ins Wasser. Eine Barkasse kam, fischte unseren Steuermann aus dem

Naß heraus und nahm ihn mit zur Wache. Unser Steuermann war ein großer, kräftiger Mann. Es hat sicherlich eine nicht kleine Bolzerei dort gegeben. Da er sich in seinem Recht glaubte und die Anordnung des Hafenkapitäns als reine Schikanierung des Bürgertums auffaßte, war sein Mut gewachsen. Aber den kürzeren zog er doch dabei. Er hatte nicht überlegt, daß er sich in einem Lande befand, wo nur das Militär Ordnung und Disziplin zum Wohle des Ganzen aufrechthielt, ob es dem einzelnen Bürger gefiel oder nicht. Sein guter Anzug war dahin, unser Kapitän löste seinen zerbeulten und zerschundenen Steuermann am nächsten Vormittag aus. Die geldliche Forderung für die Bergung des Leidtragenden am gestrigen Abend wird, im Zusammenhang mit der Bestrafung wegen der Gesetzesübertretungen, nicht gering gewesen sein. Denn in Forderungen dieser Art waren die Behörden dieser Länder keineswegs kleinlich. Das weiß ich!

Des Steuermanns Amt wäre gewesen, an der Großluke die Ballastübernahme zu leiten und zu bedienen. Da er mit dem Arbeitsbeginn nicht an Bord war, wurde mir dieser Job übertragen. Daher sah ich, wie gegen 11 Uhr mein arg mitgenommener II. Steuermann von Land an Bord kam. Nun war er ein Mann des Humors. Seine Schäden und ihre Auswirkungen waren bald überwunden, er war wieder der alte, doch im Spaß gedachte er manchmal in späterer Zeit dieses Vorfalles.

Jonny Stüven und ich waren bei unserer Riggerarbeit oben an Deck und konnten somit vieles übersehen. Es war 8 Uhr früh, die Stunde, da jeder Segler im Hafen seine Nationalflagge vorheißt. Uns gerade gegenüber lag eine kleine Bark. Wir trauten unseren Augen nicht. Auf dem Segler wurde, statt der Flagge ein gar nicht kleines Demijon[15] vorgeheißt. Gespannt warteten wir nun, was folgen mußte. Doch es währte seine Zeit, da wurde dieser Demijon niedergefiert und ordnungsgemäß die National-Flagge geheißt. Kurze Zeit darauf beobachteten wir an Bord der Bark, daß die Achtergäste vorne vor dem Logis von der Mannschaft das Öffnen der Logistüren forderten. Wir sahen, daß mit Spillspaken gegen die Türen gestoßen wurde, doch keine Tür gab nach. Die Mannschaft öffnete nicht. Sie hatte wohl ihre Türen von innen verriegelt. Nach einer weiteren kurzen Zeit ging der Kapitän mit einem besorgten Gesicht an Land. Nach einer Weile kam er mit einem Polizei-Offizier und einigen Polizisten zurück. Er ging mit dem Polizei-Offizier an Bord in seine Kajüte. Die Polizisten blieben vor dem Segler am Landgang stehen und be-

---

15 Glasballon aus der Getränkewirtschaft, rheinhessisch *Demijohn* als Verballhornung des französischen *dame-jeanne*.

traten nicht den Segler. Dann sahen wir, wie der Kapitän mit seinen Schiffsoffizieren und in Begleitung des Polizei-Offiziers zum Vorschiff ging und die Mannschaft aufforderte, ihre Türen zu öffnen. Nichts geschah trotz wiederholter Aufforderung. So entfernte sich der Offizier von dem Segler und ging mit seinen Polizisten zurück landeinwärts. Das Delikt war wohl für den Polizei-Offizier nicht schwer genug, um auf ausländischem Grund und Boden eine Amtshandlung vorzunehmen. Es hätte auch wohl eine Aufforderung zur Handlung für den Offizier vom Konsulat des betreffenden Landes vorliegen müssen. Auch war es kein Notfall. Gegen Mittag öffnete sich die Logistür zur Landseite hin, wahrscheinlich holten sich die Leute das Mittagessen. Sonst geschah nichts. Den Kapitän haben wir nicht wieder gesehen. Im Verlaufe des Tages hörten wir zwar noch harte scheltende Worte, auch Streitereien. Anderntags war alles friedlich. Die Nationalität und der Name des Seglers haben wohl keine Bedeutung.

Daß ich hier nicht viel an Land ging, hat seinen Grund darin, daß ich mein Geld zusammenhielt für den kommenden Navigationsschulbesuch nach dieser Heimkehr.

Es kam der 20. Juli. Wir verholten frühmorgens auf die Reede. Hier wurde der Segler seeklar gemacht, der Ballast sorgsam bestens festgelascht, die Ladeluken angelegt und ordnungsmäßig verschlossen.

Von Callao nach Portland

Gegen 5 Uhr abends kam südlicher Wind durch. Wir hievten Anker und verließen die Reede von Callao seewärts. Unser Bestimmungshafen wurde Portland/Oregon. Von hier sollten wir eine Ladung Weizen nach Europa hin versegeln. Die Order, wohin, zu welchem Lösch- oder Bestimmungshafen, würden wir in Queenstown, Irland, oder Falmouth in Süd-England erhalten. Dem Kapitän war es frei überlassen, welchen dieser Häfen er nach Wetterlage anzusegeln gedachte.

Nach 14 Tagen Reise mit stets mäßigen südöstlichen Winden aufselbstgewähltem Westnordwest-Kurs passierten wir den Äquator in 116 Grad westlicher Länge. Es war eine Distanz über den Grund des Meeres von ca. 2.500 Seemeilen. Demnach hätten wir eine stündliche Fahrt von 7,5 Seemeilen machen müssen. Gekoppelt ergibt sich für unseren Segler eine Fahrt durchs Wasser von ca. 2.200 Seemeilen, also eine stündliche Durchschnittsfahrt von 6,5 Seemeilen. Es bewahrheitet sich, daß der südliche Äquatorialstrom zu allen Zeiten ca. 24 Seemeilen im Etmal westlich versetzt.

Unsere Windverhältnisse waren, was die Besorgnis über den Steinballast betrifft, sehr günstig. Wir haben in ca. 57 Tagen als höchstes nur zwölf Stunden Windstärke 5—6 nach Beaufort gehabt, sonst nur leichte bis frische Winde, die für den Ballast keine Gefahr boten; Gott sei gedankt!

Vom 12. bis zum 27. August hatten wir nordöstliche Winde, die uns bis zur Länge von 145 Grad West abdrängten.

Zwei Tage vor Erreichung der Küste sichteten wir mittags gegen 11 Uhr einen mit Muscheln, Moos und sonstigem bewachsenen gewaltigen, treibenden, 40-50 Meter langen Baumstamm. Wir hatten WSW-Wind, Stärke 4—5 nach Beaufort. Der Stamm trieb, wie es nicht anders sein konnte, quer zur See und zu unserem Kurse. Wir sichteten ihn zeitig genug, um frei von ihm segeln zu können. Gnade Gott, wer ihn bei hoher Fahrt vor den Steven bekommt.

Gegen 4 Uhr nachmittags klarte die Luft auf, und wir sichteten das Feuerschiff zur Einfahrt zum Columbia River. Gegen 5 Uhr p. m. erhielten wir vom Lotsenschoner unseren Lotsen. Jetzt wurde während der Nacht bis zum Morgen unter Sicht der Landfeuer gekreuzt. Mit dem Dunkelwerden sichteten wir ein mit uns kreuzendes Vollschiff, nicht ahnend, daß es der Bremer Segler „ALEXANDER ISENBERG“ war, auf dem ich ca. zwei Jahre später anheuerte. Die Nacht ging zu Ende. Gegen 8 Uhr morgens erschien ein schwerer Raddampfer „OKLAHOMA“. Zuerst ging er zu dem Bremer Vollschiff „ALEXANDER ISENBERG“. Diesen nahm er an seiner Backbord-Seite, darauf kam er zu uns mit seiner Seitenlast. Wir befestigten unseren Segler an seiner Steuerbord-Seite. Das liest sich so einfach, hier stand an dem Morgen eine Schwell, derart, daß wir Segler, obgleich wir einen breiten Raddampfer zwischen uns hatten, mit den Rahenocken beim Rollen ineinander gerieten. Ich hatte im Auftrage meines Vorgesetzten etwas auf der Vor-Obermarsrahe zu tun. Ich wurde schreiend gewarnt, von der Rahe zu kommen, was ich auch sofort begriff und ausführte. Im Stengewant war ich gelandet und mußte zuschauen, wie die Rahenocken der Vormasten beider Segler gegen- und ineinander drückten. Durch die gewaltige Kraft sprangen einzelne Scheiben in den Blöcken mit Krach auseinander und flogen durch die Gegend. Dies war ein kleiner unbedeutender Schaden, der aber schlimmer hätte ausfallen können. Immerhin, wer zufällig solch Hartholz-Stück mit der Wucht, die dahintersteckt, an seinen Kopf bekommt, würde nichts zu lachen haben. Als nun beide Segler ordnungsmäßig mit allen drei Hecks in Linie stramm miteinander verbunden waren, war jegliche Gefahr des Aneinandergeratens unmöglich gemacht. War dies geschehen, so setzte der Raddampfer mit uns Seglern über die vor Astoria gelegene Barre. Gegen 10 Uhr ankerten wir auf der Astoria-Reede, jeder Segler in einem guten Abstand voneinander für sich.

Hafenliegezeit in Portland

Am gleichen Tage erhielten wir für jede Schiffsseite außenbords zur Stabilisierung einen schweren Baumstamm von ca. 50 Meter Länge. Diese hatten wir durch Drahtbuchten von Bord aus vorne und achtern um den Stamm so stramm wie möglich zu befestigen. In den nächsten Tagen begannen wir, unseren Ballast in Schuten zu löschen. Bei der Entlöschung lüftete sich der Segler; sobald die Trossen die Stämme vollständig trugen, war das Verhältnis stabil. Zu bemerken ist, diese Großsegler konnten niemals ohne ein bestimmtes Gewicht im Schiffsboden stehen, sie mußten kentern. Diese Baumstämme geben das Gewicht des Ballastes ab, und unser Laderaum, der jetzt vollständig leer wurde, konnte in allen Teilen zur Entgegennahme der Ladung zurechtgemacht werden. Diese Arbeit wurde von Leuten von Land ausgeführt, sie machten ihre Sache gut. Nachdem dies alles geschehen war, schleppten wir die ca. 80 Seemeilen lange Strecke auf dem Columbia-River flußaufwärts bis zur Stadt Portland. Hier lagen wir für etliche Tage auf Törn. Das Beladen ging hernach ziemlich schnell vonstatten. Natürlich wurden die starken Bohlen als Längs-Schotten zur Sicherung des Getreides wieder auf ihren alten Platz zurückversetzt. Am 29. September schleppte uns der Raddampfer „OKLAHOMA" flußabwärts nach Astoria zurück, hier ankerten wir.

Jetzt wurden als erstes sämtliche Luken ordnungsgemäß verschalkt, unser Segler bestens wieder seeklar gemacht für die kommende Heimreise von ca. 45 Grad Nordbreite an dem amerikanischen Kontinent über den Äquator immer weiter südwärts bis zur Kap-Horn-Breite von ca. 56 Grad Süd. Nach dem Runden ostwärts führte der Kurs nordwärts, abermals über den Äquator bis zum Englischen Kanal usw. Wir hatten eine große Distanz zum Absegeln vor uns.

Zur Liegezeit in Portland ist von meiner Seite aus nicht viel zu berichten. Es kamen zu uns ins Matrosenlogis ehemalige Deutsche in freundlicher Mission. Leute, die sogar Besitz hatten. Es war einer unter ihnen, er konnte es nicht vergessen, daß er falsch spekuliert hatte. Die Zeit, von der ich spreche, war 1911. Dieser Mann redete zu uns von früherer Zeit und meinte die 90iger Jahre. Große Ländereien wurden zum Spottpreis angeboten, aber er fand nicht den Mut zum Ankauf. Sie hätten ihm ein Vermögen eingebracht, wenn er nicht so zaghaft gewesen wäre. Uns Matrosen gab er seine Adresse und zeigte uns sein großes Feld, bepflanzt mit Obstbäumen. Wir erhielten von ihm die Erlaubnis, uns für die Heimreise so viele Äpfel von seinen Bäumen zu holen wie wir wollten. Nur bäte er darum, keine Äste abzubrechen. Das konnten wir diesem Herrn mit ruhigem Gewissen versprechen. Der Äpfelbäume waren derart viele zum Pflücken, sie waren niedrig gehalten, so daß wir zu unserem Recht kamen und unser Versprechen, nichts niederzubrechen, leicht erfüllen konnten. Natürlich waren wir nicht in der Lage, ein Entgelt zu leisten, wir bedankten uns nur herzlichst. Wir merkten, er war beglückt darüber, einmal mit deutschen Menschen in deutscher Sprache reden zu können. Ich dachte mir: „Wenn Du länger in der Fremde bist, merkst Du erst, wie schön Deine Heimat ist!" Doch es denken, heißt noch lange nicht, es auszusprechen! Dieser Herr war geplagt vom Heimweh, obgleich er Jahre aus der Heimat fort war. Ich könnte noch viele Worte zu diesem Thema anführen. Gerade wir Seeleute zogen Reise für Reise in die Ferne, aber ging die Reise heimwärts und bestimmte Gründe gaben zu einer Feier Anlaß, dann erklang unter anderen Liedern bestimmt das eine Lied[16]; „Nach der Heimat möcht ich wieder"! Ohne sentimental werden zu wollen, belebten diese herrlichen Worte die Menschen, die sich in diesem Sektor bewegten. Die Menschenseele war angesprochen in ihrem Innern, und manches Auge wurde, ohne daß man sich zu schämen brauchte, feucht, gar naß! Es paßt zum Seemannsleben. Der Seemann lebt auf See täglich im Auf und Ab in Gottes Fügung. Bald stürmt's, der Wind peitscht die See zu Wellenbergen, manch Seemannsherz bangt für Stunden um sein Leben. In der Folge löst ein Extrem das andere ab, kein Windhauch kräuselt die See, die Sonne brennt vom wolkenlosen Himmel sengend hernieder, keine Fahrt im Segler, trostlos das weite Meer. Dieser gewaltige Unterschied in unseres Herrgotts Natur ist das, was den Seemann zu seiner See hin-

---

16 Nach der Heimat möcht' ich wieder, nach dem teuern Vaterort,
wo man singt die frohen Lieder, wo man spricht ein trautes Wort.
Teure Heimat, sei gegrüßt, in der Ferne sei gegrüßt,
sei gegrüßt in weiter Ferne, teure Heimat, sei gegrüßt.

Deine Täler, deine Höhen, deiner heil'gen Wälder Grün,
o die möcht' ich wieder sehen, dorthin, dorthin möcht' ich zieh'n.
Teure Heimat, sei gegrüßt, in der Ferne sei gegrüßt,
sei gegrüßt in weiter Ferne, teure Heimat, sei gegrüßt.

Doch mein Schicksal will es nimmer, durch die Welt ich wandern muß.
Trautes Heim, dein denk' ich immer, trautes Heim, dir gilt mein Gruß.
Teure Heimat, sei gegrüßt, in der Ferne sei gegrüßt,
sei gegrüßt in weiter Ferne, teure Heimat, sei gegrüßt.

Text & Musik: Karl Kromer

zieht und ihn immer wieder zurückholt. Ich spreche aus eigenem Empfinden, aus eigener langjähriger Segelschiffszeit.

Ich muß den Faden wieder anknüpfen. Diese Apfel waren für uns zur Heimreise eine gute Zugabe. Leider haben wir in der kurzen Zeit, die uns noch verblieb, nicht das heranschaffen können, was wir sonst gerne noch geholt hätten.

In der ersten Zeit streiften wir durch Wälder, ich möchte beinahe sagen, uralte Wälder. Umgefallene Riesen, Stämme, die wir mit einigen Männern kaum umspannen konnten. Gleichzeitig besaß diese Art eine gewaltige Länge. Ich möchte annehmen, daß viele dieser am Boden liegenden Stämme schon Jahrzehnte so gelegen haben mögen. Man sah Stellen am Stamm, dort wo er hohl lag, daß er trotz seines Umfanges eingeknickt war.

Heimfahrt bis Limerick

Am Sonntag, dem 1. Oktober 1911, mittags 1 Uhr kam der Seeschlepper mit unserem Lotsen zu uns. Wir hievten sofort Anker über das Ankerspill nur mit Matrosenmuskelkraft. Der Wind war westlich, aber schwach, eine Schwell belebte die See. Nachdem wir frei von Land waren, setzten wir alle Segel und steuerten über Backbord-Bug unseren südlichen Kurs. Der Schlepper wurde entlassen, er fuhr heimwärts, den Lotsen gaben wir an den hier kreuzenden Lotsenschoner ab.

Bis zum 7. Oktober hatten wir bei oft gewaltiger Dünung schwache bis frische Winde. Dann setzte für zwei Tage ein südwestlicher Sturm ein, den wir unter kleinen Segeln zu überstehen hatten. Er führte uns über den Steuerbord-Bug von der Küste ab.

In den nächstfolgenden Tagen sahen wir verschiedentlich kleine und auch gewaltige Baumstämme auf der See treiben. Am 20. Oktober auf ca. 21 Grad Nord und 122 Grad West beobachteten wir die ersten fliegenden Fische. An Bord Schutz suchend, schlichen sich kleine Landvögel als Deckspassagiere ein. Das nächstgelegene Land war die Inselgruppe Revillagigedo auf ca. 18 Grad Nord und ca. 111 Grad West oder die Küste der Nieder-Kalifornischen Halbinsel, beides in ca. 600 Seemeilen Abstand von uns. Bei ablandigen starken Winden wurden diese kleinen Tiere auf die See hinausgetrieben. Die glücklicheren unter ihnen fanden Schutz zur Rast an Bord eines Schiffes, irgendwo auf dem Meere, die übergroße Zahl dieser armen Tiere geriet immer weiter in die Irre bis zu ihrem Verderben.

Am 28. Oktober setzte südlicher, oft südöstlicher Wind ein und drängte uns mehr und mehr nach dem Westen, vom Kurse ab. Bis jetzt befanden wir uns auf der günstigen Länge von ca. 118 Grad West. Nach acht Tagen, beim Übertritt zur südlichen Erdhälfte, waren wir durch den schralen Wind auf ca. 127 Grad West zurückgedrängt. Unsere stündliche Durchschnittsfahrt betrug bis zum Äquator nur 3,5 Seemeilen.

Der Kurs südlich der Linie blieb bis zum 28. November für lange 20 Tage rein Süd, der südöstliche Wind gab uns keine Länge frei. Endlich auf 36 Grad Süd konnten wir annähernd auf dem geraden Kurs zur Umrundung von Kap Horn anliegen. Am 22. Dezember war es endlich soweit, daß wir den Übergang in den Atlantik erreichten. Im Meteorologischen Tagebuch steht vermerkt: „Endlich, mühselig genug, Kap Horn passiert. Eine sehr traurige Reise." Unsere stündliche Durchschnittsfahrt von der Linie bis Cap Horn betrug 1,8 Seemeilen für die 44 Tage.

Ich erinnere noch, ich stand am 24. Dezember gegen 4 Uhr nachmittags am Ruder, der I. Steuermann hatte die Wache. Das Meer lag bleiern, kein Windhauch kräuselte die See, die Segel hingen schlaff hernieder, unsere Fahrt steht mit 3 Seemeilen in der Stunde verzeichnet. So sagte mein Steuermann traurigen Herzens zu mir: „Hans, wir sind bald hundert Tage in See, morgen müssen wir unser Wasser streng rationieren, sonst langt es nicht. Wer weiß, was uns noch bevorsteht, die halbe Reise haben wir erst hinter uns gebracht."

Unsere Windverhältnisse sollten sich nicht bessern. Für die nächsten zwei Monate bis zur Linie hatten wir für nur ganze vier Tage Windstärken über sechs bis zu Sturmesstärken, sonst nur ewige Flauten abwechselnd mit frischer Brise, so daß wir von Kap Horn bis zum Äquator eine stündliche Durchschnittsfahrt von nur drei Seemeilen machten. Auf dieser Strecke passierten wir in der Ferne sichtbar einige Segler.

Am 26. und 27. Dezember übersegelten wir die Burdwood Bank. Sie liegt ca. 100 Seemeilen südlich der Falklandinseln. Sie birgt inmitten der sonst x-tausend Meter tiefen See flache Stellen bis unter fünfzig Metern Wassertiefe. Diese Bank haben wir mit Lotungen zwischen 57 und 43 Faden überprüft. Wir konnten, ohne Segel aufzugeien usw., bei unserer geringen Fahrt durch Wasser loten. Die Fahrt des Seglers betrug eine halbe bis höchstens eine Meile. Solch eine kümmerliche Kriecherei mit einem Segler in dieser Gegend ist wohl etwas Seltenes. Auf diese Burdwood Bank komme ich beim nächsten Segler noch zu sprechen. (Siehe Abbildung 11, Band 2).

Ende Januar hatte ich einen Traum, die Vision ging mir nicht mehr aus dem Sinn. Sie deutete Schreckliches an. Ab jetzt war ich fest davon überzeugt, zu Hause bei meinen Eltern müsse sich Trauriges ereignet haben. Zu meinem Freunde Simon Matzen, einem Kameraden der anderen Wache, sprach ich in diesem Sinne. Doch Simon lachte mich aus, so habe ich hernach mit niemandem mehr darüber gesprochen, ich wollte mich nicht lächerlich machen. Aber in meinem Herzen war ich davon überzeugt, daß es Wahrheit sei oder sein müßte.

Die Stimmung bei uns an Bord war trotz der langen Reise allgemein gut. Nur zwischen den Einzelnen machte sich ein bestimmtes Spannungsverhältnis bemerkbar. Beim Essen saß zu meiner Linken mein Kamerad Fritz; dieser Fritz, mit dem wir in Adelaide zusammen mit Jonny Stüven den ersten Landgang in Australien versuchten und wir darauf mit einer Schlagseite spät abends zurückkehrten. Setzten wir uns in unserem Logis auf unsere schmale Bank, um das Mittagsmahl einzunehmen, fing Fritz irgendwie mit mir zu reden an. Da ich nicht mehr mit ihm sprechen wollte, schlug ich vor Aufregung nach links auf ihn ein. Gegenseitige Schläge teilten wir aus, bis wir müde wurden und aufgaben, oder bis wir uns ineinander verheddert hatten. Es kam dabei vor, daß die vor uns stehende, zum Essen eingefüllte Bohnen- oder Erbsensuppe durch falsche Bewegungen uns bekleckerte. Es war soweit, daß ich diesen Kameraden nicht mehr sehen konnte. Des Nachts auf Wache kam Fritz angeschlichen und sprach leise: „Laß uns wieder wie früher gut Kamerad sein and shake hands with me." Ich lehnte es konsequent ab, und unter dieser Spannung zwischen uns verlief die Reise bis zum Ende. Jetzt kann ich nur lachen über meinen Starrsinn von damals, ich machte mir das Leben schwerer, als es nötig gewesen wäre.

Mit unserem Hein, der uns in Australien desertiert war, machten wir uns viel Spaß in unserer Eintönigkeit der ewig langen Reise. Hein war bei uns auf Wache, er hatte in seiner Koje einen kleinen Holzkasten, in dem er zuvor seine Seife aufbewahrte. In letzter Zeit tat er sein fettes Fleisch, das er von der Mahlzeit übrighatte, um es später kalt zum Hartbrot zu essen, in diesen Kasten. Einer von uns kam auf den Einfall, für den Augenblick, da Hein abwesend war, ihm einen Knopf in seinen Speck zu drücken. Gesagt, getan. Wir selbst konnten uns kaum halten vor Lachen und Grienen; natürlich mußten wir ernst bleiben, sonst hätten wir uns verraten. Es kam der Moment, Hein holte sein Stück Speck und schnitt sich etwas ab. Doch plötzlich hatte er den Knopf entdeckt. Der Leser mag glauben, sein Gesicht war vor kindlicher Freude hochrot, daß er der Glückliche war, ein Stück vom Schwein erwischt zu haben, in dem ein solches Ding gewachsen war. Mit erhobener Stimme sprach er in plattdeutscher Sprache: „Minsch kiek mol, watt hevv ick hier, datt mutt int Hamborger Fremdenblatt, datt son Ding in uns Swien wussen is. Ganz groot, ick bewohr em opp, denn Knopp und jie sünd mien Tügen!“ Hein war ein Hamburger Hammerbrooker Junge.

Am 20. Februar passierte uns ein südwestwärts steuernder französischer Dampfer. Mit dem signalisierten wir und baten ihn, er möge, wenn er in Buenos Aires ankomme, uns der Heimat melden. Das hat er leider, wie wir später erfuhren, nicht ausgeführt, möglich auch, er hat es vergessen.

Den Äquator hatten wir erreicht und wechselten zur nördlichen Erdhälfte über. Wir waren noch dabei, unserer Takelage den nötigen Anstrich zu geben. Die Stagen und Pardunen wurden hellgrau gestrichen und das Bekleidete geteert. Am fünften März sahen wir an unserer Steuerbord-Seite oben in den Riggen feinen, weißen Staub. Der Wind war ostsüdost, die Sahara querab, also war es der Wüstenstaub, der vom Wind hoch in die Lüfte bis hierher getragen worden war. Es sind in dieser Gegend normale Erscheinungen. Nebenbei waren wir in der Trift von Golfkraut.

Vom 22.-24. März hatten wir einen Sturm bis Windstärke 10 nach Beaufort zu überstehen. Er kam aus achterlicher Richtung. Auf unserer Wache wollten wir das Groß-Unterbramsegel festmachen. Mitten im Aufgeien besann sich der Kapitän, die Schooten ließen wir aufgefiert stehen, es war ein ganz neues Segel, es hielt durch.

Daß Strecktaue von vorne nach achtern als Halt für jedermann gezogen waren, versteht sich. Bei solcher Wetterlage sind Deck und Luken sehr vom Wasser überspült.

Dem einen oder anderen unter uns paßte die Art und Weise unseres Kochs nicht mehr. Sie sannen auf irgendeine Rache. Der Koch wurde frühmorgens 5 Uhr geweckt. Bei schlechtem Wetter hatte er auf dem Weg zur Kombüse, am Strecktau entlang stets einen langen Bratenrock, dessen Zipfel bei Sturm und Wind in alle Richtungen wehte, an. Ein Rachsüchtiger paßte ihn auf. Es war für den Koch, der aus dem Hellen kam, stockdunkle Nacht, so daß er nicht gewahr wurde, was um ihn vorging. Dieser pickte dem Koch einen kräftigen Angelhaken in den wehenden Frackzipfel. Das Ende der Leine war festgesetzt, so daß, als die Leine mit dem Haken stramm kam, der Haken aus dem Stoff riß. Der Koch mußte diesen Ruck verspürt haben. Der Rachedurst war gestillt. Ich persönlich mochte diesen Koch vom Anbeginn unserer Reise nicht, doch habe ich mich zu nichts hinreißen lassen, außer, daß ich diesen Menschen ab London völlig übersah. Ich habe während dieser langen Reise nie ein Wort mit ihm gewechselt, er existierte einfach nicht für mich. Unsere Fleischrationen in London waren derart klein, und ich schob dies dem Koch in die Schuhe. In den darauf folgenden Häfen war es nicht mehr der Fall, sonst hätten wir auch etwas dagegen unternommen. Aber ich konnte nicht vergessen. Es war mein gutes Recht, ich war hart, und mein Wille war eisern.

Es kam der Tag, an dem das Meerwasser, die See grünlich wurde, sie verlor ihre tiefblaue Farbe. Wir erreichten die Gründe, außen vor dem Englischen Kanal, Wasser mit geringerer Tiefe. Stand ich am Ruder, so kam unser Kapitän oft zu mir, um ein paar Worte, die er auf dem Herzen hatte, loszuwerden. Unter anderem sagte er mir, er könne Queenstown in Süd-Irland oder Falmouth am Eingang des Englischen Kanals als Order-Hafen ansegeln. Bei diesem günstigen, achterlichen Wind wolle er Falmouth, näher der Heimat gelegen, anlaufen. Er meinte, wir werden doch östlich von Falmouth unsere Ladung zu löschen haben und könnten somit den Umweg über Queenstown einfach einsparen.

Bei frischer Brise sichteten wir nachts 2 Uhr 30 Minuten am 30. März 1912 Bishop Rock-Feuer in der Kimm, eine Süd-England westlich in den Ozean vorgelagerte Insel. Mittags segelte uns bei Lizard der Lotsenschoner an. Wir machten schnell kleine Segel. In Ruf-Nähe angelangt, rief er dem Kapitän zu: „Your destination is Ireland, Shannon-River, Limerick!“ Wir ließen für Sekunden den Mut sinken. Wir mußten wieder gegenan bis zur Westküste Irlands zurückkreuzen. Nebenbei schmissen die vom Lotsenschoner eine Schmeißleine übers Heck zu uns an Bord. An dieser war die Post befestigt. Weder unser Kapitän noch die vom Lotsenschoner dachten an die Spezialkarten der irländischen Küste, speziell des Shannon-Rivers. Jetzt wurde kurz nach diesem Schreck die Post verteilt. Nun erfuhren wir, daß unser französischer Dampfer uns nicht gemeldet hatte. In den Hamburger Zeitungen waren wir als überfällig gemeldet. Der Reeder zahlte die Rückversicherung.

Der Inhalt meiner Post war schmerzlich. Meine Schwester teilte mir mit, Mutter läge schwer danieder, sie zweifelten an ihrem Aufkommen. Es schoß mir durch den Sinn, mein Traum Ende Januar in Verbindung mit dieser Nachricht besagte mir, meine liebe Mutter ist nicht mehr. Sie liegt bestimmt begraben.

Bei den meisten Kameraden begann das Pläneschmieden. Ich selbst lebte in einer großen Unsicherheit, in einem Zweifel, der stets darauf hinauslief, daß ich als realer Denker mir sagen mußte, sie ist nicht mehr, meine liebe Mutter. Noch bevor wir Limerick nach zehn

Tagen einliefen, war jede Hoffnung, sie könnte noch leben, bei mir behoben, nein, sie war nicht mehr!

Am 3. April, mittags waren wir mit der Wache und unserem I. Steuermann auf der Back beschäftigt. Das Wetter war stark neblig, der Wind war ganz schwach, die See bleiern und leichter Schmuttregen fiel. Kurz vor 12 Uhr sagte mir der I. Steuermann: „Hans, macht hier die Arbeit fertig, ich gehe achteraus, um die Wache anzuschreiben.“ Der I. war einige Minuten weg, da fiel mir ein, wir hatten dicken Nebel und dann nicht blasen, so etwas geht doch nicht! Ich stieß meinen Hein, der den Ausguck versah und auch das Nebelhorn zu bedienen hatte, an und sagte zu ihm: „Hein, blase mal“. Hein setzte am Nebelhorn mit dem Drehen an, der Ton war gerade entwichen, da orgelte ein markerschütternder, ein tiefer Baßton einer Dampfeife hoch oben in der Luft. Im selben Augenblick rauschte ein großer Passagierdampfer direkt vor unserem Steven, zum Schrecken aller, wie ein Blitz an uns vorbei. Wir hatten den Kopf in den Nacken zu legen, um diese hohe Bordwand bis zur höchsten Höhe zu erfassen. Wir guckten uns nur gegenseitig an. Der Vorgang war uns durch die Glieder gefahren. Dieser Jonas von Hein hätte uns allen um ein Haar das Ende bereitet. Unser großes Glück war, daß wir fast keine Fahrt durch das Wasser machten, wir lagen ungefähr still. Meiner Meinung nach war dieser Dampfer eines der englischen Passagierschiffe auf der Route Liverpool-New York. Hätte er uns gerammt, wäre sein scharfer Steven bei seiner Geschwindigkeit weit in unseren Segler hineingeschnitten. Er wäre, wenn der Passagierdampfer nicht mit einer bestimmten Fahrt voraus beigeblieben wäre, um unseren Segler bis zur Abbergung der Besatzung vor dem Absinken, kurz vor unserem Ziele, zu haltern, abgesackt wie ein Stein im Wasser. Unser I. Steuermann mag gleichfalls einen Schreck bekommen haben. Wir haben aber nicht mehr darüber gesprochen, es war nichts passiert, und damit hatte es sich!

Unser Wenden mit dem Segler nahm kein Ende. Nach neun Tagen erreichten wir die Einfahrt in den Shannon-River. Wir hatten unser Lotsensignal auf, wir kreuzten hin und her, nichts geschah, nichts war zu sehen, kein Lotsenschoner zeigte sich, kein Schiff lief ein noch aus. Auf einer Anhöhe stand ein Haus mit einem großen Signalmast mit mehreren Signalleinen daran, aber keine Menschenseele war weit und breit zu sehen. Als Seemann wußte man, daß vor den Britischen Häfen stets rührige Wachsamkeit herrschte. Daß ein ankommendes Schiff nicht sofort bedient wurde, so etwas gab es einfach nicht. Und hier standen wir vor einem Rätsel. Es half nichts, wir waren gezwungen, vor dieser schwierigen Küste mit harten Strömungs-Verhältnissen und eines Tidehubs von zehn Metern und mehr kreuzend weiter zu hoffen, daß uns durch einen Lotsen das Einlaufen beschert würde. Wir hatten umsonst gehofft. Während der Nacht wurde durch Bluelights das Anfordern eines Lotsen zum Einlaufen fortgesetzt. Die Nacht verging, ohne daß uns geholfen wurde. Immerhin waren wir am Morgen des nächsten Tages schon 192 Tage ab Astoria unter Segeln in See. Es kam der Morgen des 10. April. Unsere Bemühungen, einen Lotsen zur Einfahrt in den Shannon-River zu erhalten, wurde fortgesetzt. Ich hatte die Vormittagswache zur Koje und sollte bei der Wachablösung den ersten Ausguckstörn übernehmen. Ich ging zur Übernahme auf die Back und sah hier meinen Kapitän mit einem Atlas in der Hand seinen Segler nach dem Augenmaß und der Atlaskarte in den Shannon-River einlotsen. Er empfing mich mit den Worten: „Hans, ich habe mir Deinen Atlas aus Deiner Seekiste holen lassen. Da uns bis jetzt kein Lotse bedient hat, bin ich gezwungen, zur Selbsthilfe zu greifen. Doch wenn nicht bald irgend etwas geschieht, müssen wir hier ankern, denn weiter flußaufwärts einzusegeln, kann ich nicht verantworten“. Wir waren noch außerhalb des Feuerturms.

Zu meinem Atlas kann ich nur sagen, daß ich diesen von unserem australischen Segelmacher an Bord des Seglers „CASSANDRA“ geschenkt bekommen habe. In diesem war der Shannon-River sehr groß als Teilkarte enthalten.

Mein Ausguck währte keine halbe Stunde, da plötzlich sah der Kapitän ein Ruderboot recht voraus, wir hofften, es möge ein Lotsenboot sein. Jetzt hielten wir auf dieses Boot zu. Der Wind war nordwestlich, Stärke 3 nach Beaufort. Um 2 Uhr kam dann der Lotse mit seinem Ruderboot bei uns längsseite und an Bord. Um 5 Uhr passierten wir Kilchran Feuerturm nahebei und ankerten abends 8 Uhr in zehn Faden Wasser auf dem Revier.

Die Reisedauer von Astoria nach Limerick währte 192 Tage.

Unser Lotse war nun an Bord. Nachdem wir geankert hatten, erschien er bei uns im Matrosenlogis. Er war in Holzpantoffeln mit Löchern in den Strümpfen und etwas angeheitert zu uns an Bord gekommen. Unsere erste freundliche Arbeit ihm gegenüber war, daß wir seine Strümpfe stopften. Er erzählte uns, er sei in voller Beschäftigung in der Landarbeit gewesen, Hals über Kopf habe er, so wie er war, ins Boot müssen. Es war ihnen zu Ohren gekommen, daß schon längere Zeit ein Segler unter Segeln mit dem Lotsensignal vor der Einfahrt kreuze. Da tat Eile Not! Er selber sei in früheren Jahren Seglerkapitän gewesen und wisse, was es bedeute, sich an dieser Küste, ohne ortskundig zu sein, für längere Zeit aufhalten zu müssen. Seine Manöver bei zunehmender Brise am Ankerplatz waren einwandfrei.

Wir vermuteten, unser sonst stets freundlicher Kapitän mag den Lotsen gegenüber verärgert aufgetreten sein, und unser Lotse hat sich darum von achtern abgesetzt.

Daß kein Lotse für uns zur Verfügung stand, begründete er damit, daß unmittelbar vor unserem Eintreffen der Lotsenschoner zur Überholung auf Slip genommen und somit auch die Signalstation unbesetzt geblieben sei.

Dies Argument war kein schöner Trost für einen Seglerkapitän, der schon weit über ein halbes Jahr auf See unter Segeln zugebracht hat. Bei diesem gewaltigen Strom, dem hohen Tideunterschied alle sechs Stunden, dem überwiegend auflandigen Sturm, wenn ein solcher einsetzt, sind dies alles zusätzliche Gefahren, die dem Schiff, der Besatzung usw. in dieser Gegend durch das über Gebühr lange Warten zugemutet worden war.

Anderntags schleusten wir durch und ankerten irgendwo im Binnenhafen. Der Kapitän fuhr mit dem Lotsen zusammen in unserem Schiffsboot an Land. Jeder ging seinen eigenen Weg. Der Lotse kehrte zum Boot zurück, nachdem der Kapitän außer Sicht war und lud diese beiden Bootsgäste ein zum Drink. Einzeln hat jeder Bootsgast sich seinen Whisky oder zwei einverleibt, und damit war der Fall Seelotse erledigt.

Bald darauf verholten wir an unseren Löschplatz und begannen sofort mit der Entlöschung. Sehr umständlich und langsam ging dies vor sich.

Meine hier empfangene Post besagte ein gleiches, immer lag meine Mutter schwer danieder usw. Nein, hieraus fühlte ich die Bestätigung, sie war nicht mehr.

Eines Tages ließ mich der Kapitän in die Kajüte kommen und sagte zu mir: „Hans, Ihr seid sieben Matrosen, fünf von Euch können morgen abmustern, zwei behalte ich hier. Ich hoffe, Ihr werdet Euch einig darüber, wer hier bleibt, wer abmustert. Gehe jetzt nach vorne, einigt Euch und gib mir daraufhin Bescheid, damit ich die betreffenden Musterbücher, die Abrechnungen usw. fertig machen kann. Im Falle, daß Ihr Euch nicht einigen könnt, bestimme ich, wer fährt, wer hier bleibt.“ Im Logis angekommen, waren wir uns sofort einig, wir losten. Mich traf das Los hierzubleiben. Hätte ich nur ein Wort gesagt von dem, was mein Herz bedrückte, ich wäre sofort freigestellt worden vom Losen. Doch ich wollte nicht, da ich überzeugend fühlte, meine Eile sei nicht nötig, so blieb ich bewußt.

Sehr nahebei lag das Vollschiff „DIONE“ von Wachsmuth und Krogmann, Hamburg. Der Segler war in diesen Tagen von der Reederei F. L. Laeisz, Hamburg, übernommen worden. Er sollte den Namen „PELIKAN“ erhalten. Den Laeisz-Kapitän A. B. hatte man schon zur Übernahme nach hier geschickt. Er war ein langer, schlanker Mann, der alte Kapitän M. von der „DIONE“ war sein Gegenteil, untersetzt und nicht so groß. Der neue Kapitän B. war sehr von sich eingenommen. Er ließ Kapitän M. bei jeder Gelegenheit wissen und fühlen, daß er als Laeisz-Kapitän mit diesem Segler schnellere Reisen machen wolle usw. Kapitän M. lief des öfteren dabei die Galle über, und er vergriff sich an seinem Ablöser. Das war natürlich etwas für die wenigen Leute, die noch an Bord waren. Ich als Matrose erkannte diese Überheblichkeit des Kapitäns B. und erahnte damals, daß bei so einer Prahlerei nichts herauskommen konnte. Der Kapitän M. war ein alter erfahrener Kapitän, dem dieser Jüngling nichts vormachen konnte. Und so ist es hernach auch ausgelaufen. B. machte nur eine Reise mit diesem Segler, dann verschwand er in der Versenkung irgendwo. Der Segler „DIONE“ war ein breiter, völliger Segler, gleich unserer Bark „HANS“. Beide waren nicht zum Schnellsegler, nur zum Lastenträger erbaut, und wir wunderten uns, daß die Reederei Laeisz diesen Segler kaufte. Übrigens gehörten „DIONE“ und „UNDINE“ zur gleichen Reederei.

Hier in Limerick verlebten wir schöne Tage, wir fanden familiären Anschluß, wie es in angelsächsischen Ländern häufig der Fall ist.

Nach Hause

Am Dienstag, dem 30. April 1912, musterte ich zusammen mit unserem Zimmermann Ferdinand Kroll ab. Auch wir beide waren stets gute Kameraden gewesen, es freute mich, daß es sich so traf, daß wir zusammen fahren durften. Dort bei der Abmusterung auf dem deutschen Vice-Konsulat zahlte man uns die verdiente Heuer aus. Es waren über 45 englische Pfunde. Freundlicherweise bot man uns eine Überweisung dieses Geldes an. Da murrten wir auf, wir empfanden es als eine Zumutung, wir fühlten uns in unserem Mannestum entwürdigt, beleidigt. Nein, wir nahmen dieses Geld in baren Goldstücken in Empfang. Jetzt, die Taschen voll Gold, gingen wir sofort zum Cook-Reisebüro und lösten uns die Fahrkarte bis Hamburg. Sie stellten dabei keine Fragen, wir unsererseits auch nicht. Die Bahnfahrt quer durch Irland, vier Fahrstunden bis Dublin kostete bald ebensoviel wie von Dublin quer über die Irische See bis Liverpool, mit der Bahn quer durch England bis zur Hafenstadt Hull und ab dann mit einem Wochendampfer für 36 Stunden quer über die Nordsee bis Hamburg. Es waren zwei verschiedene Gesellschaften.

Mit unserem losen Geld in der Tasche gingen wir an Bord, die gepackten Sachen zu holen und um uns zu verabschieden. Wir beide kamen überein, vierzig Goldstücke in einen kleinen Beutel, diesen wiederum im vorderen, oberen Teil unserer Unterhose fest einzunähen. Das übrige Geld behielten wir lose in unseren Taschen, denn ein Portemonnaie besaßen wir beide nicht. Es ging auch so. Ich mußte erst weit über fünfzig Jahre alt werden, bevor ich eine Geldbörse mein eigen nennen durfte. Und wenn es nicht ein Geschenk gewesen wäre, hätte ich wohl heute noch keine. Nachdem wir unseren Reichtum sicher eingenäht hatten, gaben wir beide uns die Hand, schauten uns in die Augen und gelobten uns gegenseitigen Beistand für jeden Fall, der sich ereignen könnte, komme was kommen mag! Es war eine kleine für uns heilige Handlung, aber von großem Ernst getragen; das wußten wir und betrachteten es auch so, wir kannten uns nun bereits als gute Kameraden weit über 19 Monate.

Diese Reise verlief bestens. In Hull, auf dem englischen Wochendampfer angekommen, wurde uns der achtere Laderaum als Aufenthaltsort und ohne Verpflegung zugewiesen. Natürlich guckten wir beide uns dumm an. Damit hatten wir natürlich nicht gerechnet. Doch kurz entschlossen taten wir so, als sei dies selbstverständlich. Abends gegen 7 Uhr sollte der Dampfer ablegen. Wir hatten nun noch Zeit. Unser Weg führte uns wieder zurück in die Stadt, hier aßen wir erst noch einmal gut und versorgten uns mit Lebensmitteln, aber in reichlichem Maße. Es sollten zwei Nächte und einen Tag werden, bis wir Hamburg am 3. Mai frühmorgens erreichten. Da die Mannschaft bei unserer Zuweisung sich sehr kurz und abweisend benahm, gingen wir auch nicht zu ihnen, um etwas zu erbitten. Wir blieben eisern, wir ruhten im Raum auf den kalten Bananenstauden, am Tage spazierten wir an Deck auf und ab. Waren wir doch an Strapazen gewöhnt, sie waren da, um überwunden zu werden. Es kam der bewußte Morgen, der Dampfer hatte in Hamburg festgemacht, der Zoll klarierte ein, wir gingen ohne irgendeine Behelligung an Land, ja, so war es einmal! Am Dienstag morgen hatten wir uns zuletzt gewaschen, heute war Freitag. Wir fühlten uns unbehaglich beim Gedanken an das, was wir vorhatten. Es war 6 Uhr früh. Wir waren an Land, wir sahen einen Zigarrenladen. Gut, erst dorthinein. Ein freundlicher Herr bediente uns, er packte mir meine geforderten Zigarren ein, ich wollte zahlen. Er sah ausländisches Geld und wehrte ab. Das hatten wir von einem Geschäftsmann in dieser Gegend nicht erwartet. Wir mußten ohne das Gewünschte abziehen. Dies war ein kleiner Schock. Jetzt gingen wir irgendwo in Schutz und öffneten unser wohl verwahrtes Guthaben. Mit diesen vielen Geldstücken gingen wir zur nächsten Bank, die wir auch bald fanden und die sogar vor der Zeit für das reisende Publikum geöffnet hatte. Da wir wie die Räuber aussahen, nicht rasiert, nicht gewaschen noch gekämmt, vermuteten wir, daß wir Schwierigkeiten bekommen könnten. Doch niemand kümmerte sich um uns. Im Nu hatten wir deutsches Geld dafür, und alle Besorgnisse, Kümmernisse waren verschwunden. Jetzt ging es aber heimwärts, hin zu meinen Eltern in Altona-Bahrenfeld. Bangen Herzens öffnete ich die Tür, nur herzzerreißendes Weinen, Heulen und Schluchzen empfingen mich, als sie mich sahen. Meine heimliche Erwartung hatte mich nicht betrogen, meine liebe Mutter war nicht mehr. Sie lag schon seit Monaten unter der Erde. Am 26. Januar d. J. war sie verstorben, es war zu der Zeit auf ca. 30 Grad südlicher Breite, als ich meinem Bordkameraden Simon Matzen hiervon unterrichtete. Sie ist, nur immer meinen Namen: „Hans" ausrufend, verschieden, und ich bin überzeugt davon, daß meine Mutter und ich uns auf gleicher Welle fanden.

Zum Abschluß sei zu erwähnen, daß sich der eine oder andere nach Rückkehr in Limerick Ausrüstungsteile kaufte. Bei mir war es nur ein Schlips, ein knallroter, einer, der leuchtete, er war auffallend. Ich hatte mich darin verliebt, wenn ich mich so ausdrücken darf. Mit diesem kam ich in mein Elternhaus, in ein Trauerhaus! Es war ein peinlicher Kontrast, ungewollt, doch nie zu vergessen!

Jetzt hatte ich meinen ersten großen Abschnitt zu meinem mir selbst gesteckten Lebensziel durch Fleiß, Beharrlichkeit mühsam erkämpft. Eine innere Freude, trotz der Trauer um den Verlust meiner lieben Mutter, beseelte mein junges Dasein, und voll Stolz über mein Erreichtes meldete ich mich zum Besuch der Königlichen Navigationsschule zu Altona an.

Ende meiner zweiten Weltreise als Matrose, auf der ich habe zweimal Sonntag, den 30. April, verleben können.

Das ENDE meiner Seefahrtszeit vor dem Mast!

Abbildungsverzeichnis

Danksagung

Allen, die mich durch Beiträge verschiedener Arten, durch Fotos und dergleichen zu dieser meiner Arbeit „Bürger der Ozeane und Meere“ unterstützt haben, sage ich hiermit meinen herzlichen DANK! Einen besonderen DANK gebührt meiner Schwester Frau ERNA MANDEL für ihre namhafte Druckkostenbeihilfe zu diesem Werk!

Hans Blöss

Abbildung 48: Friedrike und Hans Blöss mit Erna Mandel (r), der Schwester des Autors, aufgenommen vermutlich 1960 anlässlich des Erscheinens des ersten Buches des Autors, „Glanz und Schicksal der Potosi und Preussen“ (ein Exemplar liegt auf dem Tisch).

Abbildung 49: Foto der Familie Anna Elsabe Christina Blöcker aus Travemünde (vermutlich um 1900) zu den Fußnoten 2 und 3 auf Seite 12. Stehend: Unbekannt, Anna Maria Katharina Blöss geb. Blöcker 1865-1912 (Tochter, Mutter des Autors), Unbekannt, Unbekannt, Unbekannt, Christian Dorendorf 1861-1930, Unbekannt. Sitzend: Unbekannt, Unbekannt, Anna Elsabe Christina Blöcker geb. Vader 1826-1905, Hans Blöcker (jüngster Sohn, Hafenkapitän der Stadt Lübeck), Helene Dorendorf geb. Blöcker 1871-1937 (Tochter), Unbekannt.

Bei sechs der namentlich unbekannten Frauen und Männern kann es sich jeweils um Tochter oder Sohn handeln. Darunter sollte auch der Vater von Hugo Blöcker und/oder Hans Blöcker sein, Vettern des Autors, von denen mindestens einer (Hugo) ebenfalls als Lotse auf dem Nord-Ostsee-Kanal fuhr.

Der „eingeheiratete" Christian Dorendorf war sowohl Ur-Großonkel als auch Ur-Großvater der Enkel Constanze, Hans Christian und Cathrin des Autors, weil seine spätere Enkelin Ingrid (geb. 1931) und Anna Maria Katharina Blöss' späterer Enkel Hans (geb. 1920, zu sehen auf Abb. 102 in Teil 2) – weitgehend unabhängig von diesen Zusammenhängen – im Jahre 1954 heiraten sollten.

Teil 2: Als Nautiker

Der zweite und zugleich letzte Teil von „Bürger der Ozeane und Meere" erscheint separat (ISBN 978-3-934378-02-5). Weitere Informationen mit ergänzendem Material finden Sie auf der Website des Verlags (verlag.cbloess.de).